阜阳师范大学博士立项重点建设学科教育
(编号:24BSZD06)专项经费资助

中国近代高等工业教育研究

（1840—1927）

方家峰◎著

湘潭大学出版社
XIANGTAN UNIVERSITY PRESS

目　录

第一章　绪　论

第一节　相关概念的界定与辨析

一、工业

有目的、有意识的物质生产是人类社会形成、存在和发展的基础。随着劳动经验的不断积累，为了提高生产效率，向社会提供更多、更好的物质产品，人类社会的生产逐渐分化为农业、畜牧业、工业、商业等不同部门，每个部门内部又不断分化出更为具体的行业和生产单位。所谓工业，是指采掘自然物质资源和对原材料进行加工和再加工的物质生产部门。①

在漫长的古代社会以及近代社会早期，人类的工业生产都是以人力、畜力或简单利用的自然力为动力，以个人经验为技术基础进行劳动的手工业，尚未完全脱离农业成为独立的生产部门。从18世纪60年代开始，以蒸汽机的改良和使用为开端，相继在英国、比利时、德国、法国等国家出现了工业革命，并逐渐传播到欧洲以外的一些国家和地区。工业革命使依附于农业的手工业转变为独立的以自然力为动力、以自然科学原理为技术基础的机器大工业，并对其他生产部门和整个人类社会造成了深刻影响。现在人们所说的工业，主要是指与传统手工业相区别的机器大工业，它为国民经济各部门（包括工业本身）提供原材料、动力和技术装备，为大众提供日常用品，是现

① 蔡北华，徐之河．经济大辞典：工业经济卷［M］．上海：上海辞书出版社，1983：19-20.

代国家国民经济的主导部门。

按照不同的标准，工业又可细分为不同的行业。如按劳动对象是否经过劳动作用，分为采掘工业和加工工业；按劳动产品在社会再生产中的作用，分为重工业和轻工业，即生产生产资料的工业和生产消费资料的工业；按劳动产品的名称和用途，分为石油工业、煤炭工业、纺织工业、食品工业、机械工业等。

二、工业教育和高等工业教育

人类的社会性知识、经验和技能等，无法通过遗传的方式传递给下一代，生产劳动知识和技能更是如此，它们只能通过教育和学习被后代继承和掌握，并在此过程中得到进一步发展和提高。因此，在人类社会产生之初，就出现了生产经验和技能的授受活动。

受人类认识发展程度及其所决定的科学水平限制，传统手工业中的科技含量少，智力运用规模也较小，其技术基础是工匠在实践中摸索出来的经验和技巧。这些经验和技巧中所包含的科学原理多数尚未被人们明确认识，还属于“只可意会、不可言传”的“缄默性知识”。正如梁启超所说，传统科学技术中“凡发明之业，往往出于偶然。发明者或并不能言其所以然，或言之而非其真”①。另外，传统社会浓厚的行业保守意识，不仅导致手工业技术的发展极为缓慢，也使其技术教育的规模极为有限。所以传统手工业技术的教育只能也只需以徒弟随师父参与生产实践的方式进行。此时，制度化的学校教育，以培养管理社会的官吏为主要目标，课程内容为政治、伦理道德和宗教等知识，与社会生产不直接相涉。学校教育与手工业生产之间通过思想意识、教学组织形式和教学方法等因素发生间接联系和产生影响。

机器大工业出现以后，情况发生了根本变化。一方面，大工业生产技术极为复杂，其基础是深奥、复杂的近现代科学；另一方面，在市场竞争和利润的驱使下，企业要求不断发明新机器、新工艺，发现和利用新材料，以提

① 梁启超．清代学术概论［M］．上海：上海古籍出版社，1998：104.

高生产效率、降低成本。因此，新工种和新行业不断出现，劳动者不得不面对技术或岗位的不断变换。劳动者要想适应这种变化，不但要掌握某种具体生产技术，还要懂得技术背后的科学原理。这些技术和科学原理是如此庞杂，以至于“必须让生产者在劳动过程以外，同时又与生产劳动结合，参加专门的教育组织形式，学习和掌握一般文化知识、科学原理和生产技术”①。于是，制度化的学校工业科技教育应运而生。

学校教育与工业生产的结合是逐渐进行的。肇始于西欧的第一次工业革命形成了最初的大机器生产方式，那里的学校教育也最早对生产领域的这种变革作出了反应。这种反应表现在两个方面：一是在传统的古典人文教育系统之外，出现了以培养未来产业工人为目的，实施强迫义务教育的国民学校。在这种学校里，除了基本的读写算以外，课程内容与工业生产相联系，学生毕业后可直接进入工厂参加生产。这就是所谓“双轨制”教育中的普通民众一轨，它是现代工业教育的开端。以后，随着生产技术的不断改进和新的工业革命不断发生，工业生产对劳动者的要求越来越高，这一轨学校的级别和专业化程度也越来越高，由小学到中学，由初级职业学校到中等技术学校以至于高等职业技术学院。另一方面，工业革命前就已经开始奋力挤入传统大学的自然科学研究与教育，在几次工业革命后逐渐占据越来越大的地盘，同时，一批以近代生产技术及其科学原理为主要教学内容的新型大学、专门学院也纷纷建立。这样，沿着自下而上和自上而下两条路径，完备的工业教育体系逐渐建立起来。总之，现代工业生产的发展和强烈需要促进了学校工业教育体系的建立，而学校工业教育体系的形成又满足和推动了现代工业生产的进一步发展。

此外，工业生产的顺利进行，不仅需要合格的生产工人，也需要合格的管理人员、负责产品开发和研究的技术人员等。所有这些人才都需要通过教育才能培养出来。因此，对工业教育进行如下定义：凡是以培养工业部门所需的生产、管理、研发和建设等各种人才为目的，从而保证社会工业生产顺

① 黄济，王策三．现代教育论［M］．北京：人民教育出版社，1996：177.

利进行，促进工业生产不断发展的教育活动，就是工业教育。需要指出的是，在现代社会，虽然学校教育是工业教育的主要形式和途径，但工业教育的形式和途径不限于学校教育，通过书籍、报刊、广播、电视、互联网等其他途径也可进行工业教育。

工业生产所需人才的种类和层次是多种多样的，因而工业教育具有多种类和多层次性。例如，在以蒸汽机为动力的工业生产中，接受过小学教育的人就能基本胜任各种操作任务；而在以电机为动力的半自动和自动化生产中，一个合格的操作工人必须在小学或初中毕业的基础上，再经过一定时间的专门技术教育或岗位培训；随着电子计算机技术在工业生产中的应用和普及，生产者所受的教育则必须达到高中以上水平。不仅直接从事生产的工人是这样，由于企业的规模大小、所需技术以及面临的市场复杂程度不同，在不同历史时期，以及同一时期内，企业所需的其他人才水平、层次也是各不相同的。因此，各种内容和形式的工业教育的水平层次也必然是多样化的。

本文中的高等工业教育，是指在一定程度的普通教育或专业教育之上，培养工业部门所需的高级生产、研发、设计、经营和管理等人才的教育。这种教育肇端于第一次工业革命以后的欧洲，随着工业化的脚步遍及世界各地，并逐渐成为现代各国高等教育的中坚力量和工业技术发展的渊薮。

由于种种原因，在我国目前的教育理论研究和实践中，“工业教育”一词很少被人使用，但在世界各国的近现代教育史及其研究中，“工业教育”一直是一个常用的术语。例如，在韦恩·厄本（Wayne J. Urban）和杰宁斯·瓦格纳（Jennings L. Wagoner Jr.）最新版的《美国教育：一部历史档案》（*American Education*: *A History*）中，就有“The National Society for the Promotion of Industrial Education（NSPIE）, founded in 1906, was an influential group in the movement for practical studies”一语，其中的Industrial Education显然就是指工业教育。王桂先生在《日本教育史》一书中，称手岛精一为“工业教育家”①。在近代日本，还有以“工业教育”冠名的专著出版。例如，

① 王桂．日本教育史［M］．长春：吉林教育出版社，1987：176.

1887年，担任东京职工学校教员、农商务省技师和大阪府立商品陈列所所长等职务的日本著名教育家平贺义美著成《日本工业教育论》一书，呼吁发展工业教育。① 朱文富先生的《日本近代职业教育发展研究》一书中不仅有“日本近代工业教育史上第一个正规的中等工业学校”② 的说法，更在“是实施高等工业教育的场所”③ 一句中直接使用了“高等工业教育”这一称谓。

三、同两个相近概念的辨析

在我国，“高等工程教育”和“工科教育”是教育实践和研究中的两个常用名称，有专门的学术期刊《高等工程教育研究》出版。因为涉及基本概念和逻辑起点问题，所以有必要对“高等工业教育”与它们的关系进行简要辨析。

我国高等工程教育研究专家谢祖钊认为：“高等工程教育是一种专业技术教育，它的重要任务之一是培养学生掌握自然科学基础知识，使学生具备将所学知识应用于实际的能力。”④ 张光斗先生指出：“高等工程教育，作为一种技术教育，有两个基本特征：一是以技术科学为其主要学科基础，以应用技术为其主要专业内容，以此与科学教育相区别；二是以工程应用为其主要服务对象。”⑤ 结合他们的语境和其他具体论述，简而言之，高等工程教育是普通高等教育中专门培养将自然科学理论应用到一些具体工程项目中的高级技术人员——工程师的教育，高深的现代工业生产技术及其科学原理是高等工程教育的主要教学内容。而“工科”和“工科教育”则是人们在划分普通高等教育专业种类时对高等工程教育的称谓。根据《教育大辞典》的解释，所谓工科是指“中国本、专科高等教育的科类之一。实施工程技术有关领域的教育。专业范围大体相当于联合国教科文组织《国际教育标准分类》的工

① 朱文富．日本近代职业教育发展研究［M］．保定：河北大学出版社，1999：75.
② 朱文富．日本近代职业教育发展研究［M］．保定：河北大学出版社，1999：39.
③ 朱文富．日本近代职业教育发展研究［M］．保定：河北大学出版社，1999：57.
④ 谢祖钊，傅雄烈．高等工程教育概论［M］．北京：北京航空航天大学出版社，1992：1.
⑤ 张光斗，王冀生．中国高等工程教育［M］．北京：清华大学出版社，1995：29.

程学以及建筑和城市规划的一部分。按 1987 年国家教育委员会编定的专业目录的分类，包括地质（工程）学、矿产、冶金、材料、机械、仪器仪表、热工、电气、电子、通信、土建、水利、测绘、环境、化工、轻工以及粮食与食品、纺织、运输、原子能、管理工程、应用理科及力学共 21 类有关专业的教育”①。这种专业分类标准一直使用至今。

高等工业教育与高等工程教育或工科教育的区别与联系，主要表现在以下两个方面。

首先，根据我国的教育分类习惯标准，高等工程教育或工科教育属于普通高等教育系列，历史和现实中那些同样可能培养高级工业人才的高等教育类型，如高等实业教育、高等职业教育等并不包含其中。而本研究所说的高等工业教育则不但包含普通高等教育中的工科教育，还包括高等教育层次中其他各种类别和形式的工业人才培养活动。

其次，高等工程教育或工科教育是当代已经发展成熟的高等教育体系中具有明确层次定位和专业、课程标准的教育类别，概念本身具有绝对性；而高等工业教育概念由来已久，源自现代教育体系尚不完善的近代早期，此概念具有一定的相对性、模糊性和包容性。

因此，高等工业教育是一个范围比高等工程教育或工科教育范围更广的概念，它包含但不限于高等工程教育或工科教育，比较适用于研究尚处于萌芽和初步形成时期高等性质的工业技术教育。

第二节　研究缘由和价值

一、深化我国教育基本理论研究

自教育学成为一门独立的学科以来，像很多其他学科一样，经过长期发展，现在已经成为一个包含众多分支学科、边缘学科以及交叉学科的学科群，

① 教育大辞典编纂委员会．教育大辞典（第三卷 高等教育、职业技术教育、成人教育、军事教育）［M］．上海：上海教育出版社，1991：25.

其中的教育基本理论或称教育（学）原理，主要从总体上考察和研究教育与社会、教育与人的关系以及三者之间在历史发展过程中相互作用、相互影响的规律，是整个教育学科群的基础和母体。教育基本理论研究的活跃与发达，能给其他相关学科的研究和发展提供灵感和动力，从而促进学科群的繁荣与发展。反之，则必然会在很大程度上掣肘各个子学科的进步。由于历史原因，我国教育基本理论研究在较长一段时间内存在着指导思想教条化、庸俗化，理论基础狭窄，研究方式方法单调，以及论述论证不够深入等问题，不但导致很多观点和结论陈旧过时、大而化之，而且从根本上阻滞了教育学科群的发展进程。

事实表明，教育学是一个既有国际性、全球共同性，同时又具有鲜明的国别、民族以及意识形态等差别的学科门类。中国本土的教育尤其是近代以来的教育发展历程“为我们留下了值得思考、值得借鉴的宝贵经验，其中不少是有中国特色的教育理论、原则和方法”①。何况，“凡不是自然科学的科学都是历史的科学”②。为了尽快提高我国教育基本理论研究水平，除了要解放思想，大胆学习和借鉴发达国家一切先进和有益的方法、理论和经验以外，还应结合本国的教育历史和现实，把研究工作做细做实，形成既有普遍真理性又具有鲜明中国特色的先进教育基本理论体系。

以教育基本理论中的基本问题“学校教育制度”为例。自清末颁布实施中国近代第一个学制——“癸卯学制”以后，一直是单轨学制。民初袁世凯当政时曾准备改为双轨学制，但很快在一片反对声中宣布作罢。新中国成立后的一个时期内，也曾有改单轨制为分支型学制的设想和初步实践，结果由于极“左”思想的干扰，仍未最终实行。直至改革开放以后，分支型学制才在中国得以最终确立。但直到今天，无论是人们的态度，还是实际的办学条件和水平，职业类学校的状况仍然堪忧。如果与西方发达国家作一对比，我们会发现现代学制在中国的发展历程非常独特，背后隐藏的是极有价值的特

---

① 胡德海．教育学原理［M］．兰州：甘肃教育出版社，1998：55.

② 杜作润，廖文武．高等教育学［M］．上海：复旦大学出版社，2003：40.

殊规律。但我们的大多数研究，或者是无视这种事实的存在，仅根据欧美国家的情况推导出一些了无新意的笼统结论，或者是囿于陈旧的意识形态而罔顾历史发展规律，做出一些错误的评价和结论。

再如，对于“教育影响社会发展”这个主题，由于“教育本身存在多种层次和类别，国家发展也有多个维度。因此，哪一层次或类别的教育能促进哪一维度的国家发展，以及国家发展的不同方面对教育发展有何制约则是应当加以深入研究的课题”①。我们的相关研究很少有能够达到如此深入和细致程度的。

以当代公认的先进科学理论作为理论基础和评价标准，把近代中国高等工业教育这个特定教育类型作为研究对象，详细研究它在不同的历史阶段的发展状况，以及各种内外因素之间的相互关系和作用机制，涉及教育与社会、教育与人、教育政策和制度、教育管理、课程与教学等诸多问题，将有助于深化和细化我国教育基本理论研究。

二、丰富中国教育史学科研究

近代高等工业教育研究作为中国教育史学科内的选题，对学科自身的价值主要表现在两个方面：一是丰富了中国教育史的研究领域类型，拓宽了视角；二是拓展了中国教育史研究的科学理论和方法论基础。

（一）丰富中国教育史研究的领域类型和视角

中国教育史作为一门独立的学科经过清末以来百余年的发展，在无数先贤孜孜不倦的努力之下，已经发展成为一门相当成熟的学科。从总体上看，已有的研究成果数量浩繁，研究类型和涉及领域颇为全面。宏观微观、古代现代、制度思想、通史断代、学校人物、专题专业、全国地方等各种著述，对推动中国教育现代化的进程起到了重要作用。但是，这些不同类型研究的发展是不平衡的。总体上来看，还是存在着古代多现代少、宏观多微观少、

① 顾明远，薛理银．比较教育导论：教育与国家发展［M］．北京：人民教育出版社，1996：182.

全国多地方少等问题。尤其是对晚清以来旧中国教育的研究，由于彼时新式教育传入不久，加上时局动荡、战火频仍，当时的学者们还无法对其进行全面系统的总结；新中国成立后至改革开放前，又因为政治因素的干扰，对这一时期的教育研究始终处于一种不正常状态，也谈不上有多少客观、系统的总结和研究。

晚清至民国时期的教育是中国教育史上离我们最近、性质与当代教育最接近的教育，它不但是当代中国教育的源头，也与当代中国教育一样，是处于社会发展和改革大潮中的教育，两者面临着很多相同和相似的矛盾。因此，对这一时期的教育进行研究和总结有极高的现实意义和价值。新中国教育史学界对这一时期教育进行卓有成效的研究，严格来讲是改革开放以来，各种不正常干扰大大减少以后才正式开始的，所以时间还并不长。当前，中国社会和教育的现代化进程不断加快，对中国教育史研究尤其是近现代教育史的研究提出了更高的要求。但以社会分工标准，对晚清以来诸如工业、农业、商业、医疗乃至国防和军事等各种具体类型的教育，还较少有人去进行系统研究，远远不能满足当前这些与中国社会现代化高度相关的教育类型在发展过程中对历史经验进行借鉴的需求。本文以中国近代高等工业教育及其现代化历程作为研究对象，是结合社会需要对中国教育史研究领域类型和视角的扩充与丰富，对增强教育史研究服务社会现代化的能力、加大中国教育史研究的广度和深度都有一定的促进作用。

（二）拓展中国教育史研究的理论基础

由于政治运动频繁干扰、极“左”思潮的影响和压制以及对马克思主义的教条化的理解，新中国教育史研究一度成为政治史的附庸，价值标准扭曲，教育史畸变为斗争史。加上研究工作理论基础单调、薄弱，方法陈旧落后等问题，导致教育史研究很难取得突破性成就。这种情况在改革开放以后得到了很大改变，但仍然不够。希望在坚持辩证唯物主义和历史唯物主义指导的前提下，以新兴的现代化和教育现代化理论作为核心理论基础及价值判断的基本依据，以系统科学理论作为重要的方法论基础，尽量排除陈旧思想意识的干扰，为拓展中国教育史研究的科学理论基础和方法论基础，起到添薪加火的作用。

目前的中国教育史研究中存在不同程度的无视社会需求、思想僵化和故步自封等因素。针对这种状况，吴洪成教授多次强调，中国教育史研究要想有效服务于当前的现代化建设，道路越走越宽广，从研究内容来讲，应该加强专门和专业教育史、区域和地方教育史的研究，注重宏观研究和微观个案分析的有机结合；从研究方法上讲，应该大胆采用各种先进的科学理论作为方法论基础，探讨新老方法的综合使用。本文研究对象的选择和理论基础的拓展应该是较好地符合了这种要求的。

三、助力当代中国高等工业教育发展

（一）中国高等工业教育发展历程有其特殊性

当代中国的首要任务是实现现代化。虽然现代化的模式和途径在不同的国家和地区不尽一致，但历史和现实证明，作为一个地域广袤、人口众多的大国，中国的现代化只能以工业化为基础从而带动整个社会的全面现代化。也就是说，中国现代化的核心和基础就是社会生产工业化，离开工业化，一切其他方面的现代化都将没有可能。工业化需要千千万万掌握现代工业技能的人才，因此，以培养工业人才为直接目的的工业教育与工业化的关系之密切是不言而喻的。其中，高等工业教育又以培养各种高级工业人才为己任，更对一个国家的工业化进程起着举足轻重的作用。

世界各国，尤其是已经完成了工业化的发达国家，向我们生动展示了高等工业教育与社会发展之间的密切关系。例如，最早爆发工业革命的英国，早期并不重视工业教育。1851 年伦敦万国工业博览会时，英国大多数产品的质量还能超过其他国家，但到 1867 年巴黎世界博览会时，其工业产品的质量就已经明显落后于法国、普鲁士等国家。无情的现实迫使英国开始高度重视工业生产与教育的关系。巴黎世界博览会以后，利兹（1874）、布里斯托尔（1876）、谢菲尔德（1879）、伯明翰（1880）、诺丁汉（1881）、利物浦（1881）、雷丁（1892）、埃克塞特（1895）等地纷纷创设了以高等工业教育为主的城市学院。正是以这些学校培养的各种高级工业人才为龙头，英国的工业生产才在相当长的时期内保持着世界上最发达国家的地位。又如美国，其工业革命开始时间较英国晚许多，但相对而言，美国对高等工业教育的重视早于英国，发展的速度和规模也超过英国。从19世纪初期开始创办高等工科教育到19世纪60年代初期，美国设置了工科的高等院校35所，此后开始进入快速发展期。经过近100年的时间，到20世纪60年代初，其高等工业院校发展到240多所。可以说，与美国由一个落后的农业国转变为发达的工业化国家，直至最后超过所有国家成为世界超级大国的过程相伴随的，正是美国高等工业教育从无到有，从逐渐发展到加速发展乃至高度发达的过程，两者之间存在着明显的同步性。再如，日本直到1858年"黑船来航"之前还是一个闭关锁国的封建国家，但明治维新后的日本能够充分利用自己的后发优势，仔细研究先进国家的经验，充分认识到高等工业教育在工业生产发展中的重要作用，并尽力推行。正因为如此，日本仅用了30年左右的时间，就走完了英国用了80余年、美国用了50余年才走完的工业化道路。"日本之所以能由一个经济落后的封建国家，一跃而成为一个新兴的工业资本主义国家，是其教育的发展起了重要的推动作用"①。这里的教育当然首先是指工业技术教育。

当代中国高等工业教育要想更快更好发展，并进一步提高推动工业化进程的能力，必须借鉴已有的经验和教训不断改革创新。已有经验和教训的来源，则包括先进国家高等工业教育的发展历程。无论是中国的还是外国的高等工业教育，它们的发展具有一些共同的规律。参考他国的经验和教训，能够缩短摸索的过程，使自己少走弯路。但是，外国高等工业教育实践历史与现实，只是我们需要研究和借鉴的一个方面。通过中国高等工业教育自身的发展史总结历史经验与教训，从而为当代高等工业教育发展服务，这是学习别国经验所不能代替的。原因在于，中国既不是欧美，也不是日本，中国有自己的国情，高等工业教育在中国的发展状况无时无刻不与国情发生千丝万缕的联系。中国高等工业教育在历史发展过程中所面临的特殊条件以及出现

---

① 谢祖钊，傅雄烈．高等工程教育概论［M］．北京：北京航空航天大学出版社，1992：6.

的特定问题，今天仍然以各种新的面貌程度不同地存在着，这是在外国相关历史中找不到可资借鉴的经验的。从某种意义上说，研究中国高等工业教育自身的历史经验和教训，对当代中国高等工业教育的发展具有更强的针对性和指导性。

中国高等工业教育的发展历程，与发达国家最大的不同在于，发达国家的高等工业教育是在本国的机器大生产由萌芽到逐渐壮大、自然科学技术知识从初步积累到膨胀、社会制度由封建主义变为资本主义的基础上，从早在中世纪晚期就开始出现的城市行会学校、后来的实科学校、机械工人讲习所等形式的初级实业教育逐渐发展而来的，具有坚实的本土政治、经济、文化和社会思想基础，是一个自然生长、逐渐发育、不断壮大的过程。而中国高等工业教育的发展过程，则是在本国毫无近代工业生产和科技知识基础的时代，从"移植"西式高等工业教育开始的。而高等工业教育之所以在晚清会被移植到中国来，是因为上层统治者中的少数人在感受到西方列强和农民造反带来的巨大生存压力后，希望通过培养近代工业人才，发展军工生产，增强与资本主义列强和起义农民对抗的物质力量，以使清朝的封建专制统治制度得以继续维持。

在这一点上，我们即使把近代中国与当时各方面最相近的日本进行一番比较，也能看出中外之间的区别有多大。

首先，从教育传统来看，即便在西方列强用枪炮打开旧中国国门以后多年，人们仍然普遍对近代工业生产及科学技术或者一无所知，或者不以为然。整个国家的教育一如既往围绕科举考试进行，以低效的个别辅导为主要教学形式，以儒家经典为主要教学内容，以入闱做官为最大教学目标。在教育中占统治地位的儒家学说从内容到思想都非常轻视甚至鄙视科学和技术。正如《礼记·王制》所言："凡执技以事上者，不贰事，不移官，出乡不与士齿。"所以，中国高等工业教育基本上没有多少传统教育经验可以借鉴。而明治维新以前的江户时代晚期，西方各种知识已经以"兰学"的形式在日本得到了较为普遍的传播，并成为很多学校的教学内容，为日本明治维新期间进行各种层次的工业教育打下了远较中国为好的基础。

其次，从社会生产基础来看，鸦片战争后至洋务运动前的20多年，中国依然是一个传统农耕社会，工业生产仍停留在小手工业阶段。到江南机器制造总局附设的机械学堂和福建船政学堂创办时虽然已经出现了一些零星的洋务工厂，但整个中国社会仍然是小农业和手工业经济的汪洋大海。机器大工业生产的普遍存在是工业技术教育存在的根据和发展动力，当时中国社会的主导生产方式显然极不利于高等工业教育的生存和发展。而日本从江户末期就开始学习西方建立现代工厂，明治维新以后更是由国家出资，大力移植和发展各种工矿产业，这就为高等工业教育迅速发展奠定了良好的社会生产基础。

最后，从社会制度基础来看，晚清之所以要引进高等工业教育，根本目的就是保持封建专制制度的继续存在。正因为如此，主办者才以“中体西用”的宗旨对包括高等工业教育在内的所有新式教育进行约束和限制，他们并没有进行政治、经济和社会制度、体制全面变革的打算。而封建专制制度与近代工业生产和科学技术教育从本质上是相抵牾的，早期中国高等工业教育面对的这种矛盾，在日本高等工业教育起步阶段程度要轻得多，因为明治维新的教育改革是与社会政治、经济、文化等同步进行的，尤其是资本主义社会制度的确立，从根本上扫清了日本近代高等工业教育发展的障碍。

高等工业教育“移植”到中国之初的基础如此不良，所以必然会面临长期的不适应、不协调。在这个时期内，高等工业教育最迫切的任务，还不是如何促进社会工业生产的发展，而是如何扎根、生存。也可以说，早期中国高等工业教育的最大价值，可能不在于生产和经济，而在于文化思想。因为即使在“中体西用”思想的束缚下，高等工业教育主要传授的是西方自然科学技术和语言知识，基本不涉及资本主义哲学和社会科学。但人类社会的各种知识具有内在统一性，西方近代自然科学技术知识与社会科学、哲学、宗教乃至语言文字是一个密不可分的整体，相互之间存在复杂和曲折的联系和一致性。近代自然科学技术知识不仅本身就是破除迷信、增强人的主体意识、力量感和自信心的有力武器，它还蕴藏着西方知识体系的精准性、穷根究底的分析思维模式和怀疑精神，西方语言及其表达方式更是处处透露着他们的思维方式、价值观、社会人际关系、宗教信仰和习俗。高等工业教育带来的文化知识和思维方式，对长期处于封闭状态的中国文化既是巨大的冲击，更是有益的补充。新一代中国人对这些知识技术及其原理的掌握和研究，不仅大大拓宽了人们的视野，扩展了人们的思维方式，而且会促使人们对建立在迷信和神话基础上的专制统治的合理性进行质疑。因此，高等工业教育的出现完全可以看作是中国文化启蒙运动的肇端，对中华民族的发展具有特殊的意义和价值，这种意义和价值远不是其生产和经济价值所能比拟的，也与发达国家近代高等工业教育的意义与价值有很大区别。

（二）一些值得当代中国高等工业教育思考的问题

正是这些特点，导致中国高等工业教育发展过程中出现了很多其他国家所没有的现象和问题，这些现象和问题及其蕴含的经验与教训，今天也不一定就是过时了，有些还成了思考和解决当代一些焦点问题的重要历史资源。

例如，由于“中体西用”思想的影响，中国近代高等工业教育中的传统人文典籍学习占了相当的比重，使得旧中国培养出来的很多工业和科学技术人才往往还同时具备很高的传统人文素养，这对中国高等工业教育的发展究竟意味着什么？在知识爆炸和专业学习负担繁重，而人们又普遍呼吁提高理工科学生人文素养的今天，还有现实价值吗？

中国近代高等工业教育极为重视外语的掌握，很多学校用外语讲授专业课程，学生大都具有良好的外语功底，这种现象对中国高等工业教育的发展利弊如何？当前，反对一刀切地要求大学生学习外语的呼声很高，我们该如何评价这种现象？从中能得到什么启示？

旧中国一些高等工业教育机构的教学质量在国际上享有盛誉，得到西方发达国家的高度肯定，甚至被认为学生水平不次于发达国家一流大学学生的水平。它们在当时的条件下是如何做到这一点的？时代不同了，它们的做法对创办世界一流大学的当代中国高等工业教育还有现实意义和价值吗？

中国近代高等工业教育的教学质量所享受的普遍赞誉与旧中国落后的工业生产之间的反差是非常大的，当中的问题出在哪里？这种问题与当代中国高等工业教育和社会工业生产之间的矛盾性质与根源相同吗？从中到底能看出高等工业教育与工业生产之间的什么规律性联系？到底应该如何评价一国高等工业教育的质量？

高等工业教育作为高等教育的一个组成部分，它的实施机构、教学质量、社会效益的发挥等，不仅与同级别其他教育类型的数量比例、所处时空等有极大关系，而且与中等工业教育、职业技术教育等低级别同类教育的质量与数量存在密切联系。当时的政府和教育界是如何看待这些问题的，提出了哪些应对措施？这些效果的措施如何？

如此等等，这些问题的研究和解答，对解决当代中国高等工业教育发展中的很多问题都具有强烈的现实针对性。本文结合相关史实，对这些问题的答案进行了深度不同的探寻。

第三节 研究范围的确定

本文的研究对象是“中国近代高等工业教育”，其范围的确定主要涉及时间、空间、层次和专业四个方面。

一、时间范围的划定

“中国近代高等工业教育”的称谓，与中国历史的分期密切相关。依据现代化理论，鸦片战争标志中国早期现代化开始，只不过以“机器生产、工业经济和民主政治”三个主要的现代化指标综合衡量，直至新中国成立前，整个中国社会仍然处于现代化的早期阶段。正如学者陈向阳分析，“以现代化理论为观照，鸦片战争以来一百六十年的中国历史实质上正是一部现代化变迁和发展的历史，而历时百十年的晚近中国社会恰当这一历史过程的早初阶段”①。与西方“古代、中世纪、现代”的历史分期习惯不同，我国史界一般以“古代、近代、现代”三段对中国历史进行分期，并把鸦片战争以后中国社会开始发生现代化转型的历史时期称为“近代”。虽然人们对中国近代的上

① 陈向阳．现代化研究与晚近中国社会再认识［J］．华南师范大学学报（社会科学版），1999（4）：1-8.

限意见比较一致，但下限的划定却存在较大分歧。过去人们多以 1919 年五四运动的爆发为中国近代史的下限，但近年来更多的人倾向于以 1949 年新中国的成立作为中国近、现代史的分界点。

无论人们对中国近代史的年代如何划定，在社会现代化进程中，各种社会成分的现代化速度并不一致。作为社会子系统的中国教育，其现代化进程中的一个标志性事件是 1922 年“壬戌学制”的颁布实施。以高等工业教育为例，在“壬戌学制”之前的 80 年左右的时间里，中国高等工业教育经历了在西方列强先进武器的刺激下，中国人开始产生工业教育的设想，到悬空孤立、层次模糊的工业教育逐渐产生，再到正规高等工业学堂出现、系统化工业教育体系和制度逐渐形成，并在曲折中不断发展的过程。但在清朝灭亡之前，高等工业教育和其他各级各类教育一样，无论是在教育内容、管理制度还是入学资格、毕业生的出路与待遇等方面，都还存在很多封建专制时代的特征。民国以后，大量封建性因素从制度上被逐渐清除，但学制还很落后，其中最典型的就是预科的存在。1922 年“壬戌学制”是借鉴发达国家经验并对本国国情进行认真研究，经民主讨论和商议，依照现代教育科学规律制订出来的学制。无论从现代教育的哪个特征来进行考察，这个学制都是一个完全现代意义上的学制。时至今日，中国的学制与它并无太大差别，充分说明了这个学制对现代教育的适应性和自身的科学性。“壬戌学制”颁布实施以后，中国高等工业教育最终甩掉了预科的尾巴，成为完全意义上的现代高等教育，从内容、形式和体系上与世界现代高等工业教育基本一致。而 1927 年南京国民政府成立以后，从形式上实现了全国政令和教育主权的统一，包括教会学校在内的所有教育机构都必须执行统一的部颁标准，这是中国教育实现管理体制现代化的一个重要标志。因此，本文将 1927 年视为中国高等工业教育完全走入现代的开始，而将鸦片战争后、1927 年之前的时代视为中国高等工业教育现代化过程中的早期发展和探索阶段。

二、空间范围的取舍

本文的空间范围，涵盖了 1840—1927 年中国中央政府——晚清政府和民国政府——管辖范围内的国家、地方、私人以及外国教会势力所从事的高等工业教育活动。1840—1927 年，在中国境内依次或同时存在过晚清政权和民国南京临时政府、北京政府、广州护法军政府、广州国民政府、武汉国民政府乃至香港、澳门以及台湾的外国殖民政府等多种政权以及外国租界、教会等多种势力，从历史事实来看，所有这些政权和势力都对中国高等工业教育的发展造成过程度不同的影响。因此，从理论上讲，所有与这些政权和势力相关的高等工业教育都应该属于中国近代高等工业教育。

但是考虑到本文的时间、精力以及客观上某些资料积累的限制，特别是本文的主旨在于为当代中国探索政府主导下的各种高等工业教育发展的一般规律和经验教训，因此，将重点放在中央政府统辖下的中国人自办的高等工业教育。另外，西方传教士和教会势力在中国境内所办的各种教育虽然长期游离于中央政府的管辖之外，但它们与中国中央政府统辖下的自办教育，尤其是近代工业科学技术教育存在不可忽视的联系，对中国教育现代化发展具有特殊的重要意义。所以，教会教育与中国近代高等工业教育之间的关系也被纳入了本文的论述范围之内。至于同一时期内，港澳台地区高等工业教育的发展状况则不在本文的考察和讨论范围之内。

三、学校层次的界定

层次似乎不是本文中一个值得界定和讨论的问题，因为高等工业教育即工业教育中属于高等教育层次的部分。但是，“这个‘高等’却不很容易讲清楚。在不同地区、不同国度、不同的历史条件下，人们赋予它的含义是不尽相同的。事实上，包括教育制度在内的任何制度都是在不断发展和变化着的”①。工业教育各个层次的明确区分，是现代学校体系建立和完善以后，尤其是以培养普通工人和中下级技术人员为目的的职业技术教育出现以后的事情。而中国第一个近代学制颁布实施以前，由洋务派所办的各类新式教育，无论是从人才培养目标还是从教育内容看，都具有中等和高等界限模糊、不

① 杜作润，廖文武．高等教育学［M］．上海：复旦大学出版社，2003：25.

易明确区分的特点。

以当代的知识水平和学科专业标准来观照，洋务工业教育大体上应该属于中等专业性质的教育。但如果深入考察和仔细分析其教学科目，又会发现很难将其明确归类。各种史料记载都表明，洋务工业学堂的课程表中，除了大量中等程度的科学和技术课程，还有不少初级数、理、化和生产工艺课程，以及部分明显属于高等教育层次的科学理论和专业技术课程。例如，京师同文馆的“八年课程表”[①] 中，就既有“数理启蒙”“代数学”“讲求格物”“几何原本”等初级课程，也有“讲求机器”“微分积分”“航海测算”这些中高等教育水平的课程。再如，福建船政学堂最早的学生之一严复在该学堂的课程包括算术、几何、解析几何、割锥、平三角、弧三角、代积微、动静重学、水重学、电磁学、光学、音学、热学、化学、地质学、天文学、航海术等。[②] 其中，算术属于小学性质的初级入门课程，几何、弧三角、动静重学（动力学、静力学）、化学等则与当代中学课程的水平相当，而像水重学（流体力学）、电磁学、热学等课程，显然属于高等教育水平的专业课程。课程安排在水平和层次上无所不包的笼统状况，充分说明了洋务工业学校教育层次的模糊性。

所以，虽然不能将洋务派培养工业人才的教育定位为完全意义上的高等工业教育，但从相对的意义和发展的角度考察，将其作为中国高等工业教育的萌芽和起步是毫无疑问的。正如《教育大辞典》在“高等教育（higher education）”一条中指出的那样，“1862 年创办于北京的京师同文馆和 1895 年创办于天津的中西学堂分别是最早出现的中国近代高等专科学校和大学的雏形”[③]。

---

① 朱有瓛．中国近代学制史料（第一辑 上册）［M］．上海：华东师范大学出版社，1983：71.

② 王蘧常．民国严几道先生复年谱［M］．台北：台湾商务印书馆，1981：4-5.

③ 教育大辞典编纂委员会．教育大辞典（第三卷 高等教育、职业技术教育、成人教育、军事教育）［M］．上海：上海教育出版社，1991：4.

四、专业范围的模糊性

哪些专业的教育属于高等工业教育，也是值得思考和探讨的问题。在前面概念的界定与辨析部分，我们已对高等工业教育和高等工程或工科教育的区别与联系作了较为详细的说明，可以肯定高等工业教育的专业范围不仅限于高等工程或工科专业。但问题是，如果把凡是培养与工业生产相关的对高级管理、研发、设计和经营等人才的教育都视为高等工业教育，那么，根据事实，在近现代中国的工业企业中，除了有接受过高等工科或工程教育的工程师和研发、设计人员，也有很多从高等学校的理科院系毕业后到工业企业从事研发和设计的人；很多高级管理人员在高等学校接受的可能是工业企业管理专业的教育，也可能接受的是一般的组织管理专业的教育，甚至有的根本就不是管理专业的毕业生但最后却成了著名的工业企业管理家；很多企业的外语人才往往就是普通的外国语院系培养出来的学生；不少企业宣传策划人员可能来自高等学校的中文或其他专业；企业营销人才的专业背景更是五花八门。如果不加限定地将所有可能与工业生产和经营等相关的高等专业教育都视为高等工业教育，那么，与高等工业教育相关的专业范围就会成为漫无边际、无所不包的所有高等教育专业了。很显然，真要这样，本文就会因为研究对象不明或随意而从根本上失去其特定的意义和价值。

要处理好这个问题，唯一的办法就是确立一套判断是否属于工业教育的标准。符合标准的专业才能归为高等工业教育范畴，否则，即使在客观上其培养的人才有可能进入工业生产领域并发挥一定作用，该专业也不能划归高等工业教育。这套标准在高等教育体系已经发展成熟的当代是比较容易确立的，因为随着现代高等教育学科和专业的分化与分工的完善，只要依据专业的培养目标，即培养的人才毕业后的拟定职业去向，以及该专业的知识在生产和经济领域的适用范围，就能比较容易地判断该专业的属性。这种判断标准在中国近代高等工业教育发展史上同样适用，但仅靠这个标准又是不够的。原因至少包括两个方面：其一，中国从洋务运动时期开始引进的所有西方新式教育，其根本目的无不是通过掌握西方工业制造技术而实现“富国强兵”。

虽然很多专业的培养目标不一定明确表述为培育高级工业人才，但实际上的课程安排与学习西方工业生产和管理的知识、技能高度相关。例如，京师同文馆在开办之初的直接目标是培养精通外语、能与洋人打交道的人才，但在其发展过程中，课程安排并不仅仅是外国语言和文字，还有一定的西方自然科学和工业生产技术知识。从实际效果看，我们很难说这种新式教育不是早期中国工业教育的组成部分。其二，现代工业生产的关键是科学技术，而传承和发展科学技术的主要基础是理科和工科教育。在现代社会，理科和工科的界限是清楚和明显的。工科教育直接指向各种工业生产和工程建设，是自然科学知识和理论在生产中的物化和操作化运用；理科教育则主要传递、研究、发现和发展自然科学的基本原理，它为工科教育的发展提供坚实的理论基础，但与生产实践之间存在明显的距离。然而，理科和工科这种泾渭分明的界限是自然科学技术充分发展后的产物，在早期的高等教育内部，现代科学与技术的区别并不明显，一些现代技术是依附在科学的母体上的（当代所谓技术科学的出现与发展就是这种早期状态在更高层次上的回归）。尤其是在刚刚开始准备学习西方科学技术的近代中国，由于人们对西方科学和技术认识的模糊，更由于之前并无成熟的自然科学理论教育作基础，很多今天看来应该划归理科的教育，在当时就未必不是被作为工业生产的技术知识教育而看待的。例如，洋务派主要领导者奕䜣等人在《请添设一馆讲求天文算学折》内说得很清楚："因思洋人制造机器、火器等件，以及行船、行军，无一不自天文、算学中来。现在上海、浙江等处，讲求轮船各项，若不从根本上用着实功夫，即学习皮毛，仍无俾于实用。"① 也就是说，在奕䜣等洋务教育的举办者心目中，天文（包括物理、化学）和算学这些我们今天看来纯属理科的教育，直接目的就是培养工业制造人才。

因此，研究中国近代高等工业教育，在确定其所涉及的专业教育种类时，要特别注意其"中国"和"近代"这两个特点，充分考虑发轫之初的专业模

① 奕䜣，等. 请添设一馆讲求天文算学折［M］//高时良. 中国近代教育史资料汇编：洋务运动时期教育. 上海：上海教育出版社，1992：43.

糊性，既要考察各种专业教育的知识内容，还要考虑到当时的教育举办者的认识水平和真实目的，这样才能尊重历史和事实，还原中国高等工业教育现代化的真实面貌和历史轨迹。

除了以上四个主要方面，本文还注意了其他一些方面范围的确定，尽量做到研究对象的范围既不随意而定、没有边际，也不挂一漏万。例如，从形式和途径的角度看，中国近代高等工业教育不仅包括在国内进行的各种高等工业教育，还应该包括通过留学方式进行的这种教育；不仅应该包含学校教育，还应该包括其他形式的教育等。

第四节 研究要素

研究中国近代高等工业教育，核心工作就是要研究高等工业教育在中国出现以后的现代化历程及其特点。“研究教育现代化问题首先要确定一个研究框架，否则研究就可能是随意的，就可能缺乏必要的规范性和严肃性。”① 所谓研究框架，就是研究的基本思路，应该包括研究的理论基础与方法的选择、研究的核心问题的确立以及研究假说的构想等。

一、研究的理论基础

围绕“中国高等工业教育的早期现代化”这一主线，以现代化和教育现代化理论为主要理论基础，以马克思主义关于事物普遍联系的观点和现代系统理论为方法论指导，从教育基本原理、课程与教学、教育与社会、教育与文化、教育与经济、教育管理以及国际比较等角度入手，力争揭示早期中国高等工业教育现代化的多重意义、价值和矛盾的多样性。因此，整个研究涉及和应用了现代化和教育现代化理论、现代系统理论、教育基本理论、教育史学、教育文化学、教育社会学、教育经济学、比较教育学等多种理论和方法。其中，现代化和教育现代化理论以及现代系统理论是指导本文工作的核心和主线。

---

① 褚宏启．教育现代化的路径［M］．北京：教育科学出版社，2000：3.

（一）现代化和教育现代化理论

现代化研究是自20世纪50年代末至60年代中期才开始兴起的一门社会科学的边缘学科。它发端于经济学领域的研究，以后迅速扩展至政治学、社会学、历史学以及教育学等其他学科领域。在经历了一段时间理解的分歧与观点的纷争后，当代各个领域和学科的各流派现代化研究在很多方面开始有了共识，并逐渐成了有着一套较完整的概念系统和逻辑体系的专门理论，即所谓的现代化理论，它“是一种以晚近以来人类社会变迁和社会发展（即现代化实践）为研究对象的具体的社会历史研究理论”①。“现代化”是现代化理论的基本概念，但像很多社会科学基本概念一样，人们的理解和界定并不完全相同。我国现代化理论研究专家罗荣渠先生从历史学角度对这一概念进行概括：“广义而言，现代化作为一个世界性的历史过程，是指人类社会从工业革命以来所经历的一场急剧变革，这一变革以工业化为推动力，导致传统的农业社会向现代工业社会的全球性的大转变过程，它使工业主义渗透到经济、政治、文化、思想各个领域，引起深刻的相应变化；狭义而言，现代化又不是一个自然的社会演变过程，它是落后国家采取高效率的途径（其中包括可利用的传统因素），通过有计划地经济技术改造和学习世界先进，带动广泛的社会变革，以迅速赶上先进工业国和适应现代世界环境的发展过程。”②有研究者认为，现代化与一般的社会变化相比，具有以下主要特点：一是普遍性。现代化并非某个国家或地区局部区域性变革，而是整个人类社会一体化的历史过程。不同国家现代化启动时间可能不同，现代化准备条件也许有异。但或迟或早，或主动或被动地融入现代化大潮。二是客观必然性。现代化并非偶然短暂现象，也非纯粹主观设想，而是历史发展的逻辑必然。商业化、科学化、工业化及民主化的先后产生和相互推涌，汇聚成现代化历史巨流。三是综合性和整体性。现代化是一个多领域、多层次、全方位的社会变

① 陈向阳．现代化研究与晚近中国社会再认识［J］．华南师范大学学报（社会科学版），1999（4）：1-8.

② 罗荣渠．现代化新论：世界与中国的现代化进程［M］．北京：北京大学出版社，1993：16-17.

革。它包括政治、经济、文化、教育、军事等各领域现代化，包括技术、制度、思想观念等不同层面的现代化，从范围看则包括社会现代化和人的现代化。四是实现途径的多样性。各国现代化的基本方向是一致的，但实现方式却多种多样。五是过程的长期性和阶段性。现代化必然经过长期的积累才能最终实现，其间还不免出现现代化中断、停滞和倒退。现代化变迁和发展一般要经过酝酿、产生、累进、成熟、完成等不同阶段。六是进步性和合理性。从基本性质和主导价值看，就人类社会历史发展的根本方向而言，现代化的正面价值和积极意义是巨大而深远的。①

当代各学科和理论流派对现代化的具体内容、起始时间等方面的认识不尽一致。有人认为现代化是一个具有确定内涵和判断标准的专门概念，但也有人认为现代化是一个相对意义上的概念，没有确定内容和时间界限，其含义随时代的变化而不断变化。② 还有人认为现代化既有时间的含义，又有变化的含义；既有时间的特征，又有变化的特征。③ 鉴于本文研究对象的特定性，为了使研究有一个明确的逻辑起点和清楚的概念体系，本文倾向于将现代化理解为某一国家或地区从特定时间（古代社会结束）开始发生的一种具有特定内容和表征的社会变迁和发展过程，并取如下定义：人类社会发展到一定阶段以后所发生的以手工生产、农业经济和专制政治为主要特征的社会形态向以机器生产、工业经济和民主政治为主要特征的社会形态转化的过程。④ 这一定义从社会生产技术基础以及经济形态和政治形态这些核心要素入手，明确了现代化的基本和本质内涵，提供了历史阶段划分的依据，也确立了评价各种历史事件的价值标准。当然，这个定义并不是说社会现代化仅包含这三项内容。实际上，现代化包括生产技术、经济、政治、文化、军事、教育乃

---

① 陈向阳．现代化研究与晚近中国社会再认识［J］．华南师范大学学报（社会科学版），1999（4）：1-8.

② 黄济，郭齐家．中国教育传统与教育现代化基本问题研究［M］．北京：北京师范大学出版社，2003：191.

③ 王铁军．教育现代化论纲［M］．南京：南京师范大学出版社，1999：20.

④ 陈向阳．现代化研究与晚近中国社会再认识［J］．华南师范大学学报（社会科学版），1999（4）：1-8.

至人们的日常生活等各个领域的变化。而且，由于人是社会各个领域现代化的主体和最终目的，因此，人本身的现代化贯穿于整个现代化过程中。正如塞缪尔·亨廷顿（Samuel Huntington）所说，现代化是“一个多方面的变化过程，它涉及人类思想和活动的一切领域”①。但不可否认，生产技术和经济、政治的现代化是整个社会现代化的基础和核心内容，一切其他领域的现代化都是这三者现代化的衍生物和必然结果。其中，机器生产成为社会劳动的主要手段，工业产值在国民经济中占优势地位的工业化又是整个社会现代化的基础。

人们对现代化的主观态度不尽一致，有人为之欢呼，有人则忧心忡忡。例如，有一种观点认为，现代化并不一定代表着进步，在某种程度上现代化可说是一种道德毁灭力量。② 且不说现代化毁灭的究竟是什么性质的道德，即便现代化给人类带来的负面效果再多，也无法抵消它把人类从前现代社会愚昧、无力和贫穷状态中解放出来的功绩。更为根本的是，到目前为止，人类社会的发展除现代化之外，还看不到有别的出路。③ 因此，无论人们的意愿和态度如何，无论是主动还是被迫，现代化潮流对世界的涤荡是不可阻挡的。任何国家和民族明智的做法，应该是在此过程中凭着人类的智慧将其负面作用减至最小，而不是抗拒它。

尽管现代化理论仍处于发展和完善中，但到目前为止，它被普遍认为是最能揭示和概括近代以来世界历史发展本质的理论，而且在涉及近世以来的经济、政治、文化、教育乃至宗教等领域的研究中，它还有着重要的价值论意义。尤其是对研究鸦片战争以来中国教育发展变化状况的人来说，现代化理论及其研究方法和视角的引入，对我们克服陈旧思想观念的影响，更具有特别的意义和价值。

---

① ［美］塞缪尔·亨廷顿．社会变革中的政治秩序［M］．李盛平，杨玉生，李培华，等，译．北京：华夏出版社，1988：32.

② 黄济，郭齐家．中国教育传统与教育现代化基本问题研究［M］．北京：北京师范大学出版社，2003：188.

③ 金耀基．论中国的“现代化”与“现代性”［M］//方克立．走向二十一世纪的中国文化．太原：山西教育出版社，1999：218.

教育现代化是社会现代化在教育领域的展开和推进，是社会现代化的组成部分之一，是传统教育逐渐转化为现代教育的过程。根据教育基本理论，教育的发展受整个社会发展进程制约，但作为社会子系统的教育，其现代化的过程一旦开始，就会成为社会现代化大潮中的一支相对独立的力量，反过来对整个社会的现代化进程造成深刻的影响。那么，究竟什么是教育现代化呢？

学者吴紫彦认为，所谓教育现代化，就是用现代先进教育思想和科学技术武装人们，将与现代教育不相适应的教育思想、教育观念、教育内容、方法与手段以及校舍与设备，逐渐提高到现代的世界先进水平，培养出适应参与国际经济竞争和综合国力竞争的新型劳动者和高素质人才的过程。具体包括教育观念现代化、培养目标现代化、教育内容现代化、教育方法现代化、教育结构现代化、教育装备现代化、师资队伍现代化、教育管理现代化等八大范畴。张人杰教授则认为，教育现代化应以社会现代化的“五化”——民主化、多元化、人本化、科技化、国际化——为大方向来规范和界定。教育要为现代化建设服务，必须实现教育自身的现代化。教育现代化主要包括教育人本化、教育民主化、教育多元化、教育科技化、教育国际化等。[①] 还有人根据马克斯·韦伯（Max Weber）关于“现代性”的实质即社会的不断“理智化”和“祛魅”的观点，提出教育现代化其实就是教育不断地趋于合理化的一个过程。[②] 上述各种关于教育现代化内涵或外延的界定，有的是从教育自身发展变化的角度进行研究的，有的是把教育置身于整个社会现代化过程之中来分析的，还有的则是从教育现代化的本质属性角度来谈的。虽然由于看问题的出发点和视角以及对现代化含义的理解各不相同，从而导致这些表述各异，但他们都承认教育现代化是一个教育形态不断发生变化的历史过程。在这个过程中，很多“传统教育”中所没有的属性或曰教育的“现代性”因素逐渐增加或得到实现，使现代教育呈现出与传统教育不同的面目。正如专

① 王铁军．教育现代化论纲［M］．南京：南京师范大学出版社，1999：27.

② 黄济，郭齐家．中国教育传统与教育现代化基本问题研究［M］．北京：北京师范大学出版社，2003：203.

门研究教育现代化的学者褚宏启所总结的那样，“教育现代化是指与教育形态的变迁相伴的教育现代性不断增长的历史过程”①。

问题是，随着社会的不断发展，“教育现代性”是如此之多并在不断增加，我们几乎无法穷尽它们。为了能给“教育现代化”一个既简洁又能揭示其本质属性的定义，我们必须弄清哪些特点最能代表现代化前后的教育之间的区别，或者说什么特点最能证明某种教育属于“现代教育”而非“传统（古代）教育”。

以色列学者 S. N. 艾森斯塔德（S. N. Eisenstadt）从受教育者素质入手，认为现代教育最重要的教育产品之一就是各种技能，无论是一般性的技能，还是更为具体的专业和职业技能。② 黄济等人经过长跨度的历史考察以后指出，“所谓现代教育，就是从资本主义大工业和商品经济发展起来到共产主义社会完全实现这一历史时期的致力于与生产劳动相结合、培养全面发展个人的教育”③。长期致力于教育现代化研究的顾明远先生在重点考察当代教育的基础上认为，“所谓现代教育，就是建立在先进科学技术基础上的，与生产劳动和社会生活紧密结合的，能够满足全民学习、终身学习需要，促进社会和谐发展和人的全面发展的教育活动”④。中外学者普遍认为现代教育具有民主性、科学性、生产性、开放性以及国际性等多种基本特征。综合关于“现代教育”的各种不同的定义和论述，我们可以发现，现代教育最本质的特征，即现代教育与传统（古代）教育根本的不同之处在于：现代教育与社会生产紧密相连，并以培养多方面发展或全面发展的人为目的。现代教育的所有其他特征都是这两个最基本特征的推演和展开。

根据以上分析，本文对“教育现代化”定义如下：所谓教育现代化，就是与教育形态的变迁相伴的致力于与生产劳动相结合和培养全面发展的个人

---

① 褚宏启．教育现代化的路径［M］．北京：教育科学出版社，2000：8.

②［以］S. N. 艾森斯塔德．现代化：抗拒与变迁［M］张旅平，沈原，陈育国，等，译．北京：中国人民大学出版社，1988：19.

③ 黄济，王策三．现代教育论［M］．北京：人民教育出版社，1996：168.

④ 顾明远．教育现代化的基本特征及实施策略［J］．人民教育，2007（Z2）：8-11.

的特性不断增长的历史过程。教育现代化体现了整个社会现代化的必然要求，其结果又会进一步促进社会的机器化、工业化和民主化等现代化进程。

由于不同国家现代化启动的时间和源动力各不相同，现代化的类型也具有多样性。一般来说，根据一个国家现代化发展起始时间及最初的启动因素，可以把目前所有卷入现代化浪潮的国家分为两种类型，即早发内生型现代化国家与后发外生型现代化国家。①

对于早发内生型现代化国家来说，教育现代化是在主要继承传统教育的基础上，然后逐渐加以创新和调整的过程，是一个自然而然产生和相对平缓的过程。这并不是说在此过程中就不存在新旧之间的纵向矛盾以及现存教育与政治、经济等其他社会子系统之间的横向矛盾，而是因为“许多重要的教育问题不是同时出现的，国家可以在较长的时间内比较从容地处理这些问题，往往教育发展无大起大落现象”②。

后发外生型现代化国家则不同，其教育现代化过程往往伴随着比较激烈的矛盾和冲突。产生这种矛盾和冲突的原因很多，但根源不外乎内外两个方面。从内部来讲，一方面，任何民族和国家的传统文化及其教育，在经过漫长的历史积累形成以后，一般都能与本土的政治、经济、民族心理和习惯等各种因素之间达成一种良好的平衡状态，从而具有按照自身固有的逻辑和轨道运行的惯性。如果在一个到处充满传统因素和氛围的国家里，突然植入与本土完全异质的外来文化和教育，必然会打破这种业已形成的平衡。这不但会导致教育领域内部的混乱和冲突，外来文化和教育与其他社会子系统之间也必然产生诸多“不适应症”。另一方面，后发型国家追求教育现代化的目的，往往是因应先进国家对自己的政治、经济、军事等多方面的压力，教育现代化被视为从各方面赶超先进国家的法宝。此时，后发外生型现代化国家的当政者极容易产生急于求成的心理，往往一开始就试图在同一时间内，把早发内生型现代化国家在不同阶段分别解决的问题“一揽子”解决，毕其功

---

① 张琢，马福云．发展社会学［M］．北京：中国社会科学出版社，2001：216.

② 褚宏启．教育现代化的路径［M］．北京：教育科学出版社，2000：47.

于一役，从而实现现代化的全面推进和社会的全面发展。[①] 由于引进外来文化和教育的速度过快，各种矛盾也必然加剧。这些矛盾不仅数量众多，而且都是“数千年所未有”的新问题，主政者往往缺乏妥善处理这些问题和矛盾的成熟经验和能力，这又进一步恶化了后发外生型现代化国家教育现代化的环境和条件。

从外部看，后发外生型现代化国家的教育现代化，一般都是在早发内生型现代化国家的巨大压力下被迫启动的，自身处于绝对弱势地位。它们的教育现代化往往与国家被侵略和殖民地化过程交织在一起。早发内生型现代化国家的军事侵略、政治压迫、经济掠夺以及思想文化渗透，给后发外生型现代化国家带来了巨大的痛苦和灾难，同时又在客观上向后发外生型现代化国家展示了社会和教育现代化的威力和魅力，成为后发外生型现代化国家教育现代化起步的诱因和导火线；后发外生型现代化国家抗击早发内生型现代化国家侵略和追求民族独立、富强的活动，既能促进和推动教育现代化的发展，有时又会干扰教育现代化的正常进程。在一些特定的历史时期，甚至可能出现“救亡压倒启蒙”的局面，教育现代化可能因此中断。

中国教育现代化是在一个典型的后发外生型现代化国家中所发生的教育发展和变迁过程，以现代化和教育现代化理论作为研究中国近代高等工业教育的理论基础，可以使研究工作在思想、观点、方法以及价值标准等多方面有所突破。

中国高等工业教育的发展过程，本质上就是其逐步实现现代化的过程。根据上述对教育现代化的理解和定义，这一过程就是指与中国高等工业教育形态的变迁相伴的致力于推动工业生产发展、培养全面发展的高级工业人才的特性不断增长的历史过程。这里“教育形态的变迁”是指“教育的各个层面的变化、演进过程，主要是指教育结构（行政管理体制、学校结构、课程结构等）分化和教育功能增生、改变的过程”[②]。中国高等工业教育现代化是

---

① 张琢，马福云．发展社会学［M］．北京：中国社会科学出版社，2001：221.

② 褚宏启．教育现代化的路径［M］．北京：教育科学出版社，2000：8.

在生产劳动机器化的压力和要求下开始的，但其结果不仅直接促进了社会生产的机器化和工业化，而且具有政治、文化等多种意义和价值。本文所研究的中国近代高等工业教育的发展过程，就是这个历史过程的早期部分。

高等工业教育的现代化毫无疑义是整个教育现代化的组成部分，它应该遵循和体现整个教育现代化过程中的一些共同规律。中国高等工业教育的现代化过程也是这样，遵循着从无到有、从少到多、从结构单一到逐渐成体系等现代教育发展的共同规律。但是，西方国家的高等工业教育是在自然科学技术日益发达、资本主义机器大工业生产日益占据统治地位的社会环境下，在其传统教育的母体中逐渐生长出来的，其现代化的过程是一个渐变、进化和不断完善的过程。但中国的高等工业教育现代化，特别是在其早期阶段，与西方发达国家高等工业教育的现代化存在很大不同，表现出诸多独有的特征，体现出一些特殊规律。

第一，缺乏所需的文化知识基础。中国传统文化的主体是儒家政治化的伦理道德文化，传统教育也以传授儒学人文典籍占绝对主流。因此，进行工业技术教育的学校在中国出现之初，很难招到具有合格知识基础的学生，而不得不到当时英国的殖民地香港和其他有西方人办学的地方，用优厚的待遇吸引具有一定外语和科学基础的学生入学。福建船政学堂、北洋大学堂等学校都曾多次远赴香港的英文学校招生。另外，规模狭小的中国传统科技研究和教育，大多停留在直观的实用技术阶段，没有发展出现代工业所需要的科学理论和技术。因而，在现代工业教育移植到中国的初期，胜任科技教学任务的中国人极少，不得不依赖良莠不齐、缺乏稳定性和来源保障的外国教师，甚至是敌对国的教师。如京师同文馆的科技教育一直为英国人把持，福建船政学堂的科技教员则长期依靠法国人雇觅。而英、法两国正是从鸦片战争开始多次与中国交战、对中国抱有极大野心的国家。

第二，缺乏相适应的民族文化心理基础。传统中国以科举制为代表的人才选拔制度，一直把儒家的人文典籍作为考试的内容和依据，强化了以思辨和考据方法探究抽象的哲学、伦理、政治命题为主的儒家学术的优势地位，而将与实际生产和生活密切关联的科技研究与著述视为末流。因此，大多数中国的士大夫乃至平民对科技的发明和创造一般都持一种轻视甚至鄙视的心态。而长期以来传统中国整体文化和综合国力的相对强盛，又逐渐形成了中国知识分子的自大心理。清朝中叶开始的闭关锁国政策，使中国人对西方社会发生的巨大变化和进步一无所知，又导致这种自大蜕变成盲目自大。所以，以洋人为师、以科学技术为内容的新式教育出现以后，在相当长的时间里令很多中国人无法接受，甚至倾力阻挡其发展。京师同文馆开办天文算学馆时，山东道监察御史张盛藻上奏说："若以自强而论，则朝廷之强莫如整纪纲，明刑政，严赏罚，求贤养民，练兵筹饷诸大端"，而"何必令其习为机巧，专明制造轮船、洋枪之理乎"。[①] 身为帝师的倭仁对延聘洋教员为师的做法忍无可忍，他痛心疾首地向清朝最高统治者指出："天下之大，不患无才。如以天文、算学必须讲习，博采旁求，必有精其术者，何必夷人，何必师事夷人？"[②] 他们这些今天看起来不值一驳的说法，在当时却被绝大多数官僚、士子乃至普通平民视为代表自己心声的至论。

第三，缺乏相适应的教、学习惯和方法的支持，也是中西高等工业教育早期发展过程中的一个重要差别。近代工业知识和技能的教学，要求学生必须在深刻理解科学原理的基础上，通过动手操作和练习，掌握工业生产的技能和技巧，强调在实验和实践过程中检验书本知识，并鼓励提出自己独到的见解。而中国传统教育在其发展过程中逐渐形成了教学方法重记诵轻理解、重接受轻反思、重书本轻实践等弊端。这些弊端经过八股科举考试制度的强化，到明清时期发展到极致。传统教育的影响，使得早期中国工业教育中的学生极易误将呆读死记、倒背如流这类习惯做法当作学习良方，而轻视实践和探究能力的发展。赞同维新变法的思想家李端棻在上奏给清廷的奏折中说："格致制造诸学……或非试验测绘不能精，或非游历察勘不能确，今之诸馆，未备器图，未遣游历，则日求之于故纸堆中，终成空谈，无自致用……此诸

---

① 同治六年正月二十九日（1867. 3. 5）掌山东道监察御史张盛藻折［M］//朱有瓛．中国近代学制史料（第一辑 上册）．上海：华东师范大学出版社，1983：551.

② 同治六年二月十五日（1867. 3. 20）大学士倭仁折［M］//朱有瓛．中国近代学制史料（第一辑 上册）．上海：华东师范大学出版社，1983：552.

馆所以设立二十余年，而国家不一收奇才异能之用者，惟此之故。”① 从他的批评中可见，中国近代高等工业教育教学方法中存在的问题严重影响了它的实效，而且这些问题与传统教学方法的弊端如出一辙。

第四，缺乏正常发展所需的稳定社会环境和可靠的经济保障，也是中国近代高等工业教育面临的特殊问题。从鸦片战争开始，中国境内的战火不断，高等工业教育机构屡遭兵燹之祸。中法战争之于船政学堂，八国联军之于北洋大学堂和京师同文馆，以及国内的政局动荡和军阀混战对各级各类学校的干扰与破坏，都是其他国家少见的。频繁的内外战争所需的军费开支，尤其是历次对外战争失败后的巨额赔款，导致晚清和民国前期中央和地方政府财力极度匮乏，对高等工业教育的发展具有直接和间接双重负面影响。直接影响是无法提供资金举办大规模的各种近代教育，当然也包括所需资金尤多的高等工业教育；间接影响是无法大力发展高等工业教育的存在基础——现代工业。

以上这些情况，都是西方高等工业教育发展早期所没有面临过的境遇，而它们对中国高等工业教育的发展进程的影响是极为深远的。

（二）现代系统理论

现代系统理论是本文重要的方法论基础。人们很早就对世界万物之间的普遍联系有了认识。中国古代的“五行说”和《易经》中“万物交感”的观点，古希腊恩培多克勒（Empedocles）的“四素说”等都是古人对事物普遍联系和相互作用与转化的现象在哲学层面进行的初步总结。但直到辩证唯物主义诞生以后，普遍联系的思想才成为一种科学和系统的哲学原理。

在科学研究领域，相对于古代那种凭直觉和简单的归纳与推理进行研究的方式而言，近世的科学家们形成了把复杂现象分解成各个组成部分和基本过程进行深入、细致研究的模式，并且在自然科学的各个领域取得了巨大成就，极大促进了学科分化和人类科研总体水平的提高。然而，进入 20 世纪以

① 李端棻．请推广学校折（1896）［M］//陈学恂．中国近代教育文选．北京：人民教育出版社，1983：63.

后，随着现代科学技术的发展进一步深入到微观和扩大到宏观领域，并向前所未有的深度与广度进军，人们发现很多自然、生理和生命现象，尤其是社会领域的各种现象，已经无法用传统分门别类、条分缕析的科学理论和研究方法解释和说明了。于是，突破学科之间的传统界限，从而实现科学研究某种程度的一体化已经成为必然趋势。正是在这种背景下，1939 年路德维希·冯·贝塔朗菲（Ludwig von Bertalanffy）等提出了“普通系统论”，1948 年诺伯特·维纳（Norbert Wiener）发表了“控制论”、克劳德·艾尔伍德·香农（Claude Elwood Shannon）发表了“信息论”，以后又出现了耗散结构理论、突变论、协同论和超循环理论等。现在人们所说的系统理论或系统科学一般是指这些理论的总和，它的研究范围从最初的自然科学、工程技术一直扩大到社会系统、生命系统和精神活动，横跨自然科学和社会科学两大领域。

系统理论是对复杂事物从整体上、从构成复杂事物的各组成部分的相互关系上进行研究的科学。它的研究对象是不同领域的各类系统，它的研究方法与手段就是信息传递，它的研究主体是人，从而确定了研究的角度，或确定了判断系统性能好坏的某些通用基准。系统理论为研究复杂事物，特别是社会系统和生命系统提供了一套新方法。尽管很多系统理论的创始人不认可甚至反对辩证唯物主义，也否认系统理论与唯物辩证法之间的内在联系，但众多的研究表明，从方法论的角度来看，系统理论实质上是辩证唯物主义关于事物普遍联系的原理在科学研究中的具体化和深化，是对辩证唯物主义科学方法论体系的进一步丰富。

“系统”是系统理论的核心概念，但从系统理论出现以来，关于“系统”是什么的说法并不一致，种类很多。系统论的创始人贝塔朗菲将系统定义为相互作用的诸种元素的复合体，强调多元性和相关性是系统概念最基本的规定性。我国众多学者从 20 世纪 80 年代开始对系统理论表现了极大兴趣并进行了较为充分的研究，通过总结，很多人认为系统是“由相互联系、相互依赖、相互制约、相互作用的事物和过程组织成的具有整体功能和综合行为的统一体”[①]。我国长期关注系统理论研究的著名学者钱学森认为，系统是对一些极其复杂的研制对象的称谓，“即由相互作用和相互依赖的若干组成部分结合成具有特定功能的有机整体，而且这个系统本身又是它所从属的一个更大系统的组成部分”[②]。赵文华博士针对系统概念归纳出如下几个要点：第一，系统总是由两个以上相互联系和彼此影响的部分构成的集合体；第二，系统总是具有一定的界限，既把系统与环境区分开来，又促使系统与环境不断地进行能量、信息与物质的交换；第三，系统虽然是由相对独立的各个部分组成的，但却是具有一定功能和特性的有机整体。[③]

根据系统理论的基本观点和原理进行分析，高等工业教育是整个教育系统乃至整个社会系统的一个子系统，是一个由诸多相互联系和影响的要素所构成的，与所处环境不断进行物质、信息和能量交换，且具有一定功能和特性的有机整体。以系统理论观照本文，应该特别注意以下几个方面：

第一，无论对哪一个时期进行研究，都不能只注意中国高等工业教育的内部矛盾而忽视其与当时社会的政治、经济、文化等外界环境的联系。“政治、经济、文化等构成一个社会的核心结构，教育只是一个边缘结构。不能离开社会主要构成要素的现代化去谈教育现代化问题，因为教育的许多根本问题如教育目的、管理体制、学校结构、课程内容、教育条件（经费、师资）等皆非教育本身所能决定，也非教育本身所能解决。”[④]

第二，现代人才的培养是一个长期、连续、综合影响的过程，高级工业人才的培养效果及其功能的发挥，既与初等、中等普通教育有关，也与较低层次的中等工业教育、职业技术教育的发展程度有关，还与同级或更高级的其他各类专业教育在比例、交流方面有很大关系。因此，即使在教育系统内部研究高等工业教育，也不能完全撇开它与其他各级各类教育之间的联系而

---

① 赵文华．高等教育系统论［M］．桂林：广西师范大学出版社，2001：3.

② 姜圣阶，张顺江．法元论：辩证唯物主义与系统论信息论控制论的归一说［M］．北京：中国环境科学出版社，1988：17.

③ 赵文华．高等教育系统论［M］．桂林：广西师范大学出版社，2001：3.

④ 褚宏启．教育现代化的路径［M］．北京：教育科学出版社，2000：11.

孤立进行，否则，同样不能得出有说服力的结论。

第三，要注意教育社会功能的多样性。考察中国近代高等工业教育的社会价值与功能，不能只注意它对工业生产和经济影响的大小，更要注重它通过传播近代科技知识和培养新型人才改变中国人的知识结构和思维方式，从而改造中国文化的重要作用。还要注意，从中国教育自身发展的角度来看，高等工业教育来到中国以后，能够由立足以至生存、发展，这本身就是中国教育现代化过程中的一个重大胜利，对中国现代教育的发展具有重要的意义和价值。如果不注意早期高等工业教育对中国社会多方面的意义和价值，它的实际影响乃至本文的价值就会大打折扣，结论也会了无新意。

第四，要重视教育的社会制约性，但又要充分考虑教育发展的相对独立性。尤其是要看到晚清以来，在长期缺乏强有力的中央政府的社会条件下，中国高等工业教育的自身发展与举办者的意图之间往往并不一致，不能将一些纸上的“宗旨”“规章”对教育的束缚无限夸大，不能将其作为评价教育实况的根本标准。要抛弃根据举办者的主观意图“好或不好”进行先入为主的价值判断的研究思路，而是应该根据史实，以分析和判断“有效或无效”及其原因为研究主轴。

第五，中国近代高等工业教育的发展是伴随着“西学东渐”大潮而进行的，我们过去往往不加区别地把凡是从西方传来的文化、教育、科学技术等一概称之为“西学”，但其实，“西方是分为不同的国家的，每一个国家的思想和文化有着重要的区别。只有具体地研究当时‘西学’的来源国，这种研究才会具体化，也才有深度”①。中国近代高等工业教育先后受到过不同西方国家的影响，开办了很多风格和气质迥异的高等工业教育学校，要充分考虑到这一特点，才能促进研究的深入和具体。

二、研究方法

本文从问题和现有条件出发，采用符合实际和研究需要的方法。

---

① 张西平. 中国现代学术转型的德国背景［J］. 读书，2009（2）：3-8.

一是文献法。本文遵循定量与定性相结合、历史与逻辑相统一的原则，重视加强定量研究，主要通过搜集和考订中国近代教育史文献中关于高等工业教育的各种规章、制度、数据、图表、论著等原始材料，力争对中国近代高等工业教育的发展历程有一个准确、真实、全面的认识。在此基础上，参考前人已有的优秀研究成果，借助归纳和演绎的理论研究方法，采撷那些最典型的材料和证据，用以说明中国近代高等工业教育的历史价值、意义以及存在的问题。

二是比较法。包括纵向比较和横向比较两类。本文是对中国近代高等工业教育发展过程的研究，并要进行适当的评价，这就必须在弄清历史事实的基础上进行大量的比较，否则，单纯的数据和事实往往什么问题也说明不了。例如，为了说明高等工业教育在洋务运动、维新运动、清末新政、民国前期等不同历史阶段发展的速度与质量，必须进行自身的纵向比较；为了说明中国近代高等工业教育发展中的一般规律和特殊之处，必须进行中国与外国在类似阶段的横向比较；为了分析不同地区之间高等工业教育的发展差异，还必须进行区域之间的横向比较等。

三是个案分析法。同类研究中宏观研究较多，而微观分析较少，这种状况不但造成结论往往千篇一律，还缺乏具体生动、令人信服的事实根据。为了展现中国近代高等工业教育发展的多样性和丰富性，本文进行了较多个案研究，力争做到宏观研究与微观研究有机结合。这些个案既包括典型的学校，也包括代表性人物、派别以及地区。

四是文化学和社会学方法。中国近代高等工业教育的历史意义和作用是多方面的，而每一种作用的发挥又是受多种因素所制约和影响的。因此，除了历史研究和理论研究这两种基本方法以外，本文还采用了文化学、社会学等多种学科的方法，以揭示中国近代高等工业教育所具有的多种文化、社会价值。

三、核心问题

在多年的教育原理、课程与教学论和教育史等学科的学习与研究过程中，经过相关研究论著的研读和相关资料的查阅，以“中国社会现代化”为逻辑起点，逐渐形成了这样一个核心问题：中国高等工业教育的早期现代化在社会现代化中的意义和价值究竟是什么？

中国社会的现代化在西方的强力影响下被迫开始，但又是符合历史发展潮流的，而且是至今正在进行的一场社会变革和转型的历程，是整个社会包括政治、经济、思想、文化和教育等各子系统全面现代化的过程。因此，教育以及高等工业教育的现代化是中国社会现代化不可或缺的一个重要组成部分。中国社会现代化的内容是多方面的，但其基础和核心只能是社会生产的工业化，它是一切社会其他方面现代化的条件和前提，我们无法想象一个大如中国的国家，能够在工业生产极其落后的情况下在其他方面顺利实现现代化。因此，高等工业教育与现代工业生产之间的关系之密切是不言而喻的，因为它的直接任务就是面向社会现代工业生产培养所需的高级技术人才。

具体来说，本文围绕以下几个主要问题展开：（1）中国近代高等工业教育的源头是什么？如何判断？（2）中国近代高等工业教育的课程、教学、教师、学生等具体要素的真实面貌是什么？与传统教育相比发生了什么变化？这些变化面临的境遇以及人们应对措施是什么？这些变化的“现代化”意义与价值是什么？（3）中国近代高等工业教育的价值表现在哪些方面？这些价值的大小如何？（4）中国近代高等工业教育提供了哪些成功经验、哪些失败教训？判断标准是什么？（5）中国近代高等工业教育发展过程的特殊之处在哪里？

四、研究假说

“研究假说是根据已有的科学知识和新的科学事实，在进行研究之前对所要研究的问题的本质、规律或原因所作的一种推测性陈述，假定性解释。”① 假说在科学研究中的作用很多，特别是在帮助研究者选择研究方法、决定资料的取舍、提高研究工作效率等方面具有重要作用。本文在对现有资料初步

① 黄济，王策三．现代教育论［M］．北京：人民教育出版社，1996：531.

研究的基础上，形成如下研究假说。

中国的高等工业教育是应中国社会由传统或古代向现代转型的迫切需要而产生的，它的出现与发展，带来了中国教育在教学内容、方法、制度等诸多方面的巨大变革，带动和促进了整个教育的现代化进程。由于高等工业教育以培养工业生产部门的高级技术和管理人员为直接目标，所以它的社会功能首先表现为通过人才培养促进中国工业生产的发展。正是随着早期中国高等工业教育培养的一批又一批的人才进入社会，中国工业生产的规模逐渐扩大，种类逐渐增多，技术的独立自主性也逐渐增强。因此，早期的中国高等工业教育与社会工业生产和经济发展之间的联动关系无疑是存在的。不仅如此，现代高等工业教育的主要教学内容——自然科学与技术——是一种传统中国所缺乏的文化种类，它对世界的认识和判断，尤其是隐藏其中的价值观念、思维方式等等，对千百年来已经自成体系，自认为无所不包、臻于完善的中国文化形成强烈冲击。伴随着高等工业教育艰难而曲折的发展，经过反复的较量与争斗，中国的文化与学术最终踏上了重新整合的道路，人们的思想面貌也发生了根本变化。经济是社会变迁的基础和最终动力，文化既是社会变迁的结果，又是社会变迁的催化剂，所以，高等工业教育就是这样，与社会生产和经济、文化一起交织，推动着中国社会的现代化转型。

然而，由于工业教育和高等工业教育对中国而言完全是一种舶来品，中国高等工业教育的发端是从移植或嫁接西方工业教育开始的，而且是先于其他各级各类教育最早被移植到中国的，当时中国的社会环境和条件与西方发达国家相差太大，所以高等工业教育到中国后与社会各方面必然会有一个相当长的不适应和不协调的时期。并且，从晚清到民国结束，中国社会大多处于内忧外患、战乱不断、民生凋敝、国力孱弱的状态。因此，更使得中国高等工业教育创立后的成长和发展阶段缺乏一个能与之进行良性互动的社会环境和条件。故而早期中国高等工业教育的最紧迫的任务是求得自身的生存，其价值首先表现在通过自身的艰难发展带领整个中国教育和文化从古代走向近代，而不是也不可能将促进社会工业生产的发展作为头等重要的大事。但另一方面，中国高等工业教育从诞生之初就肩负了单靠它无法完成的救亡图存、富国强兵等重大使命，人们急切地希望它能迅速见效，促进中国现代工业生产的发展。虽然它也确实从一开始就勉力为中国的现代工业生产提供所需的人才，但仍与当时甚至当代中国人的期望相去甚远。这是早期的中国高等工业教育在现代化道路上不得不面对的困难和尴尬，也是中国高等工业现代化的根本特点和解答各种相关问题的关键所在。

第二章　中国近代高等工业教育产生的背景和渊源

鸦片战争，尤其是太平天国运动和第二次鸦片战争，将清王朝社会制度的落后及长期积累的各种社会矛盾和危机暴露在世界面前。事实证明，在西方资本主义国家近代工业及其技术教育蓬勃发展的时代，中国传统的手工业生产及其教育方式已无法为清王朝摆脱内外交逼的困境提供足够的物质、技术和人才支持。以林则徐、魏源、冯桂芬等人为代表的先进中国人，在朝野上下还普遍幻想继续苟且偷安之时，就已经开始不同程度地思考学习西方列强的工业生产技术和新型人才的培养问题了。先驱者的思考和呐喊，圆明园无情的大火，以及在镇压太平军的过程中对新式武器威力的体验，共同构成了以后洋务派以军工制造为开端培养新式高级工业技术人才的推动力。

第一节　“数千年未有之变局”——时代背景

一、危如累卵的社会

1840年（清道光二十年）6月，欧洲资本主义的英国因为罪恶的鸦片贸易受阻，派遣近代兵舰到亚洲向尚处在封建专制社会状态的清王朝发动攻击，中英鸦片战争爆发。直至鸦片战争爆发前，中国一直被视为世界先进文明的重要代表和东亚毫无争议的政治、经济、文化中心，但“满族王朝的声威一遇到英国的枪炮就扫地以尽”[①]，战争以“蕞尔小邦”英国的胜利、“老大帝国”中国的失败告终。战后签订的中英《南京条约》除了要求中国向英国割地、赔款，还强迫中国开放广州、上海等五处为通商口岸，准许中英商人之间自由贸易。从此，古老的中国不但被迫走入了世界近代历史，也开始了沦为半殖民地半封建社会的悲惨命运。

中国在鸦片战争中的失败不是偶然的。从15世纪末开始，随着世界地理大发现，欧洲一些国家不断向海外扩张，全球市场伴随着人们对世界的崭新认识逐渐形成。而深受康乾以来闭关锁国政策的禁锢，清王朝缺乏放眼世界的胸襟和勇气，日趋自我封闭。尤其是在经历清代前期的“康乾盛世”之后，西方国家纷纷开始了以工业革命为契机的社会制度、生产方式以及文化教育等各方面的深刻变革和社会现代化转型，清朝统治者却愈益走向闭关锁国、闭目塞听，对世界正在发生的巨变不仅茫然无知，而且也没有去知晓的兴趣，朝野上下沉浸在一片“天朝上国”的“太平盛世”迷梦之中。

实际上，正是从统治者津津乐道的“康乾盛世”开始，国家吏治日趋腐败，政治日趋黑暗。官场上弄虚作假、贪污腐败、卖官鬻爵之风公然横行。由于广大民众在封建制度超经济剥削的压榨下，生活极度贫困，因此，尽管清朝从形式上具有一套完备的封建教育体系，但大多数人无力接受良好的教育，文盲率极高。虽然缺乏具体的统计数据，但可以设想，即使有相当充分的记载，免费的义务教育看来也达不到学龄人口的二十分之一。[②] 人们普遍处在迷信和愚昧状态之中，即使是有条件接受较多教育的读书人，其蒙昧程度也比普通人好不了多少。为做官而读书的教育目的，定程朱理学于一尊的科考标准，严厉钳制人们思想的“文字狱”政策，以及道德至上、视科技为“奇技淫巧”的价值取向，使得读书士子普遍眼光狭隘、思想僵化、脱离实际。延续了几千年的传统教育至多只能培养出一批愚忠愚孝、唯唯诺诺的“蛀书虫”和顺民，于社会的进步和发展毫无用处。至于学术研究，则如胡适

---

① 马克思恩格斯选集（第一卷）［M］. 北京：人民出版社，1995：691.

② ［美］吉尔伯特·罗兹曼. 中国的现代化［M］. 陶骅，等，译. 上海：上海人民出版社，1989：247.

所说："弄来弄去离不开书本，结果，只有两部《皇清经解》做我们三百年来治学的成绩。这个成绩跟三百年来西方科学的成绩比起来，相差真不可以道理计。"[①]

清王朝的衰落更体现在社会存在的基础——物质生产上。处于没落时期的封建统治者从根本上讲是反对科学技术进步的，因为任何新技术的使用必然带来失业和一定的社会动乱与动荡。[②] 尤其是对满族统治者来说，由于身为少数民族，全国反满斗争星火不断，他们宁愿保持落后的生产方式、单纯依靠劳力的增加来攫取更多利益，也不愿意发展新的生产技术，以减少危及自己统治稳定的可能性。相反，他们大力继承并强化儒家思想中轻视自然科学研究、视技艺为末流的消极成分，在社会中造成鄙视甚至遏制科技发展的风气和氛围。因此，清代生产技术的发展长期处于停滞状态，社会生产财富值在世界上所占的比重日益下降：1750 年，中国经济总量还占世界经济总量的三分之一，居世界第一位，此后迅速下滑，到 1900 年，已下降到只占世界的 6%了。[③] 如果考虑当时中国人口在全世界的比重，则即使所谓"康乾盛世"，也只不过是"一个人口几乎占人类三分之一的大帝国，不顾时势，安于现状，人为地隔绝于世并因此竭力以天朝尽善尽美的幻想自欺"[④]。这是因为，在没落的封建制度及其落后的社会意识压制下，新的生产工具和生产方式并没有产生和出现，萌芽状态的资本主义经济始终无法正常发展和壮大。因此，"盛世"不是因为生产力的进步而导致的社会财富激增，而是手工劳动方式下民众极度低微的生活需求所造成的一种社会暂时稳定的表面现象。何况，鸦片战争爆发时，"盛世"已经远去，各种曾经被遮掩的社会矛盾逐渐显露并加剧，面对西欧崛起的新兴资本主义强国，"这样一个帝国注定最后要在一场殊

① 颜振吾．胡适研究丛录［M］．北京：生活·读书·新知三联书店，1989：313.

② ［美］吉尔伯特·罗兹曼．中国的现代化［M］．陶骅，等，译．上海：上海人民出版社，1989：189.

③ 易杰雄．博采众长，加速文化现代化［M］//祖嘉合，梁雪影．工业文明．北京：华夏出版社，2000：15.

④ 马克思恩格斯选集（第一卷）［M］．北京：人民出版社，1995：716.

死的决斗中被打垮”①。

鸦片战争使貌似强大的清王朝轰然倒地，不仅使西方列强发现了“老大帝国”的外强中干，刺激了它们觊觎中华的野心，就连并未直接受到影响的邻国——幕末日本也开始警觉和反思。然而在中国内部，愚昧和麻木的状态并未因战争的失败而有多大改观。虽然战前就有过龚自珍“我劝天公重抖擞，不拘一格降人才”的呐喊，战争开始后又有林则徐、魏源等人“师夷长技以制夷”的建议，但他们的改革呼声犹如黑暗天空中划过的流星，转瞬即逝。相反，“中国之道如洪钟铸鼓，万物都归于一治，若五朝，若元魏，若辽金，若金元，今皆与吾不可辨也，他时洋人终必如此”② 之类的盲目自信充斥于士大夫中，成为统治者因循苟且、不思变革的精神依托。对上层统治者来说，能否维护他们的统治权比帝国是否有足够的力量抵御外国侵略更重要。③ 所以，让人奇怪而又可以理解的是，鸦片战争失败这种影响深远的事件发生以后多年，清朝的政治、经济、军事乃至文化教育制度等各方面竟然没有任何显著变化的迹象，一切都按照历史惯性运行如故。

但历史的发展并未让鸵鸟般的统治者如愿。1851 年，广西桂平县（今桂平市）金田村爆发太平天国农民起义。起义军在长达 14 年的时间里，势如破竹，横扫大半个中国，对清王朝的统治造成了沉重打击和威胁。尤其是在定都天京（南京在太平天国时期的名称）后不久，太平军即通过各种渠道购置并配备西方新式武器，极大增强了部队的作战能力，使仍然依靠冷兵器作战的朝廷镇压力量吃尽苦头。虽然太平天国最后由于自身因素以及统治者与外国列强的联合镇压而失败，但它对旧统治秩序的冲击和带给统治者心理上的恐惧却是无法在短时间内消除的。不仅如此，英、法两国侵略者趁清王朝穷于应付太平军之机，在俄、美等其他列强的支持下，于 1856 年发动了第二次鸦片战争。1860 年，英法联军攻入封建王朝的中心北京，并在大肆抢掠以后

① 马克思恩格斯选集（第一卷）［M］. 北京：人民出版社，1995：716.

② 高九江. 启蒙推动下的欧洲文明［M］. 北京：华夏出版社，2000：6.

③ ［美］吉尔伯特·罗兹曼. 中国的现代化［M］. 陶骅，等，译. 上海：上海人民出版社，1989：174.

焚毁了皇家圆明园，咸丰皇帝则仓皇逃往承德避乱。战争结束后，清廷与英法侵略者分别签订《北京条约》，再次重复了一遍割地、赔款和丧权的过程。沙俄也趁火打劫，乘机攫取了中国北疆144万平方公里的国土。第二次鸦片战争彻底暴露了清王朝虚弱的实质，大大加快了列强殖民和侵略的步伐。正如李鸿章描绘的那样，列强从此“阳托和好之名，阴怀吞噬之计；一国生事，诸国构煽：实为数千年来未有之变局。轮船电报之速，瞬息千里；军器机事之精，工力百倍；炮弹所到无坚不摧；水路关隘不足限制：又为数千年来未有之强敌”①。统治者中的部分人终于在内外夹击所带来的更大失败和屈辱中，真切感受到了大厦将倾的危机。

二、落后的手工业生产及其教育

在漫长的古代社会，由于人类科学和技术水平的限制，世界各地的工业生产都属手工业生产，生产目的、方法、组织形式等方面都高度相似。这种生产以人力、畜力或简单利用的自然力（如流水、炭火、风等）为动力，以个人长期积累和摸索出来的经验为技术基础，主要作为家庭的副业，生产一些生活、劳动和军事等活动所需的用品。中国古代的手工业种类繁多，素有“百工”之称，而且水平曾长期处于世界前列，令人叹为观止。流传至今的众多技术发明、宏大建筑、精巧工艺以及各种神奇秘方，都是古代中国手工业的杰作，很多技艺对世界历史发展进程具有重要影响。

然而，清代以后，中西手工业的发展走向开始明显分化：西方的手工业先以手工工场的过渡方式完成量的积累，成为半独立于农业、规模化的生产部门，然后在纯粹利润和自由市场竞争的驱使下，以近代科学和技术的迅猛发展为依托，最终嬗变为机器大工业，成为完全摆脱农业附属地位的独立社会生产和经济部门；而直至鸦片战争时期，中国的手工业发展极为缓慢，从生产的目的、方法、技术基础到组织形式，各方面都是对前人的简单复制与继承，没有出现任何根本突破的迹象。

① 蒋廷黻．中国近代史［M］．北京：研究出版社，2017：104.

从1644年清朝定都北京直至鸦片战争前夕，中国社会中小农经济仍然占绝对统治地位，社会生产和经济的主体是农业，手工业从总体上没有摆脱对农业的依附关系，绝大多数手工业生产是以个体的独立的小手工业者和小手工业作坊为单位，进行着商品的简单再生产。手工业行会在各地也普遍地存在。[①] 当然，与更早时期相比，手工业生产的情况还是有一些变化。随着商业和市场的逐渐发展与扩大，城市手工业的数量和规模均有一定程度的发展，产品行销国内外。自发的商业资本在国内外贸易中比较活跃，东南一些地区的富商们已经能够控制小手工业中的一些重要行业，出现了包买主制度。除了城市小手工业，还有一些地方出现了某些行业的手工业工场。尤其是在制盐、采矿、丝织、漂染、制茶、造纸、印刷、陶瓷、砖瓦、酿酒、榨油、制糖、皮革、锻冶、木材加工等行业中，都有手工工场存在的记录。这些工场规模不等，雇佣工人少的几人到数十人，多的如四川井盐业，可以达到数万人。然而，在18世纪到19世纪前半叶，工场手工业虽已散在各地，但业别还不算多，经营规模，除个别企业外，一般还不算大；它还没有发展到像西欧17、18世纪那样普遍和兴盛的程度。估计在当时全部手工业生产中，它还没有发展到占支配的地位。[②] 更为重要的是，中国的手工业工场总体上与西欧资本主义性质的工场存在着本质区别。中国的手工工场，特别是规模较大的工场，基本上都是官府经营的企业，例如各地的“织造”“官窑”“织染局”“船厂”“军械所”“火药局”等。它们并不从事商品生产参与市场竞争，主要是为统治者自己使用而设立的，因而生产不计成本和效益，所需经费全部由政府财政收入支付，进行垄断经营。它们不是新生产力的代表，而属于纯粹封建性质的经济成分。总的来说，在当时的社会条件下，中国的手工业生产不可能经由手工工场向机器大工业生产突破。

中西方手工业发展走向的分化，是清王朝统治中国以后对传统社会中不

① 孙毓棠．中国近代工业史资料（第一辑 1840—1895年 上册）［M］．北京：科学出版社，1957：3.

② 孙毓棠．中国近代工业史资料（第一辑 1840—1895年 上册）［M］．北京：科学出版社，1957：4.

利于手工业向近代工业发展的各种因素进一步强化的必然结果。

满洲贵族占领和统治中国，是一个落后的游牧民族对先进的农业文明的武力征服，它不但不能给被占领地区带来更先进的思想意识和生产力，相反，根据世界历史发展的经验和规律，这个落后民族必然会被先进的文明所同化。事实也确实如此。清王朝入关定鼎中原以后，除了象征性的剃发和易服以体现征服和被征服的关系外，几乎全盘继承了明朝的一切文物制度，在集权专制、尊孔崇儒、重农抑商等方面更是有过之而无不及。所以，“满人更成功的是做继承者而不是革新者，他们也未能重画中国的蓝图”①。清王朝对封建专制的政治、经济和文化教育制度的继承与强化影响甚大，它从根本上扼杀了中国手工业向近代机器工业发展的可能性。

首先，清王朝继承的政治制度是已经没落的封建君主专制制度。一切封建专制政权都是建立在武力镇压基础上的，它从根本上反对所有可能增强人的力量从而超出其武力控制限度的技术发明。只要专制政权稳定，统治者就可以利用政权的力量对广大农民进行超经济剥削，维持自己富足和奢侈的生活。因此，为了达到稳定专制政权这个最高目标，为了消除任何危及专制统治秩序的可能，即便是为提高和改进生产而进行的科学探索和技术研究，也是统治者所不愿意看到，并要以各种方式加以打压的。为了防止人们自发进行科学探索和技术研究，统治者一方面通过法律明令禁止这种行为，如禁止民间私自学习和研究天文、历法等；另一方面就是进行严密的技术封锁，如唐代在高级丝织品的生产中，“官府手工业垄断技术，屡颁禁令，不准流泄民间”②。明清统治者也一样。明末清初，“邓玉函来华讲授力学知识，后由王徵笔译《远西奇器图书》，介绍了西方物理学知识。由汤若望口授、焦勖笔录的《火攻揭要》是最早传授西方火器知识的书籍。汤若望和南怀仁先后受命铸造枪炮，康熙十二年刊行了《神武图说》”③。但这些知识和技术并未得到

① ［美］费正清，赖肖尔．中国：传统与变革［M］．陈仲丹，等，译．南京：江苏人民出版社，1992：215.

② 徐新吾．近代江南丝织工业史［M］．上海：上海人民出版社，1991：18.

③ 毛礼锐，沈灌群．中国教育通史（第三卷）［M］．济南：山东教育出版社，1987：676.

普及和推广，其中很重要的原因并非统治阶级愚昧，而是为了防范这些知识和技术为民间掌握后对专制统治形成威胁。例如，明代由于边防需要，早期西式火炮制造技术一度得到极大发展，但火器在明代各朝，一向视为秘宝，由官家独占，不许民间制造，官家制造又只限定南北两京。边地偶一为之，会遭到制止的。[①] 再如，明朝郑和下西洋时已经具备了制造数千吨大型远洋帆船的技术和能力，而到鸦片战争前，中国的远洋帆船却普遍减小到只有几百吨，造船技术、航海技术也由世界领先而蜕变为远远落后于西方，就完全是因为明清两代统治者为了防止民间航海发展对专制统治秩序的危害而人为压制的结果。

其次，清王朝所继承的封建专制经济制度，更是直接阻碍了传统手工业向机器大工业的转化。为了将农民尽可能束缚于土地，并保证统治阶级在经济生活中的特权，封建统治者一贯推行“重农抑商”的政策，压制自由商品经济的正常发展。“商品生产与发展了的商品流通——商业——是资本依以成立之历史的前提。”[②] 中国封建社会中的各种专制经济制度，如漕运、盐政、币制等等，使私营作坊的生产无法进行公平竞争，商品无法自由流通。因此，无论是手工业作坊主还是小商人都无法进行大规模的资本积累，这就消除了在自由竞争的巨大压力下，作坊主或商人依靠雄厚资金支持进行技术开发，不断改进生产方式，从而逐渐将手工业过渡到机器大工业的可能。相反，在专制经济制度的压迫下，为了规避风险和获取稳定的收益，商业资本的积累往往向封建经济倒流，如大量购买农田以获取封建地租或放高利贷等，而不是用于扩大商品生产和技术改造。在这种情况下，商品经济即使有所发展，最后也反而成为维护和强化封建经济制度的因素。据估计，在清代中期以前，1000 万两以上的年商品值，只有粮食、棉花、棉布、丝、丝织品、茶、盐七种商品，至少 80%是在农民之间进行交换的。例如，商品进入市场居第一位的粮食，约占七种商品值的 40%；居第二位的是棉布，约占 24%；第三位是

① 王尔敏．清季兵工业的兴起［M］．台北：中央研究院近代史研究所，1978：10.

② 吴传启．《资本论》的辩证法问题［M］．北京：生活·读书·新知三联书店，1963：120.

盐，占15%。商品交换情况，基本上是粮食同盐、布间的交换，这也可说是农民和生产者之间的交换，即农民将粮食出售以换取日常所需的盐和棉布；而盐和棉布的生产者也以此换回口粮。粮食与盐、布两者的商品值恰好大致相当。在这些商品中，作为显示资本主义因素、萌芽的工场所生产的占极少数。这种情况表明，商品生产和交换，远未能突破封建主义的框子。① 总之，清朝继承和强化的封建经济制度与封建政治制度一样，是导致手工业技术发展停滞和阻碍其向近代工业发展的根本因素之一。

最后，清朝所继承的通过科举制度强化儒家学说独尊地位的文教政策，与封建专制的政治和经济制度相呼应，进一步从人的思想意识方面阻止了手工业技术的进步。长期占据学术正统地位的儒家学说重道轻器、重社会轻自然、重行轻知、重继承轻创新，鄙视任何潜心自然奥秘和实用技术探索的行为。而专制统治必须以民众精神上的愚昧、迷信和无知为前提，因而利用人的理性对自然真相进行探究从而有可能破除其精神枷锁的科学研究工作是专制统治者所忌讳的。儒家学说的这些特点正好有利于抑制人们自发探究自然和技术奥秘的冲动，深为专制统治者赏识和推崇，导致历代社会精英将宝贵精力专注于形而上的社会人伦和性命道德而羞于谈技论巧，也在社会上形成了普遍轻视科技的风气。由于缺少知识精英的参与，各种实用技术的发明和发展成为“巫医乐师百工之人”盲目摸索的偶然结果。失去了强有力的智力和理性思考作为支撑，技术背后的科学原理无法揭示出来，技术就成了“知其然不知其所以然”的神秘现象，其过程和步骤不利于广泛传播而易于成为拥有者秘守的对象。这种状况一方面导致中国古代的技术成就无法催生探索自然奥秘和规律的科学的诞生，另一方面又反过来因为缺少科学理论的明晰阐述而阻碍先进技术的大面积推广和进一步提高，甚至造成一些巧技妙术失传。虽然明末清初西方某些科技知识曾一度传入中国，康熙还出于个人兴趣亲自学习和编撰过相关书籍，但由于没落的教育、科举制度及社会风气没有发生根本改变，加上后来日益严重的文化专制和闭关锁国倾向，这些早期近

① 夏东元．洋务运动史［M］．上海：华东师范大学出版社，1992：3-4.

代科技知识在中国最终只是昙花一现。正是由于这些原因，西方人奇怪地发现，早在1313年中国就已经拥有用来纺织丝、麻的水力机械，当时欧洲也有了这类机器，然而500年后，中国仍然没有从它以前很高的技术水平上前进一步，而欧洲人却开发了新的能源，并发明了能提高劳动生产力和资本增值力的新机器。中国人不但没有这些机器，甚至走向了反面，完全回复到靠手工操作多锭纺织机来纺织丝绸和棉布的生产方式上去了。①

与薄弱的科学理论基础和落后的技术手段相一致，传统手工业教育与学校教育是无缘的。除了官、私儒学中没有手工业技术教育，即使官学中的所谓“科技专科学校”，也只有医学、天文历法以及与天文历法密切相关的算学教育。人们认为手工艺者、农民或商人所需要的技术并不是常识的一部分，甚至大多数最不拘形式的课本里也不包括它们。以至于学校里很少教基本的数字。为找职业做准备是社会的事，而不是学校教育的事，所需要的技术往往是从工作中和家里获得的，通过到一家铺子里当学徒，学会简单的记账、农业技术和手艺，或者更商业化的不太复杂的合同所需要的技术。专业技术的更专门训练也是通过师徒关系获得的。② 除了师徒形式的技术传授，在几千年的发展过程中，人们逐渐将一些手工业、农业和商业知识汇编成实用手册，在社会上自发流传，以满足小农社会生产的基本需求，因此，稍能识字的人还可通过一些包含手工技术的书籍进行自学。当然，正如李约瑟（Joseph Needham）所指出的，在很多情况下，社会因素使得高级工匠必须具备的最好手艺不能公之于众。③ 学习者本身的低文化水平和知识技能本身的简单，决定了这种自学形式在推进技术创新和发展方面的作用也是极为有限的。

① ［美］吉尔伯特·罗兹曼．中国的现代化［M］．陶骅，等，译．上海：上海人民出版社，1989：166.

② ［美］吉尔伯特·罗兹曼．中国的现代化［M］．陶骅，等，译．上海：上海人民出版社，1989：258.

③ ［美］吉尔伯特·罗兹曼．中国的现代化［M］．陶骅，等，译．上海：上海人民出版社，1989：259.

三、西方近代工业及其高等工业教育

17 世纪中叶，也就是满洲贵族入主中原，在中国大地上进行封建专制统治的又一轮回时，一场新型的社会革命在英国开始爆发。资产阶级领导和依靠民众推翻了专制王权及其赖以存在的封建制度，建立了君主立宪的议会民主制，为商业经济的自由发展开辟了道路。此后，欧美各主要国家纷纷爆发资产阶级性质的革命或改良。社会变革对资本主义经济的解放，使资本主义工场手工业的数量和规模得到巨大发展，再加上 16 世纪以来科学技术知识的发展与积累，终于导致了 18 世纪中叶工业革命的爆发。机器代替手工劳动，是人类生产方式意义非凡的重大变革，在很短的时间里就显示出其巨大的威力。“资产阶级在它的不到一百年的阶级统治中所创造的生产力，比过去一切世代创造的全部生产力还要多，还要大。自然力的征服，机器的采用，化学在工业和农业中的应用，轮船的行驶，铁路的通行，电报的使用，整个大陆的开垦，河川的通航，仿佛用法术从地下呼唤出来的大量人口，——过去哪一个世纪料想到在社会劳动里蕴藏有这样的生产力呢？”①

生产领域的革命使教育与社会生产的关系也发生了根本变化，学校教育与生产不相关联的状况已经走到了历史的尽头。机器生产的科学技术基础和资本家对超额利润无止境的追求，要求从初级生产工人到高级设计者、管理者等各种所需人员都必须具备不同程度的近代科学技术知识。这些知识是如此复杂和浩繁，所需人员又如此众多，以至于传统作坊师徒相授的人才培养方式已无法满足生产需要。特别是各种高级人才，由于直接关系到企业的技术水平与经济效益，关系到市场竞争的胜负，其素质及培养工作更是受到企业主的重视。在这种背景下，西方近代高等工业教育也逐步发展起来。

先看英国。由于传统原因，英国教育长期掌握在教会手中，政府并不关注教育。即使在工业革命后的一段时间里，人们对工业生产与教育的关系也认识模糊。“一直到十九世纪初，英国科学技术的发展与其说是依靠国家，莫

---

① 马克思恩格斯选集（第一卷）[M]．北京：人民出版社，1995：277.

如说是依靠与市民之间有着经济利害关系的高明工匠、追求新事物的有钱人、城里的发明商等几乎是没有受到科学技术教育的人来进行的。”① 尽管如此，在工业生产规模不断扩大的强力推动下，英国不仅出现了为数众多的针对产业工人的科学技术协会、讲习所、讲座等教育形式，而且近代高等工业教育也得到了相当程度的发展。18 世纪中叶，英国开办了第一所专门从事工业科技教育的沃灵顿学院②，以后又相继增加了杜伦大学（1832）和伦敦大学（1836）两个专门工业技术教育城市学院。1851 年的伦敦万国工业博览会上，虽然英国绝大多数产品的质量超过其他国家，但欧洲大陆上一些国家特别是法国的某些工业产品已经开始优于英国。这种情况引起英国有识之士对科学技术教育的强烈关注。此后，英国又增加了曼彻斯特（1851）、南安普敦（1862）、纽卡斯尔（1862）等三所高等工业技术院校。③ 另外，由于以古典人文教育为主的传统大学不能适应机器大生产对人才的需求，“经由以纽曼、阿诺德为代表的传统自由教育派与以赫胥黎、斯宾塞为代表的科学教育派之间的激烈论争，并最后以自然科学终于在传统大学里占有一席之地而有了结论。在许多新建的大学里，自然科学、实用科目的教学影响得到了迅速的扩展”④。

相对而言，法国对工业技术的教育要比英国更为重视。早在 1789 年大革命前，法国就以政府力量开办了很多层次不同的工业技术学校。其中除了 1747 年成立的土木学校和 1778 年成立的矿山学校等两所普通高等工业学校，还有一批高级军工学校，如 1679 年建立的炮兵技术学校和 1715 年后陆续在拉斐尔、梅斯、斯特拉斯堡、格勒诺布尔、佩皮尼昂等地建立的 5 所同类学校，1748 年建立的梅齐埃尔工兵学校以及 1765 年建立的海军造船学校等。大革命以后，政府又于 1794 年创立了中央公共土木事业学校、工艺院，1803 年

① 日本世界教育史研究会．六国技术教育史［M］．李永连，赵秀琴，李秀英，译．北京：教育科学出版社，1984：88.

② 张光斗，王冀生．中国高等工程教育［M］．北京：清华大学出版社，1995：2.

③ 谢祖钊，傅雄烈．高等工程教育概论［M］．北京：北京航空航天大学出版社，1992：3.

④ 杜作润，廖文武．高等教育学［M］．上海：复旦大学出版社，2003：48-49.

创立了贡比涅和波布莱奥工艺学校，1826 年创立了拉马蒂尼埃职业学校，1829 年创立了中央工业学校，1843 年创立了埃克斯工艺学校。[①] 这些学校为法国的军工和民用企业培养了大批人才，在法国与英、德等国的竞争中发挥了重要作用。在 1860 年以前，法国一直是仅次于英国的第二大资本主义强国。

德国的情况比较特殊。工业革命在英、法、美等国蓬勃开展时，德国还是一个四分五裂的落后农业国。由于德国资产阶级力量弱小，并没有像英法那样爆发社会革命。但这并不意味着专制君主统治下的德国没有发展近代工业和工业教育举动。早在 1699 年，柏林就有了培养高级建筑人才的柏林技艺学院。弗里德里希·威廉二世（Frederick William II，1740—1786 年在位）即位后不久的 1749 年，为了对付来自内外的压力和达到“富国强兵”的目的，德国在柏林开办了“经济·数学实科学校”，延请外国教师进行工商业技术教育。以后又分别于 1766 年、1770 年和 1775 年在萨克森弗莱堡、柏林和克拉乌斯德创立了矿山学院。特别是 1806 和 1807 年与拿破仑法国战争的失败，极大地刺激了德皇，导致了包括教育在内的一系列改革。由于当时的工业技术教育由商工局负责，因此在商工局局长博伊特（CP. W. Beuth）的领导下，普鲁士各地区都设立了工业学校。其中，1821 年创设的柏林技术学校，于 1827 年改为高等工业专门学校，1860 年又升级为工业学院，1879 年再次升格为工科大学。其他一些地方工业学校后来也随着形势的发展上升为高等工业专门学校。到 19 世纪下半叶，德国主要以这些工业学校为基础建立了 9 所独立的工科大学。[②] 值得一提的是，以教育部长威廉·冯·洪堡（Wilhelm von Humboldt）为领导的教育改革（1809—1819 年）虽然将重点放在普通中小学和大学上，但他在 1810 年创办柏林大学（今柏林洪堡大学）时，首先提出了把教学与科研结合起来的主张，这一主张对德国的高等工业教育产生了重大

① 日本世界教育史研究会．六国技术教育史［M］．李永连，赵秀琴，李秀英，译．北京：教育科学出版社，1984：185-192.

② 日本世界教育史研究会．六国技术教育史［M］．李永连，赵秀琴，李秀英，译．北京：教育科学出版社，1984：220-230.

影响，使很多工业学校在短短几十年里就由原来名不见经传的中等技术学校转变为世界一流工科大学。由此可见，19 世纪是德国由一个落后农业国迅速转变为工业强国的关键时期，又正好是德国高等工业教育的规模迅速扩大和质量迅速提高的历史时期，两者之间存在明显的关联性。

1776 年美国独立时，90%以上的人口从事农业和手工业生产，绝大多数大工业产品需要从英国和欧洲进口。19 世纪初美国工业革命发生时，比英国晚了将近半个世纪。美国人一直有重视教育的传统，如哈佛学院（1636）、大学学院（1701）、国王学院（1754）等九所大学都是在独立前就已经创办了的。但这些学校主要是仿照英国牛津和剑桥等传统大学的办学模式，由教会举办，课程以拉丁文、希腊文、《圣经》、伦理学和初等数学为主，以培养宗教和政治人才为目的。

美国专门进行高等工业教育的学校是从 19 世纪才开始创立的。1802 年，西点军事学院创立，标志着美国正规高等工业教育的开始。在其后一段时间里，美国高等工业教育发展并不迅速。直到 1824 年，才又创立了高等工业教育性质的伦斯勒理工学院。1824—1861 年南北战争爆发的 30 多年间，美国高等工业教育处于平稳发展状态，先后新创和升格了雷圣拉尔工业大学、联邦学院工学院、哈佛大学、耶鲁大学和密执安大学工学院、纽约大学工学院、麻省理工学院等七所高等工科院校。[①] 1862 年美国国会通过《莫雷尔法案》，从法制层面为高等工业教育的发展创造了条件。根据该法案，每个州只要有一个国会议员，就可以由联邦政府拨给三万英亩土地，土地收入用来开办“工农学院”，以培养高级工农业技术人才。后来，这些学院大都发展为州立大学。1865 年，南北战争以北方的胜利和南方的失败告终，又为美国工业生产和工业教育的迅速发展扫清了最后的经济体制障碍。

美国的高等工业教育在发展中不仅注重量的增加，还充分学习先发国家的经验，并结合自己的国情进行教育创新，从而形成鲜明的美国特色。例如，美国高等工业院校和其他高等院校一样，学习欧洲一些大学特别是德国高等

① 谢祖钊，傅雄烈．高等工程教育概论［M］．北京：北京航空航天大学出版社，1992：5.

教育的经验，重视教学与科研相结合，大力发展科学研究，并提倡将科学研究的成果引入教学，从而提高课程内容的学术水平和知识的前沿性，保证了高质量的教学。再如，美国高等工业教育从一开始就不把培养某个固定专业的熟练技术人员当作目标，而是强调学生毕业参加工作后在专家带领下针对具体岗位继续学习，经过相当一段时间的培养，毕业生才最终成为某一行业或工种的专家，这种毕业后的继续学习被看作整个教学过程中不可或缺的环节。因此，美国高等工业院校的学生在校期间基础知识学习扎实，涉猎范围宽广，对工种变换的适应能力很强。

综合以上的分析和梳理可知，到鸦片战争前后，一方面，欧美几个主要国家虽然国情各不相同，但都在近代工业生产发展的基础上，已经先后建立起了成型的高等工业教育；另一方面，我们要注意到，从发展程度上看，此时这些国家的高等工业教育也还正处在初步发展期，与当时的德国和后来的日本相对照，中国如果能较好利用自己的后发优势，用不太长的时间在工业生产和工业教育上赶上这些国家的可能性是存在的。

第二节　沉寂中的微澜——洋务工业教育思想和实践的历史渊源

1840—1842 年的中英鸦片战争，使小农社会的中国在军事上受到发达工业国家“坚船利炮”的重创，领土和主权的完整性也开始丧失。然而，直至 19 世纪 60 年代中期洋务派创设的各种科技教育机构出现之前，整个中国及其教育对西方列强发达的近代工业技术文明呈现出一种令人奇怪的麻木状态，未见到任何应对的措施和反应，被史家称为中国早期现代化滞缓或失落的 20 年。个中原因异常复杂，无法在此一一列举。不过，在这种总体上一片沉寂的表面之下，一直存在着面对“数千年来未有之变局”而进行的艰苦探索。洋务派进行近代工业教育的思想及实践，固然是内外交困的社会形势加剧的结果，是他们所开展的近代工业生产活动发展的必然产物，但也与洋务运动之前那些不绝如缕的宝贵探索有着或明或暗的承续关系。

一、林则徐：从“睁眼看世界”到“制炮造船”

鸦片战争时期力主抵制并销禁烟毒、抵御英国入侵的民族英雄林则徐，被誉为“睁眼看世界的第一人”。他在鸦片战争爆发前夕的1839年初以钦差大臣的身份到达广州后，一改当时官僚和士大夫对世界形势和时局闭目塞听的积习，通过各种渠道召集熟悉英语的中外人员，组织专门的情报班子，搜集整理并翻译有关英国和其他列强的图书和报纸杂志。当时的中外著作记载，林则徐“日日使人刺探西事，翻译西书，又购其新闻纸”。当他在穿鼻港时，“指挥他的幕僚、随员和许多聪明的人，搜集英国的情报，将英方商业政策、各部门的详情……都一一记录”[①]。林则徐一方面厉行禁烟，另一方面又严格区分鸦片贩子和一般外商，允许守法外商进行正常的商业贸易，并请他们帮忙收集、翻译、考订各种西方书籍、资料。1840年，林则徐将英人慕瑞（Hugh Murray）的《世界地理大全》（原书1836年于伦敦出版）译成《四洲志》。此书记载五大洲三十多个国家的历史和地理，是当时“了解夷情”的一部比较系统的世界地理书籍。[②] 当然，由于信息来源有限，加上自身的局限，林则徐对西方的认识也有很多错讹和谬误。例如，他认为“大黄、茶叶、湖丝等类，皆中国宝贵之产。外国若不得此即无以为命”。他以为，洋兵紧束的衣服会使他们行动不便，因而只会使用枪炮，不善击刺和陆战。不仅如此，他甚至认为英国军队“即其船坚炮利，亦只能取胜于外洋，而不能施伎于内港。粤省重重门户，天险可凭”[③]。这是“第一人”所处时代的历史条件使然，某些知识上的谬误不能掩盖其正视世界的历史意义，后人不能苛求。

林则徐不仅在认识和了解西方列强方面首开风气，而且也是主张从技术层面学习西方的第一人，从这个角度来讲，他实可称为洋务运动的开山鼻祖。林则徐为加强战备实力，克敌制胜，曾组织摘译西方有关重炮操作的资料，供军队掌握、使用参考，并积极购买大量新式重炮装备炮台。仅1840年农历

① 来新夏．林则徐年谱［M］．上海：上海人民出版社，1981：215.

② 陈学恂．中国近代教育大事记［M］．上海：上海教育出版社，1981：1.

③ 来新夏．林则徐年谱［M］．上海：上海人民出版社，1981：228.

五月二十五日奏报中他就称自己已经“密购外国五千斤至九千斤远程生铁大炮，计有大炮三百余位”。亲临一线的战斗还让林则徐认识到，仅靠岸上的固定炮台和落后的木舟是无法有效抵御侵略者的挑衅和攻击的，必须从炮舰入手根本改变水师的武器和装备。据日本学者田中正美的《林则徐的抗英政策及其思想》（原载日本《东洋史研究》第 38 卷第 3 号）一文记载，1839 年末、1840 年初，林则徐从美国人那里购入甘米力治号舰船，作为“中国海军中最早的外国造军舰”，并为海上交战之用。另外，还购入了两艘 25 吨的纵帆船和一艘外轮小火轮。甘米力治号是一只 1060 吨的美国商船，装有 34 门英制大炮。这可视为中国海军现代化的滥觞。尤为可贵的是，林则徐那时就已经认识到，完全依靠从外人手里购买舰炮容易受制于人，所以他更组织人力仿照外国样式自造战船。1840 年农历二三月间，林则徐相继建造一批炮船和小帆船，又仿越南船式造出了擅长火攻的轧船四只，仿欧洲船式造两三只双桅船。虽然由于技术和条件的限制，这些舰船只是外形与外国炮舰相似，内部还是依靠人力驱动，但这实在算得上是中国人打破因循陋习、勇于学习先进技术的第一次壮举。而且事实证明这些“中西合璧”的仿造战船无论在战斗力、速度还是机动性方面都确实优于老式木舟。即使在清廷已经对他失去信任，媾和倾向明显之时，他还在奏折中提出“以关税十分之一，制炮造船”“以通夷之银，量为防夷之用，从此制炮必求极利，造船必求极坚”的设想和主张，念念不忘中国自己的先进武器装备生产。①

作为清王朝的封疆大吏，林则徐从研究、认识到学习西方，从购买到仿造先进军事装备的探索历程，对后世具有深远影响。正如陈旭麓先生所言：“尽管林则徐的新知中仍然掺合着种种旧见，但他是从传统的华夷观念中探出头来认识西方的人。而后才有魏源‘师夷之长技以制夷’的著名命题以及一整套兵械火器、养兵练兵之法的议论，作为一种时代思想，它又启迪了 20 年以后的洋务运动。”② 1870 年，李鸿章在上海开办的同文馆与江南制造局翻译

① 来新夏．林则徐年谱［M］．上海：上海人民出版社，1981：291-310.
② 陈旭麓．近代中国社会的新陈代谢［M］．上海：上海人民出版社，1992：57.

馆合并，统称广方言馆。制造局总办冯焌光和郑藻如在上呈给李鸿章的《再拟开办学馆事宜章程十六条》中提出“录新报以知情伪”一条时说：“昔林文忠采录香港新闻纸，颇知彼国情形，徐氏《瀛寰志略》，魏氏《海国图志》，亦多采取其说，则各国新报亦周知情伪之一助也。”① 可见，洋务派把林则徐的行为和事迹，视为自己事业合理性的重要历史依据和成例，这足以说明林则徐学习西方的思想与实践，是洋务派开展近代工业技术教育的一个重要源头。虽然由于抗英任务艰巨，形势复杂多变，清政府统治阶级内部战和两派产生剧烈纷争，道光帝逐渐倒向妥协退让之路，主战派很快失势等因素的影响，林则徐尚未来得及明确思考和提出新式技术人才的培养和教育问题，但他的实践活动已经使得“新式专业技术人才从何而来”成了一个呼之欲出的问题。

二、魏源：“师夷长技以制夷”

如果说林则徐主要从实践层面为后来的洋务运动开启了肇端，那么他的好友，晚清今文经学家魏源就是从思想层面为洋务运动及其工业教育打下基石的启蒙思想家。

魏源根据林则徐的实践和自己的思考，提出了“师夷长技以制夷”的对外方针和指导思想。1842 年，魏源在林则徐译成的《四洲志》的基础上编成《海国图志》一书。他在该书的《叙》中说：“是书何以作？曰：为以夷攻夷而作，为以夷款夷而作，为师夷长技以制夷而作。”② “师夷长技以制夷”以极其简练的语言概括了封建统治者中的先进人物对西方近代文明的认识、态度和行动纲领。它的前提是从技术层面承认西方国家已经长于中国，而且认识到列强正在依恃这种“长技”，使朝野上下沾沾自喜、虚骄自大的“天朝上国”面临着生死存亡的危险，依靠中国固有的技术手段已无法“制御”。要想

① 冯焌光，郑藻如．同治九年三月初三日（1870. 4. 3）总办机器制造局冯、郑上督抚宪禀（附酌拟广方言馆课程十条、拟开办学馆事宜章程十六条）［M］//朱有瓛．中国近代学制史料（第一辑上册）．上海：华东师范大学出版社，1983：230.

② 魏源．海国图志［M］．长沙：岳麓书社，1998：1.

有效地抵抗列强，摆脱深重的社会危机，必须学习列强的先进技术。然而，在这些饱览中国传统典籍，赞赏儒家道德礼仪，恪守封建伦理纲常，并竭力维护专制社会秩序的官宦士大夫看来，拥有“长技”并不能改变“夷”的鄙陋类属，“师”的对象是“夷之长技”而非“夷”本身，目的是“制夷”而非从文物制度上“变夏为夷”。虽然“师夷之长技以制夷”提出来以后的相当一段时间内并无多少人热烈响应，但它终成为洋务派开展洋务活动，兴办以军事制造、机械工艺学堂为核心的工业专门教育的理论基础，也是后来“中学为体，西学为用”文教方针和指导思想的雏形。

在《海国图志》一书中，魏源提出了建立中国近代军工企业和国防军队的初步设想。他认为，“夷之长技三：一、战舰，二、火器，三、养兵、练兵之法”，“师夷长技”就应该建立造船造炮工厂，并以西人为师，学习西洋各国的造船造炮技术，以及在新式装备下的阵仗之法。他建议朝廷“于广东虎门外之沙角、大角二处置造船厂一，火器局一，行取佛兰西、弥利坚二国各来夷目一二人，分携西洋工匠至粤，司造船械”。不仅如此，还要“延西洋柁师教行船演炮之法，如钦天监夷官之例，而选闽、粤巧匠精兵以习之。工匠习其铸造，精兵习其驾驶、攻击”。[①] 中国人自己一旦学会以后，就可“不必仰赖于外夷”了。后来洋务派的早期事业基本上就是这一构想的忠实实践。魏源第一次明确提出中国人学习西方近代制造技术，可算得上是中国近代工业教育思想的先驱。

与林则徐有明显差异的是，魏源主要以学者的角色担当社会责任，作为思想家为社会寻找出路。因此，他很自然地将视野投向对传统文化教育的反思和俭省，开始产生了教育走向现实、服务社会实践的思想萌芽，这一点十分明显地体现在他把西方近代工业技术与科举考试联系起来的设想上。在《海国图志·卷二·筹海篇三·议战》中，魏源提出：“今宜于闽、粤二省武试，增水师一科。有能造西洋战舰、火轮舟，造飞炮、火箭、水雷、奇器者，

① 魏源．海国图志［M］．长沙：岳麓书社，1998：26-27.

为科甲出身；能驾驶飓涛，能熟风云沙线，能枪炮有准的者，为行伍出身。”① 虽然这里直接提到的是将科举选拔制度与近代工业技能挂钩，但在教育已成为科举附庸的时代里，如果在科举选拔中加入近代工业技能元素，其对传统教育的改造与突破意义及其深刻影响是不言而喻的。当然，在国门完全被打破初期，很多人只感受到了西方列强船坚炮利的军事威力，还没有意识到西方廉价的民用工业产品更大的杀伤力，所以这里也仅涉及军事工业知识和技能。实际上，直到洋务运动兴起之初，人们也还是单纯从解决军需入手近代工业的。洋务派意识到民用工业生产和相应技术人才在与列强竞争中的重要性，已经是 19 世纪 70 年代末的事情了。

三、冯桂芬：洋务工业教育蓝图初现端倪

第一次鸦片战争的失败和中英《南京条约》这一不平等条约的签订，并没有震醒习惯于苟安的大多数封建官僚及传统士大夫。林则徐和魏源等人的初步探索和设想没有引起更多人的关注，从总体上观察，他们的思想很快就湮没无闻了，直到洋务运动时期才显现出前驱观念种子“春风吹又生”的景象。不过，在此期间还是有少数人接过了他们思想的薪火，继续进行着进一步的思索。冯桂芬就是这些人中的一个。冯桂芬是林则徐的弟子，他经历过两次鸦片战争，身受过太平天国战火的冲击，曾在李鸿章的手下任幕僚数年。他在林则徐和魏源探索的基础上，把思考重点转向人才的培养，开始全面审视传统教育的弊端，并在洋务派开展培养西学专业技术人才的教育活动之前，提出一套比较系统的教育变革计划，成为洋务工业教育蓝图的早期勾画者。

（一）批判八股取士，改革科举制度

冯桂芬认为，八股取士“所取非所用”“禁锢生人之心思材力”“意在败坏天下之人才，非欲造就天下之人才”。② 通过考试来取士的做法本身没错，

① 魏源．海国图志［M］．长沙：岳麓书社，1998：29.

② 冯桂芬．改科举议（1861）［M］//陈学恂．中国近代教育文选．北京：人民教育出版社，1983：22.

因为考试能够“别其聪明智巧之高下”，但由于八股文出题范围有限，到清代嘉庆、道光时期，各种题目的范文汇集成册在社会上流行。读书士子对儒家经籍大都束书不观，而是死记硬背各种范文，希望能够侥幸考中，弄得科举考试“遂若探筹然”，显然已经失去了鉴别才智的功能。他指出，要想有效地实现科举考试的鉴别和选拔功能，必须对考试内容加以改革。改革的目标应该以提高考试内容的难度为原则，“难则能否可以自知，中材以下，有度德量力之心，不能不知难而退，而觊倖之人少矣。难则工拙可以众著，中材以上有实至名归之效，益愿其因难见巧，而奋勉之人多矣。且也，多一攻苦之时，即少一荒嬉游冶之时，多一键户之人，即少一营求奔竞之人，文风振焉，士习亦端焉。而司衡校者，优劣易以识别，不致朱碧之迷离，高下难以任心，无敢黑白之颠倒，亦难之效也”[①]。提高难度的具体方法，就是从县、府试到会试，都考经解、策论和古学三场。经解以经学为主，同时加考算学，经学宜先汉而后宋；策论以史学为主；古学包括散文、骈体文、赋、各体诗。他认为这样才能挑选有真才实学的优秀人才。

（二）肯定西方科学的先进性，倡导国人认真学习

冯桂芬明确指出：“算学，重学，视学，光学，化学等，皆得格物至理；舆地书备列百国山川、阨塞、风土、物产，多中人所不及。”[②] 在社会上普遍弥漫着自欺欺人的文化优越感的时代，提出这种观点是需要极大勇气甚至冒着极大风险的。但是，鸦片战争以后，“彼酋之习我语言文字者甚多，其尤者能读我经史，于我朝章、吏治、舆地、民情，类能言之。而我都护以下之于彼国，则懵然无所知，相形之下，能无愧乎？”[③] 他认为，有着悠久文明历史的中国，如果无人能够熟悉和掌握西方先进的科学，“亦学士之羞也”。不过，冯桂芬对西方自然科学以外的某些知识是轻视甚至排斥的。例如，有关基督

---

① 冯桂芬．改科举议（1861）［M］//陈学恂．中国近代教育文选．北京：人民教育出版社，1983：23.

② 冯桂芬．采西学议（1861）［M］//陈学恂．中国近代教育文选．北京：人民教育出版社，1983：17.

③ 冯桂芬．采西学议（1861）［M］//陈学恂．中国近代教育文选．北京：人民教育出版社，1983：18.

教教义的书籍就被他斥为“率猥鄙无足道”。

（三）突破军事用途的局限，关注工业科技的民生价值

如前所述，鸦片战争后相当长的时间里，大多数即使能清醒认识到中国与列强差距的人士，也往往只注意到西方科技在军事方面的意义与威力。但冯桂芬通过较为全面的考察敏锐地意识到，以数学为基础，以物理、化学为原理的近代工业技术的作用，“轮船火器之外，正非一端”。他在所著的《采西学议》中，不但列举了西方科学知识在订定历法中的重要作用，更指出利用西方制造技术改良大型工程机械、农业生产工具、纺织机械等关乎“国计民生”的器具，可以达到“事半功倍”“用力少而成功多”的效果。①

（四）倡议创立新型教育机构，开展科技知识教学

鸦片战争以后，随着各条约口岸的开埠，外事日多，外语人才成为中外交涉时不可或缺的中介。但当时风气未开，学习洋人语言被“正途”士子乃至普通民众视为“羞辱之事”，正经读书人根本不屑为之。与外人打交道时依赖的“通事”，大多是个别传教士在通商口岸以提供衣食为诱饵，招集一些贫苦家庭或流浪儿童，经过简单培训以后担任的。在冯桂芬看来，这些人只不过是为了混口饭吃才从事这种一般人不愿意干的行当。他们天资愚钝、见识浅薄，仅略懂一点西文皮毛，根本不懂真正的西学。依靠这些人和外国人交流，“词气轻重缓急，转辗传述，失其本旨，几何不以小嫌酿大衅！”② 为了能够培养出合格的翻译人才，他建议“于广东、上海设一翻译公所，选近郡十五岁以下颖悟文童，倍其廪饩，住院肄业，聘西人课以诸国语言文字，又聘内地名师课以经史等学”。他认为，要提高外语学习的效果，学生还必须熟悉和掌握西方科技知识。他特别强调了数学学习的重要性，因为“一切西学皆从算学出，西人十岁以外无人不学算，今欲采西学，自不可不学算”③。应

① 冯桂芬．采西学议（1861）［M］//陈学恂．中国近代教育文选．北京：人民教育出版社，1983：18.

② 冯桂芬．采西学议（1861）［M］//陈学恂．中国近代教育文选．北京：人民教育出版社，1983：18-19.

③ 冯桂芬．采西学议（1861）［M］//陈学恂．中国近代教育文选．北京：人民教育出版社，1983：17.

该将各种能搜集到的西书“择其有理者译之”，作为学习的教材，“由是而历算之术，而格致之理，而制器尚象之法，兼综条贯”，学生就可掌握各种西方科学技术知识了。对于优秀的学生，“于诸国书应口成诵者，许补本学诸生，如有神明变化，能实见之行事者，由通商大臣请赏举人”。他坚信，“中国多秀民，必有出于夷而转胜于夷者”①。只要管理得法，措施得当，中国仍能后来居上，克敌制胜。

（五）初步明确学习近代工业技术的指导思想

冯桂芬认为，中国古代圣贤就有“法后王”的改革言论，当今更应该根据时势的变化“鉴诸国”，以富强国家为借鉴，学习它们富强的技术和知识。但这种学习应该“以中国伦常名教为原本，辅以诸国富强之术”②。也就是说，学习西方科技的目的，不是改变中国历代圣贤哲人的立教之本，而是使具有“优秀”伦常名教的中国成为“更善之善者”，因此新式教育不能主次不分，更不能本末倒置。很明显，这种观念是冯桂芬对魏源“师夷长技以制夷”思想的继承与深化，也是洋务派“中体西用”教育方针的早期表述。

冯桂芬的上述思想集中体现在他的《校邠庐抗议》一书中，该书“庚申年（1860）避地沪上作”，1861 年完成，此时是洋务运动正式发起的前夜。随后冯桂芬任洋务实力派代表李鸿章幕僚多年，李鸿章的很多奏议和电稿就出自他的手笔。尤其是李鸿章创立上海同文馆时的奏折中，很多段落都是《校邠庐抗议》一书里的原文。到 1898 年，孙家鼐又向光绪帝推荐该书，清廷下令印刷 1000 部颁发给京官参考，作为当时变法的重要文件。这些都足以说明冯桂芬教育思想后续影响的广大和深远。

从近代工业科技教育理论与实践发展的视野分析，冯桂芬的教育理念还有很多问题。例如，他曾对西方科技知识与中国古代典籍中的一些记载进行牵强的比附，说明他对西方科技的认识有肤浅的一面，他关于科举改革的方

---

① 冯桂芬．采西学议（1861）［M］//陈学恂．中国近代教育文选．北京：人民教育出版社，1983：18.

② 冯桂芬．采西学议（1861）［M］//陈学恂．中国近代教育文选．北京：人民教育出版社，1983：18.

案是很不彻底的，“应口成诵”的评价标准，则是他对西方科学技术的内容特征及其教学的实践操作原则明显无知的表现，而仅仅把西学置于辅助地位更是与“富强”的目标相去甚远。但是，不能否认，其中的真知灼见是主要的，尤其是他对西方科技在民生中价值的强调，更具有超前性，多年以后才为洋务派所认识。观照他所处的时代，更能感受到他这些设想所具有的开创价值。从总体框架上看，以后洋务派的工业教育思想和实践在相当大程度上接受了冯桂芬的上述主张，当然他们在具体操作过程中进行了不同程度的取舍，并有所丰富和深化。

在此依次叙述林则徐、魏源和冯桂芬学习西方科技的思想和主张，并不意指三者之间是线性的“道统传承”关系，更不是说仅有他们三人持这种观念。19 世纪 40 年代前中期出现的郑复光的《火轮船图说》、江伸洋的《铸炮说·附炮台》、丁拱辰的《演炮图说》、丁守存的《西洋自来火铳制法》、黄冕的《炮台旁设重险说》以及陈阶平的《请仿西洋制造火药疏》等图籍和奏折[①]，就是同时还有其他人已经在开始具体研究西方近代军事工业技术以及论证其优越性的明证。尤其是丁拱辰，不但最早将自己透彻研究西方火炮和蒸汽机的结论著成图书上奏朝廷，还亲自参与了海防大炮的改良实践，并试制出火轮车和火轮船模型。[②] 但是，从强调人才培养的角度看，林则徐、魏源和冯桂芬无疑是晚清士大夫中较早摆脱了“天朝上国”迷思、意识到必须学习西方近代工业技术的典型代表，而且，可以认为，他们的认识分别代表了中国近代工业教育思想产生之初依次递进的三种不同发展水平。

四、太平天国：来自对手的启示

洋务派中的很多重要人物都是靠镇压太平天国运动起家的，太平军是他们的死对头。但从洋务派模仿西方工业技术制造新式武器以对抗和镇压农民起义的初衷来看，洋务运动“甚至某种程度还是在革命人民使用新式武器促

---

① 夏东元．洋务运动史［M］．上海：华东师范大学出版社，1992：37.

② 辛元欧．中国近代船舶工业史［M］．上海：上海古籍出版社，1999：85-87.

使清政府仿而效之实行的"①。

太平天国1853年定都天京以后，一方面发展生产和对外贸易，另一方面大量采购西方新式武器用于战斗，使围剿起义军的朝廷军队屡受沉重打击。曾亲自参加过太平天国革命的英国人奥古斯塔斯·弗雷德里克·呤唎（Augustus Frederick Lindley）在其所著的《太平天国亲历记》中，记述了很多太平军采购、搜求西式武器和战船的事实。亲临围剿太平军一线的湘军首领曾国藩对此也多有陈述和记载。例如，从他在咸丰六年（1856）十二月二十三日上奏的《克复安福县折》中可以发现，一支几千人的太平军部队作战时竟能"枪炮雷轰，自辰至午"或"枪炮兼施，并放喷筒"，官军获胜后往往有"夺获旗帜、绣帽、枪械百余件"或"夺获洋枪、炮械、藤牌四百余件"等收获。而该奏折提到的官军武器似乎只有"刀矛"两样。② 再如，他在私信中曾说："该逆又以西瓜开花炮，打入营内，惊心动魄。"③ 言辞中曾国藩的惊恐行状表露无遗。左宗棠1865年也说："从前贼匪打仗，并无外国枪械。数年以来，无一枝贼匪不有洋枪洋火，……上年陈炳文赴鲍军门处投诚，禀缴洋枪七千余杆，而本部堂一军截剿湖州逆贼于皖、浙、江三省边境，所得洋枪亦不下万余杆。"④ 太平军中新式武器的使用情况由此可见一斑。

太平天国不仅购买和使用新式武器和战船，并自行在昆山铸造新式武器，由两位英国人主持，而且还有了通过教育活动培养近代工业人才自己进行制造的设想。⑤ 1859年，洪仁玕提出的《资政新篇》送呈洪秀全批准，并用干王名义发布。《资政新篇》提出了发展近代工业和交通，制造火车、轮船，开采矿藏，奖励科学发明等计划。1860年11月19日，中国的第一位留美并在耶鲁大学获博士学位的知识分子容闳至天京会见洪仁玕，建议七事。内有四

---

① 夏东元．洋务运动史［M］．上海：华东师范大学出版社，1992：37.

② 曾国藩．克复安福县城折［M］//李瀚章，李鸿章．足本曾文正公全集（第二部 奏稿）．长春：吉林人民出版社，1995：641-642.

③ 曾国藩．复沈中丞［M］//李瀚章，李鸿章．足本曾文正公全集（第四部 书札）．长春：吉林人民出版社，1995：2391.

④ 夏东元．洋务运动史［M］．上海：华东师范大学出版社，1992：39.

⑤ 王尔敏．清季兵工业的兴起［M］．台北：中央研究院近代史研究所，1978：31.

事属于教育：建立武备学校，建设海军学校，颁定各级学校教育制度，设立各种实业学校。洪仁玕对此颇表赞成。①

虽然太平天国的这些计划和设想随着革命运动的失败最终没能实现，但无论是太平军使用新式武器让湘淮系官兵吃的苦头，还是列强参与剿杀太平军时处于绝对优势的武装所表现出来的威力，以及太平天国发展近代工业及其教育的设想，都不可能不对曾国藩、左宗棠、李鸿章这些新崛起的地方实力派、清政府的权力重臣以极其震撼和深刻的反面提醒。实际上，战争期间的湘、淮军，尤其是李鸿章的淮军，就已经随着太平军新式武器的使用而不断购置西洋火器火炮了。而让曾国藩等人大伤自尊的“借师助剿”之所以实现，也是因为太平军在列强叩关犯境之后再一次让统治阶级认识到西洋武器的“神技”。因此，正如历史学家夏东元先生所说的那样：“将中国资本主义近代工业发生、发展提到实践日程上的条件，是外国资本主义侵入所造成的，而太平天国革命运动在这一前提下对此也起了不小的作用。”②

综上所述，洋务派在晚清开启中国工业和工业教育的现代化进程之前，是经历了一段较长的思想和实践酝酿的。洋务派的可贵之处，在于他们不像别人那样无知地忽视了这些酝酿期的宝贵思想和经验，而是加以继承和发扬，正式掀开了中国现代化的序幕。

---

① 陈学恂．中国近代教育大事记［M］．上海：上海教育出版社，1981：14.

② 夏东元．洋务运动史［M］．上海：华东师范大学出版社，1992：8.

第三章　中国近代高等工业教育的起步

太平天国购买使用的西式武器让清廷的镇压力量吃尽苦头，英法联军比第一次鸦片战争时更加先进的战船、武器和战术更让统治阶级心惊胆战。“战争的权威性，在于它把矛盾置于生死存亡之中，并用暴力戳破了一个窟窿，迫使人们去认识自己的对手。”① 无情的现实把一个两难的选择摆在了一度幻想继续苟安的封建统治阶级面前：或者继续守旧而灭亡，或者改弦更张以求生存。

以道光帝第六子恭亲王奕䜣和曾国藩、左宗棠、李鸿章以及后来的张之洞等人为代表的部分朝廷重臣和封疆大吏，在镇压国内农民运动、抵御列强侵略以及外交谈判过程中，对封建国家和朝廷因落后而处处被动挨打、任人宰割的现实有切身体会，因此，他们逐渐克服头脑中因长期的传统教育而形成的“夷夏大防”等陈旧观念的束缚，不顾守旧势力的强烈反对，开始把先驱们学习列强“长技”以自救的主张付诸实践。他们以及和他们持相同观点的人被史学界称为洋务派。在 19 世纪的中国，“洋务派是第一代讲现代化的人”②。他们为此进行的活动被称为洋务运动或自强运动。“19 世纪 60 年代到 90 年代在中国社会发生的洋务运动，是一场清政府为了拯救其垂危统治，以引进和学习西方先进的科学技术，创办和发展军用工业、民用工业企业，编练建设新式海军海防、陆军，并相应培养新型人才为中心，以达到富强目的

---

① 陈旭麓．近代中国社会的新陈代谢［M］．上海：上海人民出版社，1992：56.

② “从五四运动到人民共和国成立”课题组．胡绳论“从五四运动到人民共和国成立”［M］．北京：社会科学文献出版社，2001：43.

的活动。”① 一系列近代军用和民用工矿企业的创办和运作，使近代高等工业教育在中国的出现具有了可能性和必要性。因此，一批传授西方科学技术知识、培养高级工业管理和技术人才的学堂、学馆也陆续建立起来，这些新式教育机构，是中国高等工业教育的源头和开端，也是中国高等工业教育现代化的起点。当然，由于洋务运动时期是中国社会被迫从古代向现代转型的初期，近代科技教育在中国又无历史根基，所以，与其他国家相比，这一时期中国高等工业教育的现代化历程充满曲折，具有自己的特色。

第一节　从“坚船利炮”到“与洋人争利”——产业基础

1861 年 1 月 20 日（咸丰十年十二月初十日），根据奕䜣等人奏请，清廷批准设立“总理各国事务衙门”，专门负责涉洋通商、外交及其他事宜，委任奕䜣与大学士桂良、户部左侍郎文祥等管理该衙门，并以奕䜣为首席总理大臣。奕䜣身为皇室贵胄，位高权重，又积极主张变革自强，因此，总理各国事务衙门成为洋务运动的中枢机构，奕䜣等人成为洋务派在朝中的后盾和内应。在总理衙门的支持下，各地陆续建立起一批新式工矿企业。根据现有材料，在 19 世纪 60—70 年代到 90 年代之间，中国先后出现过 300 余家新式的工业企业。截至 1894 年，还存在的有 260 余家，此外，还有 30 余家兴办于洋务运动之中，又维持到甲午战争前后的民用工业企业。② 正是在近代工业的创办过程中，洋务派进行工业教育的思想与实践也逐渐形成和发展起来。

洋务派在 19 世纪从事的近代工业活动，大致分为两个阶段：70 年代以前，洋务派基于战争的直接体验，从“求强”的目的出发，专注于军事工业的兴办；70 年代以后，他们逐渐认识到列强之强是以“富”为基础的，没有“富”，“强”就成了无源之水、无本之木。从此，他们“求富”和“求强”并重，开始大力发展各种“民用”工商企业。

---

① 夏东元．洋务运动史［M］．上海：华东师范大学出版社，1992：1.

② 陈旭麓．近代中国社会的新陈代谢［M］．上海：上海人民出版社，1992：130-131.

一、洋务军工企业

洋务派创办新式军工企业源于“师夷长技以制夷”的主张，但其发端却不是为了“制夷”，而是为了镇压国内民众的反抗，直至太平天国覆亡以后，与列强抗衡才逐渐成为主要目的。但无论如何，近代科学技术在中国是“先借兵工业的初基而显露的”①。

（一）安庆内军械所

安庆内军械所是湘军领袖曾国藩开办的第一个具有近代意味的洋务军工企业。尽管曾国藩本人“无论就实际情形，或他自己所承认，可以说是不懂洋务。但他对此一运动，却颇能持其正，举其大，见其远”②，这与他亲临战争一线的经历有莫大关系。早在咸丰四年（1854），曾国藩等人为了应对太平军对洋枪的使用，就已在湘军中配备了一定数量的西式火炮，并见识了这种西方近代工业产品的威力。曾国藩在《请催广东续解洋炮片》中说：“此次蒙皇上屡降谕旨饬令两广督臣叶名琛，购备洋炮，为两湖水师之用。现已先后解到六百尊来楚皆系真正洋装，选验合用之炮。湘潭岳州两次大胜，实赖洋炮之力。惟原奉谕旨共购办千余尊；现只来六百尊，尚属不敷分配。且江面非可遽清，水前尚须增添；尤须有洋炮陆续接济，乃能收愈战愈精之效。相应请旨饬催两广督臣，将应行续解之夷炮数百尊，赶紧分起运解来楚，于江面攻剿，大有裨益。”③ 很明显，陈旧观念的禁锢抵挡不住战场上对生存和取胜的现实需求，实战的效果，大大减少了曾国藩对西洋技术和军备的偏见。

1861 年，曾国藩率湘军从太平军手中攻下安庆后，为了能自制新式武器装备，于年底在该处创办了“内军械所”。安庆内军械所虽然生产规模很小，并缺乏近代工业技术基础和经验，但由于曾国藩坚持全部使用中国人，因而当时国内几乎所有的著名科技专家，如徐寿、华蘅芳、龚之棠、徐建寅、张

---

① 王尔敏．清季兵工业的兴起［M］．台北：中央研究院近代史研究所，1978：28.

② 王尔敏．清季兵工业的兴起［M］．台北：中央研究院近代史研究所，1978：41.

③ 曾国藩．请催广东续解洋炮片［M］//李瀚章，李鸿章．足本曾文正公全集（第二部 奏稿）．长春：吉林人民出版社，1995：420.

斯桂、李善兰、吴嘉廉等都会聚于此。1862 年 8 月，这些人克服各种无法想象的困难，用手工制造出中国第一台运转正常的蒸汽机模型，次年底，又试制出一艘小火轮。1863 年初，该所开始生产各种劈山炮和开花炮弹。1864 年湘军攻陷南京后，内军械所迁往南京，并于 1865 年成功研制生产出我国第一艘自行设计和手工制造的大型轮船——“黄鹄号”。该船除主轴、锅炉以及汽缸配件的钢料购自外洋外，其他材料一律由国内解决，全部工具、器材，连同雌雄螺旋、螺丝钉、活塞、气压计等，均经徐氏父子亲自监制，并无外洋模型及外人之协助。① 以后，内军械所并入金陵机器制造局。

安庆内军械所用手工制造近代轮船和枪炮的艰难，使曾国藩和他的科技幕僚们深感使用机器生产的重要性，从而萌生了开设“西式机器厂”的想法。通过张斯桂和李善兰牵线，1863 年秋，曾国藩召见了美国耶鲁大学的第一个中国毕业生容闳，就开设“机器厂”使用机器生产的问题向他征询意见。容闳向他们建议：“中国今日欲建设机器厂，必以先立普通基础为主，不宜专以供特别之应用。所谓立普通基础者无他，即由此厂可造出种种分厂，更由分厂以专造各种特别之机械。简言之，即此厂当有制造机器之机器，以立一切制造厂之基础也。”② 容闳的意见得到了曾国藩等人的高度赞赏，他被派往美国采购“制器之器”。

安庆内军械所是洋务新式兵工企业的雏形，它的创办拉开了洋务派举办近代工业的序幕，可视为中国社会生产工业化的源头。

（二）上海/苏州洋炮局

1862 年，带着刚练成的淮军到上海与列强“联防”的李鸿章钦慕外国军队精良的新式枪炮弹药，但又苦于购买既无门且乏钱，即接受英国人马格里（Macartney Halliday）的建议，决定自行设局制造。李鸿章委托马格里和其他几名外国人在松江的一个寺庙筹建了上海洋炮局，特聘对西方军事技术知识感兴趣的丁日昌督办。创设之初的洋炮局工具和设备极其简陋，以后陆续招

① 辛元欧．中国近代船舶工业史［M］．上海：上海古籍出版社，1999：101.

② 容闳．西学东渐记［M］．长沙：湖南人民出版社，1981：75.

募外国工匠，并从香港等地购买置办制造枪炮的器具。上海洋炮局主要生产开花炮弹和“自来火”，每月生产炮弹六七千发，交淮军各营使用。1863 年 12 月，清军攻陷苏州，李鸿章移驻城中，上海洋炮局也迁址苏州。此时，原本准备成立以后协助镇压太平军的“阿斯本舰队”被清政府遣散回英国，李鸿章将舰队附属的军火生产机器和设备买下，充实到洋炮局，机械化水平提高，初步摆脱了手工操作阶段，开始进行机器制作生产。上海/苏州洋炮局是后来江南机器制造总局、金陵机器制造局的共同源头。

（三）江南机器制造总局

1865 年，时任江苏巡抚的李鸿章和曾国藩以苏州洋炮局的一部分、丁日昌在上海购买的美商旗记铁厂以及委托容闳在美国购买的机器设备为基础，在上海组建江南机器制造总局，初步实现了他们创办生产“制器之器”的“机器母厂”的愿望。发展成型以后的江南机器制造总局包括 16 个分厂：机器厂、木工厂、轮船厂、锅炉厂、枪厂、炮厂、枪子厂、炮弹厂、炼钢厂、熟铁厂、栗药厂、铜引厂、无烟药厂、铸铜铁厂和两个黑药厂；两个学堂：工艺学堂、广方言馆（含翻译馆）；一个药库；一个炮队营。

江南机器制造总局是当时设备最齐全、规模最大的军用工厂，它主要制造枪炮军火，还制造过舰船。总局成立后不久的 1868 年，即生产出我国第一艘兵轮“恬吉”号。从 1869 年开始，在不太长的时间里又连续造成了“操江”“测海”“威靖”“海安”“驭远”等兵轮，而且吨位和技术水平都逐步提高。[①] 另外，于 1890 年筹建炼钢厂，从英国购买 15 吨炼钢炉一副，次年即炼出了第一炉钢。

江南机器制造总局成立以后，李鸿章等人深切感受到了工业科技知识的重要性，以及培养科技人才的迫切性，因而很快开设了翻译馆，高薪聘请英国传教士傅兰雅（John Fryer）、伟烈亚力（Alexander Wylie）等人入馆，与中国数学家李善兰、科学家徐寿和华衡芳等人一同合作翻译西方科技书籍，并与广方言馆的教学工作联系起来。光绪元年（1875）十月，李鸿章等人向清

① 辛元欧．中国近代船舶工业史［M］．上海：上海古籍出版社，1999：111-113.

廷汇报江南机器制造总局工作情况时说："西法兼博大潜奥之理，苦于语言文字不同，将欲因端竟委，穷流溯源，舍翻书读书无其策。该局陆续访购西书数十种，厚聘西士，选派局员，相与口述笔译。最要为算学、化学、汽机、火药、炮法等编，固属关系制造；即如行船、防海、练军、采煤、开矿之类，亦皆有裨实用。现译出四十余种，刊印二十四种，藉是稍窥要领，牖启高明。又挑选生徒数十人住居广方言馆，资一膏火，中西并课，一抉其秘，一学其学，制造本原，殆不出此。"自同治六年（1867）下半年至同治十二年（1873）年底，总局"购买外洋制造书籍等项及刊刻翻译书籍等项共支银一万六千四百六十两六分三厘七毫"①。

（四）金陵机器制造局

1865年夏，江苏巡抚李鸿章升任两江总督。李鸿章移驻南京时，将苏州洋炮局由英国人马格里管理的一个车间迁往南京，并以此为基础组建金陵机器制造局，专为淮军制造枪支弹药。金陵机器制造局开始规模很小，但由于李鸿章的重视，得以不断发展。1870年增建了火箭分局、5大间铁炉房、1所汽炉房，砌炉12座。1872年又添造6间翻砂厂屋、1间翻砂坑屋。以后还逐渐增添了枪子机器厂、铁汽锤厂、拉铜机器木厂、洋火药局、水雷局以及炮台机器局等。从总体上看，金陵机器制造局的经费支持远不及江南机器制造总局，所以设备相对简陋，规模较小。但与其他各省机器制造局相比，则各方面属领先水平。"该局拥有一批优秀技术人员和工人，1887年曾造成有车轮可移动的后膛钢炮一尊，亦曾试制国外新式武器马克沁机关枪。……就生产规模而言，金陵机器制造总局在19世纪80年代的中国，是仅次于江南制造总局与天津机器局的第三大军工厂。"②

（五）福州船政局

在镇压太平天国运动中崛起的另一位权臣左宗棠，也是主张引进机器生产的急先锋，而且尤为重视研制用于海防和运输的舰船。1866年，时任闽浙

---

① 光绪元年十月十九日直隶总督李鸿章等奏折［M］//中国史学会．中国近代史资料丛刊：洋务运动（四）．上海：上海人民出版社，1961：30-31.

② 高鸿志．李鸿章与甲午战争前中国的近代化建设［M］．合肥：安徽大学出版社，2008：19.

总督的左宗棠奏请福建设船政局，在福州马尾建造船厂。在清廷未议定之前，他一面派法国人德克碑（Paul. Alexandre. Neveue d’ Aigwebelle）回国购置机器和觅聘洋匠，一面奏陈此举的意义，驳斥各种阻挠意见。同治五年（1866）六月，朝廷准奏，左宗棠派按察使福建补用道胡光墉（胡雪岩）主持建厂工作。同年10月，清廷任命左宗棠为陕甘总督，去镇压西北回民起义，左宗棠推荐江西巡抚沈葆桢为船政大臣。沈葆桢为林则徐之婿，素重洋务事业，赞成学习西方先进技术以发展工商业。1867年，沈葆桢被清廷正式任命为总理船政大臣后，采取边建厂边造船的策略，于1868年1月即始建第一艘轮船“万年清”号，次年6月下水试航成功。船厂于1874年最终建成，包括锯木、铸铁、锻铁、轮机、钟表、造船等13个车间，拥有车、刨、钻、压、碾、旋、拉、锯等各类机床，设备较齐全。沈葆桢在实践中认识到：“外国可法之事无多，而制器之工，实臻神妙。其人非有聪明绝异之质，但此精益求精，密益加密，不以见难自沮，不以小得自足，此意正自可师。”① 因此，在他主政的八年中，精心管理局中附设的前后学堂和艺圃等教育培训机构，使它们成为洋务运动早期最为卓越的工业技术教育机构，并对船厂的生产与发展起到了重要促进作用。到1905年为止，马尾船厂共造出40艘兵商轮船。由于马尾船厂的生产不计成本，不参与市场经济运作，加上封建衙门式的管理体制，以及由官营转商办无果，致使其与社会发展趋势渐行渐远，终于在1907年全面停产。

（六）天津机器制造局

随着江南机器制造总局和福州船政局的相继创建，为了防止汉族地方武装力量和军火生产的过分膨胀，经清廷同意，奕䜣委派清室贵族、三口通商大臣崇厚于1867年在天津创办机器制造局。崇厚委托英国人密妥士（John Armstrong Taylor Meadows）全权负责机器的采购和外国技师的聘请。至1870年，建成了机器厂、炼铁厂（西局）和火药局（东局）三个分厂，具有了一定规模。1870年天津教案发生后，清政府派崇厚出使法国，李鸿章调任直隶

---

① 王尔敏．清季兵工业的兴起［M］．台北：中央研究院近代史研究所，1978：55.

总督，天津机器制造局的大权落入李鸿章之手。李鸿章接手立即着手整顿扩充，相继增建了铸铁、熟铁、锯木、洋枪、枪子等分厂。经过逐年扩建，天津机器制造局规模不断扩大。1893 年，该局还从英国买进了全套设备，建起了一个炼钢厂，能铸造 6 英寸口径的小钢炮。天津机器制造局除主要生产军火之外，同时也制造和修理各种炮车器具、电线、电机、电引、布置水雷用的轮船及挖河船等。李鸿章掌管天津机器制造局期间，非常重视技术人才的教育培训。除先后开设了电报、水雷等学堂进行专门人才的培养，该局还于 1880—1881 年间设立了朝鲜馆与习艺厂，以接待朝鲜政府派来的学员和北京神机营来该局学习的官兵。①

1900 年的八国联军侵华战争中，天津机器制造局遭到毁灭性的破坏，从此一蹶不振。

（七）其他洋务军工企业概况

除上述建造较早、规模和影响较大的军工企业之外，从 19 世纪 60 年代末开始，清廷和洋务派还在其他各省和地方建立了一些军用工厂（其概况见表 3. 1）。虽然这些企业规模相对较小，存在时间长短不一，但同样具有官办、机器生产、服务军需为主等一般洋务军工企业的共性。

需要指出的是，洋务军工企业一般都“由国库支付开销，以调拨分配产品；内无利润积累，外无市场联系。因此，其生产不是价值规律制约下的商品生产”。“从生产关系来说，它是历史上官办封建工业的延续”②，但从生产力的角度来看，它们采用的则是崭新的近代工业机器及相应的科学技术，这是仅凭传统手工业人才及其经验无论如何也操纵不了的。因此洋务派在各地创办这些企业的过程中，深切感受到了由于缺少自己的专门人才，从而不得不受制于素质不一的外国人的苦衷，于是新式人才的培养日益受到他们的重视。洋务派的做法，一是督促、鼓励中国员工在外国技师指导下的实践中认真学习。如 1867 年江南机器制造总局开始制造第一艘轮船时，“精择程式，

① 高鸿志．李鸿章与甲午战争前中国的近代化建设［M］．合肥：安徽大学出版社，2008：21.
② 陈旭麓．近代中国社会的新陈代谢［M］．上海：上海人民出版社，1992：110.

详绘表里。成算既定，将船壳、锅炉、汽机分为三门，以洋匠三人领工。华人数百且助且学，经年累月，始得入水配用”①。李鸿章鼓励中国工人认真学习的措施是：“如有技艺与洋人等者，即给以洋人工食；再能精通，则拔为匠目，以示鼓励。”② 二是开办专门的技术学堂、学馆，进行正规技术教育教学。除前面提到的江南机器制造总局、福州船政局、天津机器制造局等较大规模的企业开办了各类附设的技术教育、培训机构，有些如吉林机器局这样规模较小者，也在机器局旁开办了学堂，“招满汉生童入院肄业，为机器局培养人才”③。

表 3.1　各省军用工业概况表（1869—1894 年）④

局名	所在地	设立年代	创办人	主要产品
西安机器局	西安	1869	左宗棠	子弹、火药
福建机器局	福州	1870	英桂	子弹、火药
兰州机器局	兰州	1872	左宗棠	枪、子弹、火药
广州机器局	广州	1874	瑞麟、刘坤一	火药、子弹、修造小轮船
广州火药局	广州	1875	刘坤一	火药
山东机器局	济南	1875	丁宝桢	枪、子弹、火药
湖南机器局	长沙	1875	王文韶	枪、开花炮弹、火药
四川机器局	成都	1877	丁宝桢	枪、炮、子弹、火药
吉林机器局	吉林	1881	吴大澂	子弹、火药、枪
金陵火药局	南京	1881	刘坤一	火药
浙江机器局	杭州	1883	刘秉璋	子弹、火药、水雷
神机营机器局	北京	1883	奕譞	不详
云南机器局	昆明	1884	岑毓英	子弹、火药

① 光绪元年十月十九日直隶总督李鸿章等奏折［M］//中国史学会．中国近代史资料丛刊：洋务运动（四）．上海：上海人民出版社，1961：29.

② 同治四年八月初一日李鸿章折［M］//中国史学会．中国近代史资料丛刊；洋务运动（四）．上海：上海人民出版社，1961：12.

③ 高鸿志．李鸿章与甲午战争前中国的近代化建设［M］．合肥：安徽大学出版社，2008：26.

④ 夏东元．洋务运动史［M］．上海：华东师范大学出版社，1992：118.

续表

局名	所在地	设立年代	创办人	主要产品
山西机器局	太原	1884	张之洞	洋火药
广东机器局	广州	1885	张之洞	枪、炮、小轮船
台湾机器局	台北	1885	刘铭传	子弹、火药
湖北枪炮厂	汉阳	1890	张之洞	枪、炮、子弹、火药

三是设馆翻译、出版大量西方近代科技图书，尤其是江南机器制造总局所办的翻译馆，“几乎是一个最早的译书总汇”，不仅在当时“给予社会上成熟的学人增加了不少对西方的新知识”①，而且“北京同文馆、上海、厦门、烟台各书院，都采用沪局之数理书作为教本，外洋教士所开之学馆，更是广为采用”②。军工企业是洋务派最早开办的近代工业生产实体，他们重视专门人才的培养和新知的传播，既是对生产实践需要作出的自然反应，也是近现代教育必须与社会生产相结合这一客观规律的生动体现。

二、洋务民用工业

第二次鸦片战争以后，西方的廉价商品涌进中国，中国的农产品和矿产等资源则以低价出口，致使中国成为西方资本主义的商品倾销地和原料供给地，自然经济面临土崩瓦解，清廷在财政收入、兵饷支出等方面日益穷蹙。另外，从19世纪70年代开始，包括日本在内的新老列强在加大经济侵略的同时，通过武力要挟压迫清廷的动作也越来越频繁。洋务派经过长期的实践经历认识到，列强之所以强大，不单是因为船坚炮利，更是因为国家富足，而富足的根基则在于工商业发达。中国也必须学习列强，大力发展工商业经济，才能由富而强，摆脱危机。所以，从19世纪70年代中期开始，洋务派一方面大办海军海防以增强抵抗列强武装侵略的能力，另一方面则是大办近

① 王尔敏．清季兵工业的兴起［M］．台北：中央研究院近代史研究所，1978：153.
② 王尔敏．清季兵工业的兴起［M］．台北：中央研究院近代史研究所，1978：154.

代民用工业和交通运输业，“与洋商争利”以“求富”。

洋务派创办和经营的民用工业主要包括轮船运输、矿冶、铁路运输、电线电报、机器纺织等行业。

（一）轮船运输

轮船招商局是洋务派开办的规模最大、经营最久、在近代史上影响最为深远的轮船运输企业。

同治十一年（1872）十二月，清廷委派商人朱其昂、朱其诏兄弟，借领官款10万两，筹集商认股10万两，在上海成立“轮船招商局”。他们购买英国“伊顿”轮船一艘，又续购“永清”“福星”“利运”等船，主要业务是运漕粮和其他官货。公司成立之初，由于官办性质，缺乏成本核算观念，公司毫无生气，也难以筹集和吸引更多股金。不久，在李鸿章的支持下，公司根据盛宣怀“筹国计必先顾商情”和“为商人设身处地”的指导思想，由官办向商办转变，买办出身的商人唐廷枢总办其事。招商局改商办以后效益渐趋良好，但盛宣怀、李鸿章等人因“官督”缺失而感觉不满。至1883年，因世界经济危机和其他因素，轮船招商局亏损。李鸿章借此机会，于1885年安排盛宣怀成为招商局督办，招商局从此变为“官督商办”性质的企业。不过，盛宣怀虽然代表官方督办，但仍然坚持招商局的商业化市场运作，因此，招商局得到了进一步发展，并在与洋商的竞争中不断壮大。轮船招商局是洋务民用企业成功办理的典型代表。

（二）矿冶

早在19世纪70年代以前，随着开往中国的军舰和商船越来越多，为了得到价廉质优的船用燃煤，列强就开始觊觎台湾、京津和长江中下游等地的煤矿，并多次提出由他们来使用机器开矿挖煤。面对列强危及主权的要求，以及洋务企业对煤炭资源日益增长的需求，国内要求自行采用机器挖煤的呼声日高。1874年日本侵略台湾，筹办近代海防成为热议，也使煤炭和其他矿产资源的开发利用提上议事日程。经过长期商议和复议，清廷于光绪元年（1875）四月二十六日宣谕大力筹办海防，同时明确同意李鸿章、沈葆桢等人试行采用机器开采煤铁等矿的意见。

洋务运动期间，直隶磁州（1875）、湖北广济（1875）、台湾基隆（1876）、台湾后垅（1877）、安徽池州（1877）、直隶开平（1878）、湖北荆门（1879）、广西富川（1880）、山东峄县（1880）、直隶临城（1882）、奉天金州（1882）、安徽贵池（1883）、湖北大冶（1891）、湖北江夏（1891）等地纷纷开办官、商办煤矿。洋务派所办的金属矿开采和冶炼的企业包括热河平泉铜矿（1881）、湖北鹤峰铜矿（1881）、江苏徐州煤铁矿（1882）、热河三山银矿（1882）、山东招远金矿（1883）、直隶顺德铜矿（1883）、福建福州铅矿（1885）、贵州青谿铁矿（1886）、山东淄川铅矿（1887）、热河土槽子、遍山线银铅矿（1887）、云南铜矿（1887）、海南岛琼州铜矿（1887）、广西贵县银矿（1889）、广东香山银矿（1889）、黑龙江漠河金矿（1889）、吉林珲春银矿（1890）、湖北大冶铁矿（1890）、热河建平金矿（1892）、吉林三姓金矿（1894）等。

洋务矿冶企业的大机器使用程度、存在时间和成效不一，但几乎无一例外都在技术上深度依赖外国矿师，并为此付出了不菲的薪金，成为办理过程中的一笔重要开支。

（三）铁路运输

19世纪60年代，英、法、美等国即有在中国沿海和内地修筑铁路的请求，清廷从政治军事安全和防止列强经济侵权的角度考虑，均予拒绝。到70年代，洋务派逐渐意识到铁路在巩固国防和交通运输中的重要作用，开始将自建铁路提上了议事日程。1876年，英国人通过欺骗手段，修筑了一条自上海至吴淞的铁路并试车运行。后经交涉由中国购回拆除，所有材料运往台湾。同年秋天，基隆煤矿用这些材料修筑了一条轻便铁路。利用矿井高于海面百余尺的地势，煤车可以从铁轨上滑行到海岸。虽然未使用机车牵引，但可算是中国自己修建的第一条铁路。此后，清廷曾议决在台湾正式修建铁路以固海防，但因款项无法落实作罢。直至1887年春，台湾铁路才在首任巡抚刘铭传的主持下动工。四年后台北至基隆段竣工，1893年台北至新竹段亦竣工。

开平煤矿为便于运煤，于1880年私自修筑了一条从唐山至胥各庄的9.7公里单轨铁路，起初用马拉煤车运行，1881年6月开始用机车牵引。随着出煤量的增加，在李鸿章的支持下，开平煤矿于1886年将矿区至胥各庄的铁路扩展至芦台的阎庄，延长了60余里，并另设“开平铁路公司”，脱离开平矿务局而独立，随后又改组为“津沽铁路公司”，通过自己筹资和向外国银行借款，将铁路从芦台筑至天津。1888年秋，唐山至天津的铁路全线竣工。1889年，为开采林西煤矿，又将铁路从唐山向北延长30里，直达林西，于1890年建成通车。从此，唐山至林西之间和唐山至天津之间，铁路联运畅通。1891年，因察觉俄、日对东北的觊觎之意，清廷决定将津唐铁路扩至关外。至甲午中日战争爆发，铁路展修至中后所，出关约120里。

从总体上看，由于守旧思想的强大干扰以及资金筹措困难、技术基础薄弱等原因，洋务运动期间铁路修筑进展较缓慢，成绩不显著，但使人们认识到了培养铁路人才的重要性。

（四）有线电报

从19世纪60年代开始，西方各国还向清廷提出在中国架设电线开通电报的要求，也均被清廷予以拒绝。70年代以后，随着形势发展，首先从军事和政治需要出发，洋务派逐渐在全国发展电线电报事业。1875年，清廷下令将丹麦大北电报公司以欺骗手段架设的福州至厦门和马尾的电报电线购回，由福建地方自办。1878年，闽抚丁日昌又在台湾打狗（高雄）架设电报电线，由中国人自己掌管。这是完全由中国人架设和掌管的第一条电报线。1880年清廷成立津沪电报总局（后改名中国电报总局，移驻上海），从津沽设线开始，逐渐推广。1881年建成津沪电线，1882年建成沪粤电线、长江电线，最后推及全国。1899年，电话业在中国出现以后，清廷也将其归口电报局承办。

由于电报传递信息迅捷、及时，国防意义和价值极为重大，清廷和洋务派对这方面人才的培养非常重视，与电报事业发展的同时，各地的电报学堂也如雨后春笋纷纷建立。

（五）机器纺织

前述四类企业和事业，虽然民用性质非常明显，但从洋务派的创办初衷来说，它们都肩负着平时与洋争商利，战时则为军事服务的双重使命，还不是纯粹的民用工业。而洋务派购置机器，发展近代纺织企业，其目的完全是“与洋商竞争，分洋商之利”。因此，机器纺织企业是洋务派创办的各类企业中民用性质最纯粹、资本主义市场化程度最高、经济利润目的最直接的企业。其中，兰州机器织呢局是洋务纺织工业企业中的失败典型，而上海机器织布局和华盛纺织厂则是开办和经营较为成功的代表。

纺织业与民众的日常生活紧密联系，中国自古以家庭为单位的手工纺织业普及发达。明清时期，除了大量家庭手工纺织生产，已经出现了一些规模较大的手工纺织工场，不仅满足国内需求，还有不少优质织品出口。鸦片战争后，虽然外国资本在相当长的时期内没有在华开设机器纺织企业，但它们通过商业贸易，将价格远低于土布、纱线的机织洋布、洋纱倾销中国，传统手工纺织业濒临土崩瓦解。从 19 世纪 70 年代开始，开始出现个别中国商人投资机器纺织业的尝试。例如，1872 年广东顺德陈启源的继昌隆缫丝厂，1882 年上海黄佐卿的公和永丝厂就是开风气者。洋务派认为，既然随着不平等条约的签订，外国纺织品的涌入不能禁止，那就只有中国自己也购置机器纺纱织布，与洋布洋纱抗衡。

左宗棠到西北后，除继续关注福州船政建设，还在 1869 年创建了西安机器局（1872 年迁兰州），成为继金陵和天津机器制造局后较早建立的地方机器生产企业。同时，他还积极推动西北毛纺织业生产的机器化。1879 年，左宗棠委托胡雪岩购买德国的全套织呢机器，聘请德国织呢制造家石德洛末（Franz Storm）和建筑师安克（Ancke Theoder）从德国押运来华，命其旧部赖长为总办，筹建兰州机器织呢局。这些机器设备运到上海后，由招商局轮船运到汉口，再通过陆路、水路多种途径，历经千辛万苦，花了一年左右的时间才全部运到兰州。1880 年下半年，兰州机器织呢局建成投产。兰州机器织呢局购买设备、运输和建厂以及经费都由官方拨付，是一个完全的官办企业。由于原料质量、生产技术和交通运输、市场等问题，兰州机器织呢局效益极差。加上冗员太多，管理不善，更使织呢局缺乏活力。1883 年新任陕甘总督谭锺麟下令停办，次年完全废弃。

李鸿章创办的机器纺织企业与左宗棠的织呢局命运颇不相同。从 1880 年开始，李鸿章在上海筹建官办的机器织布局。受1883年资本主义金融危机影响，筹建工作因财务困难而暂停。1887年调整班子重新招商筹办，强调商办性质和股东对财务的监管，使开办进程大大加快。至光绪十五年（1889）十二月，工厂建成试机，旋即正式开工生产。次年春，李鸿章札委时任轮船招商局会办的马建忠为织布局总办。织布局从弹花、纺纱到织布全用机器，是中国第一家机器棉纺织工厂。其产品质量据称大体上可以与进口纱、布相比，经济效益可观。光绪十九年（1893）九月初十日因车间遭大火焚烧，织布局损失极为严重。李鸿章迅即于同年十月十九日札委盛宣怀为总办，在原址成立华盛纺织总厂，次年九月即恢复生产，并计划另在上海、镇江、宁波等地设10个分厂。甲午战争后的《马关条约》使外商在华投资建厂不再有任何阻隔，华盛厂也和其他许多民族企业一样生存维艰，最终于1900年被外商吞并。

另外，19世纪90年代，张之洞在武汉也设立了织布官局、纺纱官局、缫丝局等纺织企业，但与上海的机器织布局和华盛纺织总厂不同，这些均为官本官办。

洋务派所从事的各种工业活动虽然规模不等、技术现代化程度不同、目标不一、生产关系性质及经济效益各异，但都是催生中国近代高等工业教育的直接原因，也是影响中国近代高等工业教育发展进程和功能发挥的基本因素。

第二节　从“天文算学”到“亲试之风涛”——课程与教学变革是中国高等工业教育现代化的起点

洋务派费尽周折，购买洋机器，聘请洋技师，开办了一系列工矿企业，随之而来的必然是通过各种方式，尤其是通过开办科技学堂、学馆的方式培养自己的管理人才和技术人才，以免洋务企业长期为外国人把持和操纵。然而，这一合理诉求却遭到顽固派的竭力阻碍。顽固派用维护道统和民族自尊心等爱国面具掩盖他们愚昧无知、不思进取的落后本质，疯狂反对洋务派开展近代科技教育活动。洋务派经过艰苦论战，在最高统治者的支持下，终于将各类洋务学堂逐步开办起来。

洋务学堂虽然根据最初的创办目的可以分为很多不同的类型，但由于洋务运动的核心就是学习西方近代工业文明，因此，各种名称不同的洋务学堂、学馆都进行过程度不同的工业科技知识教育教学。这些实施过工业科技教育的洋务教育机构应该说都是中国近代高等工业教育的开端。尽管洋务工业教育及其施教机构中还存在不少过时和陈旧的东西，但与传统教育相比，全新的课程内容与教学方式、方法是最引人注目的变化，这两方面的变革，成为中国高等工业教育现代化的起点。

一、诞生过程中的观念冲突

（一）洋务派对近代工业技术教育的推崇

洋务派虽然自身接受的是传统教育，对近代工业生产及其科技基础也知之甚少，但他们秉承传统文化中“实事求是”和“经世致用”的精神，在与西方列强的接触和交流中，勇敢突破了“华夷大防”的思想禁锢，萌生了学习西方工业技术的念头。

洋务运动早期的领路人曾国藩震惊于“轮船之速，洋炮之远”，不仅将奕䜣等人申请购买外洋船炮以镇压太平军的奏议视为“今日救时之第一要务”，而且萌生了“购成之后，访募覃思之士，智巧之匠，始而演习，继而试造”的想法，并大胆而乐观地预测，如此一来，“不过一二年，火轮船必为中外官民通行之物”①，“可期永远之利”②。

曾在曾国藩麾下做过幕僚的李鸿章自 1862 年率淮军到上海与列强“联防”以后，亲眼看到列强军队因为武器精良先进，常常以很少士卒战胜数倍

① 曾国藩．复陈购买外洋船炮折［M］//李瀚章，李鸿章．足本曾文正公全集（第二部 奏稿）．长春：吉林人民出版社，1995：804.

② 曾国藩．复陈洋人助剿及采米运津折［M］//李瀚章，李鸿章．足本曾文正公全集（第二部奏稿）．长春：吉林人民出版社，1995：755.

乃至十数倍于自己的太平军，因而“惟以中国军器远逊外洋为耻”①。1864年，他在《致总理衙门书》中提出：“中国欲自强，则莫如学习外国利器，欲学习外国利器，则莫如觅制器之器，师其法而不必尽用其人。欲觅制器之器与制器之人，则或专设一科取士。士终身悬以为富贵功名之鹄，则业可成，艺可精，而才亦可集。”② 这应该是洋务派第一次正式向清廷提出将近代工业科技的学习与科举制度相结合的建议和设想。

张之洞从事洋务活动要比李鸿章等人晚许多。他于1863年考中进士后，担任学政等官职近20年，一直以清流派自居，强调传统教育的整顿与加强。1884年，清廷委派张之洞主持中法战争，同时署理两广总督。马尾海战中国惨败的残酷现实，使张之洞发生了深刻的思想转变。正如辜鸿铭指出的那样：“当时济济清流，犹汉代之贾长沙、董江都一流人物，尚知六经大旨，以维持名教为己任。是以文襄在京曹时，精神学术无非注意于此。即初出膺封疆重任，其所措施亦犹是欲行此志也。洎甲申马江一败，天下大局一变，而文襄之宗旨亦一变。其意以为非效西法图富强无以保中国，无以保中国即无以保名教。”③ 后来居上的张之洞从此认识到大办机器工业、培养新式技术人才的重要性，成为晚期洋务工业教育的领头人。

洋务派最初也曾从“文化自尊”和“国仇”的考虑出发，试图不依靠洋师，而通过本土人才的探索，制造出列强所恃的先进器械。尤其是曾国藩，“同治元、二年间，驻扎安庆设局试造洋器，全用汉人，未雇洋匠”。然而，“虽造成一小轮船，而行驶迟钝，不甚得法”④。等到上海江南机器制造总局成立以后，他终于明白，“洋人制器，出于算学，其中奥妙，皆有图说可寻”，但如果不请洋师洋匠进行翻译和讲解，即便“日习其器，究不明夫用器与制

---

① 李鸿章．李文忠公（鸿章）全集［M］．台北：文海出版社，1980：47.

② 李鸿章．致总理衙门书［M］//文庆，等．筹办夷务始末（六）．上海：上海古籍出版社，2007：399.

③ 辜鸿铭文集（上册）［M］．海口：海南出版社，1996：418-419.

④ 曾国藩．新造轮船折［M］//李瀚章，李鸿章．足本曾文正公全集（第二部 奏稿）．长春：吉林人民出版社，1995：1152.

器之所以然”。因此，必须开设专门的学馆，“选听颖子弟，随同学习，妥立课程，先从图说入手。切实研究，庶几物理融贯”，最后才能真正做到“不必假手洋人”。①

（二）顽固派的竭力阻碍

洋务派开设新式学馆，延聘西人为教师，向学生传授西方科技知识的主张与实践，严重刺伤了那些远离军事和政治实际、顽固守旧的官僚贵族的虚荣心，也危及他们的学术地位与实际利益，因而遭到他们的一贯反对。1866年底，与左宗棠在福州开设船政学堂，招收生徒学习工业生产知识和技能的同时，奕䜣等人提出在京师同文馆中开设天文算学馆，招收“正途”出身士子学习科技知识的奏议，终于使顽固派撕破脸皮，与洋务派展开了一场关于工业科技教育的正面交锋。顽固派以封建传统文化教条为根本，通过屡上奏折、制造舆论等多种方式攻击洋务派，并一度获得众多官僚和士子的响应和赞同。1867年4月，奕䜣在奏折中汇报天文算学馆招生情况时抱怨，“自倭仁倡议以来，京师各省士大夫聚党私议，约法阻拦，甚且以无稽谣言煽惑人心”，以致“无复有投考者”。②

（三）论战的主要内容

面对顽固派的责难和非议，为了给工业技术教育争取一张“出生证”，洋务派费尽心机与顽固派进行争论和辩驳，从多种角度论证了实施工业科技教育的必要性，为工业教育的合法性进行辩护。这一艰难的过程，既深刻反映了中国近代高等工业教育面临的特殊困难和境遇，也从一个侧面揭示了洋务派的高等工业教育思想和观点。

1. 实施工业技术教育的现实价值

洋务派以实事求是、正视现实为准则，论证了实施工业科技教育的必要性。早在天文算学馆开设前三四年，李鸿章就曾尖刻指出，顽固派都是一些

① 曾国藩．新造轮船折［M］//李瀚章，李鸿章．足本曾文正公全集（第二部 奏稿）．长春：吉林人民出版社，1995：1154.

② 同治六年三月十九日总理各国事务奕䜣等折［M］//中国史学会．中国近代史资料丛刊：洋务运动（二）．上海：上海人民出版社，1961：36.

“无事则嗤外国之利器为奇技淫巧，以为不必学；有事则惊外国之利器为变怪神奇，以为不能学”① 的无用之人。左宗棠开办福州船政学堂时，针对顽固派认为不必学习西方工业科技的说法，从中西文化教育各有特点，中国应该取其所长的角度进行了驳斥：“中国之睿智运于虚，外国之聪明寄于实。中国以义理为本，艺事为末；外国以艺事为重，义理为轻。彼此各是其是，两不相逾，姑置弗论可耳，谓执艺事者舍其精，讲义理者必遗其粗不可也。谓我之长不如外国，导其先可也；谓我之长不如外国，让外国擅其能不可也。”② 1866—1867 年的天文算学馆大争论中，顽固派坚持认为，“天文算学本属技艺之末”，而制造技术乃是“奇技淫巧”，根本否定中国人学习技术科学的必要性和紧迫性。倭仁、张盛藻等人振振有词地宣称，“立国之道，尚礼义不尚权谋；根本之图，在人心不在技艺”“若以自强而论，则朝廷之强莫如整纪纲，明政刑，严赏罚，求贤养民，练兵筹饷诸大端。臣民之强则惟气节一端耳”“何必令其习为机巧，专明制造轮船、洋枪之理乎?”③ 洋务派针锋相对地指出：“中国之宜谋自强，至今日而已亟矣。识时务者，莫不以采西学、制洋器为自强之道……是西学之不可不急为肄习也”，而“西人制器之法，无不由度数而生，今中国议欲讲求制造轮船、机器诸法，苟不籍西士为先导，俾讲明机巧之原，制作之本，窃恐师心自用，徒费钱粮，仍无裨于实际。”④ 总之，学习西方工业科技，是挽救败局、“自立自强”的唯一途径。奕䜣等人以讥讽的口气说，倭仁等顽固派“如果实有妙策可以制外国而不为外国所制，臣等自当追随该大学士之后……如果别无良策，仅以忠信为甲胄，礼义为干橹等词，谓可折冲樽俎，足以制敌之命，臣等实未敢信”⑤。

① 李鸿章．致总理衙门书［M］//文庆，等．筹办夷务始末（六）．上海：上海古籍出版社，2001：398.

② 同治五年五月十三日（1866.6.25）左宗棠折［M］//朱有瓛．中国近代学制史料（第一辑上册）．上海：华东师范大学出版社，1983：332.

③ 陈学恂．中国近代教育大事记［M］．上海：上海教育出版社，1981：25.

④ 同治五年十二月二十三日总理各国事务奕䜣等折［M］//中国史学会．中国近代史资料丛刊：洋务运动（二）．上海：上海人民出版社，1961：23-24.

⑤ 同治六年三月初二日总理各国事务奕䜣等折［M］//中国史学会．中国近代史资料丛刊：洋务运动（二）．上海：上海人民出版社，1961：33.

2. 培养工业技术人才的长远意义

洋务派通过驳斥“购买说”，强调中国培养新式技术人才的长远价值。顽固派认为，即使出于国防安全考虑必须添置新式船舰枪炮，也完全可以通过购买的方式获得，而通过自己建厂和培养人才的方式实现自给，是十分不划算的做法。奕䜣等人则反驳说：“或谓雇赁轮船，购买洋枪，各口均曾办过，既便且省，何必为此劳绩？不知中国所当学者固不止轮船、枪炮一事，即以轮船、枪炮而论，雇买以应其用，计虽便而法终在人；讲求以彻其源，法既明而用将在我。盖一则权宜之策，一则久远之谋，孰得孰失，不待辨而明矣。”① 他们的这一观点与左宗棠认为福建船政重点在于学习技术的观点完全一致。左宗棠在同治五年（1866）十一月的奏折中指出：“兹局之设，所重在学造西洋机器以成轮船，俾中国得转相授受，为永远之利，非如雇买轮船之徒取济一时可比。其事较雇买为难，其费较雇买为巨。……而顾断断于此者，窃谓海疆非此，兵不能强，民不能富；雇募仅济一时之需，自造实无穷之利也。于是则虽难有所不避，虽费有所不辞。”② 接替左宗棠船政工作的沈葆桢正是基于这种认识，才提出了“船政根本在于学堂”③ 的命题，并反复强调福州船政局的根本目标“不重在造而重在学”④。

3. 推行工业技术教育的正统性

洋务派以臆造的“西学中源说”和儒家提倡博学的言论作依据，将中国传统天文算学与西方近代天文学和数学混为一谈，把康熙皇帝主动学习西洋科技的行为当成例，打出“法先王”和“复古”的旗号，继续维护“天朝上国”的“脸面”，从而瓦解顽固派占据文化道德制高点的基础，尽量消除读书

① 同治五年十二月二十三日总理各国事务奕䜣等折［M］//中国史学会．中国近代史资料丛刊：洋务运动（二）．上海：上海人民出版社，1961：24.

② 同治五年十一月初五日（1866.12.11）调陕甘总督左宗棠折［M］//朱有瓛．中国近代学制史料（第一辑 上册）［M］．上海：华东师范大学出版社，1983：353.

③ 同治六年六月十七日（1867.7.18）总理船政沈葆桢折［M］//朱有瓛．中国近代学制史料（第一辑 上册）［M］．上海：华东师范大学出版社，1983：338.

④ 同治十二年六月二十日（1837.7.14）沈葆桢折［M］//朱有瓛．中国近代学制史料（第一辑 上册）［M］．上海：华东师范大学出版社，1983：340.

士子接受西方科技教育的心理障碍。奕䜣等人宣扬说："查西术之借根实本于中术之天元，彼西土目为东来法，特其人性情缜密，善于运思，遂能推陈出新，擅名海外耳，其实法固中国之法也。天文、算学如此，其余亦无不如此。中国创其法，西人袭之，中国倘能驾而上之，则在我既已洞悉根原，遇事不必外求，其利益正非浅鲜。且西人之术，我圣祖仁皇帝深韪之矣，当时列在台官，垂为时宪，兼容并包，智周无外，本朝掌故亦不宜数典而忘。况六艺之中，数居其一。古者农夫、戍卒，皆识天文，后世设为厉禁，知者始鲜。我朝康熙年间，特除私习天文之禁，由是人文蔚起，天学盛行，治经之儒皆兼治数，各家著述考证俱精。语曰：'一物不知，儒者之耻。'士子出户，举目见天，顾不解列宿为何物，亦足羞也。即今日不设此馆，犹当肄业及之，况乎悬的以招哉？"[①] 左宗棠针对顽固派把中国学习西洋轮船制造技术视为有失颜面之举的论调反驳说："至以中国仿制轮船，或疑失体，则尤不然。无论礼失而求诸野，自古已然。即以枪炮言之，中国古无范金为炮施放药弹之制，所谓炮者，以车发石而已。……近时洋枪、开花炮等器之制，中国仿样式制造，亦皆能之。炮可仿制，船独不可仿制乎？安在其为失体也？"[②] 同治六年（1867）正月二十九日的上谕中也辩称，学习西方科技"不过借西法以印证中法，并非舍圣道而入歧途"[③]。

4. 奉洋人为师的"合礼性"

洋务派以事实为根据，同时兼用正面说理和偷换概念等方式，反击顽固派对科技教育中"奉夷人为师"的指责，说明洋务工业技术教育并未违背传统师生礼制。与"文化蒙羞"相一致，顽固派深以"奉夷人为师"为耻辱，视延聘洋人指教曾读过孔孟之书的士子为"上亏国体，下失人心"之举。顽固派首领倭仁声称："天下之大，不患无才。如以天文算学必须讲习，博采旁

---

① 同治五年十二月二十三日总理各国事务奕䜣等折［M］//中国史学会．中国近代史资料丛刊：洋务运动（二）．上海：上海人民出版社，1961：24-25.

② 同治五年五月十三日（1866.6.25）左宗棠折［M］//朱有瓛．中国近代学制史料（第一辑上册）．上海：华东师范大学出版社，1983：332.

③ 同治六年正月二十九日上谕［M］//中国史学会．中国近代史资料丛刊：洋务运动（二）．上海：上海人民出版社，1961：30.

求，必有精其术者，何必夷人，何必师事夷人?”① 深知当时中国并无这类人才实情的洋务派抓住倭仁这句话不放，怂恿同治帝在上谕中命令倭仁“酌保数员，另行择地设馆，由倭仁督饬讲求，与同文馆招考各员互相砥砺，共收实效”。② 逼迫倭仁最后只得承认“并无精于天文算学之人”。同时，洋务派宣称，“雇觅洋人不过与之讲究其法，并奏明不修弟子之礼”③。也就是说，洋教师只传授知识技艺，并非兼具“传道、授业、解惑”三重责任的教师，因而算不上是“奉夷人为师”。洋务派反过来指责顽固派是在“臆造师名”，以“阻人向往”。此外，洋务派还向顽固派以及朝野说明了延聘洋师的苦心：“不得已议奏招考天文算学，请用洋人，原欲窥其长短以收知彼知此之效。并以中国自造轮船、枪炮等件，无从入手，若得读书之人旁通其书籍、文字，用心研究，译出精要之语，将来即可自相授受，并非终用洋人。”④

5. “正途士子”学习近代科技的合理性

招考什么人学习工业科技，是引发这场大争辩的导火线和核心内容之一。洋务派开办学堂进行工业科技教育的目的，是要培养掌握工业科技原理的高级人才，而不是“只知其然”的一般工匠。因此，只有已经具备了相当学力和文化基础的人，才能胜任这种学习。在洋务派看来，“天文、算术，义蕴精深，非夙知勤学用心之人，难以渐窥底蕴”，只有那些已经通过考试获得了科名的士子，才是合格人选，因为“该员等研经有素，善用心思，致力果专，程功自易”⑤。顽固派则认为，即使天文算学和工业技术非学不可，也无须由那些曾读过孔孟之书的正途士子去学习。他们同样有意无意地混淆西方近代天文数学与中国传统天文算学，提出按照历代成例，“责成钦天监衙门考取年

① 陈学恂．中国近代教育大事记［M］．上海：上海教育出版社，1981：25.

② 陈学恂．中国近代教育大事记［M］．上海：上海教育出版社，1981：26.

③ 同治六年三月十九日（1867. 4. 23）总理各国事务奕䜣等折［M］//朱有瓛．中国近代学制史料（第一辑 上册）．上海：华东师范大学出版社，1983：557.

④ 同治六年三月十九日（1867. 4. 23）总理各国事务奕䜣等片［M］//朱有瓛．中国近代学制史料（第一辑 上册）．上海：华东师范大学出版社，1983：558.

⑤ 同治五年十二月二十三日总理各国事务奕䜣等折［M］//中国史学会．中国近代史资料丛刊：洋务运动（二）．上海：上海人民出版社，1961：26.

少颖悟之天文生、算学生，送馆学习，俾西法与中法互相考验”。至于轮船枪炮之类制造技术，只需“工部遴选精巧工匠或军营武弁之有心计者，令其专心演习，传受其法”，根本没有必要动用科甲正途人员学习。[①] 洋务派则争辩说：“或谓制造乃工匠之事，儒者不屑为之；臣等尤有说焉。查周礼考工一记，所载皆梓匠轮舆之事，数千百年，黉序奉为经术，其故何也？盖匠人习其事，儒者明其理，理明而用宏焉。今日之学，学其理也，乃儒者格物致知之事，并非强学士大夫以亲执艺事也，又何疑乎？”[②] 因此，洋务派认为读书之人学习制造技术的科学原理完全合乎儒家传统。而且，为了鼓励更多的士子能够开风气之先，积极参与工业科技学习，在严格督促的前提下，还“必须优给廪饩，欲期鼓舞，必当量予升途”[③]，即从经济待遇和仕途升迁两方面给予特殊优待。

顽固派抓住洋务派以经济和仕途升迁为诱饵吸引士子学习这一点，将争论的焦点转移到学生的道德和政治操守。顽固派指责说：“若令正途科甲人员习为机巧之事，又藉升途、银两以诱之，是重名利而轻气节，无气节安望其有事功哉？”[④] 他们认为，堂堂诵习诗书之人，为了金钱和仕途“而奉夷为师，其志行已可概见，无论所学必不能精，即使能精，又安望其存心正大、尽力报国乎？恐不为夷人用者鲜矣”[⑤]。洋务派则回击说，正是为避免学生被洋人误导和利用，才必须专选正途出身的士子，因为“读书明理之士，存心正大，而今日之局，又学士大夫所痛心疾首者，必能卧薪尝胆，共深刻励，以求自强，实际与泛泛悠悠漠不相关者不同”，顽固派既然口口声声称“夷为吾仇”，为复仇誓要“卧薪尝胆”，那么“试问所为卧薪尝胆者，姑为其名

---

① 同治六年正月二十九日（1867. 3. 5）掌山东道监察御史张盛藻折［M］//朱有瓛．中国近代学制史料（第一辑 上册）．上海：华东师范大学出版社，1983：551-552.

② 同治五年十二月二十三日总理各国事务奕䜣等折［M］//中国史学会．中国近代史资料丛刊：洋务运动（二）．上海：上海人民出版社，1961：25.

③ 同治五年十二月二十三日总理各国事务奕䜣等折［M］//中国史学会．中国近代史资料丛刊：洋务运动（二）．上海：上海人民出版社，1961：25.

④ 陈学恂．中国近代教育大事记［M］．上海：上海教育出版社，1981：25.

⑤ 同治六年三月初八日倭仁折［M］//中国史学会．中国近代史资料丛刊：洋务运动（二）．上海：上海人民出版社，1961：34.

乎？抑将求其实乎？如谓当求其实，试问当求之愚贱之人乎？抑当求之士大夫乎"①？也就是说，正途出身的士子不仅在学力上优于那些没有接受过儒家文化道德教育的“愚贱之人”，而且他们更能够坚守传统道德标准，保证“政治正确”，不仅能学好工业科技，而且能将所学知识和技能为国家所用，而不会为洋人所用，成为封建统治秩序的祸患。

（四）洋务派在论战中暴露出来的问题

客观分析洋务派和顽固派在中国高等工业教育出现之初的论争，可以说，洋务派坚持“学期适用，事贵因时”的基本立场，面对危如累卵的时局，正视现实，实事求是，为引进西方工业科技教育进行辩护，是符合社会发展趋势和世界大潮的，是完全应该肯定的。然而，洋务派虽然在最高统治者的支持下，赢得了辩论的胜利，为以后各地举办工业教育铺平了道路，但这场胜利赢得并不完全、不高明，暴露出洋务派本身思想认识中的诸多缺陷。

首先，洋务派的文化价值观与顽固派并无二致。洋务派与顽固派一样，是以中国文化“中心论”或“优越论”为辩论前提的，或者说，洋务派并不敢触动或否认这种观点。这是因为，在这种表面观点的背后，是中国传统统治秩序存在的正当性与合法性，而这恰恰是洋务派与顽固派的共同目的所在，也即两派都是为了维持和巩固既存的封建专制统治秩序。顽固派深刻认识或者直觉到，西方工业文化与技术，绝不是封建专制统治的思想文化基础，它们的引进早晚会危及现存的统治，洋务派所图的“久远之谋”最终会成为传统社会崩溃的导火索。从这个角度讲，顽固派“变夏从夷”的担心不仅不是多余的，而且其谋略或预见十分深远。这种内在的矛盾使洋务派在争论中一开始就陷于两难的境地。为了兼顾西方工业文明的学习与传统统治秩序的维护，洋务派不得不通过“西学中源”这种子虚乌有的根据作论据，甚至采取不承认洋教习为教师的手法进行辩解。

其次，洋务派对近代工业技术教育认识肤浅。洋务派“匠人习其事，儒

① 同治六年三月初二日（1867. 4. 6）总理各国事务奕䜣等折［M］//朱有瓛．中国近代学制史料（第一辑 上册）．上海：华东师范大学出版社，1983：554.

者明其理，理明而用宏”的论点，虽然看到了工业技术与科学原理之间的联系，但他们又强调高等工业教育中的学生是“学其理也，乃儒者格物致知之事，并非强学士大夫以亲执艺事”。如果真是这样，那就只能培养出新式书呆子，对工业生产的发展与提高并无帮助。正因为如此，在后来的高等工业教育实践过程中，像福建船政学堂之类的教育机构，由于有实际的工业生产任务必须完成，主办者们大都果断修正了这种观点，强调不仅要学习科学技术原理，而且狠抓生产实习，花费相当长的教学时间使学生“亲试之风涛”，促进学生把掌握的科学原理与实践技术、技能相结合。另外，这些观点也是洋务派强调必须招收接受过相当程度儒学教育的正途士子的理由。这又说明洋务派对文科和理工科之间知识与学习的区别，尤其是中国传统儒家的人文之学与西方近代自然科学技术之间的巨大差别不甚了了。传统儒学与自然科学技术在学习的内容、方法以及考核检验方式等各方面都存在很大不同，前者中的优秀者并不一定是后者的合适人选。正如在论战中持“中立”态度的崇实所说：“天文算法委曲深细，本系专门之学，与策论等项不同，每有学问素优而不明历律，亦有推步甚密而不善词章，盖文理可托之空言，而数学必归于实测，聪明异用，难易攸分。”① 事实也证明，天文算学馆在招生中只收正途士子的做法是失败的。该馆最后录取 10 名，而开馆半年后即将这 10 名学生分至他馆，天文算学馆实际关闭。当然，洋务派内部在此问题上的认识也并不一致。例如，左宗棠在兰州办织呢局的时候也很注重人才的培养，但他指出：“勇丁之聪慧者，兰州可留心挑选拨入，将来必有可用之材，正不必于士流中求之。人见西士技巧，卓绝古今，以为华人学制，必须聪颖俊达之士；不知彼中均由匠人推择，并非于士类中求之。”② 那些教学效果较好的洋务工业教育机构，往往都采取了更为灵活的招生政策。

最后，“厚其廪饩”的诱学政策具有消极影响。洋务派通过优厚的经济待

① 同治六年四月十三日崇实折［M］//中国史学会．中国近代史资料丛刊：洋务运动（二）．上海：上海人民出版社，1961：40-41.

② 左宗棠．答杨石泉［M］//中国史学会．中国近代史资料丛刊：洋务运动（七）．上海：上海人民出版社，1961：445-446.

遇和官阶升迁招徕广大士子学习工业科技的做法，在当时的历史条件下是无可厚非甚至是必要的。顽固派指责洋务派用金钱和仕途诱惑士子是败坏士习人心，其实，科举制下的儒学教育背后又何尝不是仕途与金钱？但是，洋务派的这种做法，一方面确实容易使一些仅图廪饩优厚者混入，另一方面又可能使真心向学者因惧怕受到人品指责而不敢涉足。说到底，当时广大士子不愿意学习西方工业科技，一是因为包括洋务派在内的整个社会将科学技术视为“技艺之末”，并未认识到它是社会与人的发展进步不可或缺的学问；二是因为当时中国社会的工业生产本身才开始萌发，除了洋务派，很少有人意识到社会对工业技术人才的急切需求，绝大多数人很难看清它背后的社会价值与个人出路，自然也就缺乏参与学习的热情了。

（五）对两派思想交锋的反思

尽管科技教育进入西方高等教育殿堂也不是一帆风顺的，也经历了长期的论辩和斗争，但没有晚清的中国这样激烈。上述两派论争的过程、内容以及胜利者洋务派在辩论过程中暴露出来的问题表明，中国高等工业教育在其早期面临的阻力和困难与发达国家迥异。

首先，这种阻力来自中国几千年传统文化中所蕴含的价值观、伦理观。中国文化发展没有出现西方式的历史断层，长期相对先进的文化发展水平和较强的综合国力、入侵异族屡次被同化等民族经验，使国人确信中华文化的优越性和价值标准的唯一性。在教育领域，重义轻利、重道轻器、只可“以夏变夷”不能“以夷变夏”等价值观深入人心骨髓。所以，当以技艺工具为特征的西方近代文明传入中国的时候，饱受传统教育浸润、对现实了解不多的士大夫们才会近乎疯狂地反对以之为正规的学校教育内容，更反对拜西方人为师。这充分说明，在后发外生型国家开展现代工业技术教育，不仅存在各种办学“硬件”设施落后的一般困难，还存在着本土文化传统中隐藏的思想观念阻力。因此，在后发国家实现高等工业教育现代化，应该首先注重对民族文化中可能形成障碍的各种陈旧观念加以清算。

其次，思想观念阻力的背后，还有社会经济、生产水平落后的根本制约。按照辩证唯物史观，是人的存在决定人的意识，而不是相反。顽固派也好，洋务派也好，他们立足的同样都是落后的封建专制制度、农业和小手工业经济形态。近代高等工业教育不仅不是这种社会自身的急需，而且还必然对这种社会造成瓦解。洋务派希望以近代高等工业教育的推行来改变落后的生产方式，从而巩固封建专制制度，所以要在社会生产本身还没有迫切需求的时候强行举办这种教育；而顽固派直觉到了洋务派这种做法内在的矛盾，预感到了这种教育对封建专制秩序的潜在威胁，所以不顾一切地强烈反对洋务派，制止洋务派的举动。这就是两派分歧的本质。这种分歧的本质说明，尽管洋务派在辩论中取得了胜利，但如果不改变封建专制制度及其对工商业经济的束缚，无论人们出于何种目的去推行高等工业教育，由于缺乏经济基础和社会需求，这种教育是不可能正常、良性发展的，各种教育以外的阻力会不断出现。这是在确立了资本主义社会制度、工商业经济得到自由发展的国家里不太可能出现的情形。

最后，虽然洋务派是早期高等工业教育发展的积极支持者，是这场辩论的“正方”，而且是争论的胜利者，但诚如奕䜣所言，他们自身在辩论时也存在不少“苦衷”。这种“苦衷”不仅因为他们自己对西方工业科技不甚了了，不是办近代高等工业科技教育的行家里手，更是因为他们内心深处对传统教育价值观、伦理观，对封建专制的社会制度是认同的。正因为如此，他们在同顽固派的辩论中才暴露出那么多的问题和毛病。他们在争论中处于上风，与其说是因为他们立论正确，不如说是形势使然。如果不是因为强敌的入侵带来的亡国危险，如果能够得过且过，他们实在不愿意站到顽固派的对立面。虽然依靠洋务派的努力才使近代高等工业教育在中国得以萌生，但他们的知识见解和思想观念的局限性，注定早期中国高等工业教育发展的道路将充满曲折和坎坷。

二、洋务学堂中的工业科技课程

洋务派的活动包括很多具体方面，如新型的外交、军事、工业生产等等。这些活动与自古以来就存在着的“理藩”“武备”及官办工场生产等性质大不相同，人才的缺乏成为各项事务正常开展并达成目标的最大障碍。为了培养所需的新型人才，洋务派一边与顽固守旧派进行艰苦的争辩，一边着手创办各类新式教育。过去人们较多地根据洋务派创办某类学堂的最初目的和培养目标，把洋务学堂分为外国语学堂、工业技术学堂、军事学堂等不同类别。工业技术教育被视为工业技术学堂的专门职责。实际上，随着洋务派认识的深入以及各种洋务活动与工业技术之间不可避免的联系，工业化逐渐成为洋务运动的核心和基础，各类学堂都程度不同地开展了近代工业技术知识或技能的教育。

洋务派实施近代工业科技教育，在中国教育史上是一个从无到有突然出现的事件，而从中国高等工业教育现代化的角度考察，则是这一过程中的第一步。教育现代化包括学校系统、管理体制、课程与教学、教育思想和理念等各方面现代因素的增加，而且它们的增加程度和速度也各不相同，步调并不一致。洋务派不可能使工业教育在中国出现之初就在各方面达到成熟水平。例如，仅从课程和修习年限来看，京师同文馆对外语和自然科学技术的学习曾制定过一个“八年课程表”，但据朱有瓛先生等人考证，“同文馆的八年课程，既不是硬性的规定，也没有严格的学年制度，三年一大考，是沿用科举制度的办法，岁考更不是我们今天的升级考试。光绪二十一年十二月初九日（1896. 1. 23）御史陈其璋《请整顿同文馆疏》建议模仿西方学制，总理衙门在‘遵旨议奏’折中还说：‘学问之道，日进有功，亦难示以年限’。现在，有的《中国近代教育史》教科书，把同文馆学习年限定为八年，未作说明，那是不够确切的”①。他们不敢去触动占统治地位、以科举为龙头的旧教育体系，不敢公开反对新式学堂学生花费大量宝贵精力去记诵传统经典和训谕的做法，也并未意识到新式科技教育更深层次的意义和价值。西方专业技术的发展使中国受到冲击，这并不是由于它本身的价值，而是因为它看起来是西方人战胜的原因。② 尽管他们要求按照西方的方式组织教育，如分年级、分班

---

① 光绪二年（1876）公布的八年课程表［M］//朱有瓛．中国近代学制史料（第一辑 上册）．上海：华东师范大学出版社，1983：72.

② ［美］吉尔伯特·罗兹曼．中国的现代化［M］．陶骅，等，译．上海：上海人民出版社，1989：259.

教学和规定课程，尽管他们介绍学习西方历史、西方语言和自然科学，但多数改良派依然把这些学问当作技巧。认为这些西方文明除了有助于富国强兵外，本身并不具有内在价值。例如科学不仅打开通向知识的全部大门，而且也包括关于宇宙本质的哲学观点，这一点很少被人理解。① 他们只能在主流的教育体制之外，救急式地零星创建一些带有浓厚封建色彩的新式学堂，即洋务学堂；或在对学生思想、行为严格控制的前提下派遣一些学生到欧美留学。

然而，无论怎样，在洋务派的认识水平能够达到的高度以及他们的奋力争取下，终于使晚清时代一些学堂里开始设置与近代工业技术相关的课程，进而出现了一些与传统教学迥异的方式方法。从这个意义上说，并且是相较于传统教育而言，中国高等工业教育现代化同现代教育的多次重大变革一样，是从课程与教学的率先变革开始的，即科技课程的设置与教学方法的改变是中国高等工业教育现代化的起点。

（一）外国语学堂

外国语学堂是洋务派最早开办的新式学堂。洋务派在与列强打交道的过程中，深感由于文字语言隔阂，不但交往不便，而且往往因此处于被动局面，造成极大的损失。为此，他们奏请朝廷，先后兴办了一批学习外国语言文字的学堂。在一般的史料和相关研究中，京师同文馆（同治元年，1862）、上海广方言馆（同治二年，1863）、广州同文馆（同治三年，1864）、新疆俄文馆（光绪十三年，1887）、台湾西学馆（光绪十三年，1887）和湖北自强学堂（光绪十九年，1893）等学堂，一直被归为洋务教育中与“工业技术学堂”和“军事学堂”相区别的“外国语学堂”。但如果对这些学校进行一番细致考察，我们将会发现，在它们的创设和发展过程中，外语教学的主要目的、所占比重并不相同，许多学堂与新式工业技术教育之间存在程度不同的联系。

1. 京师同文馆

早在总理各国事务衙门成立前的咸丰十年十二月（1861 年 1 月），负责

① ［美］杰西·格·卢茨．中国教会大学史（1850—1950）［M］．曾钜生，译．杭州：浙江教育出版社，1987：82.

与列强交涉的恭亲王奕䜣就在《通筹善后章程折》中指出：“查与外国交涉事件，必先识其性情。今语言不通，文字难辨，一切隔膜，安望其能妥协！”① 同治元年（1862）七月，奕䜣等人又在《遵议设立同文馆折》中称：“臣等伏思欲悉各国情形，必先谙其言语文字，方不受人欺蒙。各国均以重资聘请中国人讲解文义，而中国迄无熟悉外国语言文字之人，恐无以悉其底蕴。”② 1862年6月11日，京师同文馆正式开学。聘请英国传教士包尔腾（John Shaw Burdon）为英文教习，又聘汉人徐树琳为汉文教习。同文馆开办后，最初只设有英文馆，同治二年（1863）增设法文馆和俄文馆。由此可见，京师同文馆在创设之初，确实是一所纯粹的外国语学堂。学堂的开办目的很单纯——为外交事务培养翻译人才。学生所学习的内容，除了“中学”，就是外国的语言文字。如果仅是这样，京师同文馆在中国教育现代化进程中并无太大意义，因为自元、明至清朝前期，一直都存在这类专门教育机构。

真正使京师同文馆在中国教育发展史上具有特殊地位和意义，并且使其与工业教育联系起来的，是天文算学馆的开办。同治五年（1866）十一月，与左宗棠在福建积极筹备造船厂和船政学堂差不多同时，奕䜣等人奏请在同文馆内添设天文算学馆，招收“正途”出身的士子学习天文、数学和西方制造技术原理。他们上奏说：“因思洋人制造机器、火器等件，以及行船、行军，无一不自天文、算学中来。现在上海浙江等处，讲求轮船各项，若不从根本上用著实功夫，即学习皮毛，仍无俾于实用。臣等公同商酌，现拟添设一馆，招取满汉举人及恩、拔、岁、副、优贡，汉文业已通顺，年在二十以外者，取具同乡京官印结或本旗图片，赴臣衙门考试，并准令前项正途出身五品以下满汉京外各官，少年聪慧，愿入馆学习者，呈明分别出具本旗图片及同乡官印结，一体与考，由臣等录取后，即延聘西人在馆教习，务期天文、算学，均能洞彻根源，斯道成于上，即艺成于下，数年以后，必有成效。

---

① 奕䜣，等．通筹善后章程折（1861）［M］//高时良．中国近代教育史资料汇编：洋务运动时期教育．上海：上海教育出版社，1992：3.

② 奕䜣，等．遵议设立同文馆折（附章程）（1862）［M］//高时良．中国近代教育史资料汇编：洋务运动时期教育．上海：上海教育出版社，1992：37.

……则中国自强之道在此矣。”① 1867 年 1 月，奕䜣等在奏陈新订同文馆学习天文算学章程折内再次强调，“制造机器、火器必须讲求天文、算学”②。以上所奏内容表明了两点：一是京师同文馆增加天文、算学教育，绝不是因为奕䜣等人认识到这些知识在拓宽学生的视野和知识面、培养学生近代素养方面的价值，而是因为洋务军事工业需要高层次的、懂得制造近代机器、新式武器原理的人才；二是从天文算学馆设立开始，京师同文馆就已经不是一所纯粹的外国语学堂，而是同时进行高等工业教育的综合性学堂了。因为天文、算学这些课程并非由外语生兼学，而是另外专招的人员专门学习的。尽管以后天文算学馆效果并不好，但就设馆的初衷来看应该是这样的。

由于顽固派的群起反对，天文算学馆的开办和科技课程的教学，最初进展极为缓慢。从 1867 年李善兰来馆教习算学开始，直至同治九年（1870）后才陆续开始科学课程的教学。

除了招收特定学生专门进行科技学习的天文算学馆，京师同文馆在后来的发展过程中还对所有学生开设了与近代工业生产密切联系的科技课程。这一点可以从《同文馆题名录》中记载的光绪二年（1876）同文馆颁布的“八年课程表”“五年课程表”以及所附的说明和堂谕得到证明：

由洋文而及诸学共须八年。（馆中肄习洋文四种：即英、法、俄、德四国文字也。其习英文者，能籍之以及诸课，而始终无阻；其余三国文字虽熟习之，间须籍汉文以及算格诸学）

首年：认字写字。浅解辞句。讲解浅书。

二年：讲解浅书。练习文法。翻译条子。

三年：讲各国地图。读各国史略。翻译选编。

四年：数理启蒙。代数学。翻译公文。

---

① 同治五年十一月初五日（1866.12.11）总理各国事务奕䜣等折［M］//朱有瓛．中国近代学制史料（第一辑 上册）．上海：华东师范大学出版社，1983：13-14.

② 同治五年十二月二十三日（1866.12.11）总理各国事务奕䜣等折［M］//朱有瓛．中国近代学制史料（第一辑 上册）．上海：华东师范大学出版社，1983：14.

五年：讲求格物。几何原本。平三角。弧三角。练习译书。

六年：讲求机器。微分积分。航海测算。练习译书。

七年：讲求化学。天文测算。万国公法。练习译书。

八年：天文测算。地理金石。富国策。练习译书。

以上课程，唯汉文熟语、资质聪慧者可期成就，否则年数虽加，亦难望有成。至西语则当始终勤习，无或间断；而天文、化学、测地诸学，欲精其艺者，必分途而力求之；或一年，或数年，不可限定；此其大纲。至于细目，仍宜与各馆教习随时体察，酌量变通可也。

其年齿稍长，无暇肄及洋文，仅籍译本而求诸学者，共须五年。

首年

数理启蒙。九章算法。代数学。

二年

学四元解。几何原本。平三角、弧三角。

三年

格物入门。兼讲化学。重学测算。

四年

微分积分。航海测算。天文测算。讲求机器。

五年

万国公法。富国策。天文测算。地理金石。

至汉文经学，原当始终不已，故于课程并未另列。向来初学者每日专以半日用功于汉文，其稍进者亦皆随时练习作文；至于医学未列课程者，盖非诸生必由之径，或随时涉于体骨等论，以广学识，或俟堂宪谕令而专习之皆可。

堂谕附

总教习会同各馆教习，前拟课程表一纸，呈堂批阅。兹遇整顿馆务，著将课程表翻译洋文，以汉洋合璧刷印三百本，交与馆生各执一本，俾知趋向。

光绪二年　月　日特谕①

随着科技教育的发展和分化，京师同文馆于光绪十四年（1888）增设了格致馆。1898 年刊刻的《同文馆题名录》中记载："察格致一门，为新学之至要，富国强兵，无不资之以著成效。总教习于稽察各馆功课之暇，向以此学教馆生，旋于光绪十四年，因馆课日繁，申请堂宪专设格物一席，以英文教习欧礼斐充补，俾广其传，以启后进。"② 这段记载除说明了格致馆的开设缘由以及京师同文馆各馆学生一直兼习物理学知识的情况外，也表明京师同文馆中自然科学的学习是以增加学生"富国强兵"的工业知识为直接目的的。

光绪十五年（1889）二月总理各国事务大臣奕劻的奏折中有这样一段话："近年招考学生额数加添，上年又新设格物馆，建造观星台，该学生分隶天文、算学、化学、格物、言语文字各馆，汉洋并习，功课较繁。"③ 这段话表明，到京师同文馆的中后期，数学和自然科学等专业和课程的地位，已俨然和外国语平起平坐了。

甲午战争以后，京师同文馆的管理者对自然科学课程作用的认识有了一定程度的提高。光绪二十一年（1895）八月总教习（校长）丁韪良（William Alexander Parsons Martin）申称："设立同文馆之本意，原为通晓各国语言文字，办理交涉事宜，馆中诸生自当以习学洋文为重。然得洋文之奥窔，必赖杂学以贯通，如天文、算学、格致、化学、医学等类，泰西各国皆恃此为策富强之本。现时中国讲求西法，凡轮船、铁路、电报、开矿以及测量诸大端，

---

① 光绪二年（1876）公布的八年课程表［M］//朱有瓛．中国近代学制史料（第一辑 上册）．上海：华东师范大学出版社，1983：71-73.

② 《同文馆题名录》记光绪十四年（1888）添设翻译处［M］//朱有瓛．中国近代学制史料（第一辑 上册）．上海：华东师范大学出版社，1983：18.

③ 光绪十五年二月二十九日总理各国事务衙门奕劻等片［M］//中国史学会．中国近代史资料丛刊：洋务运动（二）．上海：上海人民出版社，1961：67.

必须极力整顿。拟请嗣后各生于习学洋文外，必须兼习艺学……”① 丁韪良的本意在于通过对自然科学技术知识的学习拓宽学生的知识面，从而促进学生更好地掌握和领会西方语言，这种认识应该说比原来洋务派单纯将科技知识视为发展工业所必需的看法有了进步，但他仍将落脚点放在中国当时急于讲求的“富强之本”以及“轮船、铁路、电报、开矿”等工业发展的需要，这种投其所好的说法同样揭示了京师同文馆中科技课程和专业开设的根本目的——尽管这种做法基本上是把科学与技术混为一谈的。丁韪良对清廷和洋务派思想的把握是准确的，他的建议得到了总理衙门的同意，并通过膏火和奖励制度对学生的科技学习进行了诱导和调控：“著照总教习所请，嗣后诸生如有不兼习艺学，即不得由六两升补十两，其有文字通晓，艺学精进者，定当优给奖叙，以励真才而收实效。”②

以后，根据丁韪良的提议，京师同文馆中的科技课程与教学得到不断加强和丰富。仅光绪二十三年（1897）正月的“堂谕”中就提出了多项增强科技课程教学的要求与措施。如要求“凡无汉文功课学生，具于每日午前九点钟到馆学习天文、格致、算学、化学等艺，其教艺学之洋教习，亦于午前到馆教授。如有五品以下京外各官，愿习艺学者，并准来馆投效，与诸生一体学习”；提出“于天文、算学、格致、化学、医学之外，再行添设制造测绘一馆，延订教习一员，专教各项制造及测量绘图等学”；还高度关注科技实验仪器设备的保存和维护，“查格致化学两馆，现存机器矿石等物，素皆购自外洋，运置匪易，若因房屋狭窄，用时搬运挪移，或致损坏，殊非护惜之道。惟化学馆左右，限于地势，无可展拓，应俟新购东邻房屋开通后，将化学馆移至东院”。③

---

① 见京师同文馆光绪二十一年八月接到的“堂谕”，收录于朱有瓛．中国近代学制史料（第一辑 上册）［M］．上海：华东师范大学出版社，1983：139.

② 见京师同文馆光绪二十一年八月接到的“堂谕”，收录于朱有瓛．中国近代学制史料（第一辑 上册）［M］．上海：华东师范大学出版社，1983：139-140.

③ 见京师同文馆光绪二十三年正月接到的“堂谕”，收录于朱有瓛．中国近代学制史料（第一辑 上册）［M］．上海：华东师范大学出版社，1983：147-148.

京师同文馆科技课程的具体科目和所用教材，可通过光绪二十四年（1898）所刊的《同文馆题名录》中记载的翻译书籍窥其大概：格物入门（总教习丁韪良著），化学指南（化学教习毕利干译），化学阐原（化学教习毕利干译，副教习承霖、王钟祥助译），格物测算（总教习丁韪良口授，副教习席淦、贵荣、胡玉麟等笔述），算学课艺（副教习席淦、贵荣编辑，算学教习李善兰鉴定），星学发轫（副教习熙璋、左庚等译，天文教习骆三畏鉴定），电理测微（总教习欧礼斐著，待刊），坤象究原（副教习文祐译，总教习欧礼斐鉴定，待刊），弧三角阐微（总教习欧礼斐著），分化津梁（化学教习施德明口译，纂修官化学副教习王钟祥笔述）。[①] 另外，各种研究表明，京师同文馆还采用了上海机器制造总局翻译馆翻译的部分西书作为科技课程教材。

尽管如此，京师同文馆学生学习科技知识的积极性以及科技课程的实际教学效果是值得怀疑的。如光绪二十二年（1896）十一月的堂谕中提到丁韪良的一段话：“查泰西各学堂固以语言文字为重，而其尤重者，则在算术、格、化诸学，专为富国强兵之助。同文馆学语言文字者，或送出洋或派外差，均有道路。至算术、格、化诸学，虽尚未能专用其材，而既有修建铁路之明文，开办矿务之大举，则艺学实为将来所必需，不得不预为储备。然储备其材于后，必以振兴鼓励为先。现在岁考伊迩，本总教习酌于在馆诸生习练艺学者，甚为关心，情愿报效纹银二十五两，酌量四馆人数分给以作奖习之费等语。”[②] 丁韪良的这段话至少透露出这样两个信息：一是科技课程教学成效远不如外国语教学，“尚未能专用其材”其实是因为“无材可用”；二是学生对科技课程的学习积极性不高，否则也不至于要总教习拿出自己的俸禄来劝诱学生学习。甲午战争后亲自在京师同文馆学习多年的齐如山在回忆录里对馆中科技教学的程度与效果有生动的记载，他说：“小孩或成人……俟洋文学有根基，再任意挑选一门科学，也只是化学、算学、天文几种，且极稀松。

① 《同文馆题名录》记翻译书籍［M］//朱有瓛．中国近代学制史料（第一辑 上册）．上海：华东师范大学出版社，1983：153-154.

② 见京师同文馆光绪二十二年十一月接到的“堂谕”，收录于朱有瓛．中国近代学制史料（第一辑 上册）［M］．上海：华东师范大学出版社，1983：146.

比方我选了化学，上课的头一个月，化学教习只给我们讲什么是漏斗，是干什么用的；什么是熔埚，什么是火酒灯，什么是实验玻璃管，什么是寒暑表等等，都是干什么用的；如是者讲了两三个月。这种功课，当然用不了多少脑思。其中最认真的，就是汉文算学，教习为席汉伯，乃李善兰得意的门生，教法也很好。”① 齐如山就读京师同文馆已是清末，受甲午战争的刺激，当时中国人对西方科学技术重要性的认识已经上升到晚清时期的顶点，而他所经历的情况尚且如此。由此可见，京师同文馆科技课程的教学尽管不是一无是处，但总体上成效是不大的。

2. 上海广方言馆

京师同文馆开办后的第二年，即同治二年（1863）二月，时任江苏巡抚的李鸿章以上海地方洋务日繁而缺乏合格、可靠的翻译人员，以及洋人众多便于外语学习等为由，奏请“仿照同文馆之例，于上海添设外国语言文字学馆，选近郡年十四以下、资禀聪颖、根器端静之文童，聘西人教习；兼聘内地品学兼优之举贡生员，课以经史文义”。此馆初名为上海同文馆，后改为上海广方言馆。与奕䜣等人最初纯粹为培养外交事务人才而开设京师同文馆颇不相同的是，李鸿章在奏折中提出：“彼西人所擅长者，推算之学，格物之理，制器尚象之法，无不专精务实，泐有成书，经译者十才一二，必能尽阅其未译之书，方可探赜索隐，由粗浅而入精微。我中华智巧聪明，岂出西人之下。果有精熟西文者转相传习，一切轮船火器等巧技，当可由渐通晓，于中国自强之道似有裨助。”② 也就是说，从一开始，李鸿章等人就赋予了广方言馆向中国转授西方“一切轮船火器等巧技”的使命，而奕䜣等人则是在京师同文馆开办了四五年以后，左宗棠的福州船政局和船政学堂已经提上议事日程以后才有了这种意识的。

李鸿章等人的这一意图通过广方言馆的课程得到了落实。同治二年（1863）四月，江海关道黄芳拟定《上海初次议立学习外国语言文字同文馆试

① 齐如山回忆录［M］. 北京：中国戏剧出版社，1998：41.

② 同治二年二月初十日（1863. 3. 28）江苏巡抚李鸿章奏［M］//朱有瓛. 中国近代学制史料（第一辑 上册）. 上海：华东师范大学出版社，1983：215.

办章程十二条》呈给李鸿章，其中一条为："西人制器尚象之法，皆从算学出，若不通算学，即精熟西文亦难施之实用。凡肄业者算学与西文并须逐日讲习，其余经史各类，随其资禀所近分习之。专习算学者，听从其便。"[①] 这就是说，作为科技基础的数学是广方言馆学生的必修课程，其地位甚至超过"经史各类"。因为经史典籍学生可自行决定是否选修，算学则不仅是必修，而且可以"专习"。显然，经史典籍在广方言馆中的地位是不及京师同文馆的，这一方面固然和招进来的学生以前的汉文功底不同有关，另一方面也反映了同为洋务派的李鸿章等人与奕䜣等人之间在认识上以及所处环境的微妙差别。

同治八年（1869）至同治九年（1870）是广方言馆发展史上的重要转折期。广方言馆开设之初，附设在上海的敬业书院，规模狭小。同治八年（1869），制造局内建成楼、平房74间，江海关道决定将广方言馆迁入，并与制造局附设的翻译馆合并，改名广方言馆。同治九年（1870）正月迁入以后，制造局总办冯焌光、郑藻如又于三月初三日（1870年4月3日）拟定《广方言馆课程十条》和《开办学馆事宜章程十六条》，对广方言馆的课程与专业设置进行了改造，对学堂的办学原则、目标、任务进行了重新表述，使广方言馆的工业科技教育大为增强。

《开办学馆事宜章程十六条》有关科技课程与教学的条款达十三条之多：分教习以专讲求（分专业教授）、集人才以备学习（不拘一格搜罗可堪造就的学习者）、广制器以资造就（强调机器制造的实践）、编图说以明理法（绘制各种科技图表，配以解释，以帮助学者明了科学原理）、考制造以究源流（注重讲授机器制造历史过程中的经验、教训以及科学技术史）、测经纬以利行船、译舆图以参实测、广翻译以益见闻（强调科技书籍的翻译）、录新报以知情伪（以林则徐为榜样，强调对外国社会政治经济时事新闻的译介）、储群籍以资稽考（强调中外图书的收藏）、购测器以便考订（强调各种观测和实验仪

① 同治二年四月二十九日（1863. 6. 15）江海关道详南洋通商大臣李鸿章（附章程）［M］//朱有瓛. 中国近代学制史料（第一辑 上册）. 上海：华东师范大学出版社，1983：217.

器的配置）、刊书板以省传抄（强调刊刻科技书籍，以免因手抄而走样或讹误）、立年限以收成效（以三年为期限。若三年后质堪造就，则三年后，仍许留馆）等。[①]

除此十三条，另有三条与科技教学无关者均被曾国藩否定：求师资以端模范（欲选一精通中西学的人为山长，被曾氏以“虚名”为由否定）、定课章以循诵习（初一、十五课试西学，初八、二十四课试中学策论，被曾氏以“分散精力”为由否定）、严甄别以昭奖劝（力学之士多系单寒，似宜月给廪饩之外，考列上等者格外优奖，庶人知激劝，学有进益矣。因其中有让学生一起参加会试而赏举人出身的建议，为曾国藩反对，认为广方言馆本来与科举就不同途，不能要求学生兼长）。[②] 曾国藩对此三条的否定意见虽然表述得很委婉，但对照整个十六条，科技与举业、西学与中学孰轻孰重却一目了然。

《广方言馆课程十条》虽然仍将“辨志”“习经”“习史”“讲习小学诸书”“课文”等传统课程冠其首，以示对“中学”的尊崇，但随即以“求实用”为宗旨，一如既往地强调算学课程的重要性：“习算学。孔门六艺不废书数。况西人制造日新月异，俱从算学而出。……兹拟每日西学之暇，午后即学习算术，无论笔算珠算，先从加减乘除开方入手。中学则熟习算经十书，前贤代有著述，皆可流览。西学则几何、重学、代数诸书，循序而渐进焉。除课文日停习，余日不得作辍。若有性质所近，径免课文，专习算学亦可。至测量制造之法，如学有端绪，即可引与考究。”[③] 其中“若有性质所近，径免课文，专习算学亦可”的说法，再次表明了传统举业课程与制造之学在李鸿章等人心目中的真实地位。

---

① 冯焌光，郑守藻．同治九年三月初三日（1870.4.3）总办机器制造局冯、郑上督抚宪禀·再拟开办学馆事宜章程十六条［M］//朱有瓛．中国近代学制史料（第一辑 上册）．上海：华东师范大学出版社，1983：225-234.

② 曾国藩．同治九年五月初六日（1870.6.4）直隶总督曾批［M］//朱有瓛．中国近代学制史料（第一辑 上册）．上海：华东师范大学出版社，1983：235.

③ 冯焌光，郑守藻．同治九年三月初三日（1870.4.3）总办机器制造局冯、郑上督抚宪禀·计呈酌拟广方言馆课程十条［M］//朱有瓛．中国近代学制史料（第一辑 上册）．上海：华东师范大学出版社，1983：223.

《广方言馆课程十条》对该馆教学进行了两个方面的重要改革。

一是对教学层次和课程设置进行了初步的高、低级别分类：“学生分为上下班。初进馆者先在下班，学习外国公理公法，如算学、代数学、对数学、重学、天文、地理、绘图等事，皆用初学浅书教习。若作翻译者，另习外国语言文字等书。诸生每日于午前，毕集西学讲堂，专心学习。阅七日，课以翻译一篇，评定甲乙，上取者酌给奖赏。至年底考试可取者，察其性情相近，并意气所向，再进上班，专习一艺。”① 这里的下班相当于高级专业学习之前的预科，学习共同的科学基础课程；上班相当于本科，分专业学习相应的课程。广方言馆经这次改革后不久又进行了调整，将下班、上班改称附科、正科，并将全馆根据学生主修的外国语不同分为英文馆、法文馆和算学馆。

二是对高级班按专业进行了分门设置：“上班分七门：一、辨查地产，分炼各金，以备制造之料；二、选用各金材料，或铸或打，以成机器；三、制造或木或铁各种；四、拟定各汽机图样或司机各事；五、行海理法；六、水陆攻战；七、外国语言文字，风俗国政。生徒学此各事之时，仍须兼习下班之学，以冀精深。”② 从专业设置可以看出，广方言馆已经由此从一所兼习科技的外国语学校转变为外语和工业科技教育并重的综合性专门学校了。研究中国船舶工业史的辛元欧先生也认为，自从广方言馆“移址江南制造局后，对学生的学业有了更严格的要求，逐步成为培养外语、理工科、军事等专门人才的综合性学校”③。不仅如此，即使是高级班外国语专业的学生，也还必须一直进行自然科学基础知识的学习和复习巩固。

光绪二十四年（1898），江南机器制造总局总办林志道根据两江总督刘坤一的旨意，对广方言馆和原来进行军事工程教育的炮队营进行裁并，集中力

---

① 冯焌光，郑守藻．同治九年三月初三日（1870.4.3）总办机器制造局冯、郑上督抚宪禀·计呈酌拟广方言馆课程十条［M］//朱有瓛．中国近代学制史料（第一辑 上册）．上海：华东师范大学出版社，1983：223-224.

② 冯焌光，郑守藻．同治九年三月初三日（1870.4.3）总办机器制造局冯、郑上督抚宪禀·计呈酌拟广方言馆课程十条［M］//朱有瓛．中国近代学制史料（第一辑 上册）．上海：华东师范大学出版社，1983：224.

③ 辛元欧．中国近代船舶工业史［M］．上海：上海古籍出版社，1999：276.

量创办实施化工和机械技术教育的工艺学堂，但仍保留广方言馆名称和编制。广方言馆从此进入向工艺学堂“输血”而自身不断萎缩的阶段。据《上海县续志》卷十一篇首记载，光绪三十一年（1905），“总督周馥以各省已设学堂，兼习外国文字，足备译才，而工商各业尚无进步，改广方言馆为工业学堂……分专门普通二科（专门科分机器化学两班，系高等学校程度。机器班长于绘图，化学班长于造药炼钢，均到厂实习。普通科系中学程度）”①。广方言馆开办42年后，至此彻底脱下“外国语学堂”的外衣，成为专门的高等工业学校。

在广方言馆40余年的发展过程中，虽然由于学生出路、社会观念以及管理制度等因素的影响，也有过一些学生“敷衍岁月，多攻制艺，不复用心西学”② 的情形，但相对于京师同文馆，它的科技教学成效是不错的。③ 首先，广方言馆实施科技课程教学的时间要早于京师同文馆，并且进行得很顺利。同治五年（1866）京师同文馆开设天文算学馆受顽固派阻挠，次年李善兰到馆才开设算学，科技课程到同治九年（1870）以后才陆续开设，而林乐知（Young John Allen）于1867年就已经在广方言馆进行科学课程的教学了，且未遇到什么干扰和阻力。其次，京师同文馆的天文算学馆开学时发现，招收的学生只长于中文，缺乏外语和科技功底，外国教习很难进行教学，于是急招上海和广东两馆选派优秀学生入京帮助讲解。广方言馆于1868年咨送席淦、严良勋、汪凤藻、汪远焜、王文秀等5名学生入京，经过总理衙门考试，认为“学有成效，均堪造就”，将5人留在京师同文馆，一起学习天文算学。以后总理衙门还陆续调考了几次，总共从广方言馆招取25人。本来保送学生入京是作为对学习优异者的一种奖励，却变为解决京师同文馆进行科技教学困难的方法了。这从一个侧面证明广方言馆的科技教学效果优于京师同文馆。

① 《上海县续志》记广方言馆［M］//朱有瓛．中国近代学制史料（第一辑 上册）［M］．上海：华东师范大学出版社，1983：254.

② 李兴锐，蔡汇沧．禀复南洋通商大臣刘（1881）［M］//高时良．中国近代教育史资料汇编：洋务运动时期教育．上海：上海教育出版社，1992：195.

③ 曾钜生．略论上海广方言馆［J］．杭州大学学报（哲学社会科学版），1986（1）：104-109.

另外，广方言馆最后能不费周折地顺利变成高等工业学堂，也充分说明其在科技教育的师资和教学设备方面具有相对良好的基础。

3. 广东同文馆及其他几所早期外语学堂

广州因为与上海“事同一例”，所以也于同治三年（1864）五月开设了广东同文馆。广东同文馆开馆之初只有英文馆，课程除了英文，还有汉文、满文和算学。最初学生额定二十名，其中旗人十六名，汉人四名，年二十以下十四以上。允许年逾二十之举监生员，及候补流寓人员十名自费旁听。以后逐渐将汉人学生停招，以旗人学生补缺。光绪五年（1879）广州将军长善等奏拟增设法文馆和布文（德文）馆，三馆每馆正生十名，总额增至三十名，每馆允许附生五名。但这一计划似乎并未实施，因为根据《京师同文馆学友会第一次报告书》中关于广东同文馆馆员和教习的记载，直至光绪二十六年（1900）始见有法文教习马尔德的记载①，该年法文馆才正式开设。光绪二十三年（1897）添设俄文和东文馆。光绪二十八年（1902）《钦定学堂章程》颁布后，广东同文馆并入广州驻防中学堂。光绪三十一年（1905），又将原同文馆划出改为广州译学馆，分英、法、日、俄四科，次年又改称两广方言学堂。

综观广东同文馆 38 年的办学历程，虽前期开设过算学课程，也为京师同文馆的天文算学馆咨送过蔡锡勇、沈铎等一些优秀生源，但其本身一直是一所纯粹的外国语学堂。光绪二年（1876）十月二十八日刘坤一致黎召民的信函中说：“……即广东亦早设同文馆，……初议兼用满、汉生徒，此次荔秋星使奏调之蔡倅锡勇，系由此馆出身。嗣以专用旗人子弟，一味训课时文，虽仍聘一英员教习，略存其名而已。似此毫无实际，纵添设一、二馆，徒糜经费，为外人所笑。”② 由此可见，广东同文馆不仅未重视科技教育，外语人才的培养成效也不佳。从促进早期中国工业和科技教育发展的角度看，广东同

① 光绪五年七月二十二日（1879. 9. 8）广州将军长善等奏［M］//朱有瓛．中国近代学制史料（第一辑 上册）．上海：华东师范大学出版社，1983：275.

② 光绪二年十月二十八日（1876. 12. 13）刘坤一致黎召民函［M］//朱有瓛．中国近代学制史料（第一辑 上册）．上海：华东师范大学出版社，1983：475.

文馆的历史贡献极为有限。

由于时局发展和涉俄事务增多，新疆和吉林地方官员还分别于光绪十三年（1887）和十四年（1888）开设了新疆俄文馆和珲春俄文书院两所俄语学校。这两所学校规模极小，仅学生数人和十数人，只教习汉文和俄文，未见科学技术课程教学记载。

此外，热心洋务的刘铭传为培养台湾地方的外交人才，于光绪十三年（1887）在台北开设了台湾西学馆。西学馆开办后的第二年，刘铭传在给清廷的奏折中说："臣尝亲加考察所习语言文字，均有成效可观。拟渐进以图算、测量、制造之学，冀各学生砥砺研磨，日臻有用，而台地现办机器、制造、煤矿、铁路，将来亦不患任使无才。"① 但很快由于经费、师资以及地方官人事变动等原因，西学馆于光绪十九年（1893）即被裁撤，刘铭传在西学馆中进行工业技术教育的打算并未实现。

4. 湖北自强学堂

湖北自强学堂是洋务派开设较晚而又性质变化复杂的一所"外国语学堂"。光绪十九年（1893）十月湖广总督张之洞上奏清廷，提出"湖北地处上游，南北冲要，汉口宜昌均为通商口岸，洋务日繁，动关大局，造就人才，似不可缓，亟应及时创设学堂"。并将所设学堂定名为自强学堂，分方言、格致、算学、商务四门。之所以开设这四个专业，是因为方言学习泰西语言文字，为驭外之要领；格致兼通化学、重学、电学、光学等事，为众学之入门；算学乃制造之根源；商务关富强之大计。②

显然，按照张之洞的规划，自强学堂应该是一所包含外语、数学、科学和商务等专业在内的综合性学校，外语专业只是其中之一。但学堂开办后不久，实际教学状况就让张之洞的想法发生了改变。威廉·艾尔斯（William Ayers）在《张之洞和中国教育改革》（*Chang Chih-tung and Educational*

① 光绪十四年六月初四日（1888.7.12）刘铭传折［M］//朱有瓛．中国近代学制史料（第一辑 上册）．上海：华东师范大学出版社，1983：304.

② 光绪十九年十月二十二日（1893.11.29）两广总督张之洞片［M］//朱有瓛．中国近代学制史料（第一辑 上册）．上海：华东师范大学出版社，1983：307.

Reform in China）中说："自强学堂开办后第一年，它的情况就使张之洞失望。他不得不承认，在学校开办时，他没有把最重要的事情放在第一位，学校虽有一些成效，但内疚的是诸生'多空谈而少实际'。他们的学习是很肤浅的。张认为，不学习泰西方言，要探格致与商务之精微便不可能。这种想法比自强学堂开办时还要强烈。"①

张之洞在光绪二十二年（1896）六月令学堂总办蔡锡勇改定自强学堂章程的信札中指出，"自强之道，贵能取人所长，若非精晓洋文即不能自读西书，若不能多读西书，即无从会通博采。本部堂再四推求，知舍学习洋文，广储高材，以探西书精微，更无下手取法之处"②。他决定，算学因为翻译成中文的书籍较多，可以将其移归两湖书院另课，格致、商务两门停开，学生全部改习外国语（初为英、法、德、俄四国语言，旋又增加了日文），在学习中将科技和商务书籍作为外语教材，使学生逐步接近和了解这些知识。

与京师同文馆由单纯的外国语学校逐渐变成综合性学校不同，从 1897 年招生开始，自强学堂由原来的综合性学校"退化"为一所外国语专门学校。但这种"退化"只是表面的，用张之洞自己的话说，专习外国语"并非欲诸生徒供翻译之用"，而是因为它"可为一切西学之阶梯，而格致、商务即包其内"③，专习外语的根本目的是为将来更好地学习西方工商业知识打下坚实的基础。正因为如此，以后自强学堂的外语学习和考试中，包含有不少科技知识。

另外，张之洞曾在汉阳铁厂内附设有化学学堂，延洋人骆丙生（Henry Robinson）为教习。铁厂由官办变为商办后，学堂面临何去何从的问题。张之洞认为，该学堂"虽为化验矿产而设，其实该教习学术以及所备器具，均不止专化金石，兼可化验动植物各种原质与地土，所宜举化学之大纲。查西学

---

① ［美］威廉·艾尔斯．《张之洞和中国教育改革》记自强学堂［M］//朱有瓛．中国近代学制史料（第一辑 上册）．上海：华东师范大学出版社，1983：313.

② 光绪二十二年六月二十七日（1896.8.6）张之洞扎道员蔡锡勇改定自强学堂章程［M］//朱有瓛．中国近代学制史料（第一辑 上册）．上海：华东师范大学出版社，1983：310.

③ 光绪二十二年六月二十七日（1896.8.6）张之洞扎道员蔡锡勇改定自强学堂章程［M］//朱有瓛．中国近代学制史料（第一辑 上册）．上海：华东师范大学出版社，1983：310.

事事原本化学，凡一切种植畜牧及制造式食式用之物，化学愈精则能化无为有，化无用为有用，而获利亦因之愈厚”①，所以应该把化学学堂并入自强学堂，别为一门，仍令骆丙生继续教授。因此，改章以后的自强学堂，即使从形式上看，也并未变成单一的外国语学堂。只是因为张之洞认为化学专业的学生必须由已经谙熟洋文的学生充任，故不对外招生。

改制以后的《招考自强学堂学生示并章程》（该章程发布时间，有的史料中未言明，有的注明 1893 年，经对照章程内容和张写给蔡的信札考证应为 1897 年），对学生兼课举业、学习年限、教学管理等方面与之前各种学堂有了明显不同。它明确规定，“学生宜专心致志，习学堂讲授诸课，不准在堂兼作时文试帖，亦不准并应各书院课试，以致两误”“学生以五年为毕业”“教授西文，既忌陆续增收学生，新旧搀杂不能成班，令教者窘于指授。该堂学生既经挑定以后，即应截止收录。至已留堂学生，或有因事撤退者，只可任令虚额，不能陆续收补。即使来堂求学者众，亦只能俟下届招考新生之时令其投考，另作新班教授，不得中道收补搀入旧班”。② 这些规定虽与科技教学不直接相关，但对早期中国高等工业教育在教学管理、学制发展等方面的积极影响不容忽视。

湖北自强学堂存在了 10 年，于光绪二十九年（1903）《奏订学堂章程》颁布实施后被张之洞改为普通中学，成为湖北近代史上的第一所普通中学。

通过上述梳理和分析不难发现，洋务派所办的这些外国语学堂进行外语教学的目的并不完全相同，科学技术在这些学校的地位、所占比例也不一样。但一些学校之所以开设科技课程，根本原因是看到了西洋工业的发达，希望以此来培养中国自己通晓近代工业知识的人才。不过，这些外国语学堂中科技教育的内容，主要还是工业科学原理方面的知识，而不是直接用于工业生产实际的专业技术。这与洋务派的认识、教学实际条件、当时中国近代工业

① 光绪二十二年六月二十七日（1896.8.6）张之洞扎道员蔡锡勇改定自强学堂章程［M］//朱有瓛．中国近代学制史料（第一辑 上册）．上海：华东师范大学出版社，1983：310.

② 张之洞．招考自强学堂学生示并章程［M］//朱有瓛．中国近代学制史料（第一辑 上册）．上海：华东师范大学出版社，1983：309.

的发展规模和水平等多种因素有关。

（二）工业技术学堂

工业技术学堂是洋务派实施近代工业教育的主要机构，这些学堂的学生不仅要学习工业生产技术的科学原理，而且要掌握实际的生产和操作技术，并且要到工作现场进行实习与实践。然而，要想说清究竟哪些洋务学堂是工业技术学堂，却是一件不容易的事情。原因在于，洋务派的工业技术教育是与其军事目的和军事教育纠缠在一起的。无论是机械制造、舰船驾驶还是电报电信、铁路、矿冶等专业技术的教育，其发端无不与洋务派"强兵"的目的紧密相连。正如张之洞所说："随在与本利相关，亦随在与军国相关。"① 所以，一方面，所有的洋务派创设的工业技术教育机构都具有军工教育的性质；另一方面，很多洋务军事学堂也进行近代工业技术教育。这就使人们很难将洋务教育中的工业技术教育、军事技术教育以及相应的工业技术学堂、军事学堂明确区分开来。本文将凡是当时明确冠以水师学堂、陆师或武备学堂名称的学校作为单独的军事学堂一类，而将其他进行工业技术教育的机构归为工业技术学堂。

根据教学内容和人才培养目标，洋务工业技术教育可分为机械制造、舰船驾驶、电报、铁路、矿冶等专业。有的学堂只进行单一专业的教学，有的则包含多种专业技术的教育。为行文简洁，下面以专业为线索进行论述。

1. 机械制造学堂

这类学堂首推福建船政学堂前学堂。

同治五年（1866），闽浙总督左宗棠上奏清廷，建议在福州设立船政局，开办新式造船厂，聘请法国人日意格（Prosper Marie Giquel）和德克碑为船政局正、副监督。为了使西方造船和驾驶技术在中国能转相授受，以为永远之利，又在船政局内开设学堂，名曰求是堂艺局。挑选本地资性聪颖，粗通文字子弟入局肄习。学堂分前后两堂。前学堂用法语教学，专习机器制造，又

① 光绪二十一年十二月（1896.1）两江总督张之洞创设陆军学堂附设铁路学堂折［M］//朱有瓛．中国近代学制史料（第一辑 上册）．上海：华东师范大学出版社，1983：494.

称法国学堂或制造学堂；后学堂用英语教学，专习管轮驾驶，又称英国学堂或管轮学堂、驾驶学堂。左宗棠不久因西北事务调赴陕甘总督，临行前奏请朝廷任命“办事稳重、公正廉明”的前江西巡抚沈葆桢为总理船政大臣接替自己的工作。沈葆桢不负重托，站在“船政根本在于学堂”和“不重在造而在学”的认识高度，兢兢业业，将船政学堂办得颇有成效，成为洋务运动中工业技术学堂的佼佼者。

从1867年1月船政学堂开学至1912年前学堂改为制造学校，前学堂的内部结构有所变化。

同治七年（1868），“日意格以造船之枢纽不在运凿挥棰，而在画图定式，非心通其理，所学仍属皮毛。中国匠人多目不知书，且各事其事，恐他日船成未必能悉全船之窾要，故特开画馆二处，择聪颖少年通绘事者教之，一学船图，一学机器图，庶久久贯通，不至逐末遗本”[①]。这两处后来增设的画馆定名为“绘事院”，附设在前学堂，是培养熟练绘图和设计技能的正规教学单位。

同年添设的“艺圃”，有人认为其招收的艺徒是随洋匠边工作边学习的青年工人，虽然其中也存在制造技术的教与学，但艺圃是他们的寄宿舍，不是正式学校。然而，寿尔（H. N. Shore）在《田凫号航行记》中描述1876年船政学堂的情形时指出：“学校是整个机构里重要的部分。它分为英文与法文两类。……法文学校有三个：（一）造船学校；（二）设计学校；（三）艺徒学校。第一个学校聘请了三位教授，教物理、化学和数学。艺徒学校的课程为算学、几何、图形几何学、代数、图画和机械图说。”[②] 另外，光绪二十三年（1897）四月初十日裕禄的奏折中也说：“艺圃学堂拟分为两学：一为艺徒学堂，一为匠首学堂。课程限制，各以三年为期。初入学堂，按照法国初学学堂办法，学习法国语言文字、数学、几何入门、常用艺学浅义并画法等书。

---

① 同治七年正月初九日（1868. 2. 2）沈葆桢折［M］//朱有瓛. 中国近代学制史料（第一辑 上册）. 上海：华东师范大学出版社，1983：338.

② ［英］寿尔. 田凫号航行记［M］//中国史学会. 中国近代史资料丛刊：洋务运动（八）. 上海：上海人民出版社，1961：374.

各徒均于每日下午赴学肄业。上午入院学习船身、轮机各种绘事，并时时派赴各厂历练。工作三年之后，大考一次。考校所习各业，并令试制匠人手艺器件。其所制精熟者，即予升为匠人，赴厂办工。择其尤者，派入匠首学堂肄业三年，教以稍深艺学，并讲说制造轮机、汽机、打拣钢铁法度，以为升补匠首管轮之用。技尚未精者，可以分派各厂充当小匠，俟其历练娴熟，再升为匠人。"[①] 寿尔记载的是船政学堂开办近十年后的情况，裕禄的奏折距船政学堂开办已经30年，因此，艺圃在发展中可能有逐渐转化为正式学校的趋势。但即便如此，从裕禄的奏折中也能看出，艺圃的培养目标和教学水平都明确定位在一般生产工人和工匠的培养，不具备高等教育性质。所以本部分关于前学堂的课程考察主要以制造学堂和绘事院所涉及的造船专业和设计专业为主。

正如《日意格与洋务运动》中所说："由于中文没有恰当的技术术语来讲授西方科学，因而促使他们决定教学工作从教授英文和法文开始。"[②] 法语是前学堂的教学用语，所以法语课程一直是前学堂进行专业技术教学之前的基础课程，其设置贯穿前学堂存在的始终。关于科技基础和专业课程，根据不同时期的不同史料记载，梳理如下：

美国历史学家、亚洲和中国现代化问题研究专家毕乃德（Knight Biggertaff）根据日意格所撰写的相关资料指出，造船专业的教学目的和任务是"训练人们'通过思维和计算'懂得：'轮机的功能、大小以及各个部件所起的作用，从而能够设计和仿造轮机的某一独立部件……能计算、设计并在模制房勾描一条木船的船体'；最后能将这种知识应用于海军船厂的实际工作""基本课程包括法文、算术、代数、画法几何和解析几何、三角、微积分、物理以及机械学。除此以外，学校还进行船体建造和机器制造与操纵的

① 光绪二十三年四月初十日（1897.5.11）裕禄奏［M］//朱有瓛．中国近代学制史料（第一辑上册）．上海：华东师范大学出版社，1983：350.

② 《日意格与洋务运动》记船政学堂课程设置［M］//高时良．中国近代教育史资料汇编：洋务运动时期教育．上海：上海教育出版社，1992：356.

实践教育”。[①]

根据《日意格与洋务运动》中的记载，前学堂的课程设置经历过一个摸索、发展、确定的过程。最初，“除了缺乏法文教材外，课程也是很有限的。可能是日意格同情学生在外语的环境中工作，他仅期望学生掌握基础几何学、画法几何学、代数学和机械学。在1868年4月，负责法文学堂部分工作的迈达（Méard）教习不同意日意格的做法，说学习的课程不能达到学堂的目的。日意格拒绝扩大课程，但由于他允许迈达在班级里有很大的自主权，这位教习还是实行了他的扩大计划。据迈达说：日意格后来认识到他自己是过于谨慎，并感谢迈达实行改进的教学大纲，废弃了他的禁令”。后来，“制造学堂必须训练学生了解机器的各种组成部分及其作用，并教授机器的结构。他们首先必须掌握法语，然后学习算术、透视绘图学、物理、三角、解析几何和微积分。在后面几年中，他们要从事实践船体结构课程和机器操作”[②]。

前学堂的另一个专业是设计专业（绘事院），训练学生对舰船结构有通透了解并能为制造工作设计方案。《日意格与洋务运动》对其课程与教学情况留下了宝贵的专门记载：“该专业的学生学习法语、计算、几何和透视原理。此外，他们花费了相当长的时间对一部150匹马力的轮机进行研究。在1871年，一组学生被转到造船专业，在1872年有设计专业学生三十名。在1873年，当日意格递交他的最后报告时，有二十二名学生留在设计专业。这些学生每天要用一部分时间在车间里熟悉他们学科的实践方面。”[③] 这段记载不仅使我们对绘事院的课程有了比较具体的了解，而且从中能看出设计专业与制造专业之间的交流、沟通与互补的关系。

前述裕禄的奏折中还留下了比较少见的关于前学堂学生在不同阶段课程

---

① ［美］毕乃德．记船政学堂的分科教学［M］//高时良．中国近代教育史资料汇编：洋务运动时期教育．上海：上海教育出版社，1992：364.

② 《日意格与洋务运动》记船政学堂课程设置//［M］高时良．中国近代教育史资料汇编：洋务运动时期教育．上海：上海教育出版社，1992：357.

③ 《日意格与洋务运动》记船政学堂课程设置//［M］高时良．中国近代教育史资料汇编：洋务运动时期教育．上海：上海教育出版社，1992：358.

水平和程度的递升概况："前学堂课程限制以六年为期。初入学堂先照法国初学学堂课程办法，学习数学入门、几何入门并格致浅语等书。次则，再按法国水师学堂课程办法，学习数学、理解代数、平面及立面几何、八线算术、几何画法、重学、格致入门、化学入门等书。至第五、六两年，则学上等代数、学几何、代数、重学，理解微分微积、化学、格物等书，循序肄业。除习洋学外，每日仍兼习汉文。"① 裕禄的奏折清晰显示了中国高等工业教育在发轫之初，科技课程和教学在水平和层次上无所不包、界限模糊的实况。

民国元年（1912）10月，海军总长刘冠雄奉命将船政局前、后学堂改为制造学校和海军学校，均归海军部辖，委任陈林璋为制造学校校长。前学堂及整个福建船政学堂进入新的发展阶段。

除了福建船政的前学堂，值得一提的还有江南机器制造总局附设的机械技术类教育机构。

凌安谷等人认为，1865年创设的上海"江南制造局附设机械学校"是中国人创办的最早的一所技术学校。② 根据《江南制造局记》记载，同治十三年（1874），江南机器制造总局成立九年后方设立学习军事工程的操炮学堂，课程包括汉文、外文、算学、绘图、军事、炮法等。光绪七年（1881）改操炮学堂为炮队营。③ 据夏东元先生考证，江南机器制造总局除在生产实践中训练了大批熟练工匠之外，在机械制图上曾办有带学堂性质的画图房，教授生徒外文、算学、绘图等课，机器图样大多由他们绘制。④

甲午战争以后，随着国内外局势的变化，加强和改善工业教育的呼声日高。光绪二十四年（1898）江南机器制造总局总办林志道秉承两江总督刘坤一的旨意，将广方言馆和炮队营"酌量裁并"，而扩充和改造原画图房为工艺

---

① 光绪二十三年四月初十日（1897.5.11）裕禄奏［M］//朱有瓛．中国近代学制史料（第一辑 上册）．上海：华东师范大学出版社，1983：350.

② 凌安谷，司国安，冯蓉．中国高等教育溯源：论北洋西学学堂、南洋公学和京师大学堂的创建［J］．西安交通大学学报（社会科学版），2003（2）：69-72.

③《江南制造局记》记操炮学堂［M］//朱有瓛．中国近代学制史料（第一辑 上册）．上海：华东师范大学出版社，1983：468.

④ 夏东元．洋务运动史［M］．上海：华东师范大学出版社，1992：86.

学堂，并根据日本的做法设立化工和机器两个专业（新开设的工艺学堂课程及其他概况见表 3. 2）。

据《上海县续志》卷十一记载，光绪三十一年（1905），“总督周馥以各省已设学堂，兼习外国文字，足备译才，而工商各业尚无进步，改广方言馆为工业学堂……分专门普通二科（专门科分机器化学两班，系高等学校程度。机器班长于绘图，化学班长于造药炼钢，均到厂实习。普通科系中学程度）”①。

表 3. 2　江南机器制造总局工艺学堂概况②

构成要素	概况
学馆	工艺学堂光绪二十四年（1898）设
功课	化学工艺兼习国文、英文、算学。机器工艺兼习国文、英文、算学、绘图
员役	国文教习二人，西学教习六人，月共支银二百三十两。司事二人，月共支银四十二两。夫役七人，月共支钱四十二千文
学生	学额五十名，考取试国文二艺。四年毕业
房屋	正南北楼房各五间。东西厢楼房各二间。又平房三间，茶房厨房共三间。浴堂厕所各一间。共二十一间
经费	画图房经费银三千余两。操炮学徒二成口粮银六千余两。共九千余两

这里所谓“改广方言馆为工业学堂”并不完全准确，只是因为后来“广方言馆”已成为江南机器制造总局所设各类教育机构的统一代称，所以才这样说。工业学堂的主体（专门科）无疑应该是直接承袭工艺学堂而来。

从总体上看，江南机器制造总局在机械制造技术教育方面，无论是整体规划、前后连贯一致性，还是教学课程的种类和水平，似皆逊色于福州船政

① 《上海县续志》记广方言馆［M］//朱有瓛. 中国近代学制史料（第一辑 上册）. 上海：华东师范大学出版社，1983：254.

② 光绪二十四年（1898）江南制造局总办林志道禀创办工艺学堂（附工艺学堂章程）［M］//朱有瓛. 中国近代学制史料（第一辑 上册）. 上海：华东师范大学出版社，1983：471-472.

局。这可能与制造局的指导思想、生产产品的类型等因素有关。但无论如何，江南机器制造总局的机械技术教育肯定是中国高等工业教育的重要源头和基础之一。

2. 驾驶管轮学堂

以蒸汽机为动力的舰船是近代工业的产物，相应的驾驶和维护技术比传统风力和人力舟船要复杂得多。由于这类技术一开始就与海防密切相连，因此成为中国近代工业技术教育中的重要组成部分，相应的教育机构数量也比较多。洋务派除了在各水师学堂中均设置了直接服务于军事的舰船驾驶和管轮专业，在其他一些实业和工业技术学堂中也开设过同类专业，而且无一例外都有军民两用的性质。此处以福建船政学堂的后学堂为典型进行比较详细的课程介绍，后面涉及水师学堂的相同或相似内容则从略。

《日意格与洋务运动》记载，福建船政学堂后学堂（英文学堂）“主要致力于训练学生的英语、航海和工程学，期望毕业生能驾驭未来的中国舰队……学堂的学生分为航行理论、航行实践和管轮三个专业”①。实际上，航行理论和航行实践是同一个专业的不同教学阶段，只不过参加实践学习的人员可能不限于专门接受过航行理论学习的学生而已。航行理论学习的课程包括“英语、地理、算术、代数、几何、平面三角、球面三角、航海和航海天文学”，全部课程要在三年半内学完。航行实践也用英文教学，课程主要包括“船舶驾驶术、航海术、射击、指挥”，学制为二年。管轮专业学生“是从上海和香港的工厂中招来的，有一定的铸铁和制铁的经验”，学习的课程主要是“英语、数学和蒸汽机的维修”。②

《田凫号航行记》中则记载，1876 年后学堂分为三个教学单位：（一）海军学校；（二）实际航行学校，设在走大海的教练舰“扬武”号上（该舰多年由一位英国的上校舰长指挥）；（三）工程学校。其中，“第一个学校是学

---

① 《日意格与洋务运动》记船政学堂课程设置［M］//高时良．中国近代教育史资料汇编：洋务运动时期教育．上海：上海教育出版社，1992：358.

② 《日意格与洋务运动》记船政学堂课程设置［M］//高时良．中国近代教育史资料汇编：洋务运动时期教育［M］．上海：上海教育出版社，1992：359.

习‘理论航行’的，课程有算术、几何、代数、三角——平面与球面、天文与航行理论，以及地理。在第三校里，学习教程中的科目有算术、几何、画图、机械图说、船用机关操纵规则及汽力指压器与水速计的用法”①。

从上述记载看来，管轮专业（工程学校）无论是学生还是所开设的课程，其层次、程度都要低于航行理论专业（海军学校），技术实用教育的性质更为明显。

严复是后学堂海军学校最早的学生之一，据《民国严几道先生复年谱》记载：“同治六年丁卯（1867 年），先生十五岁，入马江学堂肄业。所习者为英文、算术、几何、代数、解析几何、割锥、平三角、弧三角、代积微、动静重学、水重学、电磁学、光学、音学、热学、化学、地质学、天文学、航海术等。”② 这段文字对其理论学习的课程记载比较详细，从中可以看出，该专业的课程虽然也包含很多初级科技课程，但最终基本上升到了高等层次。

船政学堂驾驶、管轮专业的科技课程设置中有一点是值得注意的。在早期的洋务学堂中，与表面上对“中学”的重视一样，中国传统算学作为民族固有文化学术中唯一与西方近代科技有一致之处的科目，是颇受重视的，这在各“外国语学堂”的课程设置中表现尤为明显。但从上述梳理中可以看到，在后学堂乃至整个船政学堂中，不仅未看到对传统儒家经典教学的强调，传统算学也未纳入课程体系。这一点在光绪八年（1882）黎兆棠致张树声的私人信函中也可以得到证实：“查闽省驾驶学堂所读者曰智环启蒙，曰文法谱，曰第一书以至第五书，皆言语文字及讲习文义之学也；曰数学入门，曰几何，曰代数，曰平三角、弧三角，皆数理之学也；曰地舆图说，曰航海全书，则驾驶之学也。大抵管驾之材，学堂之教居其半，练船之教居其半，而学堂功课算学又居三分之一。其所习算学，洋教习皆能教授；所以船政学堂开设数

---

① ［英］寿尔．田凫号航行记［M］//中国史学会．中国近代史资料丛刊：洋务运动（八）．上海：上海人民出版社，1961：374.

② 王蘧常．民国严几道先生复年谱［M］．台北：台湾商务印书馆，1981：4-5.

年，并无汉文算学之教习。迨吴春翁至，始有算学汉帮教之设。”① 看来，传统文化的学习在洋务学堂中的真实地位实在不能完全以官方的奏章作为判断依据，而应根据实际情况具体分析。

民国元年（1912）十月，船政局后学堂与前学堂同时改制，后学堂正式独立成为部辖的海军学校，王桐为校长。

此外，1881 年底，两广总督张树声在前任刘坤一捐银 15 万两的基础上，于广州黄埔创建的广东实学馆（西学馆），也是一所主要为培养舰船制造和驾驶管轮人才而开办的学堂。该学堂“仿闽省船政学堂章程而变通之”“专习英文，分驾驶一途，制造一途，其制造之精者，除造船外。并可习开矿、制造、枪炮、水雷等学，其次则拨为管轮。此外习其语言文字，各随其才识，专习文义，以备出使参赞翻译之选”。② 学生按程度从高到低分为一、二、三、四班，二、三、四班进行中文、英文和数学等基础课程的学习，一班级别最高，进行分专业的学习。即二、三、四班学生经考核升入一班以后，“择其体质强壮者，教以驾驶，习航海诸法，航海、天文、船艺集成各书；其文秀而心思灵敏者，教以制造，习重学、微积、化学、格致、汽机、造船、制炮各书；其稍次者教以管轮，习重学、汽机各书”③。张之洞署两广总督后，改名博学馆。1887 年，在全国兴办水陆师学堂的热潮中，张之洞以博学馆为基础加以扩充，兴办了广东水陆师学堂。

3. 电报学堂

1844 年，美国人塞缪尔·莫尔斯（Samuel Finley Breese Morse）发明电报技术，随后迅速在西方各国开始普及。从 19 世纪 60 年代开始，西方列强不断向清廷提出在中国开办电报业务的要求，均被清廷予以拒绝。70 年代初，

---

① 张树声往来函牍·黎兆棠函［M］//中国史学会．中国近代史资料丛刊：洋务运动（二）．上海：上海人民出版社，1961：131.

② 江海关道．禀南洋大臣刘（附拟西学章程）（1881）［M］//高时良．中国近代教育史资料汇编：洋务运动时期教育．上海：上海教育出版社，1992：530.

③ 江海关道．禀南洋大臣刘（附拟西学章程）（1881）［M］//高时良．中国近代教育史资料汇编：洋务运动时期教育．上海：上海教育出版社，1992：532.

丹麦大北公司以欺骗手段架设了一条福州至厦门和马尾的电线，由于此时电报的重要性也已为洋务派及清廷所认识，因此在1875年，清廷下令将大北公司所架电线收回，由福建地方自办。同年，热衷洋务的丁日昌接任闽抚，他一面与大北公司进行财务交接，一面筹办电报学堂训练学生。这是中国开设电报学堂进行电报技术教育的开始。其所办的南台电报学堂（电学馆）招收艺童40名，于1876年4月1日（光绪二年三月初六日）开学，所聘专业教师即大北公司技术人员。该学堂按合同一年到期后即解散。

1876年的《万国公报》记载，福州电报学堂“专收生童学习电气并寄电信，如何寄法，又制造电线、电报各种机器”①。时任闽浙总督的何璟在1867年学堂结束时的奏折中，有“艺童学习功课，其竖桩、建线、报打、书记、制造电气等艺，多已通晓”② 等语。史料中收录的关于寿尔的记载中说：“一部分的学生是从香港和广州来的，能说英文，其余是从船政局那些学堂出来的，已有数学的知识。教练是理论联系实际，把电气原理的知识和操使所用机器的方法相结合，俾使学生们适合于电报员的职位。少数最有希望的学生将要受更高的教育，他们将被送到英国大的电报学校、机关去完成学业；在这些英国的学校、机关里，他们将接受电线的安装与维护的教育。最后可以成为电报工程师。”③ 综合上述材料，尽管入学的学生已经具有一定的外语和数学基础，但从学习时限和课程结构看，这所学校都只能算是一所临时培训性质的专业技术教育机构，但它在中国电报技术教育中具有首创和先驱意义。

电报传递信息的快捷使一些疆臣受到极大的心理冲击。从19世纪80年代开始，在洋务派的大力推动下，电线电报迅速在全国范围内推广，并逐渐形成连接南北各大中城市的电报网络。与此同时，电报人才匮乏的状况也迅速显露出来。为此，各种类型的电报技术教育和培训机构如雨后春笋纷纷设

---

① 《万国公报》. 记福州新设电气学塾（1876）［M］//高时良. 中国近代教育史资料汇编：洋务运动时期教育. 上海：上海教育出版社，1992：540.

② 何璟. 为电报学堂合同期满咨照总理衙门函（1877）［M］//高时良. 中国近代教育史资料汇编：洋务运动时期教育. 上海：上海教育出版社，1992：539.

③ ［英］寿尔. 田凫号航行记［M］//中国史学会. 中国近代史资料丛刊：洋务运动（八）. 上海：上海人民出版社，1961：392.

立。除了天津电报学堂（1880）、江宁同文电学馆（1881）、上海电报学堂（1882）、广州电报学堂（1887）、甘肃电报学堂（1889）、台湾电报学堂（1890）等专门电报学堂，很多其他洋务学堂还兼设了电线电报专业，成为洋务工业教育中规模最大的种类之一。洋务派开设的这些电报教育机构存在的时间、服务的地区各不相同，很多为局部地区电报业发展而设立的学堂和机构与福州电报学堂一样，在满足了一定时期的需要之后即将所聘请的洋师辞退而停办，唯有天津电报学堂发展为一所面向全国、开办时间最长的常设电报学堂。该学堂从1880年10月开学到20世纪初期停办，存在了20余年，成为洋务电报学堂最典型的代表。

根据毕乃德的记载，1895年天津电报学堂的课程包括：电报实习、基础电信问题、仪器规章、国际电报规约、电磁学、电测试、各种电报制度与仪器、铁路电报设备、陆上电线与水下电线的建筑、电报线路测量、材料学、电报地理学、数学、制图、电力照明、英文和中文等。采用的教科书主要是该学堂洋教习丹麦人璞尔生（C. H. C. Poulsen）所编写的《电报学》及其他书籍。[①] 据此可知，天津电报学堂的课程包含电报基础设施建设和电报发送技术两方面的科目，而且随着电报教育的发展成熟，与早期的福州电报学堂相比，课程范围更为系统，程度更为高深。

4. 铁路学堂

铁路是一个复杂的运输系统，涉及基础设施建设与维护、火车驾驶与维修、运输调度以及相关的通信等。由于条件限制，目前尚未查到记载洋务铁路人才教育机构具体课程的史料。前述天津电报学堂开设的“铁路电报设备”课程，可以看作是洋务派培养铁路人才的开始。自1886年开平铁路公司成立以后，洋务铁路运输事业开始发展起来，铁路运输所需各种人才的培养问题也逐渐引起重视。但由于各种因素的影响，洋务铁路事业发展缓慢，洋务派所办的铁路人才教育机构出现也较晚。1888年秋，为解决唐津铁路通车后铁

① ［美］毕乃德．记天津电报学堂［M］//朱有瓛．中国近代学制史料（第一辑 上册）．上海：华东师范大学出版社，1983：487.

路人才缺口问题，天津北洋武备学堂开设了一个铁路班，学生约有 20 人（曾鲲化《中国铁路史》中记载为 40 人），聘请德国人教授铁路工程和行车运输。① 1895 年，正式成立了山海关铁路学堂。光绪二十一年十二月（1896 年 1 月），两江总督张之洞在创设南京陆军学堂的奏折中，认为铁路不仅与“本利相关”，而且与陆军“尤相关系”，所以提请在陆军学堂中附设铁路学堂，培养能够“研求利弊，考验物料，图绘器具，推算工程、监督行驶，稽察修理”的铁路人才。②

5. 矿务学堂

随着洋务派为“求富”而进行煤铁等矿产的开采和利用，为开矿和金属冶炼服务的矿务学堂也开办起来。

张之洞曾经在汉阳铁厂内附设有化学学堂，延聘洋人骆丙生为教习。根据毕乃德的记载，该学堂最初是 1890 年 4 月开设的一个分析湖北、湖南两省煤炭和矿石的实验室，次年 7 月，在此基础上组办了一个教学班，专门研究和传授分析煤炭和铁矿石的方法。1892 年 6 月，这个班级扩充为学堂，增加了化学和物理两门课程。到 1895 年，该校有 20 名学生，教师有牛津大学毕业的硕士骆丙生和曾求学于美国 Rensselaer（伦斯勒）技术学院的 Low Kuo-Jui。③ 张之洞的文牍中称该学堂为化学学堂，毕乃德则在《洋务学堂》（*The Earliest Modern Government Schools in China*，也有人译为《中国近代最早的官办学堂》）一书中称其为采矿工程学堂（Mining and Engineering College）。我国当代学者黄仁贤也在其《中国教育管理史》一书中称“1892 年，湖北矿务局设立工程学堂”④。根据张之洞的意见，该学堂只招收已经谙熟外文的学生。

1896 年 1 月张之洞奏请在南京陆师学堂附设铁路学堂后，继任两江总督

① 王兆祥．近代华北实业教育的发展与影响［J］．天津大学学报（社会科学版），2008（4）：330-334.

② 光绪二十一年十二月（1896.1）两江总督张之洞创设陆军学堂附设铁路学堂折［M］//朱有瓛．中国近代学制史料（第一辑 上册）．上海：华东师范大学出版社，1983：494.

③ ［美］毕乃德．记湖北矿务局工程学堂［M］//高时良．中国近代教育史资料汇编：洋务运动时期教育．上海：上海教育出版社，1992：571.

④ 黄仁贤．中国教育管理史［M］．福州：福建人民出版社，2003：256.

刘坤一听说青龙山的煤矿前景很好，希望训练一批开矿的技师，便于 1898 年 9 月奏请朝廷批准在陆师学堂内附设矿务铁路学堂。根据《鲁迅年谱》记载，鲁迅于 1898 年 10 月离开江南水师学堂考取了这所矿务铁路学堂。1899 年 2 月 21 日学堂开课，功课以矿务为主，铁路为辅，外语为德语。科技课程有矿学、地质学、化学、熔炼学、测算学、绘图学等，这些课程令鲁迅感觉“都非常新鲜”①。

（三）军事学堂

洋务运动是从提倡近代军事技术、制造新式武器装备开始的，军事一直是洋务派心目中头等重要的大事。例如，福建船政学堂的开办首先就是以训练和组建一支近代海军为目的的，所以该学堂尤其是其驾驶学堂，在时人心目中就是一所海军学校。但从学校性质和培养目标来看，福建船政学堂在军用与民用、储将与练兵等方面的区分还不是很明晰。自 1874 年日本试探性地侵台以后，加强海防，筹建近代海军的需求日益迫切。19 世纪 80 年代中期的中法战争，更使得筹建新式海军、陆军成为当务之急。为此，在“靖内患，御外侮”的旗号下，从 19 世纪 80 年代初开始，洋务派在各地先后建立了多所海、陆军事学堂。光绪七年（1881），经直隶总督李鸿章奏请建立了天津水师学堂，这是中国最早正式成立的海军学校；光绪十一年（1885），清廷又批准开设天津武备学堂，这是中国第一所新式陆军学校。以后，洋务派循天津水师学堂和武备学堂之例，在南京、杭州、贵阳、西安、安庆、太原、保定等地先后创办了多所陆军学堂，在江苏、福建、广东和山东等地创建了水师学堂，还在广东黄埔和东北旅顺等处开办了鱼雷学堂。

世界军事史和工业史表明，军事与工业技术密不可分，两者之间存在相互促进乃至互为条件的关系。洋务派开设军事学堂的目的是培养近代军事人才，而掌握近代军事工业技术则是近代军事人才的基本素养之一。因此，洋务军事学堂中设置了不少近代军事工业技术课程，它们同样是早期中国工业技术教育的重要组成部分。

---

① 鲁迅博物馆，鲁迅研究室．鲁迅年谱［M］．北京：人民文学出版社，1981：64.

1. 水师学堂

天津水师学堂与福建船政学堂后学堂非常相似，分为驾驶和管轮两个专业，所习课程科目也相仿。

光绪十年（1884）十一月五日李鸿章的《天津水师学堂请奖片》中称："欲其于泰西书志能知寻绎，于是授以英国语言翻译、文法；欲其于凡诸算学洞见源流，于是授以几何、代数、平弧、三角、八线；欲其于轮机炮火备谙理法，于是授以级数、重学；欲其于大洋驾舟，测日候星，积算晷刻以知方向、道里，于是授以天文、推步、地舆、测量。"① 《北洋海军章程第五》对天津水师学堂的课程设置和考试有较为详细的记述。根据该章程，天津水师学堂学生共肄业五年，前四年在学堂肄习的课程内容为：英国语言文字、地舆图说、算学至开平立诸方、几何原本前六卷、代数至造对数表法、平弧三角法、驾驶诸法、测量天象及推算经纬度诸法、重学、化学格致。考试合格的学生第五年上练船实习，需学习和考试的科目为：代数、几何、平弧三角法、驾驶理法、驾驶天文理法、绘画海图、重学流质学、英文翻译、汽学。②此外，还有枪炮、驾驶、测量、仪器使用等实际操作科目。

其他如广东水陆师学堂中的水师学堂、江南水师学堂等，专业设置和课程安排都与天津水师学堂类似。值得一提的是，据汪广仁先生考证，1889 年，时任两广总督的张之洞在广东水陆师学堂内添设了矿学、化学、电学、植物学、公法学等西艺学堂，各招生 30 名，聘请英籍教习三人分别讲授植物学、化学和矿学。③ 这种情况清楚表明了在旧教育尚占据国家教育主体地位、新式教育还未建立正规学制系统的时代，洋务派所办教育在种类上的杂糅状况。

2. 陆师或武备学堂

光绪十二年（1886）《北洋武备学堂学规》第十条表明，学生在课堂上

① 李鸿章．天津水师学堂请奖片（1884）［M］//高时良．中国近代教育史资料汇编：洋务运动时期教育．上海：上海教育出版社，1992：435.

② 总理海军衙门．北洋海军章程第五［M］//中国史学会．中国近代史资料丛刊：洋务运动（三）．上海：上海人民出版社，1961：245-246.

③ 汪广仁．近代中国前期的工程技术教育与技术发展［J］．自然科学史研究，1988（1）：90-98.

学习的理论课程包括兵法、地利、军器、炮台、算法、测绘等，实际操练的科目包括炮队、步队、工队及分合阵法等。① 另据光绪十三年（1887）和光绪十八年（1892）李鸿章的请奖折中所示，天津武备学堂的课程包括天文、地舆、格致、测绘、算化诸学，以及新式炮台营垒方法，并要经常操练马队、步队、炮队及行军布阵分合攻守。②

随着经验的积累和形势的发展，继天津武备学堂之后，陆续开设的各陆师或武备学堂的专业设置、课程内容都在不断发生变化和改进。如广东水陆师学堂的陆师学堂分马步、枪炮、营造三个专业。1896 年袁世凯请设的直隶武备学堂开设了炮队、步队、马队三个讲习“武备实用学”的专业：炮队学习测算、舆图、垒台、炮法、汉文等课程，步队学习行军兵法、测算、绘图、枪队、攻守等课程，马队则学习测绘以及武备各学。此外，该学堂还专门开设了培养高级军官的“德文官弁”留学预备班，该班以管带工程营洋师魏贝尔（Johann David Weber）为总教习，“令各生先习德国语言文字，次学武备，各兼习汉文。迨数年有成，资送外洋游历肄学，务期能解德国文言，始能领略德人兵法之妙”③。1897 年张之洞奏设湖北武备学堂，课堂中的理论学习包括军械学、算学、测绘、地图学、各国战史、营垒桥道制造、营阵攻守转运等课程，实际操练科目包括枪队、炮队、马队、营垒工程队、行军炮台、行军铁路、行军电线、行军旱雷、演试、测量、演习、体操等。④ 如前所述，由于铁路与陆军关系极为密切，北洋武备学堂、江南陆师学堂等学校还在发展过程中增设了铁路工程科或附设了铁路学堂。从总体上看，各陆师或武备学堂科技课程的现代性是随西方工业技术的不断发展和引进而逐渐增强的。

---

① 北洋武备学堂学规（节录）［M］//高时良．中国近代教育史资料汇编：洋务运动时期教育．上海：上海教育出版社，1992：501.

② 李鸿章．光绪十三年十月二十五日（1887. 12. 9）武备学堂请奖折［M］//朱有瓛．中国近代学制史料（第一辑 上册）．上海：华东师范大学出版社，1983：536-537.

③ 光绪二十二年（1896）袁世凯请设学堂禀［M］//朱有瓛．中国近代学制史料（第一辑 上册）．上海：华东师范大学出版社，1983：540.

④ 光绪二十三年正月二十八日（1897. 3. 1）湖广总督张之洞奏设湖北武备学堂［M］//朱有瓛．中国近代学制史料（第一辑 上册）．上海：华东师范大学出版社，1983：546.

（四）工业科技教育在洋务学堂中的弥散性分布及其历史意义

通过以上较为细致的梳理，我们可以发现，在洋务运动时期，近代工业技术教育并非只与洋务派所办的“工业技术学堂”有关，而是弥散在洋务派开设的各类学堂中。这种工业科技教育在各类洋务学堂中的弥散性分布具有重大的历史意义与价值。

首先，这种弥散性表明，近代工业科技教育是整个洋务教育的核心和灵魂，从办学源流的角度来看，中国高等工业教育的源头不能只认为是某一所学堂，而应该具有多个源头。不仅那些进行了工程教育、舰船驾驶与维修教育的军事学堂，以及开设了科技课程的京师同文馆、上海广方言馆等“外国语学堂”，与洋务派所办的“工业技术学堂”一样是早期中国高等工业教育的重要组成部分，即使是如湖北自强学堂这样的洋务教育机构，也是为了更加有效地进行工业科技教育、祛除学生学习西方科技知识的语言障碍才进行外语教育的。事实上，除极少数外，绝大多数外国语学堂最后都改变了单纯培养外语人才的目标，而把科技翻译人才、出洋学习科技的预备人员等作为重要培养目标。正是这种弥散性，使整个洋务教育都成为推动社会生产由传统手工劳动向机器生产转型的力量，而不像过去人们所理解的，只有“工业技术学堂”才是推动社会工业化的教育基础。这一点对我们更深刻地理解洋务教育乃至洋务运动的本质，以及它们在中国社会现代化转型中的价值所在具有重要意义。

其次，过去人们常把实施近代科技教育这一举措作为断定洋务教育是中国现代教育萌芽的依据。例如，开设天文算学馆和科技课程之前的京师同文馆的教育性质就不能算真正现代意义的教育。这种看法有道理却还不够严密，因为判断一种教育是否为现代教育的最重要标准还不是看它是否进行了科技教育。从逻辑上讲，一种教育即使进行了科学技术教育，但如果主观上不是以促进社会生产的机器化为目的，仅仅只是提高人的素养、眼界或其他目的，仍然不能算作现代性教育。只有与社会生产相联系的教育才是真正的现代教育。而通过前面的梳理与考证可见，洋务派在各类学堂中进行的近代科技、数学以及外语教育，都是以促进近代工业——尽管早期基本都是军事工业

——生产的发展为目的。这才是断定洋务教育是中国现代教育开端的关键。因此，这种弥散性也表明，中国教育的现代化是从洋务派进行工业科技教育开始的，工业科技教育在整个中国教育现代化进程中具有举足轻重的历史地位。

最后，这种弥散性还表明，在其他各类教育机构还在进行传统教育的历史时期，只有洋务学堂在围绕工业科技进行教育，成为中国人接受近代文化教育的唯一窗口。尽管其内容似嫌狭隘，只是整个近代文明中的工业科技文化，但其中所蕴藏的崭新世界观、方法论以及思维方式等，对促进中国人开始反思传统文化和思维习惯，重新认识中西剧烈冲突、矛盾尖锐突出的复杂社会现象，具有重要的意义。因此，对洋务教育历史价值的评价，决不能只从社会经济和生产角度入手，更要看到其重大而深远的文化思想价值。

总之，工业科技教育在各类洋务学堂中呈弥散性分布，这种弥散性分布的新式科技教育，是推动整个中国社会现代化转型的第一支杠杆。

值得指出的是，我们在看到洋务教育中工业科技教育弥散性及其价值和意义的同时，还应注意与之相对同时开设的“中学”课程的处境与变化。过去人们由于思维定式和根据一些洋务派官僚的奏折，不加区别地认为传统经学课程在所有洋务学堂中都占据重要地位，以此作为洋务教育半封建性质的证据。实际上，各种史实都显示，传统经学在洋务教育中的真实地位，不仅因学校性质、学生入学年龄的不同而有异，而且与主办者的个人认识、学校所处的地理位置有很大关系。大多数汉族洋务派官僚主办的新式学堂，尤其是那些远离京城的洋务学堂，对传统经典的强调往往都是一些官样文章，一般只是让学生课余学习，并未成为正式课程。相反，很多学校明令禁止学生参加科举考试，这就更进一步削弱了传统经学在洋务学堂中的地位，同时也就是强化了近代科技和工业知识课程的主导地位。

三、洋务工业教育对实习的重视——以福建船政学堂为例

中国传统教育的主流是儒家典籍和伦理道德知识的传授，而受教育者的主要目的和出路则是通过荐举或科举考试充当封建国家的官吏，由于历代官

吏选拔的考试考察内容不仅与社会生产，甚至与为官处理政务也无直接联系，这就造成了学校教育无视实际职业技能训练的痼疾。虽然明朝曾一度制定过强调儒生参与从政实践的“监生历事制度”，但并未真正有效推行，教育无视社会实际与生产实践，在书本文字中转圈的现象并未得到过根本改变。

洋务工业教育的人才培养目标和科技课程的开设，使教育教学脱离社会实践的状况开始发生改变。洋务工业教育的培养目标是要造就能实际指导、参与工业生产的技术人才，这就必然要求教育教学与工业生产实践密切结合，相互促进。而各种工业技术课程内容本身，也与仅靠讲解和思辨就能理解和掌握的人文知识截然不同，它来自生产实践，学习者要能真正理解并能加以运用，就必须将书本知识与实际操作联系起来。即便洋务教育创办者们由于自身的教育背景并未从学理上认识这些道理，直觉和常识也能告诉他们，工业技术教育的教学与传统儒学教育必然不同，仅靠死记硬背书本知识是绝对无法达到办学目的的。因此，洋务工业教育与传统教育相比，在教学上的一个突出改变，就是高度重视操作实习，把实践环节引入教学过程。这种改变与科技课程的开设一样，成为中国高等工业教育现代化在起步阶段的一个突出特征。

进行工业技术教育的各个洋务学堂都对现场实习很重视，这可以从众多学堂在课程设置中把现场“操练”“操作”与“在堂肄习”的科目相提并论得到充分的印证。下面以福建船政学堂为例，对洋务工业教育中重视实习的做法进行较为详细的个案分析。

（一）主办者明确的思想认识

福建船政学堂对学生实习的重视，首先表现为主办者在思想上对实习的重要性和作用有明确意识。同治九年（1870）六月初沈葆桢在奏折中指出：“出自学堂者，则未敢信其能否成材，必亲试之风涛，乃足以觇其胆智，否即实心讲究，譬之谈兵纸上，临阵不免张皇。”[①] 沈葆桢的这番言论中包含的，

① 同治九年六月初四日（1870.7.2）沈葆桢折［M］//朱有瓛.中国近代学制史料（第一辑 上册）.上海：华东师范大学出版社，1983：444.

既有从传统文化中得出的教育智慧，也有他办理船政学堂三年多的经验总结。

从沈葆桢开始，历任学堂主管官员都设法创造和改善学生的实习条件。除了船政局各制造分厂和车间是制造和管轮专业学生的实习场所外，学堂还一直将提供驾驶和管轮专业实习的“练船”作为重要工作，并经常将其作为船政局和船政学堂的重要事项向朝廷汇报。例如“登舟练习之事，终不可以久延，辰下第三号八十四马力轮船告成，其式本属战舰，利于巡洋，拟以学堂上等艺童移处其中，饬洋员教其驾驶”①；又如“至学堂艺童练习驾驶，沈葆桢前因购置夹板船未得，议将第三号福星作为练船。兹已购得日耳曼国夹板船一号，改名建威，按照兵船之式，量为修改。一俟修竣，即可将英国学堂上等艺童概令上船练习，以收成效”②。这些都表明船政局和船政学堂的主管官员对学生实习的重要性具有明确的意识。

清廷和一些洋务大员也对船政学堂学生的实习给予了积极支持。曾国藩曾在同治九年（1870）七月的一份奏折中颇有远见地提出：“兹当闽沪两厂船成之时，即当于两处选立统将，慎择船主，出洋操练，无论有警无警，穷年累月，练习不懈，或者求艾三年，终有可以即戎之时。”③ 据《海军大事记》记载，“光绪元年乙亥，制造局制驭远兵船成，船政制元凯兵船成。北洋大臣令总税务司赫德在英国购炮船四艘，龙骧、虎威、飞霆、策电。南洋大臣向英国订购炮船四艘，镇东、镇西、镇南、镇北”。为了给这些自制和购买的新式兵舰尽快培养出合格的驾驶人员，清廷命船政学堂“以扬武兵船作为练船，将建威所有练生移入。复添派萨镇冰、林颖启、吴开泰、江懋祉、叶琛、林履中、蓝建枢、戴伯康、许济川、陈英、林森林、韦振声、史建中等等船见习，航行外海，游历新加坡、小吕宋、槟榔屿各埠，至日本而还”④。

---

① 同治九年六月初四日（1870. 7. 2）沈葆桢折［M］//朱有瓛. 中国近代学制史料（第一辑 上册）. 上海：华东师范大学出版社，1983：444.

② 同治九年十一月二十七日文煜等折［M］//中国史学会. 中国近代史资料丛刊：洋务运动（五）. 上海：上海人民出版社，1961：97.

③ 王尔敏. 清季兵工业的兴起［M］. 台北：中央研究院近代史研究所，1978：42.

④ 池仲祐. 海军大事记［M］//中国史学会. 中国近代史资料丛刊：洋务运动（八）. 上海：上海人民出版社，1961：482.

船政学堂的主管者对学生实习的重视，也与办学过程中的反面教训有关。随着时间的推移，船政学堂对学生的实习工作一度有所松懈，其危害性马上显露出来，并为主政者所察觉。中法战争中，由船政学堂学生掌管的兵舰面对敌舰的进攻损失惨重，其后的光绪十一年（1885）六月初署理船政大臣裴荫森在奏折中总结说："同治九年，原任大学士臣英桂于闽浙总督任内，曾以万金购日耳曼国夹板一号，从新修改，名曰建威练船，另延英国水师官逊顺等为教习，颇著成效。嗣建威损坏，经费支绌，改派扬武为练船，有名无实，练务废弛。马江、石浦诸役，死事获咎各学生内，有迭经英国兵船总统、书院教习，甚为奖赏出具切考给凭回工者，乃临事仓皇，不能出奇制胜，固由船小力单，亦各船疏于训练所致。盖练船不但练水手、炮勇，即管驾、大二副无不因练成熟，临机制胜，此泰西海军尤必多设练船者也。"① 惨痛的教训使主事者深刻认识到，仅有学科专业理论知识而乏于实际操作和训练，是培养不出合格人才的。

（二）相对规范的实习制度

为了建立一套规范的实习程序和制度，历任主办官员不断认真思考和尝试。沈葆桢提出，驾驶实习应该"由海口而近洋，由近洋而远洋，凡水火之分度，礁沙之夷险，风信之徵验，桅柁之将迎，皆令即所习闻者，印之实境，熟极巧生，今日聚之一船之中，他日可分为数船之用，随后新旧相参，践更递换，冀可渐收实效"②。沈葆桢之后的吴赞诚也认为，驾驶管轮实习应该"现饬再就近洋演驾数次，期益纯熟，方出大洋，以昭慎重"③。他们的这些见解和主张符合教学过程循序渐进的基本原理，切合中国工业教育初创时期的实际条件，为实现船政学堂的实习制度化、落实"必亲试之风涛"的指导方针奠定了基础。

---

① 光绪十一年六月初六日（1885.7.17）署理船政大臣裴荫森奏［M］//朱有瓛．中国近代学制史料（第一辑 上册）．上海：华东师范大学出版社，1983：446.

② 同治九年六月初四日（1870.7.2）沈葆桢折［M］//朱有瓛．中国近代学制史料（第一辑 上册）．上海：华东师范大学出版社，1983：444-445.

③ 吴赞诚．报明船工情形折［M］//中国史学会．中国近代史资料丛刊：洋务运动（五）．上海：上海人民出版社，1961：180.

《日意格与洋务运动》一书记载，驾驶学生实习内容主要包括“船舶驾驶术、航海术、射击、指挥”，而且学制明确定为两年。[①] 这可以从严复当年的亲身学习经历得到印证。《民国严几道先生复年谱》记载，同治十年（1871），“先生十九岁。是年先生以最优等卒业，与同学刘步蟾、林泰曾、何心川、叶祖珪、蒋超英、方伯谦、林承谟、沈有恒、林永升、邱宝仁、郑溥泉、叶伯鋆、黄建勋、徐寿山、陈毓松、柴卓群、陈锦荣等十八人派登建威练船练习。巡历南至星加坡槟榔屿各地，北至直隶湾辽东湾各地”。紧接着同治十一年（1872），“先生二十岁。是年船政自制扬武等五兵船成，先生改派登扬武，巡历黄海及日本各地，船长为英人德勒塞 Commander Tracey 中校。是时日本亦始创海军，扬武至长崎横滨各地，聚观者至数万人”[②]。

由于实习一度松懈导致中法战争期间舰毁人亡，裴荫森提出了整顿和加强驾驶实习的措施：“查船政前届出洋章程，习驾驭者每年在船仅两个月。现咨商北洋大臣大学士臣李鸿章，请改为每年在船必扣足六个月，冀增功课。……三年为期，与学堂轮番更换，学业愈练愈熟，人材愈练愈多。”[③] 这种措施对船政学堂加强实习的制度化、规范化和突出实习在教学中的地位是很有意义的。

由于船政学堂与各制造工厂和车间同属船政局这个整体系统，生产的总监督即学堂的总监督，课堂上的教师即为生产中的指导者，这就为船政学堂学生的实习创造了极为良好的条件。与驾驶管轮专业的学生集中实习不同，制造专业的学生在学习期间都是“半日在堂研习功课，半日赴厂习制船机”，以便学生熟悉和掌握实际生产技能，并培养他们指挥工人生产的能力；绘事院设计专业的学生，在 3 年的学习期间，要有 8 个月在工厂实习，与生产工人交流，熟悉各种机械的性状。对出国留洋学习制造技术的学生，也同样高

① 《日意格与洋务运动》记船政学堂课程设置［M］//高时良. 中国近代教育史资料汇编：洋务运动时期教育. 上海：上海教育出版社，1992：359.

② 王蘧常. 民国严几道先生复年谱［M］. 台北：台湾商务印书馆，1981：5-6.

③ 光绪十一年六月初六日（1885. 7. 17）署理船政大臣裴荫森奏［M］//朱有瓛. 中国近代学制史料（第一辑 上册）. 上海：华东师范大学出版社，1983：446-447.

度重视他们的实习工作，要求他们“半日肄业工厂，每年复以两个月游历各国各船厂铁厂，以增长其见识”[①]。

可以认为，福建船政学堂的实习制度，是中国最早的校厂一体化实习制度。

（三）良好的实习成效

船政学堂对实习的重视，取得了良好的教学效果。例如，与江南机器制造总局建造的第一艘轮船下水时驾驶、管轮全用洋人对照，1869 年 6 月 10 日福州船政局制造的第一艘轮船“万年清”号下水典礼不但极为完满，而且“船员中竟无一洋人，均由中国人自己操驾”[②]。再如，《日意格与洋务运动》中记载，1873 年，“建威”号练船“在学生驾驶下，这艘船远航至新加坡。最初的合同是训练学生在近海航行，但学生所显示出来的航海能力远超过左宗棠和日意格的期望”[③]。

制造专业的学生也用自己的突出表现和卓越成就，证明了这种厂校一体化实习制度的成功。

前学堂学生汪乔年，“当其肄业之时，半日在堂研习功课，半日赴厂习制船机，曾经七年之久。只以体气素弱，未经出洋；然其艺学之专，研精殚虑，亦为学生中之翘楚矣。光绪元年五月间，闽厂开造十七号艺新轮船，为船政学生学成放手自制之始。查该船船身图式，为学生吴德章等所测算，而测算船内轮机、水缸等图则出自汪乔年一人之手”。由于左宗棠的赏识，汪乔年被派作委员，驻工监造。“该委员自驻工以来，实能与工程处各学生互出心裁，精求制造。其所监造之快船，一曰开济，曾驶赴北洋会操；二曰镜清，亦经南洋验收；其第三号环泰，业经下水，秋间即可试洋。是该委员监造各厂确

① 同治十三年二月十九日（1874. 4. 5）船政大臣沈葆桢致总理各国事务衙门函［M］//朱有瓛. 中国近代学制史料（第一辑 上册）. 上海：华东师范大学出版社，1983：393.

② 辛元欧. 中国近代船舶工业史［M］. 上海：上海古籍出版社，1999：130.

③ 《日意格与洋务运动》记船政学堂课程设置［M］//高时良. 中国近代教育史资料汇编：洋务运动时期教育. 上海：上海教育出版社，1992：359.

有功效，与他局监造委员只是巡视工作者未便同日而语。”[①]

船政学堂制造专业整个学生群体的表现也相当不错。从 1869 年 6 月“万年清”号商船下水，至 1905 年 12 月，船政局共造各类舰船 40 艘。[②]“万年清”号至第十五艘“大雅”号，是在日意格的监督下制造的。前四艘的轮机是从外国购买的，从第五艘“安澜”号开始，轮机开始由船厂自造。制造专业的学生在前十五艘舰船的制造过程中不断加大参与实践的程度。从第十七艘“艺新”轮开始，无论是船身还是轮机，都由制造专业的学生自行设计、“放手自制”。虽然最后“建安”“建威”等几艘又聘法人杜业尔（Charles Doyère）作为监制，但人们发现其“成绩并不较华人为佳，徒然岁糜多数薪金罢了”[③]。

制造专业学生通过实习所形成的优秀的实践能力不仅得到了洋务派官僚的屡屡肯定，也得到了当时外国各类人士的高度赞扬。当时“欧美各国士大夫到中国来游历的，都要绕道闽省，一观我国船政的成绩”[④]。英国军官寿尔在 1876 年参观了船政局以后，制造专业学生的工作水平给他留下了深刻印象。他说：“工人由中国工头监工。工头是由船政局的学校训练出来的；据工程师 Segonzac 氏说，这些工头是完全可靠的，和欧洲人毫无差别地能够胜任愉快，虽然他们的工作速度也许稍微慢一点。船与引擎的绘图与设计工作，由船政局学校训练的中国制图员担任”“技艺与最后的细工可以和我们英国自己的机械工厂的任何出品相媲美而无愧色”。[⑤] 他的记录还证实，“这里最近

---

① 光绪十三年五月十五日署理船政大臣裴荫森奏［M］. 中国史学会. 中国近代史资料丛刊：洋务运动（五）. 上海：上海人民出版社，1961：367-368.

② 张侠，等. 清末海军史料［M］. 北京：海洋出版社，1982：756-759.

③ 际唐. 马尾船政厂述要［M］//中国史学会. 中国近代史资料丛刊：洋务运动（八）. 上海：上海人民出版社，1961：521.

④ 际唐. 马尾船政厂述要［M］//中国史学会. 中国近代史资料丛刊：洋务运动（八）. 上海：上海人民出版社，1961：517.

⑤ ［英］寿尔. 田凫号航行记［M］//中国史学会. 中国近代史资料丛刊：洋务运动（八）. 上海：上海人民出版社，1961：370.

造的一只船——船引擎及一切部分，在建筑过程中，未曾有任何外国人的帮忙”①。

事实证明，船政学堂对各专业学生的实习工作不仅非常重视，而且都取得了相当不错的成效。这是中国高等工业教育肇始阶段的宝贵经验，即使在当代也有非常重要的启发意义。

第三节　先进与落后并存——现代化视域下洋务工业教育特点分析

洋务工业教育是中国高等工业教育现代化的开端，由于它处在一个特殊的社会和历史环境中，其本身又处于初创阶段，因而表现出很多独有的特点，这些特点对洋务工业教育的发展产生了重要而复杂的影响。

一、学校级别的单一性

晚清时期的传统教育基础并不薄弱。“教育不仅仅是城市现象，除了人烟极为稀少、非常贫瘠穷困的农村，它在所有的地方都很发达，这一事实表明，清代中国有着一个建立现代学校体系的比较稳定的基础。但是，在这样一个体系建立之前，晚清时代的现代化主义者就决定不在旧的基础上继续建设，而是来一个从头开始。”② 洋务派在不触及传统教育根本制度和学校体系的前提下，创办了一批培养高级工业技术人才的学堂和学馆。福州船政局和江南机器制造总局附设的工艺学堂，各地的电报、铁路、矿务学堂，乃至最初以培养外语人才为目的的京师同文馆、以培养军事人才为目的的水师、武备学堂中，均有不同程度和规模的近代工业知识和技术教育。这些新型学校独立于传统学校体系之外，下无低一级学校作基础，上无高一级学校作深造机构。

① ［英］寿尔．田凫号航行记［M］//中国史学会．中国近代史资料丛刊：洋务运动（八）．上海：上海人民出版社，1961：373.

② ［美］吉尔伯特·罗兹曼．中国的现代化［M］．陶骅，等，译．上海：上海人民出版社，1989：246.

也就是说，洋务高等工业教育不存在一个前后相连、相互衔接的完整的学校体系。

学校级别的单一性造成的直接影响就是这类学校缺乏合格的生源，这首先表现在所招学生的知识结构不合要求。近代工业技术教育需要新生具有一定程度的数学和自然科学知识作基础，而洋务工业教育机构所能招到的学生都缺少这些知识。中国传统学校教育可粗略分为蒙学教育和专经教育两个层次，无论哪个层次的肄业学生，除了中国语言文字，所掌握的主要都是儒家的伦理道德知识，这与近代工业技术教育的要求相去甚远。因此，无论是福州船政局“挑选本地资性聪颖、粗通文字子弟入局肄习”①，还是京师同文馆的天文算学馆“专取正途人员以资肄习”②，都面临着新生缺乏相应知识准备的困难。曾任福州船政局监督的法国人日意格（Prosper Marie Giquel）就指出，由于制造专业的学生们入学之前毫无近代数理知识和外语基础，“就使学校预科的学习更为繁重”③。这就大大降低了洋务工业教育的教学效率。

生源的不合格还表现在新生已有的学习习惯和方法，与近代工业教育教学方法之间的错位与不适。近代工业知识和技能的教学，要求学生必须在深刻理解科学技术理论知识的基础上，通过动手操作和练习，掌握工业生产的技能和技巧，并强调在实验和实践过程中检验书本知识，鼓励提出自己新的见解。而中国传统教育在其发展过程中逐渐形成了教学方法重记诵轻理解、重接受轻反思、重书本轻实践等特点。这些特点经过八股科举考试制度的强化，到明清时代发展到极致。传统教育的影响，使得新式工业学堂的学生极易误将熟读书本、倒背如流等陈旧方法当作学习的良方，而轻视、拙于操作能力的发展。时人李端棻批评说：“格致制造诸学……或非试验测绘不能精，或非游历察勘不能确。今之诸馆，未备器图，未遣游历，则日求之于故纸堆

① 同治五年十一月初五日（1866.12.11）调陕甘总督左宗棠折［M］//朱有瓛．中国近代学制史料（第一辑 上册）．上海：华东师范大学出版社，1983：353.

② 同治五年十二月二十三日（1867.1.28）总理各国事务奕䜣等折［M］//朱有瓛．中国近代学制史料（第一辑 上册）．上海：华东师范大学出版社，1983：16.

③ ［法］日意格．船政学堂教学状况记［M］//陈学恂．中国近代教育史教学参考资料（上册）．北京：人民教育出版社，1986：75.

中，终成空谈，自无致用……此诸馆所以设立二十余年，而国家不一收奇才异能之用者，惟此之故。”① 从他的批评可见，洋务工业教育教学方法中存在的问题严重影响了它的实效，而且这些问题与传统教育的弊端如出一辙，这与学生入学前已经形成的落后的学习习惯和方法不可能没有渊源关系。入学之前受传统教育越多的学生，在这方面表现越明显。

单一级别学校的设置，不仅导致学校因缺乏合格的生源而将大量宝贵时间用于改善新生的基本素质，并且会带来一系列其他问题。但考虑到当时局势的紧迫、政府财力的匮乏、落后势力和观念的强大以及洋务派自身视界的局限等实际情况，以传授近代科学技术为主要教学内容的新式学校能够创办，本身就已经难能可贵了，因此我们不能以今天或当时发达国家的标准来苛求洋务工业教育体系上的完备。无论如何，各类洋务学堂毕竟是中国历史上最早的正规近代工业科技教育机构，正是它们的出现，才使中国工业教育体系的不断发展和完善具有了现实可能性。

二、教育层次的模糊性②

如果“高等教育这个概念，就广义上说，是指一切建立在普通教育基础上的专业教育”③，那么，洋务派通过学校和学馆形式进行的工业科技教育当然属于高等教育。“匠人习其事，儒者明其理”是洋务派创办学堂学馆进行工业科技教育的出发点，表明这些正式的教育机构不是为了培养生产工人，而是招收已经具备了一定知识水平的人员为学生，以培养高级技术人才为直接目的的，所以，无疑属于高等教育范畴。但结合当时的实际情况进行具体分析，我们会发现其教育层次界限非常模糊，很难将其明确归类和定性。各种史料记载都表明，福建船政学堂、京师同文馆的天文算学馆等机构的教学过

① 李端棻．请推广学校折（1896）［M］//陈学恂．中国近代教育文选．北京：人民教育出版社，1983：63.

② 不包括洋务工业教育中的留学教育。

③ 中国大百科全书总编辑委员会《教育》编辑委员会，中国大百科全书出版社编辑部．中国大百科全书：教育［M］．北京：中国大百科全书出版社，1985：94.

程中，既包括数、理、化等科目的入门知识传授和一般生产技术训练，也有大量中等和部分高等程度的科学理论和专业技术课程。科学技术知识在水平和层次上无所不包的笼统状况，充分体现和证明了洋务高等工业教育层次的模糊性。

洋务高等工业教育层次的模糊性，首先与前述教育机构级别的单一性直接相关。由于入学学生的近代科技知识和外语基础大都几乎为零，因此，自然科学和技术课程以及外语等科目的教学，就必须从初级入门经中等程度再过渡到高等程度，这是不言而喻的。

其次，这种层次的模糊性还与其人才培养规格的多样性要求直接相关。“教育的层次结构和培养人才的数量与质量，不是凭人们的主观决策和善良的愿望，而完全是由社会再生产的情况决定的。从根本上说，教育发展和层次结构必须适应于社会再生产的客观要求。”① 洋务工业生产的实际，既需要直接从事一线劳动的普通技术工人，也需要熟悉实际生产过程，具备初步研究和解决实际问题能力的技术人员，还需要一定数量高级专门的研发、领导和经营人才。因此，洋务工业教育客观上必须同时培养这三种不同层次的人才，即使是后两种人才，也担负着直接指导工人生产操作的任务。即使从主观愿望上看，洋务工业教育的人才培养规格也是多样的。洋务工业教育的创办者们大多是封建官僚，他们具有通过教育促进中国工业生产发展的正确观念，但由于历史的局限，他们对近代工业教育本身的层次结构和发展规律知之甚少，因而对洋务工业教育应该和可能培养的人才，在层次规格方面的认识也是笼统和模糊的。他们大多期望洋务工业教育机构培养出来的人才既能动手仿制，又能管理生产，最好还能胜过洋人，进行一定程度的独创和开发。因此，客观需求和主观愿望都赋予洋务工业教育同时培养初、中、高三种水平人才的使命，而洋务工业教育的机构——洋务工业学堂或学馆又只有单独一级，这就必然使得洋务工业教育从总体上体现层次的模糊性。

洋务高等工业教育层次的模糊性，容易导致不同等级的同类科目在教学

① 张光斗，王冀生．中国高等工程教育［M］．北京：清华大学出版社，1995：7.

时重难点和深广度定位不准，不利于有针对性地高效培养适应不同水平工作需要的专精人才。但如果从拓展人才的知识领域，增强毕业生的适应能力，以及加强不同层次教育力量之间的相互交流与协作的角度来看，这种层次上的模糊性又有其积极意义。另外，在现代工业教育的起步阶段，这种教育教学中层次的模糊性，还为人们厘清不同水平的人才培养之间的区别与联系提供了真切的体验。从这个意义上说，洋务高等工业教育层次的模糊性还为中国工业教育以后的合理分化提供了正、反两方面的经验。

当我们今天对洋务工业教育进行层次划分时，必须在充分考虑其所处的历史条件的前提下进行具体分析，切不可将其简单化处理。例如，有人把中日甲午战争前洋务派创办的工业教育视为中等专业教育，而把1895年北洋大学堂的开办当作中国高等工业教育的起点。就今天的一般标准而言，这种看法固然有道理。然而，正如有学者指出的那样，高等教育作为教育的子域，是制度化教育的一个层次，即属于“高等”的那个层次。“但是，这个‘高等’却不很容易讲清楚。在不同地区、不同国度、不同的历史条件下，人们赋予它的含义是不尽相同的。”① 在迥异于中国传统文化的西方科学技术刚刚进入中国的洋务运动时期，很多今天看来属于中等教育范围内的自然科学技术和知识，在当时也毫无疑问是属于高深的学问和本领，何况洋务工业教育中很多知识即便以当代的标准考察也是属于高等教育范围之内的。所以，如果一定要以今天的标准对洋务工业教育的水平和层次进行鉴别，那我们只能说：洋务工业教育是以中等专业教育为主，兼具初等和高等教育性质的复合体，是后来中国初、中、高等工业教育的共同母体，而不是一个具有明确等级定位的教育类别。

三、学生使命的二重性

洋务工业教育是在极为错综复杂的历史背景中展开的，所以，清廷和洋务派对新式工业教育作用的预期也非常复杂。这种复杂性，通过他们赋予学

① 杜作润，廖文武．高等教育学［M］．上海：复旦大学出版社，2003：25.

生诸多具有二重性的使命及其相应素质要求生动地体现出来。

洋务工业教育中学生使命的二重性，首先表现在所培养的人才被要求同时为对内镇压人民和为对外抵抗侵略服务。洋务派的工业活动缘起于镇压太平天国运动和其他人民反抗活动，所以，洋务工业教育最初的目的就是培养为对内镇压人民服务的工业技术人才。但随着国内外环境和条件的变化，特别是当太平军和捻军被镇压以后，统治阶级和列强的矛盾又成为主要矛盾。洋务派在继续承担对内镇压人民反抗任务的同时，也肩负起抵御列强军事和经济侵略的重担。与此相应，洋务工业教育也同时承担了对内镇压和对外御侮两个方面的使命。而且，随着历史的发展，为抵抗外国军事和经济侵略、维护国家独立和权益而培养新式工业人才，逐渐成为洋务工业教育的主要目的。

学生使命二重性的另一个表现，是要求学生在树立维护封建统治的坚定信念的同时，还必须学习和掌握从事资本主义机器大生产的工业技术，以及创设、经营和管理这种企业的知识和技能。这反映了清廷和洋务派对洋务工业人才在“德”和“才”两个方面的期望，前者是根本目的，后者则是实现目的的手段。然而，这里的目的和手段却存在深层次的根本对立和矛盾。机器大生产企业的开办和经营管理，必须按照资本主义商品经济规律行事，否则只有死路一条。所以，洋务工业教育培养的学生一旦进入工业生产部门并按所学的知识和理论进行生产和经营，必然会使封建的经济制度和秩序受到威胁与挑战，并最终会危及封建政治制度和整个社会的统治秩序。

这种二重性也表现在所培养的人才同时具备“军用”和“民用”两种可能性。洋务工业教育最初的直接目的就是培养出能制造“坚船利炮”的军工人才，但当洋务派于19世纪70年代开始意识到列强经济侵略的危害更胜于军事侵略并由此确立了既要“求强”还要“求富”的方针以后，培养“民用”工业人才就成为洋务工业教育目的的重要组成部分了。另外，军事工业与民用工业、军工人才与民企人才在知识和技术方面并无截然的界限，本来就可以互相转换，这在洋务工业教育创办之初就已经被洋务派有所认识。例如，早在同治四年（1865），正在筹建江南机器制造总局的李鸿章在给朝廷的奏折中就明确指出："洋机器于耕织、刷印、陶埴诸器皆能制造，有裨民生日用，原不专为军火而设。"① 后来的造船、矿冶、电报、铁路之类的洋务工业活动及其人才培养，一开始就是被洋务派明确定位为军民两用性质的。

学生使命的二重性及其相应的二重性素质，对洋务工业教育的影响不能一概而论。清廷和洋务派赋予学生镇压人民和维护封建统治的任务是反动和落后的，必然限制学生综合素质的提高，这是我们应该批判和否定的，但在当时它又是各种洋务工业学堂和学馆得以产生和存在的原因。面对顽固派的阻挠，如果洋务派不以此为理由，洋务工业教育就无法诞生，抵御外侮、学习西方科学技术等合理、进步的愿望和计划也会失去实施的依托和媒介。至于由单纯培养军工人才发展到培养、造就军民两用人才，则是完全顺应社会发展需要和规律的正确做法，对推动中国近代工业教育的发展有重要作用。

四、课程设置的初创性

受当时的各种社会因素以及教育自身发展水平的限制，洋务工业教育在课程设置方面还很不成熟，表现出明显的初创性。这种初创性除了体现在前述科学技术课程在水平和层次上无所不包的笼统性外，还体现在课程设置中的理、工不分，人文与科技教育的结合生硬等方面。

传统中国没有发展出系统的自然科学理论和成熟、抽象的数学体系，工匠的技术发明创造与少数人的学理研究之间也互不联系。因此，洋务运动开始以后，在传统文化浸润中成长起来的洋务派领袖们对近代科学与技术之间的关系基本上一无所知。但实践中的观察和了解使他们意识到，"洋人制造机器、火器等件，以及行船、行军，无一不自天文、算学中来"。发现近代工业技术与科学原理之间的联系无疑是认识上的一大进步，然而，他们却据此将"推理格致之理，制器尚象之法，钩河摘洛之方"② 等数学、科学原理和应用

---

① 同治四年八月初一日李鸿章折［M］//中国史学会．中国近代史资料丛刊：洋务运动（四）．上海：上海人民出版社，1961：14.

② 奕䜣，等．请添设一馆讲求天文算学折［M］//高时良．中国近代教育史资料汇编：洋务运动时期教育．上海：上海教育出版社，1992：43.

技术混为一谈，从而在课程设置中理、工不分，重点不突出，导致学生将大量时间花费在纯理论科目的学习上。正如李端棻指出的那样，洋务高等工业教育大都“学业不分斋院，生徒不重专门”①。以现代专业教育的课程设置理论观之，洋务工业教育中的这种做法显得落后和低效。但如果设身处地考虑到所招学生近代数理知识的缺乏，并肯定科学原理与大工业生产技术的内在一致性，又必须承认这种课程设置有其历史必然性和相当的合理性，对保证中国工业教育在极端落后的基础上得以生存和发展起到了学理支撑的作用。

将人文教育和科技教育生硬地拼凑在一起，也是洋务工业教育课程设置初创性的表现。清廷和洋务派特别重视在工业教育中加强传统的人文教育。不仅国内工业教育机构在传授西方科学技术知识的同时，还要“教之经禅明大义，课以文禅知论人；瀹其灵明，即以培其根本”②，就是派出留洋的学生也必须花费相当的时间学习“中学”的经史及文学科目。本来，在进行科学技术教育的同时强调学生人文素养的提高，是符合现代教育规律的。尤其是在科学主义和技术理性逐渐膨胀的 19 世纪晚期，这种做法在教育发展史甚至具有某种超前意义。但在洋务工业教育中，人文教育与科学技术教育的结合是机械拼凑的。首先，洋务工业教育中的人文教育和科学技术教育的结合方式相当生硬。在洋务工业教育（包括留学教育）的课程设置中，人文教育与科学技术教育的课程及其内容各不相涉，泾渭分明，不存在两者相互融合和渗透的设计与安排。各自的教学方法也相互抵牾：科学技术课堂上“洋匠”启发学生思考，鼓励学生动手，而读经课的夫子则大多仍然采用传统教学方法，以熟读成诵为能事。占到学习时间三分之一甚至一半左右的人文教育，犹如靠外力硬打进科技教育中一块楔子。其次，也是更为根本的，是这种人文教育内容的构成要素与近代科学技术理念的扞格不入。西方科学技术的本质要求应用人的理性去探索世界的本质和真相。怀疑—事实证明、探究—有

① 李端棻．请推广学校折（1896）［M］//陈学恂．中国近代教育文选［M］．北京：人民教育出版社，1983：63.

② 沈桐生．光绪政要・天津水师学堂［M］//舒新城．中国近代教育史资料（上册）．北京：人民教育出版社，1981：130.

所创造，是科学技术教育和研究中的基本思维模式。而洋务派为了保持和强化学生们对封建专制统治秩序毫不怀疑的信奉，重点选取《圣谕广训》之类的专制教条和《孝经》之类充斥着愚忠愚孝思想的儒家经典作为人文教育的主要内容。这些内容的很多“事实”和逻辑是经不起近代科学知识及思维方式检验的。两者之间这种根本性的矛盾，决定了它们的结合只能是一种捆绑式的结合。所以，洋务工业教育中人文教育与科学技术教育的结合，从内容到方式都存在严重问题。这种靠强制力量拼凑的结合不仅不能相得益彰地使学生身心平衡发展，反而会因两者的错位而造成思想上的混乱和冲突。

五、培养途径的多样性

开办新式学校进行西方科学和技术的教育，是洋务运动中工业教育最主要的形式和途径，但不是唯一的。

选派学生到海外留学，也是洋务工业教育的重要途径。容闳是中国最早直接到西方接受系统的科学文化教育的人，他对中国教育的落后和留学教育的益处体会很深，因而回国后一直向洋务派官僚大力倡导留学教育。洋务派在主持工业生产的实践中也逐渐认识到，要培养优秀的工业人才，仅靠在国内建立新式学堂是不够的，还需直接派学生到外国，将其“置之庄岳之间”，通过现场的耳闻目睹和考察学习，才能对西方工业知识和技术及其发展状况有真切的把握和了解。同治十一年（1872），经曾国藩、李鸿章等人多次上书请求，清廷决定选派幼童赴美留学。按照规划，1872—1875 年，每年派遣 30 名聪颖幼童出国，四年共 120 名，15 年后逐年学成归来。虽然因顽固派监督吴子登的造谣与诬告，留美幼童在 1881 年几乎被全部提前召回，留美计划以半途而废告终，但其开风气之先的历史价值是巨大的。光绪三年（1877）沈葆桢、李鸿章等人又提出选派 30 名福建船政学堂的学生，分别前往法国学习制造，往英国学习驾驶，3 年期满后回国任用。实际上在此之前，船政局已经开始试行留学派遣活动了。1875 年，沈葆桢趁日意格回国采购之便，在前、后学堂中挑选出魏瀚、陈兆翱、陈季同、刘步蟾、林泰曾 5 名学生随同去法国参观学习。沈葆桢、李鸿章等人的奏请得到了朝廷批准，这一留学计划成功实施并取得显著成效。除了以上两次时间较早、规模较大的选派留学生行动，洋务派还在其他时候进行过多次规模不等的选派活动，其中大多都包括理工科学生。这些学生大多在国外学习勤奋，掌握的本领全面而过硬，回国以后“南北洋争先留用，得之惟恐或后”①，成为中国工业早期发展过程中的领军人物。

科举制度本身是一种选拔人才的制度而不是教育制度，但在中国，科举制度是教育的指挥棒，对教育的内容与方法具有至关重要的影响。洋务派在实践中逐渐看出了八股取士制度的空疏无用，虽然他们还没有勇气对科举制度进行彻底否定，但还是希望对其考试内容进行一定的变通，以得到急需的工业人才，同时激发广大文武士子对科学和技术的学习热情。李鸿章在1864年的《致总理衙门书》中就提出：“中国欲自强，则莫如学习外国利器，欲学习外国利器，则莫如觅制器之器，师其法而不必尽用其人。欲觅制器之器与制器之人，则或专设一科取士。士终身悬以为富贵功名之鹄，则业可成，艺可精，而才亦可集。”② 1874年他又在《筹议海防折》中奏请开设“洋务进取一格”③。受这种观点的影响和启发，将科学技术知识渗入科举的奏议不断被提出。例如，同治九年（1870），闽浙总督英桂等奏开算学科；光绪元年（1875），礼部奏请开算学科；光绪十年（1884），潘衍桐奏请开艺学科。另外，沈葆桢、丁日昌和张佩纶等人还对废除或改革武科考试提出了奏议。郑观应总结了这些观点和看法，在1884年成书的《盛世危言》中提出了在科举考试中渗透西学的系统看法。他建议：“如不能复古制选材于学校，拟请分立两科，以广登进。一、考经史以觇学识。二、策时事以征抱负。三、判例案以观吏治（原拟：一曰考证经史、疏通疑义、以觇学识。二曰策论时事，昌言无讳，以征抱负。三曰审问疑难例案，以观吏治。四曰兼试文章诗赋，以

① 池仲祐．海军大事记［M］//中国史学会．中国近代史资料丛刊：洋务运动（八）．上海：上海人民出版社，1961：483.

② 李鸿章．致总理衙门书［M］//文庆，等．筹办夷务始末（六）．上海：上海古籍出版社，2001：399.

③ 同治十三年十一月初二日（1874. 12. 10）李鸿章筹议海防折［M］//朱有瓛．中国近代学制史料（第一辑 下册）．上海：华东师范大学出版社，1986：17.

验才华）。首科既毕，凡海疆各省主试者，宜就地会同各西学大书院山长（如天津之水师学堂、博文书院、福州船政学堂、江南水路军学堂、广东水师学堂诸山长），订期挂牌招考西学：一试格致、算、化、光、电、矿、重诸学。二试畅发天文精蕴、五洲地舆水陆形势。三试内外医科、配药及农家植物新法。”① 郑观应主张，对这种新式科举考试的中试者，应该与儒学科考一样授以相应的出身和官职。洋务派的这些言论和动议受到了守旧势力的强烈反对，但部分意见还是在一定程度上得到了朝廷采纳。1888 年，乡试增加算学科。这种“微调”虽然没有从根本上否定科举制度，但肯定或多或少会改善广大士子对科学技术的看法与态度。

师徒之间在生产过程中口耳相传、以身示范，是传统手工业教育的主要形式。洋务派在近代工业教育中并没有放弃和忽视这种方式。同治七年（1868）六月，船政大臣沈葆桢在奏折中称：“据日意格前称华匠与洋匠器用不同，言语不通，事事隔阂。况素谙绳墨者类皆中年以往，心气耗散，往往不能探赜通微，请各厂分招十五以上十八以下有膂力悟性者，或十余人或数十人，俾易教导，名曰艺徒。现所招已及百余人，又不能无以钤束，于是复有艺圃之设。”② 这里所说的艺徒就是随洋匠边工作边学习的青年工人。实际上，在洋务派所办的各种工矿企业中，师徒相授不仅是培养普通工人的主要方式，也是培养中高级技术人员的重要环节。尤其是在机械制造、管轮驾驶等专业学生的实习过程中，传统师徒授受的教学方式更是发挥了不可替代的作用。

值得一提的是，洋务派还主持或支持翻译、出版和发行了一批有关西方科学技术知识的书刊，既满足了洋务工业学堂的教学需要，也在一定程度上促进了西方工业知识在社会上的普及，为部分人通过自学成才提供了可能。例如，1868 年江南机器制造总局即成立翻译馆，先后聘请英美人伟烈亚力、傅兰雅、玛高温（Daniel Jerome Macgowan）、林乐知、金楷理（Carl Traugott

① 郑观应．盛世危言［M］．北京：华夏出版社，2002：125.

② 同治七年六月二十三日（1868. 8. 11）沈葆桢折［M］//朱有瓛．中国近代学制史料（第一辑上册）．上海：华东师范大学出版社，1983：339.

Kreyer）等传教士，以及中国长于数理的科学家华衡芳、华世芳兄弟和徐寿、徐建寅父子，长期从事翻译工作。1870 年前后即出版了有名的《汽机发轫》《汽机新制》等工程书，《代数术》《微积溯源》等数学书，《化学鉴原》等化学书，共达数十种，译作和印刷都称高速度。据统计，从 1868—1907 年的 40 年间，江南机器制造总局翻译馆译印的西书有 159 种，共 1075 卷。其中除历史、政治、兵制等 30 余种关于文科的书籍外，其他均为工、农、矿、商、算、理、化、电、光、声、天、地等科学、技术的书籍。[①] 京师大学堂、福州船政局等处也都设有专司翻译和刊行西学书籍的机构，所翻译的书籍中数学和科学技术类占有相当大的比例。此外，在洋务派的支持下，当时国内还先后出现了一些介绍西方科学技术的期刊。其中，创办最早、影响最大的自然科学技术专门刊物，当数英国人傅兰雅在徐寿、华衡芳、李凤苞等中国知名科学家的帮助下，于 1876 年 2 月创办发行于上海的《格致汇编》。

虽然上述各种形式和途径的工业教育在整个社会中规模都还相当小，影响极为有限，但洋务派在中国近代工业教育出现伊始就能做到多管齐下，利用各种途径进行近代工业和科学技术知识的传播与推广，这种做法与发达工业国家的成功经验相一致，完全符合现代教育发展的普遍规律，很值得我们今天学习与借鉴。

六、地域分布的狭隘性

地域广阔，地形地貌复杂，各地区经济、资源以及人口等条件差异极大，导致中国教育自古以来就有明显的区域差距。洋务派创办的近代工业教育在中国出现以后，同样表现出各地发展不平衡的状况。

描述地区之间教育差距的指标很多，“作为教育制度化的一个代表，学校标志着教育发展的规范程度和水平。因此，学校的设立和分布状况，就可以成为评价特定区域教育发展水平的重要参照物，并且也是在不同区域之间进行比较的一项指标。特别是对早期教育的地域分化研究，学校的发展状况尤

① 夏东元．洋务运动史［M］．上海：华东师范大学出版社，1992：86.

其需要关注”①。从1867年福建船政学堂正式开学以及同年李善兰进入京师同文馆的天文算学馆教习算学开始，到1902年“壬寅学制”颁布为止，洋务派创办的实施过工业科技教育的学校分布情况见表3.3。

另外，自光绪七年（1881）清廷批准直隶总督李鸿章的奏请建立了天津水师学堂，以及光绪十一年（1885）清廷批准开设天津武备学堂后，洋务派在南京、广州、杭州、威海、烟台、北京（颐和园）、贵阳、西安、安庆、太原、保定等地先后建立了多所陆军和水师学堂，这些水陆军事学堂大都进行了近代科学技术知识以及军事工程、舰船驾驶、轮机使用和维修等课程的教学，是萌芽时期中国高等工业教育的重要组成部分。

表3.3　主要的洋务工业科技教育机构及其所在地

所在地	洋务工业科技教育机构
天津	天津电报学堂、天津武备学堂及其铁路班、北洋大学堂工科
广州	两广电报学堂、广东实学馆、鱼雷专科学堂
上海	广方言馆、江南制造局附设的技术教育机构、上海电报学堂
南京	金陵同文电学馆、南京陆军学堂附设矿路学堂、江南储才学堂
福州	船政学堂、南台电报学堂
武汉	汉阳铁厂化学学堂、自强学堂
北京	京师同文馆天文算学馆、北京通艺学堂
秦皇岛	山海关铁路学堂
兰州	甘肃电报学堂
旅顺	鱼雷专科学堂
台北	台湾电报学堂

由上述概况可知，相对于广阔的疆域和众多的人口而言，洋务工业教育机构不仅总数极少，且高度集中分布于少数地方。除了贵阳、太原等少数内陆省会城市因开设武备学堂而出现过军需的工程技术教育之外，洋务工业技术类学堂主要开设在天津、广州、上海、南京、福州、武汉等两次鸦片战争以后被迫开放的口岸城市，以及北京、秦皇岛、旅顺、台北、兰州等海、陆

① 王炳照．寻找把教育学托上天空的彩云［M］．北京：人民教育出版社，2010：480.

防要地。当然，一些根据不平等条约开放的通商口岸往往也同时就是军事要地。为数不多的这些学堂分布所涉及的地区仅为直隶（今河北）、江苏、福建、湖北、奉天（今辽宁）、台湾和甘肃七个行省及首都北京，除甘肃以外，均为沿海、沿江地区。

洋务工业教育机构区域分布狭隘性的形成原因，主要包括三个方面。首先，洋务工业教育出现之初，完全是出于军事目的，主要是为了应对列强对军事要地的进攻。即便是本来民用性质非常强的采矿冶金、土木工程、舰船制造与驾驶等技术的教育，也被赋予了强烈的军事色彩。这些工业教育机构只有安置在边防要冲之地，才能最有效地服务于军事需求，才能使学生身临其境，在实践中学习和训练。其次，洋务工业教育在师资方面几乎完全依赖外国人。学校开设在通商口岸及其附近地区，可以很方便地觅聘外国教师。最后，洋务工业教育所需的合格生源也主要从西方人所办的教会学校中才能获得，而此时的教会学校主要集中分布在一些较早开放的口岸城市。“在第二次鸦片战争时期，在全国约 50 所教会学校中，上海一地即有 14 所。至本世纪初，上海地区的教会学校达 60 余所，其中中学有 25 所”“上海及其周边地区的高校生源，除了满足本地教会大学所需外，还向其他地区有所输送”。[①]因此，诞生之初的中国高等工业教育不仅延续了中国教育在历史上就存在的地区差异现象，而且进一步发展为总体规模小、高度集中于沿海沿江口岸城市的严重不平衡格局。

洋务工业教育机构是中国近代高等工业教育发展的基石，其高度集中于少数沿海、沿江城市的区域分布特点，在客观上促成了中国近现代高等工业教育长期局限于少数发达地区的状况，加大了不同地区之间生产工业化进程的差距。但另一方面，在国力疲弱、社会工业生产还极不发达的当时，唯有如此，才能使为数不多的这些学堂得以生存和维系，从而留下中国高等工业教育进一步发展的种子。

---

① 余子侠．教会大学的产生与晚清社会的转型［M］//章开沅．文化传播与教会大学［M］．武汉：湖北教育出版社，1996：171.

综上所述，洋务工业教育是在西方列强已经完成了工业革命，工业教育现代化已经取得了长足进步，而中国还处在自给自足的小农经济和手工业经济一统天下，封建专制国家的内忧外患日益加剧的时代背景下，在部分封建官僚和士大夫的主持和推动下起步的。在这种特殊的背景下，洋务工业教育无论是与中国的传统教育还是其他国家的工业教育相比，都表现出一些独有的特点和独特的面貌。通过上述分析可以发现，洋务工业教育诸种特点形成的原因及影响复杂，需要做具体分析。对当代中国工业教育而言，无论是为了少走弯路，还是为了更快更好发展，都应该重视对其中所蕴含的经验与教训进行总结和借鉴。

第四章　中国近代高等工业教育的成型

从甲午战败、维新思想和运动兴起到清末新政，是中国近代高等工业教育由洋务运动时期的萌芽状态最终发展为规范化、制度化的成型状态，并在数量和规模方面得到进一步扩展的重要时期。受甲午战败的刺激和维新派变法自强思潮的影响，维新运动期间发生了盛宣怀等人参用美国学制创设第一所正规工科大学——北洋大学这样的历史性事件，而且出现了各地改革旧式书院、创设新式书院、广泛实施科技知识教育的风潮，并产生了创立近代学制的设想和计划。这些都为中国近代高等工业教育的进一步发展夯实了基础。此外，从鸦片战争开始出现的教会教育到这一时期也逐渐发展成熟，教会教育及传教士对中国近代高等工业教育的发展影响很大，成为促进晚清高等工业教育发展的特殊力量。经过"戊戌政变"至"庚子之乱"之间的短暂停顿，自新政时期开始，以慈禧为首的清廷接过改革的大旗，进行了步子更大的教育变革。"癸卯学制"的颁布实施，使中国高等工业教育的建设和发展在学制、层次、课程这些关键问题上从此有章可循，这是中国高等工业教育成型的标志和高等工业教育机构数量大增的原因。

第一节　夯实基础——维新运动对高等工业教育的影响

1894—1895 年发生的甲午战争，是亚洲新兴的资本主义国家日本对中国实施蓄谋已久的侵略计划而引起的。战争开始前，中国的洋务运动已经开展了 30 多年，海陆军事装备和设施颇为可观，仅北洋水师舰队在当时就堪称

“亚洲第一，世界第六”。但战争的结果却大大出乎世人的预料，“蕞尔小国”日本不仅全歼北洋水师，获得北洋舰队的舰船和武器，而且还通过条约获得巨额赔款，割占中国台湾，并强迫清政府承认属国朝鲜“独立”。甲午战争的惨败使洋务派的声誉由如日中天跌落到万丈深渊，更激起了一批忧国忧民之士对洋务运动及其教育活动进行深刻反思，并进一步探寻中国自强的新出路。

战事甫定，清廷于光绪二十一年（1895）五月二十八日发布上谕称：“自来求治之道，必当因时制宜，况当国事艰难，尤宜上下一心，图自强而弭隐患。朕宵旰忧勤，惩前毖后，惟以蠲除痼习，力行实政为先。叠据中外臣工条陈时务，详加披览，采择施行，如修铁路，铸钞币，造机器，开矿产，折南漕，减兵额，创邮政，练陆军，整海军，立学堂，大抵以筹饷练兵为急务，以恤商惠工为本源，皆应及时举办。”① 在此背景下，历来主张从政治、经济、文化等各方面全面学习西方资本主义，进行维新变法以拯救中国于危亡的维新派及其思想主张开始进入人们的视野，并逐渐成为一种在社会上影响最盛的思潮和运动。在康有为、梁启超、严复以及谭嗣同等领军人物的大力宣传和鼓动下，维新运动在1898年（戊戌年）发展到高潮。

维新派的变法改革主张涉及社会的方方面面，而以教育改革为其重点和核心。维新派大多并不具有举办工业技术教育的实际经验，但他们基于自己的认识，严厉批评洋务派科技教育活动中的种种不足。这些批评虽然不尽客观公正，但对探索高等工业教育更好发展的道路是有益的。同时，由他们提出并在一定程度得到了实施的以整个教育为对象，尤其是以基础和普通教育为重点的改革主张，对改善中国近代高等工业教育的发展环境和基础是很有利的。

一、维新派对洋务工业教育的批评

维新派的社会改良思想的源头，虽然与洋务派的思想一样，也可以追溯

① 光绪二十一年十二月二十八日（1896. 2. 1）张之洞创设江南储才学堂折［M］//朱有瓛. 中国近代学制史料（第一辑 下册）. 上海：华东师范大学出版社，1986：548.

到林则徐和魏源等人了解、学习西方的主张与实践，但其形成时期，却是在洋务运动中后期。在此期间，冯桂芬、王韬、郑观应等人逐渐形成了与洋务派不尽相同的社会改革思想，成为维新改良思想的早期代表。而严复、康有为、梁启超等维新运动的领袖人物更是在洋务运动进入晚期以后成长起来的。他们对洋务派所进行的各种活动及其思想有比较全面、系统和深入的考察研究，对其成败得失有比较切身的体会。从某种意义上说，维新派的各种思想与主张，是以洋务派的各种思想与实践为参照而形成的。维新派的教育变革思想与主张也是这样。因此，要想弄清维新派对高等工业教育发展的影响，首先应该考察他们对洋务派进行的工业科技教育活动所做的评价与议论。

从总体上来说，维新派对洋务派实施新式工业教育以求富强，以及改革科举，在科考中渗入近代科技知识等主张是完全赞同的。康有为曾明确指出，“今物质修明，尤尚机器”“今为机器之世，多机器则强，少机器则弱”。① 他赞赏沈葆桢提出的废武科、潘衍同提出的开艺学科等主张，并进而提出“今宜改武科为艺科，令各省、州、县遍开艺学书院。凡天文、地矿、医律、光重、化电、机器、武备、驾驶，分立学堂，而测量、图绘、语言、文字皆学之”②。仅从上述所列科技教学科目的种类和范围来看，康有为的主张与洋务派进行工业教育实际涉足的领域并无多大不同。梁启超也对洋务派学习西方以求富强的努力给予了明确肯定。他在《学校总论》中说：“今之言治国者，必曰仿效西法，力图富强，斯固然也。”③ 于维新运动渐成气候的1897年成立的“苏学会”在发布的学会启示中，以“往昔曾、左诸公，既平大难，赞成中兴，汲汲焉讲求西法”④ 为例，来说明维新变法、学习西学的正确性，也表明维新派与洋务派在是否应该学习西方科学技术这一问题上的态度是一致的。

但是，维新派从自己的认识和立场出发，认为洋务派举办的工业教育中

---

① 康有为．请断发易服改元折［M］//谢遐龄．康有为文选．上海：上海远东出版社，1997：407.

② 康有为．上清帝第二书［M］//谢遐龄．康有为文选．上海：上海远东出版社，1997：282.

③ 梁启超．变法通议［M］．北京：华夏出版社，2002：35.

④ 苏学会公启［M］//汤志钧，陈祖恩，汤仁泽．中国近代教育史资料汇编：戊戌时期教育．上海：上海教育出版社，1993：101.

还存在很多严重问题，并针对这些问题提出了尖锐的批评。这些批评主要包括以下几个方面。

（一）批评洋务工业教育内容狭隘片面

由于所处时代不同，维新派的经历和眼界与洋务派有了很大的区别，对世界现状和历史，以及社会发展中的一些深层次问题的认识，已经与洋务派有了很大的差距。康有为在谈到欧洲近代历史的时候曾说过这样一段话："是三百年间，适当欧人新世勃兴，科伦布则寻得美洲，渐乃觅得全地以增新识，意大利文学复兴后，新教出而旧教殰，于是倍根、笛卡儿创新学，讲物质，自是新艺新器大出矣。突人得大炮火药于蒙古而输之欧，于是破封建万千之侯垒，而王权成，腾扬丕天之革命波，而立宪遍于各国矣。至近世百年，诸欧治定功成，其新政新法新学新器，绝出前古，横被全球。"① 正如黄济先生在评价他这段话时指出的那样，由"讲物质"到"立宪遍于各国"，从"新艺新器"到"新政新法"，正反映了由物质现代化到制度现代化的发展历程，说明维新派已经意识到了物质现代化之外制度现代化的重要性。②

因此，维新派对洋务工业教育的众多批评中，最重要的一条就是认为洋务派没有对学生进行比科技本身更重要的西方社会学说的教育。同情和支持维新派的李端棻在1896年上奏的《请推广学校折》中指出，洋务西学教育机构的不足之处，首先就是"诸馆皆徒习西语西文，而于治国之道，富强之原，一切要书，多未肄及"③。梁启超也说："今之同文馆、广方言馆、水师学堂、武备学堂、自强学堂、实学馆之类，其不能得异才何也？言艺之事多，言政与教之事少。"④ 这里所谓的"治国之道"或"政事"，就是指西方资本主义国家的政治、经济学说和原理。维新派中，接受西方教育最多的严复在甲午战争后明确指出，诸如"练兵筹饷""开矿""通铁道"等举措对当时的中国

① 汤志钧．康有为政论集（上册）［M］．北京：中华书局，1981：298-299.

② 黄济，郭齐家．中国教育传统与教育现代化基本问题研究［M］．北京：北京师范大学出版社，2003：192.

③ 李端棻．请推广学校折（1896）［M］//陈学恂．中国近代教育文选．北京：人民教育出版社，1983：63.

④ 梁启超．变法通议［M］．北京：华夏出版社，2002：40.

来说，都是治标不治本的事情。[1] 要想从根本上挽救中国的危局，必须通过教育“鼓民力”“开民智”“新民德”，塑造新的国民。而其中的“新民德”的途径，就是在废除专制统治，实行西式议会和君主立宪制的前提下，用民主、自由、平等的新观念和新标准，塑造中国民众的新道德。

（二）批评洋务工业教育规模狭小

维新派看到了洋务工业教育规模的狭小和基础的薄弱。正如李端棻所说的那样，“巨厦非一木所能支，横流非独柱所能砥，天下之大，事变之亟，必求多士，始济艰难。今十八行省祗有数馆，每馆生徒祗有数十，士之欲学者，或以地僻而不能达，或以额外而不能容，即使在馆学徒一人有一人之用，尚于治天下之才万不足一”[2]。梁启超则在《学校总论》一文中质问，洋务派办教育已经30多年，但“久历风涛，熟悉沙线，堪胜船主、大副、二副者，几何人矣?”“每造铁路，十英里需用上等工匠二员，次等六十员；今之明于机器，习于工程学，才任工师者，几何人矣？中国矿产，封鐍千年，得旨开采，设局渐多；今之能察矿苗，化分矿质，才任矿人者，几何人矣?”“能制造器械，乃能致强，能制造货物，乃能致富；今之创新法，出新制，足以方驾彼族，衣被天下者，几何人矣?”[3] 由于洋务工业教育培养出来的人才太少，不能从中精选出深刻掌握科技原理、足以充任工业生产指导者和领头人的高级科技人才，所以只能长期依赖高价聘请的洋师洋匠，以致“轮船招商局、开平矿局、汉阳铁厂之类，每年开销之数，洋人薪水，几及其半”[4]。

维新派对洋务工业科技教育规模狭小以致所需人才不足的批评，虽然看到了工业科技教育对近代工业生产和国防军事的作用，但没有认识到工业科技教育规模的大小归根结底是由社会工业生产的规模所决定的。正如吉尔伯特·罗兹曼（Gilbert Rozman）《中国的现代化》一书针对当时的情况指出的

---

① 严复文选［M］．天津：百花文艺出版社，2002：30-31.

② 李端棻．请推广学校折（1896）［M］//陈学恂．中国近代教育文选．北京：人民教育出版社，1983：63.

③ 梁启超．变法通议［M］．北京：华夏出版社，2002：36.

④ 梁启超．变法通议［M］．北京：华夏出版社，2002：36.

那样："如果没有可以聘用科学家的工业组织和研究机构，科学的抽象研究有什么用处是值得怀疑的。"① 洋务派培养出来的工业科技人才数量确实不多，但当时已经出现了一些毕业生无处可去的情况。维新派不从这种实际情况出发，单纯指责洋务派不扩大教育规模，实际上是本末倒置、有失公允的。

（三）批评洋务工业教育轻视"中学"

洋务工业教育在表面上一直强调传统经史典籍的学习，但在实践过程中往往并不对学生的"中学"学习作出强制性要求。这并不是说洋务派在主观上有意弱化传统文史教育，而是由于教学时间有限与近代科技知识浩繁的实际矛盾，使洋务工业教育的主持者认识到，要想获得实效，新式教育就只能对学生在文史方面的学习时间进行压缩。

戊戌前后维新派对中学的态度可分为两类，一类以亲身经历过洋务工业教育教学实践的严复为代表，他以"西洋言治之家"的哲学和社会政治学说为理论根据，将传统儒家经典视为"聊用自娱"的无俾实用之学，明确反对在新式教育中强制推行这种教育。但持这种态度的人在维新派中是少数，更多的是受传统经学教育熏染较深而又未直接从事过新式专业技术教育实践的人，他们虽然明确反对科举制八股取士的做法，但并不反对学生认真学习儒家经典，而且大多对传统典籍念念不忘，认为其中包含的伦理规范，仍然不失为做人为政的"根本"。"孔孟距今二千四百年，而置其道于今日公理公法中，仍属坚致精莹，其光莫掩。"② 他们坚持将传统经史之学即"中学"视为在进行西学教育的同时必须花大工夫学习的科目，并对洋务工业教育中的"中学"教学进行了抨击。

梁启超在《学校余论》一文中批评洋务教育造就的人才"能识华字，联缀书成俗语者，十而四五焉。其能通华文文法者，百而四五焉。其能言中国

① ［美］吉尔伯特·罗兹曼．中国的现代化［M］．陶骅，等，译．上海：上海人民出版社，1989：265.

② 光绪二十一年（1895）何启、胡礼垣《新政论议》［M］//朱有瓛．中国近代学制史料（第一辑 下册）．上海：华东师范大学出版社，1986：37.

舆地、史志、教宗、性理者，殆几绝也”[①]。其原因在于，洋务教育“学中所设，虽有华文功课一门，不过循例奉行，苟以塞责，实则视为无足轻重之事”“夫此四五年之间，于中国之学，既已循例若赘，阁束一切，则其所诵经书，只能谓之认字；其所课策论，只能谓之习文法，而绝不能谓之中学”。[②] 他认为应该“必聘通儒为华文教习，以立其本”[③]。

强调本国语言的掌握，乃至强调在工业科技教育的同时认真进行人文素养的培植，本来是符合现代教育规律的意见的，但很明显，一方面，维新派所强调的“中学”，重点仍是儒家经典，其精髓正是与封建专制统治相适应的政治伦理和道德规范，与他们提倡的资本主义性质的政治、伦理道德是相矛盾的；另一方面，西方工业科技知识的掌握和理解，在当时而言本身就是一个艰难的学习过程，要求一般学生在学好“西学”的同时花大量精力去掌握艰深的“中学”，在教学实践上是不可能的。一些洋务工业教育的主办者正是在实践中认识到了这一点，才在课程安排中将“中学”置于“循例若赘”的地位，以应付朝廷和顽固派的“政治检查”。洋务派在工业科技教育中的这种做法，不仅在客观上起到了瓦解旧教育的作用，而且从集中学生有限的精力认真学习科技知识的角度来看，也是符合近代工业科技教育教学实际的。而维新派的主张恰恰与他们要求科技教育应该“专门化”的要求相矛盾，在教育实践中也没有太大的可行性。

（四）对洋务工业学堂教学问题的指责

维新派对洋务工业学堂在教学过程中存在的一些问题也进行了批评。一是认为所教外语和科技知识程度不精深，只是一些知其然不知其所以然的皮毛之学。“其所谓艺者，又不过语言文字之浅，兵学之末，不务其大，不揣其本。”[④] 二是认为教学过程中专业划分不清，过于笼统，不能培养出专精人才。李端棻指出：“格致制造诸学，非终身执业，聚众讲求，不能致精。今除湖北

① 梁启超．变法通议［M］．北京：华夏出版社，2002：131.
② 梁启超．变法通议［M］．北京：华夏出版社，2002：132.
③ 梁启超．变法通议［M］．北京：华夏出版社，2002：133.
④ 梁启超．变法通议［M］．北京：华夏出版社，2002：40-41.

学堂外，其余诸馆，学业不分斋院，生徒不重专门。”① 梁启超则将“专门之业不分，致精无自”作为影响洋务工业科技教育的三大“病根”之一。② 三是批评洋务派科技教育设施和方法落后，不能培养具有实践能力的人才。所谓“诸学或非试验测绘不能精，或非游历察勘不能确，今之诸馆，未备图器，未遣游历，则日求之于故纸堆中，终成空谈，无自致用”③。梁启超认为，教育设施和方法的落后，与教育投资不足有很大关系。他指出，“不通西文，则非已译之书不能读”“格致诸学，皆藉仪器，苟非素封，未由购置”“增广学识，尤藉游历，寻常寒士，安能远游”“一切实学，如水师必出海操练，矿学必入山察勘，非藉官力不能独行”。④ 总之，这些方面都需要举国家和政府之财力才能办到，但清政府却“不肯舍薄费以营学校”，当然也就不可能有符合要求的教学设施和方法了。

根据史实客观地分析，维新派对洋务工业教育过程中只传授“兵学之末”而“不务其大，不揣其本”，即只教授具体的生产技术，而不学习相关科学原理的指责，与实际情况不完全相符合。洋务学堂确实未能培养出大批精通科学原理、融通科学与技术的高质量人才，但这并不意味着洋务工业教育只有技术传授而无科学原理的教学。福建船政学堂以及各军事技术学堂的课程安排表明，他们是科学原理与技术教育并重的，京师同文馆之类的很多学堂中恰恰只有科学课程而无技术实践课程，与维新派的指责正好相反。只不过由于学生基础和师资等各种原因，这些科学原理的教育往往都比较浅显而已。

洋务派进行工业科技教育的途径是多种多样的，如办学校、派留学、翻译出版书籍杂志等。各种途径虽成效不一，但均产生了一定的社会、军事和经济效益。例如，洋务派主持的多次派遣留学生活动，为当时中国的军事、

① 李端棻．请推广学校折（1896）［M］//陈学恂．中国近代教育文选．北京：人民教育出版社，1983：63.

② 梁启超．变法通议［M］．北京：华夏出版社，2002. 41.

③ 李端棻．请推广学校折（1896）［M］//陈学恂．中国近代教育文选．北京：人民教育出版社，1983：63.

④ 梁启超．变法通议［M］．北京：华夏出版社，2002：37.

工业、教育以及外交等各领域都培养了很多急需的人才。就办学而言，实施工业科技教育的各洋务学堂由于主办者、所处地理位置等因素的影响，有的学堂如京师同文馆、广州同文馆等深受守旧势力影响，学生学习科技知识积极性差，学堂管理往往混乱、腐败，未能取得预期的成效；但像福建船政学堂、上海广方言馆等学堂，由于远离强大的守旧势力，创办者和管理者又大都是洋务运动的中坚人物，因此总体上的办学效果不错，培养出了一些优秀工业科技人才。但维新派对洋务工业科技教育中优秀的一面往往故意视而不见（如梁启超在评价洋务教育时鲜有提到成效卓著的福建船政学堂），而对其不足之处常以文学的语言加以夸大。

维新派对洋务工业教育的批评，含有符合社会和教育发展规律、超出洋务派认识水平的真知灼见。例如，维新派批评洋务工业教育只注重科技教育，而忽视甚至禁止对学生实施与工业社会相适应的资产阶级社会科学理论和伦理道德的教育，既符合中国社会的发展趋势，也与近代科技教育的内在规律相一致。但是，与洋务派相比，维新派更多属于宣传家而非实干家。历史、客观地分析维新派的各种批评意见可以发现，维新派在许多方面的认识水平并不比洋务派更高明，他们对洋务工业教育的指责存在笼而统之、以偏概全、自相矛盾以及不切实际等问题。维新派出于政治斗争的需要，为了取代洋务派，在对洋务派从事的工业教育乃至一切活动进行评价时，未能做到客观公正。当然，这些批评和指责背后隐含的关于近代科技教育究竟应该如何发展的探索精神，对中国高等工业教育的早期发展是有积极意义的。

二、维新运动中的教育改革主张对高等工业教育的影响

维新派的社会改革主张与实践是以教育为核心和基础展开的，但他们关注的重点是整个近代教育体系的建立，以及资产阶级政治和社会学说的宣传与教育。另外，维新派实际掌权的时间极短，他们能够完全主宰和调动的社会资源十分有限。所以，维新派亲自参与工业科技教育的活动并不多。但是，他们对教育发展的各种意见和主张在舆论界的影响很大，对促进包括原洋务派在内的各种社会力量推动高等工业教育继续发展具有重要作用，有些影响

一直持续到清末“新政”时期。

（一）科举中增设西学科目，引导士子研习科技知识

1. 维新运动前算学进科举的改革尝试

鸦片战争之后至甲午战争之前，从魏源到冯桂芬、薛福成、王韬、郑观应，乃至汤震、陈虬、陈炽等人，都在自己的著述和时论中对八股取士制度提出了非议和改革意见。虽然他们的改革主张不尽相同，但都提出了在科举考试中增加天文、算学、格致等西学科目的设想。洋务派官僚在工业实践中对人才的匮乏有切身体会，他们多次通过奏折请求朝廷在改变科举考试注重时文、楷法的同时，增加西学科目。在强大的守旧势力面前，这些努力的主要收获是争得了 1888 年开始在乡试中增加算学科。这一仅有的改进，由于设计不合理，也未真正起到选拔出新式人才，激励士子学习西学的作用。具有维新思想倾向、时任新疆巡抚和署理陕甘总督的陶模于 1895 年在《培养人才疏》中就指出，一方面，因为参加算学科考试的人，除了要与其他考生一样进行文试以外，算学科考试的内容并不限于算学一门，还包括“格物测量、机器制造、水陆军法、船炮水雷、公法条约、各国吏事”等，以至于“徒令知难者，逡巡不前，轻于尝试者，仍蹈空言无补之病”；另一方面，凡考算学科者，规定每二十名中取一名，总额最多不超过三个，“倘诸生文理均优，反因考算而限于定额”。[①] 本来单凭科举制度本身就并不能自动养成所需人才，而这种制度设计上的不合理，就更无法发挥引导广大士子学习西方科技的“劝学”作用了。

甲午一战的失利，使大多数人开始有了大厦将倾之感。维新人士在寻找失败的原因的同时又将目光对准科举选材制度，一时改革科举成为朝野上下议论的热门话题，关于科举改革的主张也层出不穷，远多于洋务运动时期。

2. 维新派对科技内容融入科举的设想

维新派认为，明代以来的八股取士，已经使科举制度弊端重重，其直接

① 光绪二十一年五月十一日（1895. 6. 3）陶模培养人才疏［M］//朱有瓛. 中国近代学制史料（第一辑 下册）. 上海：华东师范大学出版社，1986：36.

危害就是“锢智慧”“坏心术”和“滋游手”①，根本无法起到选拔具有真才实学人才的作用，因此，“变法之本，在育人才；人才之兴，在开学校；学校之立，在变科举”②。那么，科举制究竟该如何变呢？梁启超提出了上、中、下三策。上策为“合科举于学校”，即国家设立各级学校，教授中西各学，直接从学校中选拔优秀人才，取消科举考试。梁启超等人当然知道，在当时的情况下，遽然取消科举可能性极小，所以，又提出了中策，即“用汉唐之法，多设诸科，与今日帖括一科并行”。所谓“多设诸科”，并非简单地复汉唐之古，而是效法唐代科举开设明经、明字、明算、明法多科取士的做法，在各科中增加西方社会科学、自然科学以及时事政论等方面的考试内容，并增设“绝域”（国际和国外法律、条约）、“通礼”（本国文史、礼制掌故）、“技艺”、“学究”（教学法）、“名医”（中西医学、医术）以及“兵法”（近代军事学）等科目。其中，“技艺”一科“以能明格致制造之理，自著新书，制新器者为及格”。如果中策也无法做到，那至少应该实施下策，即“一仍今日取士之法，而略变其取士之具”。具体做法是，各州、府、县学进行童子试时，必须“经古”考试合格方能入学，“而经古一场，必试以中外政治得失、时务要事、算法格致等艺学”；乡试和会试，则“第三场试天、算、地、舆、声、光、化、电、农、矿、商、兵等专门，听人自择一门，分题试之，各三首”。这三策，“由上策者强，由中策者安，由下策者存”③。从梁启超所提的科举改革的上、中、下三策的内容来看，自然科学技术与西方社会和政治学说一样，都是培养“强国”“安国”“存国”人才不可或缺的课程资源。

3. 经济特科与岁科制度

在维新人士对科举制弊端纷纷议论的影响下，不少赞同变法的官僚开始上奏折正式请求朝廷对科举制度进行改革。其中，对工业科技渗入科举制影响最显著的应该算贵州学政严修于1897年底所上的《奏请设经济专科折》。

---

① 严复文选［M］. 天津：百花文艺出版社，2002：65-67.
② 梁启超. 变法通议［M］. 北京：华夏出版社，2002：24.
③ 梁启超. 变法通议［M］. 北京：华夏出版社，2002：60-62.

“时政维新，需才日亟”，严修建议朝廷应该“破常格，迅设专科”。新设科目以“经济”命名，“以别旧时之科举”。该科目以“变今切要”的知识和技能为考试内容，可具体分为“天下郡国利病”“中外交涉事件”“算学”“律学”“格致制造”等具体门类。他指出，将这类知识列为专门的考试科目，使相应的人才有了“正途”出身的门径和名分，就能对学堂内外所有读书士子认真学习这些知识起到“整齐鼓舞”“趋向自专”的作用。为了避免重蹈传统科举旧弊，他还提出了“去取无限额数”“考试仍凭保送”“保送宜严责成”“录用无拘资格”“赴试宜筹公费”等配套措施的设想，希望能借此达到既能广收真才，又能杜绝侥幸的目的。①

1898 年初，总理各国事务衙门和礼部遵旨议复严修所奏，决定将严修提议的“经济专科”分为特科和岁科两途。特科主要招考“学堂书院外之人材”，具体门类，“一曰内政，凡考求方舆险要、郡国利病、民情风俗诸学者隶之；二曰外交，凡考求各国政治、条约公法、律例章程诸学者隶之；三曰理财，凡考求税则矿产农功商务诸学者隶之；四曰经武，凡考求行军布阵、驾驶测量诸学者隶之；五曰格物，凡考求中西算学、声光化电诸学者隶之；六曰考工，凡考求名物象数、制造工程诸学者隶之”。② 特科或十年或二十年举行一次，不是常例。岁科主要针对学堂书院中学习“新学”的学生，于乡试会试年份举行。总理衙门和礼部会奏的这一方案得到了清廷的批准。

经济特科和岁科的确立，虽仍未根本撼动科举制度，但比洋务运动时期增加算学科涉及了更多的工业科技知识，对转变人们对待工业技术知识的态度，提升工业科技教育的地位，具有不可忽视的影响，成为维新运动中的一个标志性事件。正如梁启超所评价的那样：“当时八股未废，得此亦足稍新耳目，盖实新政最初之起点也。”③

---

① 严修．奏请设经济专科折（1897）［M］//陈学恂．中国近代教育文选．北京：人民教育出版社，1983：82-84.

② 光绪二十四年正月初六日（1898.1.27）总理衙门礼部遵议开设经济特科折［M］//朱有瓛．中国近代学制史料（第一辑 下册）．上海：华东师范大学出版社，1986：65.

③ 梁启超．饮冰室合集［M］．北京：中华书局，1989：32.

（二）提倡西学教育，创办科技教育机构

1. 维新派对西学教育的倡导

以康、梁为首的维新派，以儒家今文经学和他们所了解的西方政治社会学说作为政治变革的依据，对传统经史之学和西方社会科学的学习极力提倡，但并不忽视自然科学技术知识的学习。1891 年，康有为在广州开设万木草堂进行维新人才培养的早期实践活动中，就将数学、格致列为学生的必修科目。据当时的学生梁启勋回忆："在万木草堂我们除听讲外，主要是靠自己读书、写笔记。当时入草堂，第一部书就是读《公羊传》，同时读一部《春秋繁露》。除读中国古书外，还要读很多西洋的书。如江南制造局关于声、光、化、电等科学译述百数十种，皆所应读。容闳、严复诸留学先辈的译本及外国传教士如傅兰雅、李提摩太等的译本皆读。"①

维新派对洋务派开创的留学事业非常推崇，并强调应该多派学生前往欧美而不是日本学习科学技术。康有为指出，应该多从日本转译政治、社会类书籍，但是，"若夫派游学乎，则宜多在欧、美矣。书者空言也，实行之事，非深久游入其学校，尚虑不能深明之。且欧、美近今之盛，实以物质故，汽力之为用，倍人力者三十，而国势之富盛强，亦三十倍。夫物质之学，又非可以译书得也。请大筹学费，或令各县分筹之，大县三人，中县二人，小县一人，皆举其县之秀才，令其县自筹供其费，吾千五百县通计县二人，骤得三千游学生矣。律、医二者，我宜缓学，自哲学、海陆军、化电、光重、农工商矿、工程机器，皆我所无，亟宜分学，每科有二三百人矣，其后岁岁议增。及理财既成，增派无数，六年之后，立国之才，庶几有恃"②。从康有为的这段话可以看出，工业科技知识不仅是"亟宜分学"的"实行"科目，高级工业技术人才还位于"立国之才"之列，由此可见近代工业生产及其人才培养工作在维新派心目中的分量。

---

① 梁启勋．"万木草堂"回忆［M］//朱有瓛．中国近代学制史料（第一辑 下册）．上海：华东师范大学出版社，1986：240.

② 康有为．请广译日本书派游学折［M］//谢遐龄．康有为文选．上海：上海远东出版社，1997：384.

随着维新运动的发展和维新思想影响力的增强，学习包括自然科学技术在内的“西学”被越来越多的士大夫所重视。“近者日本胜我，亦非其将相兵士能胜我也。其国遍设各学，才艺足用，实能胜我也。”① 康有为的这一说法是维新派总结甲午战争的典型结论，为当时大多数有识之士所认同。在赞同维新思想的各类人士努力下，除了原来的洋务学堂，各地又涌现出一批实施科技教育的学堂和书院，其中有的是新开设的，有些则是对传统书院和学堂进行改造和转化而来的。特别是“百日维新”期间光绪帝发布上谕，要求在两个月内“将各省府厅州县现有之大小书院，一律改为兼习中学西学之学校”②，更成为在传统书院中增加科技教育的催化剂。这类教育机构出现时，全国还没有一个统一的学校制度体系和规范，因此，各学校科技教学的程度、比重以及形式等都是五花八门、各不相同的。

2. 层次分明的高等工业学堂开始出现

甲午战争后新出现的实施近代科技教育的学校数量不少，但对中国高等工业教育早期发展影响最大的，莫过于1895年清廷批准开设的北洋大学堂。北洋大学堂的创立，是中国近代高等工业教育发展过程中一件具有里程碑意义的事件。从1892年开始，洋务派的得力干将、天津海关道盛宣怀就秉承直隶总督、时任北洋大臣李鸿章的旨意，与自办中西书院的美国人丁家立（Charles Daniel Tenney）商议开办大学事宜，但一直处在酝酿中。甲午战败的奇耻大辱，维新派倡议遍设学堂的呼声，终于促使清廷痛下决心，于1895年的10月2日批准了北洋大臣王文韶转呈的盛宣怀奏折。丁家立被聘为北洋大学堂总教习（教务主任），他以美国哈佛、耶鲁等大学为蓝本进行专业、课程和修业年限等方面的设计。学堂以工业技术教育为主，开设了土木工程、采矿冶金、机械工程和法律四个专业（属本科层次，统称头等学堂），1898年，随着原山海关铁路学堂的迁入，又增设了铁路工程专业。为了保证本科招生

① 康有为．请开学校折（1898）［M］//陈学恂．中国近代教育文选．北京：人民教育出版社，1983：109.

② 光绪二十四年五月二十二日（1898.7.10）上谕［M］//朱有瓛．中国近代学制史料（第一辑下册）．上海：华东师范大学出版社，1986：442.

的质量，学堂还同时开设了大学预科（即二等学堂）。这样，北洋大学堂成为在中国近代学制出台之前就严格按照西方学制开展高等工业教育的正规大学，使中国高等工业教育在正规化方面迈出了历史性的一步，为以后创立类似的学校，以及确立整个近代学制开辟了道路。

值得一提的是，创办北洋大学堂次年，即1896年春，盛宣怀“又在上海捐购基地，禀明两江督臣刘坤一筹款议建南洋公学，如津学之制而损益之”①。南洋公学设师范院、外院（小学）、中院（中学）、上院（大学）四院。尽管盛宣怀的最初目标是把南洋公学办成一所与北洋大学相对，以文科为主，培养政治、经济、外交和法律人才的大学，而且一开始由于招生和经费等问题，大学教育并未开展，但这所学堂不仅后来发展成为一所著名的理工科大学，并且在初期就对中国高等工业教育产生了间接影响。为了能够确保大学教育招到合格的学生，盛宣怀决定先自办小学和中学部，而为了办好小学和中学，又必须先培养出合格的师资。所以从1897年春开始，该校师范院先期开学。师范生入校之前已经具备相当的汉语功底，所以“国学并不上课”，他们的课程主要是数学和格致两门。这是我国最早的师范教育，也是最早培养中小学自然科学教师的教育。《南洋公学章程》说明，公学中的中小学生将来不一定非要进大学部学习文科类专业不可，如果学生愿意学习“工艺机器制造矿冶诸学，则于公学内已通算化格致诸生中各就质性相近者，令其各认专门，略通门径，即挑出归专门学堂肄习”②。因此，南洋公学师范院的创立，对解决中国高等工业教育在早期发展中面临的生源不合格问题具有重要意义。而汪广仁先生考证，实际上南洋公学早期为数不多的上院毕业生大都学习了工科。《东方杂志》1904年第6期记载，“南洋公学开办七年，领凭卒业者仅得十五人”，除三人外，其余十二人“皆由公学派赴比国游学，分习制造、铁路、矿

---

① 光绪二十二年九月二十五日（1896.10.31）大理寺盛宣怀奏请筹设南洋公学［M］//朱有瓛.中国近代学制史料（第一辑 下册）.上海：华东师范大学出版社，1986：509.

② 光绪二十四年四月二十四日（1898.6.12）大理寺少卿盛宣怀折（附南洋公学章程）［M］//朱有瓛.中国近代学制史料（第一辑 下册）.上海：华东师范大学出版社，1986：513.

学三门”。[①] 此外，1900年义和团运动和八国联军入侵期间，北洋大学堂的部分师生为躲避战乱，曾迁入南洋公学继续教学，这对保存中国早期高等工业教育的薪火极为重要。

这一时期还开设了两所铁路学堂。1896年11月，北洋官铁路局开设山海关铁路学堂，这是中国第一所铁路学堂，学制三年，开设桥梁、铁路工程两个专业。1898年，改名为山海关北洋铁路学堂。“当时开设有自然科学与工程技术课程约二十门，培养铁路工程人才。1900年，第一届学生毕业。同年，八国联军入侵，校舍被毁，学校停办。1905年，关外铁路局（原北洋官铁路局）和开平矿务局在唐山恢复建校，改名为唐山路矿学堂，设铁路工程、机械、矿业三科，招生一百九十人。”[②] 另一所是1898年春卢汉铁路卢保段的津榆铁路总局开办的卢汉铁路学堂，“附设在天津北洋大学堂内，在上海、福州、汉口招考学生，录取二三十人，聘请英国人教授铁路工程”[③]。

光绪二十一年十二月（1896年2月），时任两江总督的张之洞以光绪二十一年五月（1895年7月）的上谕为依据，奏请“就江宁省城创设储才学堂一区，分立交涉、农政、工艺、商务四大纲”，相当于四个院系（门），每一门下又分四个“子目”（专业方向）。其中，“工艺之学分子目四：曰化学，曰汽机，曰矿务，曰工程”。考虑到合格生源太少，张之洞借鉴盛宣怀在天津分别开设头等、二等学堂的经验，将江南储才学堂也分为初等和高等两个层次，初等即预科，高等即本科。“先招文义清通，能读华书兼通西文者四十名充高等学生，分学以上所指各门，以后逐渐增加。第其学业之浅深，分为四班，至一百二十名为止”；因为本科四门的西学课程准备直接请英、法、德国教习指授，所以拟定同时招收120名初等学生学习英、法、德三国外语，并

① 汪广仁．近代中国前期的工程技术教育与技术发展［J］．自然科学史研究，1988（1）：90-98.

② 汪广仁．近代中国前期的工程技术教育与技术发展［J］．自然科学史研究，1988（1）：90-98.

③ 王兆祥．近代华北实业教育的发展与影响［J］．天津大学学报（社会科学版），2008（4）：330-334.

按程度分年级递升。[①] 后来初等学生实际分别学习英、法、德、日四国语言。

1897 年 2 月，时任刑部主事、热心西学、支持变法的张元济，与陈昭常、张荫棠等同志在北京开办了一所西学堂，后经奏准定名为通艺学堂。学堂招收学生，"先习英文暨天算、舆地，而法、俄、德、日诸国以次推及。其兵、农、商、矿、格致、制造等学，则统俟洋文精熟，各就其性质之所近，分门专习"[②]。按照这个原则，学堂拟分为"初次学期"和"二次学期"两个层次的教育，"初次学期"共三年，第一年统习英文，从第二年开始，学生可根据自己的爱好和特长，选择进入"文学门"或"艺术门"（即文科和理科）有所侧重地学习。"艺术门"课程包括"算学、几何（即形学）、代数、三角术（平弧并课）、化学、格物学（水火电光音重在内）、天学（历象在内）、地学（即地质学）、人身学、制造学（汽机铁轨在内）"[③]。可见，通艺学堂的计划是想办成一所包含本科（即"二次学期"）和预科（即"初次学期"）的综合性高等教育机构的。可惜 1898 年"百日维新"失败以后，张元济被革职永不叙用，通艺学堂也于年底在开办两年后停办。张元济将校产造册交给了刚开办的京师大学堂。

上述江南储才学堂和北京通艺学堂，虽然实际进行的教育是大学预科或者说中等性质的教育，但它们的办学计划中是有高等工业科技教育的。另外，在此期间，由一些热心改革的地方官员和士绅主持，还开办了不少"中等"性质的学堂。除了传统的文史知识，这些学堂大都将外语、数学、物理和化学等学科列为必修课程，为学生将来进一步接受高层次的科技教育打基础。这类学校包括 1897 年于安庆开设的安徽二等学堂、绍兴开设的绍郡中西学堂，以及 1898 年在保定开设的直隶畿辅学堂，在广州开设的时敏学堂，在北

① 光绪二十一年十二月十八日（1896.2.1）张之洞创设江南储才学堂折［M］//朱有瓛．中国近代学制史料（第一辑 下册）．上海：华东师范大学出版社，1986：549.

② 光绪二十三年八月二十四日（1897.9.20）刑部主事张元济等呈请设立通艺学堂文［M］//朱有瓛．中国近代学制史料（第一辑 下册）．上海：华东师范大学出版社，1986：708.

③ 光绪二十三年（1897）通艺学堂章程［M］//朱有瓛．中国近代学制史料（第一辑 下册）．上海：华东师范大学出版社，1986：715.

京开设的顺天府中学堂、京师蜀学堂，在南昌开设的江西务实学堂，在西安开设的陕西中学堂等。除此以外，从 1893 年至 1898 年，在经元善、陈宝琛、汪康年、王文韶、罗振玉以及严修等官绅倡导和主持下，还在上海、天津、福建等地共开设了 17 所学习外国语和自然科学知识的普通学堂。[①] 这些学堂的创办，进一步丰富了各类高等工业学堂的生源，为高等工业教育的进一步发展奠定了坚实基础。

3. 新式书院的创办

这一时期内，很多地方还新建了一批书院形式的自然科学教育机构。这些教育机构是在历史转折时期，传统高等教育机构——书院与近代科技教育相结合的产物。

受甲午战败刺激，最早兴建的这种新式书院，应该是浙江瑞安学计馆。根据主要创办人孙诒让发表在《时务报》上的《瑞安新开学计馆叙》一文记述，1895 年，即“光绪乙未，东事甫定”，在全国上下由震惊而反思，京师强学会成立时，瑞安同人亦议于邑城忠毅公祠开学计馆。瑞安历史上有不少精通传统算学的人士，道光、咸丰以后西方数学又开始传入，人们对数学的重要性有较深的认识，因此，“学计馆之开，专治算学，以为致用之本，盖古者小学六艺之一端，而造乎其微，则步天、测地、制器、治兵厥用不穷，合西人所为，挟其长以雄视五洲者，盖不外是”[②]。也就是说，瑞安学计馆的开设目的，就是根据“西人所为”，以数学教育为基础，培养实用科技人才。有当代学者认为，瑞安学计馆的创办，是“浙省近代高等教育之开端”。[③]

在这类新建的书院中，层次较高、后来影响较大的属浙江大学的前身求是书院。1897 年 5 月，经汪康年等人多次游说，浙江巡抚廖寿丰为能尽快培养出切于实用的“实学”人才，与杭州知府林启会商地方士绅，“就普慈寺后

① 1897—1903 年其他普通学堂［M］//朱有瓛. 中国近代学制史料：（第一辑 下册）. 上海：华东师范大学出版社，1986：859-862.

② 光绪二十二年（1896）三月孙诒让《瑞安新开学计馆叙》［M］//朱有瓛. 中国近代学制史料（第一辑 下册）. 上海：华东师范大学出版社，1986：365.

③ 张彬. 从浙江看中国教育近代化［M］. 广州：广东教育出版社，1996：140.

现有群屋量加修治，专设一院，名曰求是书院”。廖寿丰等人认为，“泰西各学，门径甚多，每以兵农工商化验制造诸务为切于时用，而算学则其阶梯，语言文字乃从入之门。循序以进，渐有心得，非博通格致不得谓之学成”①，所以，书院聘请美国人王令赓（Elmer L. Mottox）为总教习，从英文、算学、地理等科目入手，向书院生徒按课程表传授西学知识。由于风气渐开，书院开设后颇受欢迎，仅1898年就有一百多名举贡生监来投考，以至于又增设一“外院”，以安置那些“学识兼长、殊堪造就”但限于名额不能正式录取的学生。需要注意的是，求是书院虽名为书院，但采用班级授课、按学期与学周固定排课的教学模式，与近代学校教学组织形式已经非常相似了。

此外，陕西的崇实书院（即格致实学书院，1897）、游艺学塾（1898）和湖南浏阳算学馆（1898）等都是这一时期创设的以科技教育为主体内容的新式书院。

1897年下半年，赞同维新变法的湖南巡抚陈宝箴与熊希龄、黄遵宪等人，为了培养维新人才，在长沙开设了“中西兼学”的时务学堂，并延请梁启超等人主持教学工作。时务学堂名为学堂，但主要招收已经有相当国文基础的学生读书自学，并按时写读书札记交给教师批阅，实际上是一所新型书院。学堂的课程安排以传统经史与西方法律、历史和政治学说为主，但也包含了数学、物理、化学和地质等学科的学习，并将当时的科技杂志《格致汇编》作为重要的参考读物。时务学堂虽然不是一所以自然科学技术教学为主的学校，但它倡言变法、学习西学的做法，在社会上影响极大，以致长沙、沅州、岳州、宝庆、永明、平江等府县纷纷效仿，新开或改革书院，购置各种西学书籍、教学仪器设施，进行外语、数学和格致等方面的教育。

4. 旧式书院向科技教育的转化

传统书院向近代科技教育转化最早的要数陕西味经书院。味经书院本是1873年由时任陕甘督学的许振祎倡议创设的，该书院设立之初就强调经史等

① 光绪二十三年（1897）七月浙江巡抚廖寿丰请专设书院兼课中西实学折［M］//朱有瓛．中国近代学制史料（第一辑 下册）．上海：华东师范大学出版社，1986：251.

“实学”的学习而不专尚八股制艺。1895年，甲午战争刚结束，对西学和时局均有所了解的山长刘光蕡受到社会危机的刺激，他通过比较中西教育差距指出：“今时变岌岌，中国文献之邦，周孔之教，其造就人材竟逊于外域，岂吾道非乎？盖外人之学在事，中国之学在文。文遁于虚，事征于实，课虚不如求实，故造就逊于人也。”① 经他筹划，味经书院于是年创设“时务斋”。时务斋的学生，除了必须结合中国和世界形势继续学习传统经史、掌故、训诂以及地舆之学外，还必须在“制造”“兵事”“电气”“光镜”“化学”“医学”“矿学”“气球”“气钟”“算学”以及“重学”等这些列强所恃的“诸技”中选修一门。因为“算学为各学之门径”，所以“凡有志时务之学者，无论自占何门，均须习算”。② 为了便于学生学习和了解科技知识与时务，书院一方面设法添购所需仪器设备，一方面订购、搜集和自行刊刻各类时事与科技刊物。前述1897年陕西创设的崇实书院，就是在味经书院“时务斋”办学的基础上发展而来的。

在将旧式书院改造为学习近代科学的新式书院的过程中，江西巡抚德寿颇为积极热心。1895年，德寿为了能在经费拮据的情况下推广西学教育，决定向省城内各书院颁发各国史书和“西艺新法”等书，并拟“延中国通儒为之主讲，访求颖悟之士，分科专学。月课月程”。次年旧历三月，德寿又会商藩臬两司，将省城友教书院“童卷全裁，所有膏奖移设算科，延请明通算学教习二人住院，名曰斋长，酌给薪水，招集算学生徒十八人在院学习”③，并为之配备了相关教学所需的书籍和仪器。

1898年5月，张之洞在湖北武昌将他于1869年任湖北学政时开设的经心书院和1899年任湖广总督时开办的两湖书院，“酌照学堂办法，严立学规，改定课程”，进行了加强“实学”教育的改革。其中两湖书院“分习经学、

① 光绪二十一年（1895）味经创设时务斋章程［M］//朱有瓛．中国近代学制史料（第一辑 下册）．上海：华东师范大学出版社，1986：373.

② 刘光蕡《谕味经诸生》［M］//朱有瓛．中国近代学制史料（第一辑 下册）．上海：华东师范大学出版社，1986：380-381.

③ 光绪二十八年八月三十日（1896.10.6）江西巡抚德寿奏酌裁童卷移设算科折［M］//朱有瓛．中国近代学制史料（第一辑 下册）．上海：华东师范大学出版社，1986：429.

史学、地舆学、算学四门”，经心书院“分习外政、天文、格致、制造四门，每门亦各设分教，诸生于四门皆须兼通，四门分年轮习，无论所习何门，均兼算学”。[①]

此外，江苏南菁、惜阴、文正书院，湖南校经、德山乃至王先谦主持的岳麓书院，以及云南经正、广西经古等书院，均进行了一定的教育改革，增添了天文、地理、算学、外语、格致中的一门或数门为教学内容。

在维新派教育思想和主张的影响下，新式教育机构数量迅速增加。据胡思敬《戊戌履霜录》记载，1898 年各省已有新学堂 58 所。[②]

（三）创立学会，推广工业科技教育

中国专制制度向来视臣下结党、结社为大忌，对其打击和防范一直不遗余力。维新派为了宣传自己的政治和社会变革主张，扩大维新思想的影响，在各地成立了很多社团组织。为了避开“结党犯禁”的指责，也因为自然科学技术本身就是“西学”的重要内容，维新派以中国“风气未开，人才乏绝，坐受陵侮”[③] 为由，将这些社团组织命名为各种“学会”，打着聚集同志众人之力，讲求西学学术，磨砺救时人才的旗号开展活动。虽然这些学会以宣传政治变革主张为根本目的，但大都确实进行了一定的近代科技推广和普及活动，成为中国近代高等工业教育发展过程中的一种新生事物。

1. 强学会

1895 年 11 月，经康有为、梁启超、汪康年、张謇、黄遵宪等人发起，在北京和上海分别成立“强学会”和“强学会总会”。上海强学会在章程中强调，强学会以“译印图书”“刊布报纸”“开大书藏”和“开博物院”为要务、急务。博物院中，“凡古今中外兵农工商各种新器，如新式铁舰、轮车、水雷、大器及各种电学、化学、光学、重学、天学、地学、物学、医学诸机

① 光绪二十四年闰三月十五日（1898. 5. 5）张之洞两湖、经心两书院改照学堂办法片［M］//朱有瓛. 中国近代学制史料（第一辑 下册）. 上海：华东师范大学出版社，1986：397.

② 舒新城. 中国近代教育史资料（上册）［M］. 北京：人民教育出版社，1981：372.

③ 康有为. 强学会序［M］//汤志钧，陈祖恩. 中国近代教育史资料汇编：戊戌时期教育. 上海：上海教育出版社，1993：65.

器，各种矿质及动植种类，皆为备购，博揽兼收，以为益智集思之助”，学会欢迎对各种中外学术以及“天文舆地、化重光声、物理性理、生物、地质、医药、金石、动植、气力、治术、师范、测量、书画、文字减笔、农务、牧畜、商务、机器制造、营建、轮船、铁路、电线、电器制造、矿学、水陆军事，以及一技一艺”有专长和爱好的人加入，以便相互交流和学习。① 强学会成立前后，康、梁等人通过各种渠道，搜集了大量西学书籍和科学仪器。仅康有为一次向曾游历过伦敦的金陵（今南京）人杨仁山购买其带回来的天文望远镜等仪器就花费“凡三千余金”②。强学会虽于次年初即被封禁和改造，预期的学术活动也未能正常开展，但开启了以学会形式宣传和普及近代科技知识的风气之先。

2. 圣学会

1897 年 4 月，康有为在桂林发起成立“圣学会”。圣学会以“尊孔”和“复古”为旗号，实则以宣传变法、传播西学知识为目的。该会会章套用“西学中源说”，称“近年西政西学，日新不已，实则中国圣经之义，议院实及庶人，机器则开物利用，历代子史百书，著述亦多有之，但研求者寡，其流渐湮，正宜恢复旧学，岂可让人独步”，因此，“今之聚书，务使人士知中国圣人穷理之学，讲求实用，无所不备”“西人政学，及各种艺术图书皆旁搜购采，以广考镜而备研求”。③ 康有为指出，光有西方科技书籍还不够。由于“文字明其义有难明者，非图谱不显；图谱明其体有不能明者，非器不显”，所以，“今并购天球、地球、视远、显微镜，测量气学各新器”。④ 另外，圣学会还拟开设学校，传授“格致新学新器”等农工商各业所需的科学知识及

---

① 康有为．上海强学会章程［M］//汤志钧．康有为政论集（上册）．北京：中华书局，1981：175-176.

② 康有为．康南海自编年谱［M］//汤志钧，陈祖恩．中国近代教育史资料汇编：戊戌时期教育．上海：上海教育出版社，1993：71.

③ 两粤广仁善堂圣学会缘起（附会章）［M］//汤志钧，陈祖恩．中国近代教育史资料汇编：戊戌时期教育．上海：上海教育出版社，1993：96.

④ 两粤广仁善堂圣学会缘起（附会章）［M］//汤志钧，陈祖恩．中国近代教育史资料汇编：戊戌时期教育．上海：上海教育出版社，1993：96.

实用技能。到次年 9 月“百日维新”失败以后，圣学会自行解散。

3. 质学会

1897 年 7 月，武昌成立“质学会”。之所以名为“质学会”，是因为“斯会大旨，意在劝学，务崇质实，毋骛声华”①。《武昌质学会章程》除强调“尚质”“崇儒”“矫弊”等设会原则外，强调会员“分门”进行各种学术的研习。它将“经学”“史学”“法律学”“方言学”“算学”和“图学”六门统称为“兼习之学”，即必须修习的基本科目，是学习一切西学的前提，具有“体”的地位和意义；而“天文学”“地学”“农学”“矿学”“工学”“商学”“兵学”“格致学”则称为“专门之学”，会员可凭“资性所近”，自择一门进行学习和研究。其中“格致学”又可再细分为“声、光、化、电、重、汽”数门，“以能著新书，创新法，制新器为要”。② 对比张之洞不到一年之后所刊《劝学篇》中的相关论述，可以看出两者之间的密切联系。

4. 苏学会

与武昌质学会成立差不多同一时候，张一麐等人在江苏省治苏州发起组成了“苏学会”。《苏学会简明章程》宣称，该会的设立是根据 1895 年的“上谕”要求，“以因时制宜为主。取其互相讲习，振起人才，为将来建立学堂张本”，也就是为将来遍设新式学堂打基础，不仅如此，“学堂之设，集款匪易，收考有限，取入者固可获益，被摈者势必向隅。本会联合同志勉成斯举，在会中人务必父诏其子，兄勉其弟，使通省皆知实学”。③ 该会拟定“所购之书分为六门：曰史学，曰掌故学，曰舆地学，曰算学，曰农商学，曰格致学，其余训诂词章概不备”④。

---

① 武昌质学会章程［M］//汤志钧，陈祖恩．中国近代教育史资料汇编：戊戌时期教育．上海：上海教育出版社，1993：98.

② 武昌质学会章程［M］//汤志钧，陈祖恩．中国近代教育史资料汇编：戊戌时期教育．上海：上海教育出版社，1993：99.

③ 苏学会简明章程［M］//汤志钧，陈祖恩．中国近代教育史资料汇编：戊戌时期教育．上海：上海教育出版社，1993：102.

④ 苏学会简明章程［M］//汤志钧，陈祖恩．中国近代教育史资料汇编：戊戌时期教育．上海：上海教育出版社，1993：104.

5. 南学会

1898 年 2 月，谭嗣同、唐才常、熊希龄等人在湖南发起成立“南学会”，得到陈宝箴、黄遵宪等地方官员大力支持。南学会“以开浚知识、恢张能力、拓充公益为主义”，平时会讲主要以议论救亡时政、宣传变法思想为主，“学术不立专门”。但学会“设藏书楼一区，广庋图书，会友平时欲观图籍，可携笔砚，亲赴书楼抄写”。而且，会友“如有融贯中西，浚明心力，善为论说，或创造图器，有益民生者，其论说则由本学会选刊行世，其图器则仿西国文凭之例，给予考凭，俾相授受”①。这可算是中国首次出现民间自主进行科技学术探讨的设想。仅三个月后，南学会即在守旧势力的逼迫下被迫关闭。

据汤志钧和陈祖恩所编《中国近代教育史资料汇编：戊戌时期教育》统计，从 1895 年至 1898 年，全国以“学会”名义成立的会社组织大约有 43 个，其中多数学会都有搜集、翻译和刊刻西方科技书籍，交流、宣传和推广科技知识的计划和实践。这些学会大多都因为顽固势力的阻挠和反对，特别是随着“戊戌政变”的发生而被禁或自行解散，存在的时间不长，但它们的影响不会随之消失。这种通过民间自行组织学术性社团推广近代科技知识的教育方式，扩大了高等工业教育的社会基础，提高了科学技术在人们心目中的地位，改善了高等工业教育的生存发展条件，为以后组建高等工业教育学术组织积累了经验。

（四）构思近代学校体系，奠定高等工业教育学制现代化基础

甲午以前，洋务派开办新式学堂，大多是根据洋务活动的实际需求，遇一事则办一学，未在全国范围内有计划、分层次建立新式学堂体系。甲午以后，维新派和许多其他社会人士都认定“广开学校，培养真材”，在全国范围内普及新式学校教育，是挽救时局的不二法门。但是，对于国家和社会究竟应该开办一些什么种类和级别的学校，他们的认识经历了一个从模糊和片面到逐渐清晰的过程。

---

① 南学会大概章程［M］//汤志钧，陈祖恩．中国近代教育史资料汇编：戊戌时期教育．上海：上海教育出版社，1993：92.

1. 维新派的近代学制构想

1895年，中日战事甫定，何启和胡礼垣就在《新政论议》中指出："一国之人才，视乎学校，学校隘则人才乏，学校广则人才多。"他们所说的"隘"与"广"不光是指学校的数量，更重要的是指学校教学内容或者说学校的类型。他们认为，传统学校说到底都只进行了语言文字类的教学，而"文字固为学之根本，然不过学中之一艺耳。非文字之学通，则万事之学皆通也"①。显然，这种学校是培养不出社会所需的多样化人才的。他们提出的对策是，全国各州府县都开设学校，"所学先以中国文字为一科，凡欲学以下各科者，必先学此。此后则以外国文字为一科，以万国公法为一科，以中外律例为一科，以中外医道为一科，以地图数学为一科，以步天测海为一科，以格物化学为一科，以机器工务为一科，以建造工务为一科，以轮船建法为一科，以轮船驾驶为一科，以铁路建法为一科，以铁路办理为一科，以电线传法为一科，以电气制用为一科，以开矿理法为一科，以农务树畜为一科，以陆军练法为一科，以水师练法为一科，以上各科，凡愿学者得二十五人之数，则为之设一师，其有兼学数科者听之"②。按照这一设想，所建立的学校分为两级：初级和高级。初级学校进行基础教育，内容为中国语言文字，是将来进行高级专业学习的基本工具；高级学校按照社会各行业和领域所需，一律分专业设学。以现代学制理论和实践标准观之，他们的这种设想还很幼稚和原始，但可以看到，在他们的学校体系中，已经完全排除了传统的经史之学，而将与近代工业科技相关的专业教育放在了无与伦比的重要位置。如前所述，何启和胡礼垣都是对传统孔孟之学怀有深厚感情的人，这种学制设计充分反映了甲午战败之初，对西方社会有较深了解的人士急于通过教育体制改革，引进西方工业技术教育以自强的迫切心情。

李端棻在1896年的《请推广学校折》中对所设学校的级别、性质种类、

---

① 光绪二十一年（1895）何启、胡礼垣《新政论议》［M］//朱有瓛．中国近代学制史料（第一辑 下册）．上海：华东师范大学出版社，1986：471.

② 光绪二十一年（1895）何启、胡礼垣《新政论议》［M］//朱有瓛．中国近代学制史料（第一辑 下册）．上海：华东师范大学出版社，1986：472.

教学内容以及入学年龄和修业年限等问题进行了较为全面、理性的考虑和设想。奏折建议，自京师至省府州县都设学校，“府州县学”是初级学校，“选民间俊秀弟子年十二至二十者入学，其诸生以上欲学者听之。学中课程，诵《四书》《通鉴》《小学》等书，而辅之以各国语言文字及算学、天文、地理之粗浅者，万国古史近事之简明者，格致理之平易者，以三年为期”；“省学”为中级学校，“选诸生年二十五以下者入学，其举人以上欲学者听之。学中课程，诵经史子及国朝掌故诸书，而辅之以天文、舆地、算学、格致、制造、农商、兵矿、时事、交涉等学，以三年为期”；京师设“大学”，是最高一级的学校，“选举贡监年三十以下者入学，其京官愿学者听之。学中课程一如省学，惟益加专精，各执一门，不迁其业，以三年为期”。奏中特别指出：“其省学大学所课，门目繁多，可仿宋胡瑗经义治事之例，分斋讲习。”① 这里所说的“府州县学”“省学”与“大学”，虽然与中国传统教育中的官学同名，但内涵已经发生了重要变化，是以教学内容的知识水平为区分标准，从低到高的不同级别的学校。传统教育中按行政级别设置的这些学校，虽然名目不同，但都属于蒙学教育之上的儒家专经教育机构，教学的内容和深度大同小异，同属于“高等教育”层次。李端棻的建议，体现了维新派在兼习“中学”“西学”的前提下，在全国范围内建立以统一的初级普通教育为基础，再进行高级的分门类、分专业教育的完整近代学校体系的设想。

1896 年 8 月，清廷就李端棻在《请推广学校折》中提出的在京师设立大学堂一事请诸臣工讨论复议。官书局主管大臣孙家鼐在《议复开办京师大学堂折》中赞同在原官书局的基础上创办大学堂，并提出了“分科立学”的办学原则，将京师大学堂分为十科：“一曰天学科，算学附焉；二曰地学科，矿学附焉；三曰道学科，各教源流附焉；四曰政学科，西国政治及律例附焉；五曰文学科，各国语言文字附焉；六曰武学科，水师附焉；七曰农学科，种植水利附焉；八曰工学科，制造格致各学附焉；九曰商学科，轮舟铁路电报

① 李端棻．请推广学校折（1896）［M］//陈学恂．中国近代教育文选．北京：人民教育出版社，1983：64.

附焉；十曰医学科，地产植物各化学附焉。”① 其中虽有专门的工学科，但实际上地学科附设的矿学、武学科附设的水师、商学科附设的轮舟铁路电报等专业也都属于或涉及工业科技教育，因此这种分科方法还是很不科学的，但这毕竟是最早明确提出的在综合大学中开设工科教育的主张，标志着人们对高等工业教育制度化有了更深、更明确的认识。此外，孙家鼐在该折中还提出了同时在京师大学堂周围创设四所“小学”作为大学堂预备学校的设想，也表明受北洋大学堂等学校的启发，人们已经意识到了建立前后相续的学校系统对高等专门教育的重要性。

随着维新运动的发展，人们对西方各国政教情况了解增多，模仿发达国家建立近代学制的思想逐渐明晰起来。康有为在 1898 年《请开学校折》中明确指出：“今各国之学，莫精于德，国民之义，亦倡于德；日本同文比邻，亦可采择。请远法德国，近采日本，以定学制。乞下明诏，遍令省府县乡兴学。乡立小学，令民七岁以上皆入学；县立中学；其省府能立专门高等学大学。各量其力，皆立图书仪器馆。京师议立大学数年矣，宜督促早成之，以建首善而观万国。”② 康有为的建议，突破了传统官学设于县城的下限，将国家所办教育的触角伸向乡村，成为后来“新政”时期遍设学堂的先声。

2. 影响与成果

维新派建立近代学制的思考与探索，不仅影响了一些希望变法图强的士人，也促进了张之洞、盛宣怀等晚期洋务教育实干家们的进一步思索。由于手握政治和经济实权，以及较维新派有更为丰富的办学实践经验，他们对近代学制的设想不仅有激情的宏观设想，更能理性地深入微观层面。盛宣怀于 1895 年办理北洋大学堂时分设头等、二等学堂的设计，张之洞分江南储才学堂为初等、高等的设想，尤其是盛宣怀于 1896 年开始创办的南洋公学，集师范、小学、中学和高等教育于一体，试行小学、中学和大学各四年，师范教

① 孙家鼐．议复开办京师大学堂折［M］//汤志钧，陈祖恩．中国近代教育史资料汇编：戊戌时期教育．上海：上海教育出版社，1993：123.

② 康有为．请开学校折（1898）［M］//陈学恂．中国近代教育文选．北京：人民教育出版社，1983：109.

育五年的修业年限，既是对早期洋务教育继承，更是受维新派教育主张的影响而对洋务教育进行的重大改革，是中国近代学制出现之前在教育实践中的一次杰出试验。张之洞在其名著《劝学篇》的《设学》一篇中，论证了“天下广设学堂”的必要性，提出了分级设立大、中、小学堂的设想，并提出了多方面筹措办学经费的方案，以及办理新式学堂的六大原则——“新旧兼学”“政艺兼学”“宜教少年”“不课时文”“不令争利”“师不苛求”。[①] 在《学制》一篇中，他介绍了以班级授课制度为基础的西方学制，即学校系统不仅根据研习内容分为“专门之学”（即研究院）与“公共之学”（普通大中小学）两大类，而且“小学中学大学，又各分为两三等，期满以后，考其等第，给予执照”，最后指出，“凡东西洋各国，立学之法，用人之法，小异而大同，吾将以为学式”。[②]

维新派对中国近代学制发展影响最大的事件，是催生了京师大学堂。京师大学堂虽然是维新运动失败以后才正式开办的，但其创办着手、章程规划则是在维新运动高潮中。总理衙门于 1898 年 7 月筹议的《京师大学堂章程》是中国近代学制出现之前的高等教育学制初稿，是维新运动期间关于学校体系设想与试验的重大成果，成为以后高等工业教育发展中学制方面的重要影响因素。在该章程中，学校“分小学中学大学三级”[③]。大学堂中的课程分为“溥通学”和“专门学”两类：“溥通学者，凡学生皆当通习者也。专门学者，每人各占一门者也”。其中，“溥通学”包括经学、理学、中外掌故学、诸子学、逐级算学、初级格致学、初级政治学、初级地理学、文学、体操学共十门课程。“专门学”除了英、法、俄、德、日五门语言文字学，还包括高等算学、高等格致学、高等政治学（含法律学）、高等地理学（含测绘学）、农学、矿学、工程学、商学、兵学、卫生学（含医学）共十门，“俟溥通学卒

---

① 张之洞．劝学篇［M］．郑州：中州古籍出版社，1998：121-122.

② 张之洞．劝学篇［M］．郑州：中州古籍出版社，1998：125-126.

③ 光绪二十四年五月十五日（1898.7.3）总理衙门筹议京师大学堂章程［M］//朱有瓛．中国近代学制史料（第一辑 下册）．上海：华东师范大学出版社，1986：655.

业后，每学生各占一门或两门”①。虽然此时还没有明确各级学校中“类”的问题，但在清末“新政”时期，张之洞、张百熙等人进一步发展了这一时期酝酿的成果，终于制定出中国第一个完整的近代学制，成为中国高等工业教育正规化过程中重要而基本的条件。

总结维新运动时期高等工业教育的发展状况，我们可以发现，这一时期最重大的事件是北洋大学的创设，它标志着中国出现了严格意义上的高等工业教育。同时，维新派直接参与工业科技教育实践的活动并不多，也没有形成系统的工业教育思想，但他们的社会和教育改革主张，尤其是广设各级新式学堂，大力推进西学教育的主张，在促进近代科技教育发展的同时，还提升了高等工业教育生源的科技素质，为高等工业教育的后续发展夯实了基础，推动了中国高等工业教育的现代化进程。

第二节 “西士东来”——晚清西方传教士与教会对高等工业教育的影响

基督教本来起源于古代中东地区，以后逐渐向欧洲传播，并经由罗马帝国时代成为在欧洲占统治地位的宗教。“不分地域或国界地传播自己的教义，以争取广大的信徒，是世界上各种宗教的本能。”② 基督教同样如此。早在唐朝，就有当时被称为“景教”的基督教聂斯脱里派传教士在中国传教的活动，元代也有被称为“也里可温”的基督教派来华传教的记载。不过在 15 世纪以前，由于地理的阻隔和交通技术的落后，基督教的对外扩张主要发生在以欧洲为中心的周边地带，流传到中国的基督教及其传教活动在经过一段时间以后都杳无踪影，对中国社会历史发展进程影响不大。明朝中叶以后，随着欧洲航海技术的提高和新航路的不断开辟，一些西方传教士再次来到中国活动。

---

① 总理衙门筹议京师大学堂章程［M］//汤志钧，陈祖恩．中国近代教育史资料汇编：戊戌时期教育．上海：上海教育出版社，1993：128.

② 许苏民．重新评估教会大学在中国的历史地位和作用［M］//章开沅．文化传播与教会大学．武汉：湖北教育出版社，1996：34-35.

如以利玛窦（Matteo Ricci）、汤若望（Johann Adam Schall von Bell）、金尼阁（Nicolas Trigault）等人为代表的西方传教士来到中国后，一边进行直接的宣教活动，一边努力学习汉语、华礼，并通过介绍和传授中国所缺少的西方科学技术知识吸引和接近部分士大夫，取得他们的好感和信任，以利于更好地传播基督教义。明清鼎革以后，满族统治者也曾与西方传教士一度有过密切接触与交流，但最终发现基督教的教义深违其专制统治秩序的建立与巩固。加上屡有一些传教士违反中国法律和危害国家安全的行为，因而在后来实行闭关锁国政策的同时，清朝统治者将基督教的传教活动基本禁绝于除澳门等少数地方以外的中国大地。

总而言之，在晚清以前，尽管基督教及其传教士与中国的交流历史悠久、源远流长，但总体影响极为有限。晚清以来尤其是第二次鸦片战争以后，西方基督教会和传教士在军队的炮舰和不平等条约的庇护下，由沿海而至内陆，遍布他们的足迹和踪影，在各方面都留下或深或浅的印记，对中国社会的发展进程产生了不可忽视的影响。通过各种途径进行教育是基督教会及其传教士在华的重要活动之一。因此，客观分析传教士和教会组织对中国近代高等工业教育发展的作用并作出客观公正的评价，是本文的题中应有之义。传教士与教会组织本来具有不可分割的关系，但为了叙述的方便和突出各自的重点，先将传教士与教会在中国近代高等工业教育发展中的作用分开叙述，最后进行综合评价。

一、传教士的作用

（一）科技知识的传授者

晚清高等工业教育中的课程设置以“中学为体，西学为用”为指导思想，在形式上一直坚持中西学并重，既有西方自然科学技术课程，也有中国传统的人文课程，但毫无疑问，科技课程是这种新式高等教育的关键和核心。然而，在近代早期，中国通晓西方工业科技知识的本土人才凤毛麟角。因此，一些具有西方科技教育背景又竭力想进入中国社会生活的传教士，自然就成了当时中国高等工业教育科技课程教师的最佳人选。众多传教士进入中国近代高等工业教育机构，承担的正是科技课程以及所需的外语课程的教学任务。当然，“中国人期望输入西方的科学技术，并不一定意味着他们准备接受西方的基督教，相反，那些建议改革的人之所以渴望输入西方科技，是因为他们感到中国的主权受到了侵犯，认为传教士是西方帝国主义压迫的化身。因此，保守派和革新派都继续保持反基督教的态度”[①]。此时的中国虽然主权日渐沦丧，但这些传教士一般必须首先辞去教职，然后以个人身份进入中国自办的工业技术学校，并且从一开始就在聘用协议中被禁止在学校中进行传教或超越本身职责的活动。“癸卯学制”中的《奏定学务纲要》总结了近四十年聘请“洋师”的经验，专门规定：“外国教员宜定权限。各省中学堂以上，有聘用外国教员者，均应于合同内订明：须受本学堂总办、监督节制。除所教讲堂本科功课外，其全学事务，概由总办、监督主持，该教员勿庸越俎干预”“外国教员不得讲宗教。此时开办学堂，教员乏人。初办之师范学堂及普通中学堂以上，势不能不聘用西师。如所聘西师系教士出身，须于合同内订明：凡讲授科学，不得借词宣讲涉及宗教之语，违者应即辞退”。[②] 尽管一些传教士对这些规定阳奉阴违，寻找机会对学生进行基督教教义的宣传和渗透，但不可否认，在他们的教育活动中，科技知识的传授和传播还是主要的。

如英国人傅兰雅，最初到中国的目的就是传教，但后来成为一个号称以“给中国引进科学”为己任的人。他于 1861 年到中国，在华居留时间长达 35 年。其间，他不仅历任京师同文馆、上海广方言馆的英语和科技课程教师，参与翻译了大量外国科技书籍，而且创办了中国近代第一份面向大众的科技刊物《格致汇编》，为早期中国高等工业教育以及科普教育的发展立下了汗马功劳，对中国社会的现代化进程具有重要影响。如 1892 年，20 岁的梁启超“斯时于国学书籍而外，更购江南制造局所译之书，及各星轺日记，与英人傅

---

① ［美］杰西·格·卢茨．中国教会大学史（1850—1950）［M］．曾钜生，译．杭州：浙江教育出版社，1987：41.

② 张百熙，荣庆，张之洞．奏定学务刚要（1904 年 1 月 13 日）［M］//璩鑫圭，唐良炎．中国近代教育史资料汇编：学制演变．上海：上海教育出版社，2007：505.

兰雅所辑之《格致汇编》等书”①，这对梁启超维新思想形成与发展的影响是不言而喻的。

再如美国监理会传教士林乐知于1860年偕夫人来中国，先在上海以布道的方式直接传教，后来发现这样做效果并不好，于是改而认真学习汉语，研究中国社会状况。他逐渐认识到，要有效扩大基督教的影响，改变外国人在中国人心目中的形象，必须以西方科学知识为工具，影响中国上层人士。1863年，上海广方言馆创办，林乐知成为该馆第一位外国教员。1868年，江南机器制造总局设翻译馆，他又兼任了该馆的译书工作，先后编译了《欧罗巴史》《格致启蒙化学》《格致启蒙天文》《列国陆军制》等书籍。1881年，他为了更好地实现通过教育进行宗教渗透、影响中国社会的目的，干脆辞去了广方言馆和翻译馆的工作，在上海创办中西书院，自任院监，对学生进行数学、科学、地理以及政治等知识的教学。中西书院成为后来著名的教会大学东吴大学的前身之一。

像傅兰雅、林乐知这样最初以传教为目的来到中国，后来转而参与中国科技教育事业的人还有很多，他们是早期中国高等工业教育的重要师资来源。他们带来的不仅有近代工业科技知识，更有中国传统教育所缺的近代教育理念和方式方法。没有他们的积极参与，早期中国高等工业教育的现代化进程必然会更加艰难曲折。

（二）科技书籍的编译者

1. 为中国工业技术教育编撰教材

中国初创高等工业技术教育时，最急迫的需求，除了科技课程师资以外，还有学生能看懂的教材。解决这个问题的方法，一是要求学生学好外语，外国教师在课堂上用外语授课，学生直接使用原版的外国教材；二是选择合适的外国著作和教材，将其翻译为中文版本或中外文对照版本。很多传教士为这一工作付出了辛勤的劳动，作出了卓越的贡献。据《日意格与洋务运动》一书记载，在早期福建船政学堂里，“法国教习面对的问题是缺乏法中文对照

① 丁文江，赵丰田．梁启超年谱长编［M］．上海：上海人民出版社，1983：28.

的课本。英文学堂已经具备了这些通用的教材。几代的英国基督教（新教）传教士给教习们提供帮助，为学生们提供现成的参考书。虽然法国也有相当长的在中国传教的历史，但法国天主教会教的是拉丁文而不是法文，因而没有初级的辅助性的教材作为依据。为了解决这个问题，法国的职员们开始出版他们自己的著作。日意格和新任领事官李梅（Gabrid Lemaire）终于出版了一部法中文技术词典作为学堂的基础教材”①。这段文字既记录了日意格等法国教师开始自己编译、出版科技教材的大致过程，也反映了英国传教士很早就开始编译科技教材的事实。除了福建船政学堂，京师同文馆、上海广方言馆中的很多传教士教师也编译、出版了数量和门类颇多的西方科技书籍和教材。

2. 自办图书编译机构

《南京条约》签订以后，很多传教士个人或教会开始在各开埠口岸创办译书机构。虽然这些译书机构的最初目的主要是传播《圣经》和教义，但在后来的发展过程中大都顺应中国社会变革需要，出版了很多科技书籍。例如，1843 年，“英国伦敦会传教士在上海成立墨海书馆，由麦都思（W. H. Medhurst）教士主持，此为外人在华最早用铅印设备的翻译出版机构。墨海书馆在 1853 年出版伟烈亚力（Alexander Wylie）的《数学启蒙》二卷，介绍西洋流行的算术、代数知识。1855 年刊行合信（Benjamin Hopson）的《博物新编》，介绍西洋气象学、物理学、化学、天文学、动物学知识”②。再如，1845 年，“美国长老会在宁波创办印刷所美华书馆。该馆系由 1844 年在澳门设立的花华圣经书房迁至宁波改设，后迁至上海。传教士早期编译的教科书如《代数备旨》《形学备旨》《八线备旨》《代形合参》等，均由美华书馆出版”③。1877 年的基督教传教士会议还成立了学校教科书委员会，鼓励传教士

---

① 《日意格与洋务运动》记船政学堂课程设置［M］//高时良．中国近代教育史资料汇编：洋务运动时期教育．上海：上海教育出版社，1992：356-357.

② 陈学恂．中国近代教育大事记［M］．上海：上海教育出版社，1981：3.

③ 陈学恂．中国近代教育大事记［M］．上海：上海教育出版社，1981：4.

们编写教科书，防止重复翻译，帮助出版书籍。①

3. 在中国图书编译机构任职

在一些中国人自办的图书编译机构中，多有传教士参与科技书籍的翻译和整理出版工作。

例如，在江南机器制造总局翻译馆未正式成立之前，我国科学家徐寿就通过江南机器制造总局聘请了英国的傅兰雅、伟烈亚力和美国的玛高温三位传教士开始了合作译书活动。“从 1867 年下半年到 1868 年上半年，徐寿亲自组织伟烈亚力与他自己，傅兰雅与徐建寅，玛高温与华蘅芳合作，由前者口译，后者笔述，共译出《汽机发轫》《汽机问答》《运规约指》和《泰西采煤图说》等 4 部与机器制造密切相关的西书。当这批西书的中文译稿送交曾国藩审阅时，曾国藩不胜赞赏，兴奋不已，遂正式上奏朝廷开办翻译馆。”②

据夏东元先生考证，江南机器制造总局翻译馆“先后聘请英美人伟烈亚力、傅兰雅、玛高温、林乐知、金楷理等传教士，从事翻译和一定的教学工作……1870 年前后即出版了有名的《汽机发轫》《汽机新制》等工程书，《代数术》《微积溯源》等数学书，《化学鉴原》等化学书，共达数十种，译作和印刷都称高速度。据统计，1868—1907 年的 40 年间，江南制造局翻译馆译印的西书有 159 种，1075 卷。其中除历史、政治、兵制等 30 余种关于文科的书籍外，其他均为工、农、矿、商、算、理、化、电、光、声、天、地等科学、技术的书籍，这对中国新科技的发展，无疑起了积极的作用”③。另据毕乃德的《洋务学堂》一书记载，自 1871 年至 1880 年，江南机器制造总局翻译馆共销售译著 30000 余本，成为中国传播西学的出版中心之一，日本亦派人赴上海购买该局出版的译著。④

---

① ［美］杰西·格·卢茨．中国教会大学史（1850—1950）［M］．曾钜生，译．杭州：浙江教育出版社，1987：59.

② 辛元欧．中国近代船舶工业史［M］．上海：上海古籍出版社，1999：275.

③ 夏东元．洋务运动史［M］．上海：华东师范大学出版社，1992：86.

④ 高鸿志．李鸿章与甲午战争前中国的近代化建设［M］．合肥：安徽大学出版社，2008：210.

4. 传教士编译科技图书的意义

传教士们将外国科技文献进行编译，整理出版成中文科技图书，一是满足了中国早期高等工业教育教学的急需，为以后中国人自己编撰科技书籍和高等工业教育教材积累了经验，打下了基础；二是这些书籍在社会上出版发行，扩大了近代科技知识的普及面，对提高中华民族的科技素养大有裨益。武汉文氏学堂的一位传教士在1893年曾说："有时来访者非常精通科学和数学，他们获得这些知识的唯一途径，是通过书本。"① 这里所说的"书本"，就是指外国传教士编译出版的数学和科学书籍。

（三）教育规划与管理的参与者

遍查洋务运动以来实施过工业科技教育的各学校，在它们的创办、经营和管理过程中，都能见到外国人的身影。这些人的身份各不相同，如协助左宗棠、沈葆桢创办福建船政学堂的法国人日意格、德克碑就是军官，而更多的人则往往是一些懂教育、懂科技的传教士。

美国基督教长老会教士丁韪良于1850年来中国传教，曾为美国政府在华部门工作并参与过《天津条约》的起草。1865年丁韪良辞去教职，受聘为京师同文馆教习，并于1869—1894年任该馆总教习，时间长达25年。在丁韪良任总教习期间，京师同文馆不断增加科学课程，完善课程体系，使京师同文馆由一所单纯的语言文字学校，发展成以外语教学为基础，同时进行自然科学、社会科学和人文学科知识传授的综合性学校。1898年，清政府筹建京师大学堂时，丁韪良又被任命为总教习，体现出清政府对丁韪良工作的肯定和信任。

协助盛宣怀创立北洋大学堂的丁家立是美国公理会教士，1882年开始来华传教。他于1886年辞去教职，在天津任李鸿章的家庭英文教师，同时创设中西书院，自任院长，专心从事教育工作。1895年，丁家立按照李鸿章多年的嘱托，与盛宣怀一道开办北洋大学堂，并被聘为北洋大学堂总教习，直至

① ［美］杰西·格·卢茨．中国教会大学史（1850—1950）［M］．曾钜生，译．杭州：浙江教育出版社，1987：39.

1906年辞职为止。在盛宣怀等人的支持下，丁家立将美国的学制、课程乃至教材全盘移植于北洋大学堂，培养学生重质不重量，实行严格的淘汰制，从而在中国近代学制出现之前，率先办起了正规工科大学。八国联军入侵天津时，北洋大学堂被德军占领，校舍遭到损毁，丁家立亲赴德国，援引国际法据理力争，在成功获得五万两海关银的赔偿后回到中国，主持学校的重建工作。

山西大学堂的直接创办者之一李提摩太（Timothy Richard）是英国浸礼会传教士，1870年受教会派遣来华传教。到中国后，李提摩太认真学习汉语并自修近代科技知识，出版发行多种书籍、报刊，并积极参与各地的赈灾活动，与很多上层士绅关系密切，并多次向他们提出“改革”中国内政外交的计划和设想。1901年，义和团运动被镇压以后，清廷请李提摩太协助处理山西教案。李提摩太认为教案发生的根本原因是“民智不开”，所以应该将赔款用于创办一所传授西方科学技术、具有相当影响力的大学以开启民智。1902年4月，他听说山西正奉旨开办大学堂，便提出将拟开办的教会大学作为西学专斋与山西即将开办的大学堂合并。这一提议得到了巡抚岑春煊的支持和朝廷的允准，李提摩太本人则被聘为西学专斋总理。西学斋分文学、法律、格致、工程、医学五门，各科教学工作主要由李提摩太聘请的一批传教士担任。与山西大学堂同时开办的各省大学堂后来大多因为程度不够而降格为“高等学堂”，唯有山西大学堂从清末至民初一直是全国仅有的三所国立（公立）综合性大学之一，这与李提摩太作为该校西学斋创办者和总理在经费、师资、课程设置等方面卓有成效的工作是分不开的。

上述这些作为案例的传教士，在协助创建和管理中国近代高等工业教育机构的过程中，不可避免地会有控制中国新式教育、扩大其母国以及所属教会组织对中国影响力的主观愿望和动机，但大都能兢兢业业、全力以赴，有的甚至鞠躬尽瘁、死而后已。如英国浸礼会传教士敦崇礼（Moir Dunkan）于1888年来华后，先后在山西、陕西等地传教。1901年7月，他受李提摩太的委派，与叶守真（E. H. Edwards）、文阿德（Atwood）等8位教士前往太原办理山西教案执行事宜，并被聘为山西大学堂西学专斋总教习。敦崇礼对校务尽心竭力，事必躬亲，并卓有建树，受到师生的拥戴。由于积劳成疾，敦崇礼于 1906 年 8 月在总教习任上去世，年仅 45 岁。

二、教会办学的影响

（一）教会办学概况

鸦片战争以后，西方教会根据一系列不平等条约，取得了在各通商口岸居住、传教的特权。为扩大教会影响，接近和拉拢中国人，各教会除了建造教堂、布道传教外，还多附设医院、育婴堂等慈善机构，并逐渐注意到开办各级各类学校、招收中国学生入学读书对传教工作的重要性。

1. 教会教育中的科技课程

1842 年 11 月 1 日，即中英《南京条约》签订后不久，原设于澳门的马礼逊学堂迁至香港，该学堂是“马礼逊教育会”为纪念英国传教士罗伯特·马礼逊（Robert Morrison）于 1839 年 11 月 4 日在澳门创办的一所小学，校长为美国基督教徒布朗（Samual Robbins Brown）。与马礼逊本人之前在澳门开设的以培养教牧人才为唯一目的的学校英华书院不同，“该校课程除中文外，有算术、代数、几何、生理学、地理、历史和英文等，还曾开设过化学课”①。因此，马礼逊学堂可以算作基督教会在中国开办的第一所传播西方近代科学的学校。

不过，在鸦片战争后相当长的时间里，各教会对教会学校的教学内容、教学目标等问题认识并不一致。早期很多教会和传教士认为，既然开办教会学校是为传教服务的，那么学校就应该以传授宗教知识为主，以学生皈依基督教为目标。正如露懿思在 1925 年撰写的《基督教教育在中国之情形》一文中回顾的那样，教会学校“初亦不过于宣讲圣经之外，教以读、写知识，及算术、字母而已”②，对于近代科学知识的传播并不注重。但是，以狄考文（Calvin Wilson Mateer）为代表的教会教育家认为，教会的目标“不单是使尽

① 陈学恂．中国近代教育大事记［M］．上海：上海教育出版社，1981：2.

② ［美］露懿思．基督教教育在中国之情形［M］//陈学恂．中国近代教育史教学参考资料（下册）．北京：人民教育出版社，1987：60.

可能多的人皈依基督教，而是要使整个国家基督教化，摧毁异教堡垒和支持异教的信仰，号召解放了的信徒，顺从拯救他们的将领”①。因此，教会学校除了培养牧师和宣传教义，还应该培养掌握了西方科学知识从而在各领域具有相当影响力的社会“精英”。这是因为在列强坚船利炮的打击下，“中国人把近代科学的发展看作近乎奇迹，惊叹不已”②，只有那些掌握了西方科学技术知识的人，将来才能成为中国社会中的上层人物，才能对社会有更大的影响力。即使从培养神职人员的角度来看，由于西方科学已经在中国“有着极高的声誉”，因此“一个精通地理学、物理学、化学和天文学知识的本地牧师也将取得其他途径无法取得的声誉与影响”③。最后，狄考文等人的意见逐渐成为教会教育界的共识，教会学校大都在坚持为传教服务的前提下，对学生加强了近代科技知识的教育。清末和民国前期中国自办的近代教育大发展，更是给教会学校以极大压力，迫使教会学校“规定了比以前更加广义的教育目的，不单纯地墨守宗教，采取积极而广泛地传播一般文化的方针，以适应日益增长的社会需求”④。此后，教会学校的世俗化特性愈来愈强，与各级各类公立学校差别已经不是很大了。

2. 教会教育的对象与层次演变

在国门被迫打开之初，无论是接受教会洗礼入基督教，还是送子女进教会学校读书，都是为上流社会乃至一般平民所不齿的。因此，早期教会学校的学生大多是传教士们经过艰苦游说、以提供衣食等优惠条件为诱饵招进来的贫苦家庭子女，以及一部分教民子女。学校的程度也很低，主要以初级小学为主。

---

① ［美］狄考文．基督教会与教育的关系［M］//陈学恂．中国近代教育史教学参考资料（下册）．北京：人民教育出版社，1987：4.

② ［美］狄考文．基督教会与教育的关系［M］//陈学恂．中国近代教育史教学参考资料（下册）．北京：人民教育出版社，1987：6.

③ ［美］狄考文．基督教会与教育的关系［M］//陈学恂．中国近代教育史教学参考资料（下册）．北京：人民教育出版社，1987：8.

④ ［日］平冢益德记辛亥革命至壬戌学制期间的第三国在华教育互动［M］//朱有瓛．中国近代学制史料（第四辑）．上海：华东师范大学出版社，1993：179.

第二次鸦片战争以后，随着洋务运动的兴起，社会风气渐开，掌握了科技知识的人越来越受重视和重用，社会上层对西学的态度逐渐变化。教会组织也因应这种变化，开始发展中等教育，并逐步取消了宗教信仰的严格限制，将招生重点转向上层人士的子女。有关研究表明，到 1875 年左右，中国境内已有约 800 所教会学校，其中中学“约占总数的百分之七”①。以后，随着社会对新式高级人才的需求日益迫切，教会更是在中等教育的基础上开始发展高等教育，并向一些社会影响较大的部门输送人才。“到 1896 年上海的卫理公会英中学院已经有 2000 名学生分布在中国的电报局、海关、官府等等。”②

19 世纪末 20 世纪初，中国开始举办正规的高等教育，而此间的教会组织受义和团运动冲击后，也深刻认识到培养引领中国发展方向的高级知识分子的重要性，因此，他们也将教育发展的重点放到高等教育上来。不过，由于教会办学的根本目的在于促进中国人精神的“基督化”和“西方化”，所以早期教会大学主要开设的是文、理、法、医、神学等专业，很少开办进行工业技术教育的学校和专业。

19 世纪后半期，各教会组织的母国都已形成了初步完善的现代教育体制和教学内容。而无论是教会小学、中学还是大学，都或多或少是对其母国学制、课程以及教材、教法等方面的模仿和移植。相对而言，它们的起点较高，经验丰富，因此必然会对中国自办的各级各类新式学校产生多方面的影响。

（二）晚清教会办学对中国高等工业教育的影响

晚清教会办学对中国高等工业教育的影响，主要是通过为高等工业教育机构提供生源、师资以及在制度、方法等方面提供示范而形成的间接影响。

1. 供给合格生源

从洋务运动早期的福建船政学堂，直至清末的北洋大学堂，晚清高等工业教育机构面临的最大问题之一就是缺乏合格生源。由于科举制迟迟未废除，近代学制很晚才建立，传统私塾和书院教育处于绝对优势，中国人自办的新

① 顾长声．传教士与近代中国［M］．上海：上海人民出版社，1981：227.

② ［美］吉尔伯特·罗兹曼．中国的现代化［M］．陶骅，等，译．上海：上海人民出版社，1989：260.

式基础教育机构数量极少，因而社会上不乏具有相当儒学根底的人，却缺乏具备一定外语和自然科学基础的青少年。缺少合格的教师，可以花高价聘请洋教习，但缺少合格的学生，高等工业科技教育是无法正常开展的。所以，晚清高等工业技术教育机构往往一边对勉强收进来的内地学生进行相关知识的补习，一边要到香港、澳门、广州、上海等地招生，因为这些地方教会办学的历史长，教会学校数量多，学生大都受过一定程度的外语和自然科学基础训练，招收这样的学生能减少因补习基础知识而浪费的时间和精力，从而大大提高科技和专业课程的教学效率。1891 年，上海圣约翰学校的校长卜舫济（Francis Lister Hawks Pott）曾抱怨说，许多学生离开圣约翰而进入南京新办的水师学堂①，这就是教会学校在客观上为早期中国高等工业教育机构提供合格生源的一个例证。

即使在中国第一个近代学制“癸卯学制”颁布实施后的相当长时间里，由于各地中小学发展缓慢，质量不高，教会学校的学生仍然受到各高等工业教育机构的青睐。清华大学的相关史料记载，1909—1911 年，清政府学务处选派了三批共 180 人赴美留学，学生“大都来自国内各教会学校及省立高等学堂”②。

教会办学在为中国近代高等工业教育提供合格生源方面功不可没。

2. 培养本土教师和管理者

中国高等工业教育创办之初，外语和科技课程教学几乎完全依赖外籍教师，这是教育移植过程中的必然现象。随着高等工业技术教育的发展，尤其是随着一批又一批留学生归国，这种状况逐渐发生了改变，越来越多的中国教师开始担任这些课程的教学任务。但是，这些留学生出国之前，除了部分人毕业于公立的新式学堂外，还有很多是毕业于教会学校或曾在教会学校就读的。

---

① ［美］杰西·格·卢茨．中国教会大学史（1850—1950）［M］．曾钜生，译．杭州：浙江教育出版社，1987：40.

② 清华校史组记从游美学务处到清华学校［M］//朱有瓛．中国近代学制史料（第三辑 上册）．上海：华东师范大学出版社，1990：549.

相对而言，教会学校大多教学条件较好，教学质量较高，很多优秀毕业生能够被教会资送到其母国或其他发达国家深造。回国以后，一些人怀着教育救国的信念进入教育界，其中不少人成为高等工业技术教育机构的外语、数学、科学和技术课程教师，还有的成为这些教育机构的优秀管理者和新专业的创设者，为早期中国高等工业教育的师资和管理现代化、本土化作出了重要贡献。虽然他们中间也有不少人的留学是受到了中国政府资助的，但这不能抹杀出国前教会学校的培育功绩。

例如，清华学校的第二任校长、在清华由留美预备学校向独立大学转变过程中起到重要作用的周诒春，就是圣约翰大学 1907 年的毕业生。由于各方面表现突出，在圣约翰读书期间，周诒春就被校长卜舫济委任为该校数理科助教和英文教员①，这为他以后从事高等教育管理工作打下了初步基础。从圣约翰毕业以后，他先后进入美国威斯康星和耶鲁等学校学习教育学、心理学等专业课程，1909 年获硕士学位后回国。1913 年 8 月，周诒春接替唐国安任清华校长，积极推行“完全人格之教育”，实行严格管理，改革留学选拔机制，大力推行向完全大学过渡的计划，使清华迅速发展，并形成了一系列优良传统，为这所未来的著名的工科大学奠定了良好的发展基础。

又如，“侯氏制碱法”的创始人、著名化工学家侯德榜，曾于 1903 年至 1906 年在福州鹤龄英华书院学习。1913 年从清华毕业以后，侯德榜赴美国学习化工，先后获得学士、硕士和博士学位。1921 年回国后，他一边投身实业，担任化工工程师，一边从事高等工业教育和学术研究，担任北洋大学教授，撰写了《纯碱制造》《制碱工学》等世界化工名著。

再如，从 1920 年夏开始在清华任教，讲授“高等微积分”“复变函数”等高等数学课程的郑之蕃，曾就读于震旦大学。他于 1905 年考取江苏省留美公费生，入康奈尔大学攻读数学专业，得学士学位，后入耶鲁大学研究院深造，1912 年学成回国。郑之蕃是清华学校第一个讲授高等数学的本土教授，

① 黄延复．周诒春［M］//清华大学校史研究室．清华人物志（二）．北京：清华大学出版社，1992：94.

在清华执教30余年，并于1927年亲手创办了清华数学系，为早期中国高等工业教育中的数学教学作出了重要贡献。①

全面整理和统计有过教会教育背景的本土教师和管理者，对正确认识教会办学在中国高等工业教育现代化过程中的影响具有重要意义，但这项工作目前还做得不够，还有大片的空白区域有待并值得人们去填补。

3. 提供制度示范

西方近代教育在工业革命之前就已经起步，随着工业革命的完成，比较完备的近代教育制度在西方各国也建立起来。而中国的近代教育萌生于19世纪60年代，由于缺乏经验及多种因素的限制，成体系的近代学校教育系统，以及配套的管理体系等长期未能建立。来华教会将发达国家的办学模式和管理模式移植到中国，并通过其有效运作，为中国建立近代学校系统，以及采用近代管理方式起到了示范作用。例如，19世纪末20世纪初，在废科举兴学堂的热潮中，许多地方都向教会学校借鉴办学经验，张之洞在湖北兴学之初就派梁鼎芬到文华书院了解学堂的体制和方法；袁世凯筹办山东大学堂时，聘请美国传教士、山东文会馆校长赫士（Watson Mcmillen Hayes）为总教习；浙江求是书院开办时，从育英书院请来美国传教士王令赓为总教习。各校刚开办时多搬用教会学校的教学制度。②

教会办学对中国高等工业教育在制度方面的示范作用，首先表现在关涉全局的学校体系、修业年限以及教学组织形式等方面。早期中国高等工业教育机构，都是一些凌空孤悬的学校，缺少下一级学校做基础。而从鸦片战争至20世纪20年代，“在华外国教会已建立起了一个从初等教育到高等教育，并包括各种专门教育的相互衔接的庞大的教会教育系统。教会学校总数达15000所，学生约80万名”③。教会根据西方已成型的近代学校体系，基于班

① 可久．郑之蕃［M］//清华大学校史研究室．清华人物志（二）．北京：清华大学出版社，1992：68-69.

② 曾钜生．论早期教会学校［M］//章开沅．文化传播与教会大学．武汉：湖北教育出版社，1996：279.

③ 黄仁贤．中国教育管理史［M］．福州：福建人民出版社，2003：274.

级授课制度而逐级开办和发展小学、中学乃至大学教育，不但为早期中国高等工业教育部分解决了急需的合格生源，更使中国教育界对系统办学的好处、方法有了真切的了解，促进了中国近代学制的建立，从根本上解决了高等工业教育的生源问题。教会所办的优质中学，还使中国教育界人士发现，只要解决了中等教育的质量问题，高等教育之前的预备教育完全可以取消。

教会办学对中国高等工业教育在制度方面的示范作用，还表现在教育教学过程中的管理制度以及人才培养制度等方面。

例如，教会大学通常是在中国设一个管理委员会，在西方设一个董事会。两会互相配合、各司其职。管理委员会的职责总的来说就是监督学校，一般任命大学行政管理人员，负责起草每年度的预算，报本国委员会批准，委任和免去中国教职员，批准所开课程以及管理其他需要当地委员会注意的事项。而董事会则主要负责重大问题的决策，同时，这些董事会所承担的一个主要职责就是为大学筹募经费。① 撇开教会组织本部的实际干涉不论，至少从形式上看，这是一种与近代工商业社会相适应，而与中国传统教育的衙门式管理迥异的管理体制，对中国近代高等工业教育机构中董事会制度的形成起到了重要的示范作用。在南洋公学基础上发展起来的上海交通大学，就借鉴教会大学和清华学校的董事会制度，设立了自己的董事会。梅汝莉的相关研究表明，1921 年，著名教育家叶恭绰担任上海交通大学的校长，他主持制订了《交通大学大纲》明定办学要旨。为了“久远之图，宜免受政潮之影响”，他在《大纲》中规定必须具备下列条件之一方可当董事，即（1）有工业或经济专门学术者；（2）富有教育经验者；（3）曾办理交通事业成绩卓著者；（4）捐助巨款于本校者。根据这些条件，推举了严修、唐文治、叶恭绰、凌鸿勋等 17 人为董事，组成了交通大学董事会。由董事会选举产生了大学校长。这是该校第一次实行董事会制。“就其规程来看，董事会负有抵制腐败政府和外国买办势力控制学校的使命，含民主与民族革命的因素，在当时是进

① ［美］杰西·格·卢茨．中国教会大学史（1850—1950）［M］．曾钜生，译．杭州：浙江教育出版社，1987：47.

步的。同时，这一董事会制度，明确提倡教育行政管理人员‘学术化’，要具备促进学校发展的条件。这是可取的。”①

又如，派遣学生到发达国家留学深造的做法，就发端于教会学校。在国内高等教育条件还不具备时，派遣学生留洋是快速造就高素质人才的可行途径。教会学校的这种做法，无疑给洋务派及以后的教育主管者以重要启示，成为中国确立留学生制度，派遣学生到发达国家学习科学技术的重要影响因素。“中国留学第一人”、中国留学教育的先驱、说服洋务派成批派遣学生留学欧美的关键人物容闳，就是早年由马礼逊学堂送到美国留学的。因为对中外教育的差距，以及留学教育的益处有了切身体会，他一生不遗余力宣传和推进近代中国留学事业的发展。

再如，学生课外活动的开展和相关组织的建立，也是最早在教会学校尤其是教会大学中形成制度的。传教士在创建基督教学术环境的努力中非常重视课外活动。这也是他们在美国自己教派的文理科大学里所取得的经验，他们不顾中国理想的高贵学者只会挥笔作画或写字，体育仍然作为必修课。在外国教师的参加和监督下，学生要进行射箭、体操与军事训练，这似乎是克服学生不愿参加体育活动的最好办法。教师积极创办俱乐部、辩论会、合唱队、青年会以及中英文版的学生报纸和年刊。② 中国传统学校向来不重视学生的体育和其他课外活动，更不允许学生自行建立社团组织，洋务运动期间的很多新式学堂也大多如此，但这种情况在教会大学兴起以后开始发生了变化。清华学校以及清华大学向来以学生社团众多、体育以及其他课外活动丰富著称，但远早于她的圣约翰大学可能才是中国境内大学注重体育和其他课外活动的先驱。“千八百九十年，李蔼门自加拿大至，主设运动会，年赛两次，时人以为耻，多不应召，历十载而大行于时，学校之有运动会，自本校始也。

---

① 梅汝莉．中国教育管理史［M］．北京：海潮出版社，1995：455.

② ［美］杰西·格·卢茨．中国教会大学史（1850—1950）［M］．曾钜生，译．杭州：浙江教育出版社，1987：65.

是年复印《月刊》，学生主其事，至今未辍……”① 教会大学的这些做法及其效果，使中国高等工业教育管理者逐渐认识到“读死书、死读书”的害处，从而以教会学校为榜样，通过形式多样的课外活动丰富了学生们的精神生活。

此外，教会学校的学分制、近代寄宿制、学生实习制度、图书馆制度、研究生培养制度，以及严格的招生和毕业考试制度、外语授课制度等，都对中国高等工业教育的发展及现代化进程产生了重要影响。

4. 输入新教育理念

教育理念，是指一些隐藏在可见的教育制度、模式、方法等背后的基本教育观念。在一般情况下，教育理念由社会、教育的发展水平和状况决定，同时，先进的教育理念又能通过对教育实践的影响反过来促进社会和教育的发展。各教会的母国到19世纪后半叶，大都已经完成了资产阶级社会革命和生产领域的工业革命，很多迥异于封建专制时代的新教育理念已经形成和盛行。而此时中国社会的封建专制性还很强，生产工业化过程刚刚开始。绝大多数教育人士，即使是一些新式教育的倡导者，其深层次的教育观念往往还是传统和落后的。教会在将其母国的教育制度、模式和方法等移植到中国的过程中，也有意无意将一些先进的教育理念介绍进来，造成中国很多教育者先于社会发展进程而提前接触和了解了这些教育理念。

教会办学从理念方面对中国高等工业教育的影响是比较显著的，主要有全面发展教育、重视女子教育、师生民主平等中国传统教育中所缺乏的观念。

从很早开始，无论是在西方还是在东方，一些杰出教育家和思想家都曾提出过对人进行全面发展教育的主张。古希腊时期的“和谐教育”“博雅教育”的主张，中国古代“文武双全”“通才”的教育理想，都是古人追求全面发展教育的表现。但是，在古代生产方式简单、脑力劳动和体力劳动分离的情况下，人们无法科学说明应该进行全面教育的理由，低下的社会发展水平使全面发展的教育既无必要也无可能，因而全面发展的教育始终只是作为

① 圣约翰大学五十年史略［M］//陈学恂．中国近代教育史教学参考资料（下册）．北京：人民教育出版社，1987：142.

一种教育理想而存在。

在中国传统学校教育中，不仅不问生产、生活实际，死记硬背书本教条的现象普遍存在，将教学内容主动局限于儒学一家，乃至终身专守一经，视其他学问为“旁门左道”的做法也极为盛行，甚至受到赞许和嘉奖。这与劳动者在劳动现场接受“一技一艺”的单调训练相呼应，共同构成了使人片面发展的传统教育。鸦片战争以后，由于中国社会的生产、生活方式在总体上并未发生根本改变，因此，与小农社会相适应的狭隘教育教学观念和做法依然盛行。从洋务运动开始，中国办起了高等工业技术学校，但人们仅仅将其“看作是培养科技专业人才的专门学校，是传统观念中‘技艺’的训练”[①]，局限于一技一能的教学观与传统教育一脉相承、如出一辙。

而到19世纪后半期的西方诸国，由于社会制度对人思想禁锢的解除、世界交流和交通的大发展带来人的视野的开阔、科学知识本身的不断丰富与发展，尤其是作为社会存在基础的工业生产本身的革命性，都使培养全面发展的人成为社会进一步发展的迫切需要。无论人们对此是否有明确的意识或能否给予科学的说明，全面发展的教育在那些率先实现了资本主义工业化的国家已经初步成为现实。教会组织在移植其母国教育模式到中国的过程中，也将全面发展的教育理念移植到了中国。教会教育家狄考文在1890年的基督教在华传教士大会上发言时，从有利于传教的角度，明确提出了要进行“全面教育”的主张。他所说的全面教育是指学生通过一个较长时间的学习，“要对中国语言文学、数学、现代科学和基督教的真理有一个较好的了解”，是针对早期教会学校只进行短期宗教知识教育而提出来的。他认为，教会学校对学生施以全面教育的理由在于“全面教育提供了对人的心灵和性格产生深远影响的时间和机会”“全面教育将使人们获得有影响的社会地位，如果受到上帝的召唤，全面教育将使他们成为能干的福音布道者”“全面教育有助于破除迷信和培养开明的基督徒品质”以及“全面教育给基督教徒与异教徒的家长们

① 董黎．中国教会大学建筑的社会意义［M］//章开沅．文化传播与教会大学．武汉：湖北教育出版社，1996：70.

以有益的吸引力，送儿童来上学”等方面。[①] 尽管他的“全面教育”观往往裹着厚重的宗教外衣，并与科学、完整的全面发展教育观存在较大差距，但从北洋、清华等学校注重学生多方面兴趣和能力发展的教育实践来看，“全面教育”作为教会办学的指导理念，对启迪中国高等工业教育注重学生的知识与身体、理论与实践、原理与技术的全面发展，无疑具有重要的桥梁作用。

重视女子教育的教育理念也是这样。在小农经济时代，人力是劳动的主要动力，男女天然的体质和体力差异决定了男子在生产中的优势地位，从而也决定了男子在家庭中的经济优势地位。同时，由于教育资源极为有限，不但许多平民家庭的男性后代被排除在学校教育之外，几乎所有的女性更与学校教育无缘。中国传统学校教育乃至晚清“新教育”，一向是将女子排除在外的，更排除在高级生产技术教育之外。但由于宗教教育传统，以及男女同样参与社会生产在西方国家已经实现，加上一批具有男女平等思想的传教士来华，中国的教会教育较早就注重对男女儿童进行机会均等的教育。教会不但在所办的中、小学校兼收女生或开办专门的女学，还在中国开创性地办起了女子大学。华北协和女子大学（1904）、福州华南女子大学（1908），金陵女子文理学院（1915）等学校，都是在中国本土高等教育“女禁”未开时，由教会创办的女子高等教育机构。另外，普通教会大学特别是一些新教教会大学对女生开放的步子，也走在中国自办的大学之前。“通常认为，中国大学开女禁，肇始于1919年国立北京大学。实际上，在北大之前，广州岭南大学曾一度招收过女生，招收对象多为本校教职员的女儿。1920年，岭南大学正式准许女子入校学习。是年，该校共有女生28人，而北大只招收了9人。翌年，岭南第一个女毕业生获得文学学士学位，成为中国男女同校后毕业的第一名女大学生。”[②] 正是由于有了教会对女子教育尤其是女子高等教育的重视，才促进了中国高等教育“女禁”的开放，直至女子最后进入高等工业技术教

---

① ［美］狄考文．如何使教育工作最有效地在中国推进基督教事业（1890年）［M］//陈学恂．中国近代教育史教学参考资料（下册）．北京：人民教育出版社，1987．13-17．

② 王奇生．教会大学与中国知识女性的成长［M］//章开沅．文化传播与教会大学．武汉：湖北教育出版社，1996：183．

育机构。

民主化是现代教育的基本特征之一，也是教育现代化的重要内容之一。受封建专制社会制度影响，中国传统教育也具有明显的专制特点。教育民主或专制表现在很多方面，但一般首先体现在师生关系上。中国传统师生关系被类比为父子、君臣关系，教师不仅在知识上被赋予绝对权威，与学生的人际交往过程也必须遵守上下尊卑的礼制。而基督教关于众生在上帝面前平等的观念，在西方资产阶级革命以后更发展为人与人在法律和人格上的平等。教会学校将师生平等的观念和做法引入中国，与中国的传统学校形成了鲜明对比。如燕京大学开迎新会时，校务长司徒雷登（John Leighton Stuart）及教师代表站在会场门口，与新生一一握手，“握得那么亲切，还笑着弯腰点头”①。教会学校中师生平等讨论学问、课后平等交往，以及在中国高等工业教育机构中任教的一些传教士同学生平等相处的做法，深深吸引了中国学生，也促进了中国教师对师生关系的反思与重新定位，从而使中国高等工业技术教育机构往往成为中国教育民主化的先行者。

上述这些新式教育理念的影响，使高等工业教育不仅成为中国教育现代化过程中最先启动教学内容、方式现代化的教育类型，也成为教育观念现代化、管理方式现代化和民主化的“领头羊”。

5. 展示新教学方法

相对而言，教学方法的影响，是教会办学对中国高等工业教育影响最为直接的一个方面。教学方法是教育理念、科技水平等诸多因素共同作用的产物。19 世纪中叶以后，在科学技术、生产水平不断发展的背景下，各种教育教学新思潮在西方不断涌现，并随之形成了很多与近代科学技术发展相适应的新方法。中国传统教育由于教学内容主要是单一的儒家文史典籍，加上长期的专制思想以及科举考试制度的影响，形成了以学生熟读、强记书本内容为主要手段，通过精思、体悟而掌握知识的教学方法。早期教会大学的外国教师就发现，“中国学生已经非常习惯于记忆。不论教师讲什么，他们不问三

① 黄仁贤．中国教育管理史［M］．福州：福建人民出版社，2003：279.

七二十一地把它们记在脑子里，因为这是他们所熟悉的方法”①。这种方法在教学内容不多，以培养学生人文、道德和政治素养为主要任务的情况下，也不失为一种有效的教学方法。但是，当近代科技知识总量急剧膨胀以后，在培养能够创造性解决实际生产问题的高级工业技术人才时，这种方法就成了低效甚至无效的。然而，在中国近代高等工业教育兴起之初，无论是主办者还是学生，人们对新式科技教育应有的教学方式方法几乎是一无所知的，他们习惯性地将传统的用心记诵误认为是当然的好方法。

在教会学校的教学过程中，尽管也有宗教教条强制灌输的一面，但更多使用的是启发式教学，即使在宗教课上，也不乏以讨论、探究等方式进行的教学。在科学课程的教学中，更是应用了中国传统教育中所缺乏的实验验证、实际调查与统计等新方法。例如，在山东的广文书院（登州文会馆和齐鲁大学的前身），“狄考文认为科学和数学将有助于中国人破除迷信，训练他们的逻辑思维，因此他花很多时间教授这些科目。他也用中文编写了算术、几何和代数教科书，并自己制作仪器设备，对学生进行演示实验。在课堂上进行科学实验，就当时的中国教育来讲是一种真正的革新”②。教会办学不但将西方先进的启发式、实证性教学方法介绍到中国，而且通过实际应用，使国人对这些方法的具体操作程序和条件有了直观了解，对促进中国早期高等工业教育注重实习和实践、提高中国师生对外籍教师教学方法的适应性等方面具有重要价值。

三、对传教士和教会作用的评价

鸦片战争以后，特别是第二次鸦片战争以后，随着一系列不平等条约的签订，基督教传教士尤其是新教传教士受各自差会的派遣，以空前的规模再一次来到中国。在中国饱受列强侵略与欺凌、主权日渐丧失，以及学习西学

① ［美］杰西·格·卢茨．中国教会大学史（1850—1950）［M］．曾钜生，译．杭州：浙江教育出版社，1987：58.

② ［美］杰西·格·卢茨．中国教会大学史（1850—1950）［M］．曾钜生，译．杭州：浙江教育出版社，1987：25.

以富国强兵的社会运动逐渐兴起的特殊历史条件下，西方教会及其传教士在中国的地位、角色与作用极其复杂。教会及传教士到中国的根本目的是传播基督教福音，但面对深受儒家伦理道德影响且因为国家屡次战败而失去了平和心态的广大民众，一方面，他们必须借助列强的武力征服，才能进入各地传教，因此无论愿意与否，他们都必须与侵略势力相结合，在客观上成为“侵略势力的帮凶”，并因此而受到中国人民的仇视；另一方面，教会组织和一些传教士个人为了取得民众的好感与信任以利于传教，往往兼顾文化教育、医疗卫生以及赈灾慈善等传教以外的活动，在客观上为中国社会某些领域的现代化启动增添了催化剂。诚如陈旭麓先生所言：“在近代中国，洋教比商品和大炮更多地输来过‘西学’，并以此影响中国的一代知识分子。从这个意义上说，它曾是中西文化交汇的中介之一。”①

从洋务运动开始，以促进生产工业化为目标，以学习近代自然科学技术为手段和路径的教育变革，逐渐成为中国教育发展历程中的主旋律。举办高等工业教育事业，培养高级工业技术人才，是这场教育变革中的重头戏。然而，高等工业教育在当时的中国缺少历史根基，所需的师资、管理人员、教材、教学设施乃至教学方法等各方面如果不依靠和利用先发国家的人才，完全靠中国人自己是无法解决这些问题的。在这种情况下，有着西方科技知识背景同时又急于接近中国人的教会组织及传教士，自然不会无视这一影响深远的宝贵机会。正如美国传教士教育家贝德士（Miner Searle Bates）所说：“传统的儒学教条和强烈的反帝情绪，成为基督教在华奋进的主要阻力。但是，需要西方先进科技而又缺乏现代教育制度，却为传教士们提供了新的机遇。外国教会发现，他们可以通过学校在各种情况下接触中国人并影响他们的生活。”② 对中国新式科技教育的创办者来说，首先接触并可资利用的外洋人才，正是那些掌握了一定科技知识、活跃在中国各地的西方传教士，聘请他们任教成为解决早期高等工业教育机构科技课程师资问题的首选方案。一

① 陈旭麓．近代中国社会的新陈代谢［M］．上海：上海人民出版社，1992：189.

② 章开沅．辛亥前后史事论丛续编［M］．武汉：华中师范大学出版社，1996：235.

些传教士不仅承担了科技和外语等课程的教学工作，还利用他们熟悉自己国家近代科技教育体制的条件，主持或参与协助高等工业教育机构的规划、创立与管理，并译介了大量科技文献作为学校教材或科普读物，客观上促进了中国高等工业教育水平的提高和制度的规范，为早期中国高等工业教育的现代化作出了贡献。与此同时，教会组织为了扩大影响，培养中国本土传教人才，利用不平等条约获得了在中国办学的特权。教会学校的存在，是中国教育主权丧失的标志，但由于它们采用发达国家的办学和管理模式，并在实践中逐渐建立起比较完备的近代科学课程体系，这就为中国新式教育的发展提供了模仿和学习的样板，从这个意义上讲，教会办学又有相当积极的意义。特别是教会由最初仅开办中小学发展为注重开办和经营各类大学以后，对中国高等工业教育在课程设置、教学方法、管理运作等多方面产生了不可忽视的正面影响。因此，尽管早期教会教育并未将主要精力放在高等工业技术教育方面，尽管教会办学是对中国教育主权赤裸裸的侵犯，而且他们还有“取得和保持对中国人民及政府正在提倡的教育运动的控制权”“准备着指导中国未来教育发展的方向”[①] 等野心，但与一些传教士个人一样，教会在客观上促进了早期中国高等工业教育的现代化进程是不能否认的事实。

第三节　“重拾旧旗”——“新政”时期高等工业教育的制度化

从 1898 年 9 月 21 日开始，慈禧再次从幕后走向前台亲政，幽禁光绪帝，捉拿和镇压维新派人士，维新运动宣告失败。朝野上下保守势力一时占据上风，很多改革政策被废止，一些教育改革措施也不例外。如光绪帝曾于 1898 年 6 月 23 日下诏于科举考试中废除八股，改试策论，而慈禧则在 10 月 9 日下诏恢复八股取士，并废除了经济特科。此外，维新派开办的一些政治性浓厚的学堂、学会也被查封和关闭。然而慈禧深知，守旧势力缺乏新知，他们能帮她夺回权力，但无力为她妥善应付新形势下的各种内外矛盾与压力。因此，

① 陈学恂．中国近代教育大事记［M］．上海：上海教育出版社，1981：105-106.

她对维新运动期间创设的一些西学学堂和书院，基本采取了温和维持的做法，筹备中的京师大学堂也在维新运动失败以后得以继续开办。从维新运动失败到1901年清政府宣布“新政”之前，除了北洋大学堂、京师同文馆等学校因战火招致破坏以外，高等工业教育的发展并未受到来自内部政策的更多干扰和破坏，处于一种勉力继续的状态。

1900年，八国联军镇压了义和团运动，占领北京，并于次年强迫清政府签订了使中国完全沦为半殖民地半封建国家的《辛丑条约》。战争的再次失败和列强进一步的逼迫，一方面使清政府成为“洋人的朝廷”，成为列强统治和压榨中国民众的代理机构，必须按列强要求提高并改善控制社会的能力；另一方面也使慈禧等人真切感受到“人心散尽”的凄凉和危机。他们明白，再不改弦更张，自己的政权和统治终将朝夕不保。因此，1901年1月29日，清廷以光绪帝的名义发布上谕，表示要从政治、经济、军事、文化和教育等各方面进行改革，实行“新政”，并设立以庆亲王奕劻为首的“督办政务处”作为筹划“新政”的专门机构，任命李鸿章、荣禄、王文韶等人为督办政务大臣，刘坤一、张之洞以及袁世凯等人为参与政务大臣。从此，清王朝进入它的最后一段历史时期，史称“清末新政时期”。

正如有研究者指出的那样，“清代从1901年到1911年的最后十年与其说是处于崩溃时期，倒不如说是处于新的开创时期。……事实上，直到1911年为止，中国政府一直按19世纪90年代所宣扬的但未见成效的那些方式逐步进行重建。皇太后和她的顽固派支持者们在1898年解除了光绪帝和康有为的权力，但在1901年之后却采取行动实施他们的大部分激进的改革计划”①。“新政”时期教育领域的改革，基本上是维新运动教育改革的继续与深化。其中，最大的变化是正式颁布并实施了第一个近代学制“癸卯学制”，宣布广开各级各类新式学堂，并在其后废除了科举制度，从而开始了近代教育体系的建立。从教育现代化的角度观察，高等工业教育在这一时期的进展，主要表

① ［美］费正清，赖肖尔．中国：传统与变革［M］．陈仲丹，潘兴明，庞朝阳，译．南京：江苏人民出版社，1992：403.

现为正式结束萌芽状态，实现了制度化，层次初步明晰与丰富，课程设置有了统一的规范和标准，总体数量和规模进一步扩张。

一、“壬寅学制”“癸卯学制”与高等工业教育制度化转型

“现代教育最显著的特征之一是有层次之分。通常，这是所谓学制的最宏观的部分。它标志教育内容上的由浅入深，教育功能上的由泛到专，教育组织上的由简到繁的发展，以及对人的生理成熟与发展客观可能性的顺应。”[①]中国古代教育一直没有层次分明的严格制度规定，这种传统和习惯也影响了鸦片战争以后的新式教育。无论是洋务运动期间还是维新运动时期，各种新式学堂在总体上都各自为政、相互独立。建立系统的学校教育制度，是近代中国教育现代化的重要内容，也是中国高等工业早期现代化过程中一直亟待解决的问题。这个问题的解决，是从“新政”时期“壬寅学制”和“癸卯学制”的颁布开始的。

1901 年 9 月 14 日，清廷发布将全国书院改为学堂、准备建立学校体系及其相应管理制度的上谕，要求“各省所有书院，于省城均改设大学堂，各府及直隶州均改设中学堂，各州县均改设小学堂，并多设蒙养学堂”，至于“所有礼延师长，妥定教规，及学生毕业，应如何选举鼓励，一切详细章程，著政务处咨行各省悉心酌议，会同礼部覆核具奏”。[②] 上谕发布以后，全国开始了新一轮创办和改设各级各类学堂的高潮。1901 年年底，巡抚袁世凯即遵旨开办了山东大学堂，并因一时缺乏合格的生源，将大学堂分为备斋（小学程度）、正斋（大学预科，相当于中学程度）和专斋（本科）三部分。次年，全国绝大多数省份均宣布开办了“大学堂”，“中、小学堂”也开办了不少。与此同时，新式学制的建立也成为一个群臣奏议的热门话题。

实际上，为了制定一个完备的近代学制，从维新运动开始，清政府就进行了借鉴外洋的准备工作。由于“东洋路近费省，文字相近，易于通晓”（光

---

① 杜作润，廖文武．高等教育学［M］．上海：复旦大学出版社，2003：22.

② 光绪二十七年八月初二日（1901.9.14）上谕［M］//朱有瓛．中国近代学制史料（第一辑下册）．上海：华东师范大学出版社，1986：454.

绪帝 1898 年 8 月 2 日上谕），尤其考虑到日本学习西方所获得的巨大成功，清廷主要派遣留学生和官员到日本进行学制考察和研究。1902 年 8 月，在相关官员奏议和函商的基础上，管学大臣张百熙拟定的一份学堂章程得到清廷批准颁布。该章程包括《京师大学堂章程》《考选入学章程》《高等学校章程》《中等学堂章程》《小学堂章程》以及《蒙学堂章程》等共 6 件，统称为《钦定学堂章程》，因为颁布的时间为农历壬寅年，所以称“壬寅学制”，这是中国历史上第一个法定的近代学校教育制度。“壬寅学制”不仅规范了从幼儿教育到研究生教育的各级学校系统，而且对初、中、高等实业学堂进行了具体规定，使各类实业技术教育进行层级分明的教育教学有了依据。

“壬寅学制”公布以后并没有强制实施，主要供各地官绅参照实际情形进一步商讨。在总结各地经验和意见的基础上，张百熙、张之洞和荣庆等人于 1904 年 1 月（农历癸卯年底）向朝廷提交了一份新的学堂章程。重新拟定的学堂章程包括各级各类学堂章程及《学务纲要》《各学堂管理通则》以及《各学堂考试章程》等 22 件，对学校系统、课程设置、学校管理等各方面进行了更为详细的规定和说明。这个章程得到清廷的批准，并在全国推广实施，是中国历史上正式实施的第一个近代学制。该章程在批准以后被称为《奏定学堂章程》（以下简称《章程》），又由于颁布在癸卯年，所以也被称为“癸卯学制”。除中途有少许变更，《章程》一直沿用到清朝灭亡。

《章程》的颁布实施，对早期中国高等工业教育的最大影响在于推进了制度现代化。具体来讲，其意义和价值表现在以下几个方面。

（一）明确“高等”的地位，与其他各级工业教育分离

《章程》将学校教育系统分为 3 个阶段、6 个级别。第一个阶段为初等教育，分为 5 年制初等小学堂和 4 年制高等小学堂两级，与高等小学堂平行的，有实业补习普通学堂、初等实业学堂[①]和艺徒学堂；第二个阶段为中等教育，普通教育为 5 年制的中学堂，另有初级师范学堂、中等实业学堂与之平行；第三阶段为高等教育，普通高等教育分为 3 年制的高等学堂或大学预科，3 年

① 全称为初等农工商实业学堂，但其中并无初等工业学堂一项。

或 4 年制的分科大学堂，以及 5 年制的通儒院（研究院）三个级别，另有优级师范学堂、实业教员讲习所与高等学堂平行，高等实业学堂与分科大学堂平行。

根据《章程》规定，涉及工业教育的机构包括艺徒学堂、实业补习普通学堂（其中的“工业科”）、中等工业学堂、高等学校（其中的“第二类”，即预备入格致科大学、工科大学、农科大学者）、工科大学的预科、高等工业学堂、高等商船学堂、大学堂中的工科大学以及工业教员讲习所。其中艺徒学堂和实业补习普通学堂中的工业科属于初等教育，中等工业学堂属于中等教育，其余各类均招收中学毕业生或中等工业学堂毕业生，归属高等教育范畴。

明确的级别定位，是确定教学内容深度和难度的依据。因此，《章程》的实施，有助于高等工业教育从过去与中等甚至初等教育的纠结中摆脱出来，心无旁骛，专心致力于高水平人才的培养和学术研究。不过需要注意的是，《章程》带来的学制现代化是有一定局限的。尤其是大学预科和“高等学校”两者的层级归属具有模糊性，是学制现代化不彻底的表现，但这与当时世界范围内的通行做法，尤其是中国新式中小学教育刚起步有很大关系，我们不能以今天的标准求全责备。

（二）厘清职责与目标，与其他各类高等教育机构相区别

《章程》实施以前，一些具有高等性质的新式学堂或书院，包括一些外国语学堂和兼课西学的书院，都曾以掌握近代制造技术为目的，试图进行工业技术知识教育。但由于对西方科学技术的精深程度缺乏足够认识，对近代科学与技术之间的关系了解不多，结果大多只是在理、工不分的情况下进行了一些比较粗浅的数学和理化教育。直至 1896 年，管理官书局大臣孙家鼐还建议，京师大学堂应分科设学，但“工学科，制造格致各学附焉”①。这种教育除了在风气未开的时代具有普及科学知识的意义外，不可能培养出真正的工

① 光绪二十二年（1896）七月管理官书局大臣孙家鼐议复开办京师大学堂折［M］//朱有瓛．中国近代学制史料（第一辑 下册）．上海：华东师范大学出版社，1986：624.

业技术人才。从教学效率的角度来看，这种教育还对学校培养其他方向的专精人才造成了一定干扰。而《章程》则不仅将基础教育与高等专业教育、普通教育与实业教育进行了较为清楚的区分，而且也进一步将高等工业技术教育与科学原理教育通过开设不同的实施机构进行了区分。

《章程》中的《奏定大学堂章程》规定，大学堂内分为经科大学、政法科大学、文学科大学、医科大学、格致科大学、农科大学、工科大学、商科大学八类分科大学，京师大学堂必须八类分科大学全设，省立大学堂至少须有三科。其中，格致科大学包括算学门、星学门、物理学门、化学门、动植物学门、地质学门共六门（系）；工科大学包括土木工学门、机器工学门、造船学门、造兵器学门、电气工学门、建筑学门、应用化学门、火药学门、采矿及冶金学门九类。① 而《奏定高等农工商实业学堂章程》则规定，高等工业学堂分为十三科，即应用化学科、染色科、机织科、建筑科、窑业科、机器科、电器科、电气化学科、土木科、矿业科、造船科、漆工科、图稿绘画科等；高等商船学堂分设航海科和机轮科。② 这样，在高等教育层次内，工业技术与科学原理的教育基本上就剥离开来，这对于提高各自的教学效率和培养出专精人才是大有裨益的。

当然，由于“高等学堂”与大学预科的存在，这种理工不分、基础普通教育与高等专业教育相混的状况还有残余。按照《章程》规定，“高等学堂”中准备升入工科大学的学生以及工科大学的预科生，是造就高级工业技术人才的备选人员，但学习主要是数理化等科学原理课程。这是教育制度现代化未彻底完成之前必然存在的现象。

（三）统一管理体制，初步实现管理规范化

《章程》通过一系列具体规定，初步建立起了一套从中央、地方到各学校、行政、教务乃至后勤保障的管理体制和系统。尽管这套中央集权模式的

① 张百熙，荣庆，张之洞．奏定大学堂章程（附通儒院章程）（1904 年 1 月 13 日）［M］//璩鑫圭，唐良炎．中国近代教育史资料汇编：学制演变．上海：上海教育出版社，2007：348-398.

② 张百熙，荣庆，张之洞．奏定高等农工商实业学堂章程（1904 年 1 月 13 日）［M］//璩鑫圭，唐良炎．中国近代教育史资料汇编：学制演变．上海：上海教育出版社，2007：465-474.

管理体系具有浓厚的专制色彩，但毕竟在形式上完成了全国高等工业教育的系统化、规范化及标准化，初步实现了管理制度的现代化。

《章程》中的《奏定学务纲要》建议，“各省遍设学堂，其事至为重要，必须于京师专设总理学务大臣，统辖全国学务”，而且“学务大臣应设属官，分为六处，各掌一门。一曰专门处，管理专门学科学务。二曰普通处，管理普通学科学务。三曰实业处，管理实业学科学务。四曰审订处，审定各学堂教科书及各种图书仪器，检察私家撰述，刊布有关学务之书籍报章。五曰游学处，管理出洋游学生一切事务。六曰会计处，管理各学堂经费。每处置总办一员，帮办数员，量事之繁简酌定”，京师以外，“宜于省城各设学务处一所，由督抚选派通晓教育之员总理全省学务，并派讲求教育之正绅参议学务”。①

大学堂及分科大学内部，《奏定大学堂章程》规定，“大学堂应设各项人员如下：大学总监督，分科大学监督，教务提调，正教员，副教员，庶务提调，文案官，会计官，杂务官，斋务提调，监学官，检察官，卫生官，天文台经理官，植物园经理官，动物园经理官，演习林经理官，医院经理官，图书馆经理官”。大学总监督即校长，“受总理学务大臣之节制，总管全堂各分科大学事务，统率全学人员”；分科大学监督，“每科一人，共八人，受总监督之节制，掌本科之教务、庶务、斋务一切事宜”。② 另外，《奏定高等农工商实业学堂章程》中规定，高等实业学堂应该“按高等学堂章程置监督及各项管理员，管理学堂一切事务”③。而《奏定高等学堂章程》则规定，“高等学堂应置各项教员、管理员如下：监督、教务长、正教员、副教员、掌书官、庶务长、文案官、会计官、杂务官、斋务官、监学官、检察官”“监督统辖各

① 张百熙，荣庆，张之洞．奏定学务纲要（1904年1月13日）［M］//璩鑫圭，唐良炎．中国近代教育史资料汇编：学制演变．上海：上海教育出版社，2007：514.

② 张百熙，荣庆，张之洞．奏定大学堂章程（附通儒院章程）（1904年1月13日）［M］//璩鑫圭，唐良炎．中国近代教育史资料汇编：学制演变．上海：上海教育出版社，2007：392.

③ 张百熙，荣庆，张之洞．奏定高等农工商实业学堂章程（1904年1月13日）［M］//璩鑫圭，唐良炎．中国近代教育史资料汇编：学制演变．上海：上海教育出版社，2007：473.

员，主持全学教育事务”。① 从此以后，中国高等工业教育就与整个高等教育一起，有了初步统一规范的各级管理体制。

除了教育行政管理系统，《章程》还对各学校和专业的招生、课程、纪律、考试、学生待遇及毕业去向等各方面的管理进行了详尽规定，从形式上看是极为完备的。

（四）为生源质量提供制度保障，奠定了持续发展的基础

高等工业教育的顺利进行，要求学生必须具有相当程度的数学和自然科学基础。同时，在中国高等工业教育发展早期，由于很多技术课程的教材和教师都直接源于西方国家，所以还要求学生具备一定的外语基础。《章程》颁布实施以前，由于缺少相互衔接进行“西学”教育的学校体系，缺乏合格的生源一直是制约高等工业教育发展的重要因素。在保留了不少传统教育内容的同时，《章程》规定初等和中等学校普遍开设近代数学、外语和自然科学课程，使高等工业技术教育机构的合格生源得到了制度性保障，提高了高等工业教育的教学效率、效果和质量。此外，考虑到在新式学校体系建立之初，高等学校短期内难以骤然招收到由本学制系统培养出来的足够的合格生源，《章程》允许各类高等学校开设预科，也为高等工业教育招到合格生源提供了临时性政策保障。

不过，在后来的实际发展过程中，这种保障作用没有完全发挥出来。1909 年以后，学部奏请试行中学文、实分科，“各省竞设文科中学，而实科至少。以实科之设备，较普通中学需费更巨；其教员，亦非现在高等师范之毕业生所能任。至于文科，则设备之费更简，而科举时代之文人皆可为教员也”，结果，文、法、商诸科大学的生源丰富，“而理、医、工、农诸科，则合格之生甚少”。② 其实，社会上的“官本位”思想严重，“读书做官”思想流行，而国家又缺乏相关的纠正措施和政策引导，尤其是社会生产工业化程

---

① 张百熙，荣庆，张之洞．奏定高等学堂章程（1904 年 1 月 13 日）［M］//璩鑫圭，唐良炎．中国近代教育史资料汇编：学制演变．上海：上海教育出版社，2007：347.

② 蔡元培谈清末中学文实分科［M］//朱有瓛．中国近代学制史料（第二辑 上册）．上海：华东师范大学出版社，1987：423.

度低，也是造成这种现象的重要原因。

总之，在《章程》颁布实施以前，中国高等工业教育与其他各种层次、类别的教育混杂在一起，而且缺乏坚实的生源基础，缺少统一管理，一直处在“萌芽”状态。而《章程》的颁布实施，开始从根本上改变这种状况，标志着中国高等工业教育的最终成型。

二、高等工业教育规模扩大

清末新政时期，全国有了统一的学制系统，高等工业教育内部呈现出层次的分化和丰富，同时，高等工业教育的特殊途径——留学教育也开始兴盛，因此，高等工业教育不仅初步实现了制度现代化，而且数量和规模也较以前有所扩大。

（一）三所大学堂的工科教育

1. 北洋大学堂

清末的三所大学堂中，北洋大学堂于 1895 年 10 月开办，创立最早，也是中国最早借用美国学制、以工科教育为主的大学。学堂开设之初，原计划预科（二等学堂）、本科（头等学堂）各招 120 人，均分为 4 个年级。“总计北洋大学自一八九五至一九〇〇的六年中，计有各科毕业及未毕业之学生二百余人。”[①] 而据《北洋周刊》记载，到光绪二十五年（1899），头等学堂第一班（四年级）学生毕业，“共约二十五人”[②]。次年由于八国联军的战火，全校停顿，学生星散，其余各年级均未毕业。此后直至 1903 年 5 月才召集以前散失的学生以及前天津水师学堂学生数十人作为“备斋”学生复校开课，进行普通科目的补习。两年后，即 1905 年，这些学生按程度编为本科的一年级和二年级，分别进入土木工程、采矿冶金和法律三个学门。自此以后，北洋大学才又有了本科生。至光绪三十三年（1907），北洋大学堂学生人数达到

---

① 北洋大学史料组记北洋大学事略［M］//朱有瓛. 中国近代学制史料（第一辑 下册）. 上海：华东师范大学出版社，1986：503.

② 《北洋周刊》记北洋大学堂［M］//朱有瓛. 中国近代学制史料（第一辑 下册）. 上海：华东师范大学出版社，1986：501.

清末时期的顶峰，共296人。[①]

2. 京师大学堂

京师大学堂在开办之初，也曾计划开设矿学和工程学两科，但实际上并未实行。该校开设工科的时间，有三种不同的说法。谢祖钊、傅雄烈先生在《高等工程教育概论》一书中认为，“京师大学堂（北京大学前身）于1903年开始设有工科。有土木工学、矿冶学两门”[②]；凌安谷等人在论文《中国高等教育溯源》中提到，京师大学堂于“1910年发展成为经、法、文、格致、农、工、商7科”[③]；而史贵全博士则认为，“京师大学堂在筹设计划中虽然拟办工程学科，但直到1912年方才正式实施”[④]。查1903年12月的《京师大学堂同学录》及王仪通的《〈京师大学堂同学录〉序》可知，1902年京师大学堂复校时，由于“蒙、小、中各学尚无基址，难骤建大学”，所以先只开设了速成性质的仕学馆（进士馆）和师范馆两馆，1903年的同学录中也只有这两馆的学生。[⑤] 仕学馆是为已有功名的仕人补充一点新学知识而设，师范馆是为培养基础教育师资而设，因此，1903年京师大学堂开设工科的可能性不大。1909年学部的众多奏章表明，从1904年冬京师大学堂开始招收分科大学的预科生，到1909年春预科生毕业工作才全部结束，与此同时，各分科大学监督的遴选和校舍建筑才提上议事日程，并拟定由学部专门司主事何燏时担任工科大学监督。1910年1月10日学部向朝廷奏陈了筹建各分科大学的进展情况，并肯定1910年3月左右可以开学，其中“工科原分九门，现拟先设土木工学一门，采矿及冶金学一门”。[⑥] 另外民国七年（1918）的《国立北京大学规程》中《北京大学沿革》也有“宣统元年闰二月，以……何燏时充工科大

---

① 周邦道．第一次中国教育年鉴：丙编·教育概况［M］．上海：开明书店，1934：12.

② 谢祖钊，傅雄烈．高等工程教育概论［M］．北京：北京航空航天大学出版社，1992：7.

③ 凌安谷，司国安，冯蓉．中国高等教育溯源：论北洋西学学堂、南洋公学和京师大学堂的创建［J］．西安交通大学学报（社会科学版），2003（2）：69-72.

④ 史贵全．中国近代高等工程教育研究［M］．上海：上海交通大学出版社，2004：26.

⑤ 王仪通．《京师大学堂同学录》序（1903年12月30日）［M］//潘懋元，刘海峰．中国近代教育史资料汇编：高等教育［M］．上海：上海教育出版社，2007：14-29.

⑥ 学部．奏筹办京师大学堂分科大学并现办情形折（1910年1月10日）［M］//潘懋元，刘海峰．中国近代教育史资料汇编：高等教育．上海：上海教育出版社，2007：41.

学监督”，以及“（1913年）六月，文、理、法、商、农、工各科学生二百三十五名毕业”的记载。[①] 所以，1910年京师大学堂正式开办工科教育的说法是可信的。

3. 山西大学堂

从1901年底至1902年，各省纷纷遵旨开办的“大学堂”，在1904年《章程》颁布实施以后，一般都照章改为“高等学堂”，唯有山西大学堂仍得以继续保留“大学堂”称谓，成为清末三所“大学堂”之一，这与山西大学堂所设科目、教学水平乃至创办者身份有极大关系。

1901年，清廷请上海英国浸礼会“总教士”李提摩太协助处理山西在义和团运动期间发生的教案。李提摩太熟悉中文，素以“办事和平，在华最久”著称，而且“平日极以爱助华人自命”。他在拟定的办理山西教案章程中称：“晋省酿祸之重，系民智不开所致，拟由晋省筹给赔款银五十万两建立学堂。”李提摩太将拟办的学堂称为“中西（大）学堂”，并提出，“十年以内，学堂课程及延聘教习及考选学生，均归该总教士主政。十年以外，学堂房屋及一切书籍仪器概交晋省，并不估价”。1902年4月，听说山西正奉旨开办大学堂，李提摩太提出“将中西学堂并入晋省大学堂，作为西学专斋”[②]，与“中学斋”并立。这一提议受到巡抚岑春煊等官员的支持，并获得清廷批准。

李提摩太聘浸礼会传教士敦崇礼为西学斋总教习，并利用自己的关系聘请其他一些传教士到西学斋任教。西学斋内分为五个门（系）：“一曰文学，内分同文史记、地理、师范等学。一曰法律学，内分政治、财政、交涉、公法等学。一曰格致学，内分算学、物理、化学、电学等学。一曰工程学，内分机器、工艺、矿路、地质等学。一曰医学，内分全体内外大小男女居宅卫

---

① 北京大学沿革（1918年）［M］//潘懋元，刘海峰．中国近代教育史资料汇编：高等教育．上海：上海教育出版社，2007：378-380.

② 光绪二十八年五月二十五日（1902. 6. 30）山西巡抚岑春煊奏请将中西大学堂归并山西大学堂作为西学专斋折（附合同缮具清单）［M］//朱有瓛．中国近代学制史料（第一辑 下册）．上海：华东师范大学出版社，1986：815-816.

生药物等学。”① 另外，中学斋分设经史、经济、算学三门。无论是西学还是中学，均分设三年制预科和四年制本科。与同一时期其他各省开办的“大学堂”相比，山西大学堂无论是在专业设置、学制规划还是在资金和师资保障方面，都与后来《章程》中关于大学堂的开设标准更相符合，因而成为清末少有的一所进行高等工业教育的大学堂。

西学斋学额初拟200名，并规定若因生源不足可先招收100名，以后逐渐增加。但由于风气未开，愿入西学斋的学生极少，初期招生面临着“材者不来，来着不材”的尴尬局面，后经赵尔巽等地方官多次劝谕，情况始有改善。到1910年，西学斋学生留学英国者已达23名。② 从1907年至1909年的三年中，京师大学堂学生数分别为354、341、200，北洋大学堂分别为296、142、114，两校学生数均呈明显下降的趋势。而山西大学堂则分别为162、160、435，出现了跳跃性增长。③ 仅从这一点估计，清末山西大学堂高等工业教育的发展状况还是不错的。

（二）高等实业/工业学堂的创办

除了以上三所大学堂，当时各省遍设的普通教育系列的“高等学堂”，由于师资、经费和设施等因素限制，实际教学程度普遍较低，并未真正达到高等层次，准备进入理、工、农科大学学习的学生（即“第二类”学生）数较少。这一时期对高等工业教育规模扩大具有重要影响的，是各地高等实业/工业学堂的创设与发展。

“壬寅学制”和“癸卯学制”颁布以后，除了洋务运动和维新运动时期遗留下来的一些高等性质的工业技术学堂以外，各地又兴办（或改组）了一批实施（或包含）工业技术教育的高等实业/工业学堂。如湖南高等实业学堂

---

① 光绪二十八年五月二十五日（1902.6.30）山西巡抚岑春煊奏请将中西大学堂归并山西大学堂作为西学专斋折（附合同缮具清单）［M］//朱有瓛．中国近代学制史料（第一辑 下册）．上海：华东师范大学出版社，1986：819.

② 丁宝铨．奏大学堂西学专斋合同届满，请奖教员折（并单）（1910年5月3日）［M］//潘懋元，刘海峰．中国近代教育史资料汇编：高等教育．上海：上海教育出版社，2007：73.

③ 周邦道．第一次中国教育年鉴：丙编・教育概况［M］．上海：开明书店，1934：12.

（1903）、农工商部立京师高等实业学堂（1904）、直隶高等工业学堂（1904）、商部/邮传部立上海高等实业学堂（1905/1906，原南洋公学，1905年归商部，1906年归邮传部）、唐山铁路学堂（1905，次年因开平矿局招生附入肄业，改名为路矿学堂）、奉天高等实业学堂（1905）、广西高等工业学堂（1907）、焦作路矿学堂（1909）、邮传部北京铁路管理传习所（1909，1910年因增设邮电专业更名为交通传习所）等等。据谢祖钊等人考证，至清朝覆亡，除北洋大学堂、京师大学堂、山西大学堂外，全国共有省立高等学堂24所，高等专科学校中的工科7所。① 另据《宣统元年教育统计表》记载，至1909年，除京师以外，各省共有高等工业学堂7所，学生1136人。②

从总体上看，清末新政时期的各类高等工业技术学校与之前相比虽然有了数量和规模上的发展，但各学校招生人数非常少，大多数只有几十人到二三百人，与庞大的全国人口数量相比实在少得可怜。

（三）留学热潮的兴起

清末高等工业教育规模扩大的另外一个重要途径或组成部分是留学规模的扩大。

从甲午战争之后，一股留学外国的热潮开始兴起。与洋务运动时期主要留学欧美相比，由于后起的日本相继打败中国和俄国，以及“路近、费省、文同”等因素影响，从维新运动时期直至清末民初，日本逐渐成为出国留学的首选之地。如1898年，湖广总督张之洞、两江总督刘坤一即派遣陆军学生30名，委托日本陆军省安排在成城学校接受陆军预备教育。1899年5月，天津头等、二等学堂以及天津水师学堂派学生12人赴日本留学。同年9月，浙江求是书院派遣高材生陈榥等5人，赴日本肄业专门学问，次年又派18名毕业生赴日本留学。③

1902年12月27日，清政府批准外务部议复的《派遣出洋游学办法章

① 谢祖钊，傅雄烈．高等工程教育概论［M］．北京：北京航空航天大学出版社，1992：7.

② 学部总务司．宣统元年（1909）教育统计表（节录）［M］//璩鑫圭，童富勇，张守智．中国近代教育史资料汇编：实业教育、师范教育．上海：上海教育出版社，1994：63.

③ 陈学恂．中国近代教育大事记［M］．上海：上海教育出版社，1981：102-108.

程》，促进了留学热潮的形成与发展。如1903年3月，张之洞选派江南水师学堂毕业生8人赴英国学习海军，陆师学堂毕业生8人赴德国学习陆军。同年12月21日，管学大臣张百熙奏派学生赴东西洋各国留学，学习专门知识，以备将来回国充任大学教习。从1903年夏到1905年夏，仅南洋公学就派出25名优秀毕业生赴欧美留学，以后各届毕业生都有选派赴各国留学者。1905年1月，出使比利时大臣杨晟认为比国学制大备，学费较廉，奏准章程十二条，请派学生每省10—40人赴比国学习实业。嗣后，我国路矿学生以留学比国为多。①

与此同时，留学日本的人数以远超留学欧美的规模急剧扩张。到1904年，中国留日学生已达3000余人，废除科举制后的1906年更达到10000多甚至20000人。② 早期留学日本的学生，主要是学习语言、军事和师范等。如1902年3月20日，直隶总督袁世凯一次就奏准选派武卫军学堂学生55名前往日本，入陆军学堂学习。③

从总体上看，这一时期留学欧美的学生学习工业科技的人要比留学日本的多，而且成效显著。如从北洋大学堂毕业后赴美国深造，后来被称为“中国矿藏之父”的著名冶金学家、世界最早的锑冶金专家王宠佑，从湖南高等实业学堂毕业后到英国深造，“二战”期间对美国金属生产和贸易产生过巨大影响的实业家李国钦等，都是这一时期留欧留美学生中的佼佼者。当然，留日归国的学生中，也出现过像何熽时这样后来成为中国早期著名工科教育家的优秀科技人才。但当时的留日学生主要还是以自费学习政治和法律的居多，而且大多接受的是短期速成教育。清朝最后几年，开始对学生留学的专业有了一定要求和限制，试图将更多的学生导向科技专业学习。如对于1909年依靠归还的庚子赔款设立的留美奖学金的分配，也给予了更多的注意，并有规

---

① 陈学恂．中国近代教育大事记［M］．上海：上海教育出版社，1981：127-145.

② ［日］实藤惠秀．中国人留学日本史［M］．谭汝谦，林启彦，译．北京：生活·读书·新知三联书店，1983：36.

③ 陈学恂．中国近代教育大事记［M］．上海：上海教育出版社，1981：116.

章规定其中 80%的学生必须学习农业、工业、商业或采矿业的课程。①

清末“新政”时期高等工业教育的进一步发展，对推动中国各类工业生产的发展起到了一定的作用。在私人企业里管理技术的进展更快。大部分产品在农村市场销售的现代轻工业，成为中国积累储蓄和税收的主要渠道。官办企业是清王朝政府直至灭亡前的主要财源。例如，在 1911 年，官办企业收入（官业收入）已经与土地税（田赋）并列成为中央政府岁入的最大来源。②

三、北洋大学堂——清末高等工业教育的杰出代表

北洋大学堂是一所由晚期洋务派在甲午战争之后，维新思潮兴起、学习西方以图自强成为共识的机会，在中国的近代学制确立之前，以美国学制为蓝本开设的一所真正意义上的工科大学。北洋大学堂是清末中国高等工业教育的杰出代表，对其开办过程、教学活动以及师生状况等方面进行较为详细的考察与分析，有助于深化我们对清末高等工业教育发展状况的理解。

（一）北洋大学堂的创办

1892 年，直隶总督、北洋大臣李鸿章授意洋务派的得力干将、时任天津海关道的盛宣怀，与美国人丁家立商议在天津开办大学事宜。丁家立是美国公理会传教士，先后毕业于达特茅斯学院、欧柏林神学院，于 1882 年来华，曾在山西太谷传教，1886 年辞去教会职务，送妻子到天津治病。丁家立到天津后，受聘为李鸿章的家庭英文教师，并自己开设了一所名为“中西书院”的学校，自任院长。盛宣怀与丁家立拟定了开办大学堂的章程办法，并内定由丁家立主持这所大学堂的校务。甲午战争后，李鸿章离开直隶总督和北洋大臣的位置，盛宣怀向李鸿章的继任者王文韶递交了开办大学堂的禀帖和拟定的功课章程。由于盛宣怀宣称大学堂的开办经费都由他本人自筹和募捐，

① ［美］吉尔伯特·罗兹曼．中国的现代化［M］．陶骅，等，译．上海：上海人民出版社，1989：562-563.

② ［美］吉尔伯特·罗兹曼．中国的现代化［M］．陶骅，等，译．上海：上海人民出版社，1989：372.

“毋庸请发公款”①，更由于甲午战败导致全国上下弥漫的屈辱感和维新派倡议遍设学堂的大环境影响，清廷两日后就批准了王文韶于1895年9月30日转呈的盛氏奏请。很快，这所新型高等教育机构就在天津海大道梁园门外（今大沽路小营门外海河中学、解放南园一带）的博文书院旧址开办。

这所学堂在开办时究竟定名为何，不仅是一个史实考证问题，更关系到开办者当时心目中的教育层次意识的清晰程度。后世对这所学校初期的名称有很多种说法，经查阅，至少有“天津中西学堂”“天津头等、二等学堂”“天津大学堂”“北洋大学堂”等多种称谓。但张昉等人对大量文献翔实考证后确认：“天津中西学堂”是盛宣怀的奏折《拟设天津中西学堂章程禀》中拟称的校名。“北洋西学学堂”是王文韶在学校上报审批时，给光绪皇帝的奏折《津海关道盛宣怀创办西学学堂禀明立案由》以及其他奏折中拟称的校名，也是人们对这所倡导引进西学，仿照西方国家办学模式的大学堂的一种称谓，并不是学校开办时及以后使用的正式校名。学校开办时及以后使用的正式校名应为“北洋大学堂”。而且他们断定：北洋大学堂的批办日期为1895年10月2日，开办日期为1895年10月18日至11月16日之间，开学日期推断为1895年10月18日至11月23日之间。② 开办之初就确定“大学堂”称谓的意义在于，它说明此时盛宣怀等人在丁家立的介绍以及其他因素的影响下，在京师大学堂以及“壬寅癸卯”学制之前，已经明确意识到了这所学校在近代学制体系中的位置，这与之前所有呈孤悬状态的洋务学堂有本质区别，是中国高等工业教育进入成型期的关键性标志。

1900年八国联军入侵天津时，北洋大学堂校舍被德军强占，学生星散，学校被迫停办。直至1902年9月，直隶总督兼北洋大臣袁世凯才在原址重建学校，并将工科本科学制改为3年，于1903年5月正式复课。

---

① 光绪二十一年（1895）盛宣怀拟设天津中西学堂禀（附章程、功课）［M］//朱有瓛．中国近代学制史料（第一辑 下册）．上海：华东师范大学出版社，1986：492.

② 张昉，王莉，张泽英．“北洋大学堂”若干史实百年新考［J］．天津大学学报（社会科学版），2007（6）：534-537.

（二）北洋大学堂的办学特点

截至1895年，洋务派已有30多年办新式教育的传统和经验，对其中的很多问题也比其他人有更深刻的体会。尤其是甲午战争失败以后，维新派乃至顽固派等社会各界对洋务教育无论是理性的反思，还是别有用心的攻击，都使洋务教育中存在的各种问题更加清晰、明朗。在这种背景下创立的北洋大学堂，既是洋务教育的继承和继续，更是对其进行重大变革的产物，从而在各个方面体现出鲜明的特点。

1. 开创高等工业教育新体制

北洋大学堂将整个学堂分为头等、二等两个层次。盛宣怀等人拟定的开办章程规定，“二等学堂之学生，照章须学西文四年，方能挑入头等学堂”，而头等学堂“历年课程分四次第”。[①] 也就是说，头等、二等学堂修业期限均为4年。入学学生缺乏必需的外语和自然科学知识基础，一直是困扰洋务工业教育的大问题。如早期的福建船政学堂和较晚的湖北自强学堂，都因为这一问题而使办学受到了不同程度的影响。为此，福建船政学堂不得不长期远赴香港、广州等较早开埠的城市招生，而湖北自强学堂甚至被迫改变学校性质，暂时放弃专业技术教育，全部改习外语和科学基础知识。不仅如此，由于学生基础参差不齐，洋务工业教育还无法严格规定学生的学习年限，这就进一步影响了教育教学的效率和效益。尽管一些学堂也有过对新生进行预备性补习教育的举措，但从来没有将其制度化和规范化。

北洋大学堂按教学的水平和性质分为头等和二等学堂两个层次，不仅是中国近代高等工业教育，也是整个中国近代高等教育第一次出现层次的分化和剥离，其实质是在高等教育范畴内分设本科和预科。虽然这种做法在发达国家早已有之，但在中国教育发展史上却是一次创举。北洋大学堂开办之初，中国新式普通基础教育还远未发展起来，与早期洋务新教育的发展环境相差不大。作为权宜之计，为了能及时将专业技术教育开展起来，北洋大学堂初

① 光绪二十一年（1895）盛宣怀拟设天津中西学堂禀（附章程、功课）［M］//朱有瓛．中国近代学制史料（第一辑 下册）．上海：华东师范大学出版社，1986：498-493.

期也采取了到上海和香港等地招考头等学堂学生的做法。但从学堂创办次年开始，为头等学堂培养后备军的二等学堂即行开办，就从制度上解决了以后的生源数量和质量问题。正是因为有了这种制度化的生源保障，北洋大学堂的开办者才能精心设计出严格而又确实可行的教学进度，规定统一的修业年限。

北洋大学堂分设本科和预科的意义和价值，一是通过教育教学层次的分化，使专业技术教学摆脱了基础科学知识教学的拖累和羁绊，提高了专业教学的效率和水平；二是通过统一的课程安排和修业年限规定，使高等工业教育在正规化、制度化道路上前进了一大步；三是将高等教育和中等教育区分开来，为近代教育体系的确定打下实践基础，是中国近代工业教育乃至整个近代新式教育的第一次层级分化。以后“百日维新”期间拟定京师大学堂内同时办小学和中学，“新政”初期袁世凯开办山东大学堂分为备斋（小学程度）、正斋（大学预科，相当于中学程度）和专斋（本科）三部分，直至最后“壬寅学制”“癸卯学制”中正式划分预科和本科，都与北洋大学堂的这一开创性实践不无关系。

2. 课程设置“通专结合”

盛宣怀和丁家立最初拟定的学堂章程中，除了法律专业，预备开设工程学（土木工程）、电学（电机工程）、矿务学（采矿）和机器学（机械工程）四个工科专业，最后实际开办了土木工程、采矿冶金、机械工程三个专业。1898年，随着原山海关铁路学堂的迁入，又增设了铁路工程专业。很明显，开设这些专业与清末学习西方发展近代工业的几大主要任务——修筑铁路、开矿冶金、制造机器等——是完全相吻合的，符合工业生产发展的实际需要。这几个专业当时不仅在中国国内，即使在西方发达国家，也是处于高等工业教育前沿位置的。[①]

无论是预科性质的二等学堂，还是本科性质的头等学堂，在确保高水平教学的前提下，课程科目的设置都简洁扼要。盛宣怀在给王文韶的禀帖中说：

① 王杰．北洋大学堂与中国近代高等教育的缘起［J］．高教探索，2008（6）：74-80.

“职道与曾充教习之美国驻津副领事丁家立考究再三，酌拟头等二等学堂章程，功课必期切近而易成。”① 所谓“必期切近而易成”，就是说课程的设置既要专业针对性强，又要门类简省，便于学生学精学深。如二等学堂4年的课程，除了中文以外，只有英文、数学、格物、各国史鉴和地理等几类课，而其中又以数学和英文类课程占绝对优势，4年一直开设，而其他课程只分别学习1年。这种安排，使学生在不算短的4年时间里，能够打下较为坚实的外语和数学基础，为顺利进行高等理工科的教学提供了良好的准备。头等学堂的课程分为基础课和专业课两类。贯穿4年的基础课为：第一年各个专业共同学习几何学、三角勾股学、格物学、笔绘图、各国史鉴、作英文论、翻译英文，后3年包括高等数学、英语、理化、机械制图、动植物学、法律、地质学等类别共21门课。但二年级分专业以后，学生可以根据需要选择相关科目学习，不必21门全学。专业课程的设置也显得少而精。如土木工程的专业课为：演习工程机器、测量地学、重学、汽水学、材料性质学、桥梁房顶学、开洞挖地学、水力机器学8类。机械工程的专业课程也仅为深奥重学、材料势力学、机器、汽水机器、绘机器图、机器房演试6类。② 据1899年第一届毕业生王宠佑回忆：“北洋课程虽属简单，但甚完善，故能致用。”③ 虽然“壬寅学制”“癸卯学制”颁布以后，各专业的课程有所调整，但总体上一直保持着高水平、少而精的特点。这种课程设置特点使各专业学生能学得精深、扎实，有利于培养出高水平专精人才，改变了以往洋务工业技术教育遭人诟病的“仅袭皮毛”状况。

值得注意的是，北洋大学堂的课程设置绝不是只顾专精而忽视通识教育的。这与美国高等教育的“通识教育”风格影响尤其是协办人丁家立的美国背景应该有极大关系。首先，课程科目总数虽然不多，但通过精心设置，基

---

① 光绪二十一年（1895）盛宣怀拟设天津中西学堂禀（附章程、功课）［M］//朱有瓛．中国近代学制史料（第一辑 下册）．上海：华东师范大学出版社，1986：491.

② 光绪二十一年（1895）盛宣怀拟设天津中西学堂禀（附章程、功课）［M］//朱有瓛．中国近代学制史料（第一辑 下册）．上海：华东师范大学出版社，1986.498：493-494.

③ 北洋大学-天津大学校史编辑室．北洋大学-天津大学校史（第一卷）［M］．天津：天津大学出版社，1990：29.

本做到了“中西兼习”“文理兼习”“理工兼习”。也就是说，除了西方自然和社会科学以及文史课程，中国传统经史知识也是学生的必修科目（预科阶段），并且在考评学生等第时与西学具有同等地位；基础课程中，除了自然科学知识，学生还能学到世界历史、地理，以及国际法、经济学等知识；专业课程中，专业技术课程的学习都是建立在高等物理、化学课程教学基础之上的。矿冶专业首届毕业生王宠佑回忆说：“矿科方面除本科各主要课程外，对于其他科学亦时有探讨，以作异日进求深造之张本。”① 1906 年以后，学堂根据《奏定学堂章程》改革课程，学生学习科目增多，知识面更加宽阔。如土木工程专业，“前两个学年共修的课程有：英文、第二外语（德语）、国文、高等数学、高等物理、高等化学、测量学、工程图画、应用力学、材料力学、水力学、物理化学实验、测量实习、军训等。到了三四年级开设的专业课程则有：材料学及材料强弱实验、热机关学、电气工程学、工程地质学、测地学、钢筋混凝土学及设计、地图地形和经纬线的各种绘图法、透视画、砌工学、机械学原理及设计、机械工厂实习、水利机械学及实验、房屋构造学、铁道曲线和土方工程学、铁道结构学及设计、铁道工程学、电气铁道工程学、道路工程学、水利工程学、卫生工程学、桥梁工程及设计、冶金制器学、工程法制、工程经济学等”②。因此，从知识结构上看，北洋大学堂课程设置是做到了“通专结合”的。

3. 高度重视外语教学

北洋大学堂对外语——具体说就是英语——的教学是非常重视的。不仅预科 4 年都要学习英语，本科 4 年也均开设“作英文论”“翻译英文”两门课。学堂如此重视英文，首先是因为除了汉文、中国律例与章程等课程外，所有课程均用英语讲授、考试和完成作业。“课本是原文的，教授用英文，答卷用英文，到处是英文，我们吃完晚饭在北运河畔散步，连枝头的小鸟也都

---

① 北洋大学-天津大学校史编辑室．北洋大学-天津大学校史（第一卷）[M]．天津：天津大学出版社，1990：29.

② 张晓唯．北洋大学一百一十年祭[J]．读书，2006（6）：13-22.

在讲英文！"[1] 有不少学生因为外语不过关而难以毕业或不得不转学他校。汪广仁先生评价说："当时的北洋大学，执行的是美国大学的教学计划，用的是美国大学教材，聘的是美国教授，讲课是用英语，无异于一所美国大学的分校，而且学生的淘汰率极高，它的毕业生学习程度得到美国大学的承认，是可以理解的。"[2] 在高等教育教材的编撰和翻译工作还很落后的时代，这种直接采用发达国家原版教材、用外语授课的方式，能够最大限度保证教学过程中科技知识水平的先进性，不失为一种落后国家迅速提高科技教育水平的有效方式。

北洋大学堂重视外语教学的另一个原因，是它在开办之初，就将"派赴外洋，分途历练"从而进一步深造作为其培养中国顶尖级人才的必经环节。1906 年春，即复校后刚有本科不久，《北洋周报》就报道："直隶总督袁世凯札饬由本堂监督会同津海关道考取学生 20 名，送入美国专门学堂学习，并委本堂总教习丁家立为监督。后由蔡监督儒楷详请添派 15 名，共 35 名。"[3] 此时，这些学生都还正读本科一、二年级，可见当政者对通过选派留学生获得高级人才的心情之迫切。以后直至清亡，该学堂历年都有数人至十数人不等的选派和自费留学活动。在留学之前打下熟练的语言基础，能够使学生不因语言障碍而耽误宝贵的学习时间和精力，有利于提高留学教育的效率和效益，从这一角度来看，北洋大学堂重视外语教学的做法也具有相当的合理性。

4. 重用外籍教师

由于开设有"中学"课程，所以北洋大学堂中当然有一定数量的中国教师，而且使用外语授课的课程，教师也是中外并用的。如在学校的开办章程中，拟聘科学技术和外国法律课程的外籍教师各 5 名，同时设"华人洋文教

---

① 张晓唯．北洋大学一百一十年祭［J］．读书，2006（6）：13-22.

② 汪广仁．近代中国前期的工程技术教育与技术发展［J］．自然科学史研究，1988（1）：90-98.

③ 北洋大学-天津大学校史编辑室．北洋大学-天津大学校史资料选编（一）［M］．天津：天津大学出版社，1991：118.

习”6名，“视其所通何学，则由洋文总教习调度，帮助洋人教习”。[①] 在高等教育师资尚无条件进行专门培养时，选派本国学者充当外籍教师助教的做法，算得上是培养高等工业教育师资的一种好方法。

然而，北洋大学堂之所以成为清末一所独具特色的大学，最重要的一点还是因为学堂大量聘用和重用了外籍教师。丁家立在任期间，共延聘教师44人，洋教习占10人，其中美籍教师7人。丁家立之后，学堂继续聘请了不少美籍和其他国籍的外国教师。[②] 而且，“洋人总教习”丁家立在聘用外国教师时是非常重视水平和质量的。虽然他有偏向美国的倾向，多数受聘外籍教师为美国人，但绝非一些无名之辈，其中还不乏知名学者。“譬如福拉尔和莫里斯两位教授，前者求学瑞士期间与爱因斯坦过从甚密，深悉相对论要旨，曾为北洋学生做专题讲解；后者则是美国著名地质学家，原为哥伦比亚大学教授，赴亚洲做地质考察后留在北洋任教。”[③] 丁家立去职后学堂聘请的外国教师，也大多是美、英、日等国的学有专长的知名学者。

北洋大学堂对外籍教师的重用，首先体现在盛宣怀等人从学校筹划到开办，都充分信任和依靠身为外国人的丁家立，由他实际掌管学校长达11年。其次，薪水丰厚，也是重用外籍教师的体现。在北洋大学堂中，汉文教师月薪银40两，华人洋文助教月薪银100两，而外国教师和总教习则达到200两。而在当时，即使汉文教师的40两也算很丰厚的了。当然，这种重用也并不是无条件的。外国教师受聘之前，必须与中国政府签订合同，被要求不得传教，必须接受中国官员的管理，不得越权行事等。尤其是从1906年王劭廉接替丁家立以后，中方对外教的管理逐渐落到实处，包括对教学过程的各个环节都进行了比较严格的监督。即使丁家立主政期间，他也确实做到了勤勉努力、认真负责，没有辜负盛宣怀和袁世凯等人的厚望。

---

① 光绪二十一年（1895）盛宣怀拟设天津中西学堂禀（附章程、功课）［M］//朱有瓛．中国近代学制史料（第一辑 下册）．上海：华东师范大学出版社，1986：494.

② 王玉国．丁家立与北洋大学堂［J］．天津大学学报（社会科学版），2003（1）：71-76.

③ 张晓唯．北洋大学一百一十年祭［J］．读书，2006（6）：13-22.

5. 严格教学考评制度

北洋大学堂是甲午战败催生的产儿，从开办之初就明确了“立学自强”、为“与各国絜长较短”而培养人才的办学目的①，学生大都具有强烈的国耻意识，能在振兴国家和民族的信念支持下认真学习。1902年北洋大学堂在西沽武库复校时，将武库遭八国联军破坏后遗留下来的两尊古老臼炮列峙于校门，成为激励学校师生精神的永久纪念物。② 1914年，北洋大学堂第一批留美学生赵天麟担任母校校长，他将北洋大学开办以来的办学经验归结为“实事求是”四个字，并以之作为校训，是对学堂师生精神风貌的切实概括。

但是，促使学堂学生刻苦学习的，不仅是学生的自觉意识，还有学校和政府严格的要求与近乎苛刻的质量把关。这集中体现在招生、教学和毕业等环节。

首先，在招生入学的时候，北洋大学堂从一开始就坚持“宁缺毋滥”、毫不通融的原则。在新式中小学教育才刚起步的清末，这种做法虽然与基础教育现状相差太大，但正因为如此才给了学堂真正的“大学”品位。1895年头等学堂第一次招考，香港考场设在东华医院，前来应考的有1000多人，但最后只录取了10余人。根据历届学生名单，即使到“新政”时期，虽然全国范围内大办新式教育，北洋大学堂中一个班往往仍然只有八九名学生，多的也只有十几人。1905年，学堂为了在确保生源质量的前提下拓展合格生源，在二等学堂之外，又将保定的直隶高等学堂定为头等学堂的预备学校。

其次，学堂在平时教学及毕业考试过程中，也做到了一丝不苟、严格把关。著名经济学家马寅初1901年本来考上的是北洋大学堂的矿冶系，其子马本寅在《马寅初传略》中说：“北洋大学当时是驰名的工科大学，对学生的要求较严，北洋大学学生皆需经生产实习。宣化府的怀来县矿区，即今官厅水库一带皆有父亲的足迹。当时煤矿开采方法陈旧落后，上下矿坑需曲背弯腰，

① 光绪二十一年（1895）盛宣怀拟设天津中西学堂禀（附章程、功课）［M］//朱有瓛．中国近代学制史料（第一辑 下册）．上海：华东师范大学出版社，1986：490.

② 北洋大学史料组记北洋大学事略［M］//朱有瓛．中国近代学制史料（第一辑 下册）．上海：华东师范大学出版社，1986：503-504.

匍匐而行。出坑后又肩负测量器具攀登峰顶绘图，需要有一副健全的体魄，始能胜任。”[1] 正因为如此，体质较差的马寅初后来才知难而退，1906 年赴美国留学时放弃矿冶而改学经济。这从一个侧面反映出北洋大学堂在教学各个环节对学生的严格要求程度。关于对毕业生质量的把关，义和团运动之前北洋大学堂本科毕业学生一共仅 25 人。1903 年正式复校以后，至 1910 年第一届本科生毕业，土木工程和采矿冶金两个专业只有 15 人获得参加学部毕业会考的资格[2]，均远少于最初所招收的学生。这是因为学堂规定，学生学期考试只要两门功课不及格，就要留级，如果三门不及格，就必须退学。因此，很多学生在中途就被淘汰了。

政府教育主管部门在严把质量关方面也起了重要作用。不仅头等学堂学生必须参加学部和学校共同举办的毕业会考，名列最优等、优等和中等的才能毕业并获得相应的功名，二等学堂也必须由学部对平时的教师讲义、学生笔记、考试试卷等详加考评、分列等第后，才能决定去留。从光绪三十四年（1908）七月初十日学部所上的《奏酌拟北洋大学堂预备班学生奖励折》中，可以看出这种毕业甄别工作的仔细和严格。该奏折向朝廷汇报：“所有中文、西文俱优之侯景飞、张炳文、董锟三名，中文优等、西文中等之孙澄、茹鼎、万金寿、黄中强、颜景岚、张清泉等六名，西文优等、中文中等之于震、张茂菊、李成章、何林、冯熙运、朱兆棻、马寅初等七名，均拟请作为举人。其西文优等、中文最下等之王恩泽等十四名，西文中等、中文下等之郭登瀚等二十八名，西文中等、中文最下等之王徵善等三十四名，中文中等、西文最下等之冯家遂等二名，中文下等、西文最下等之杨福保等四名，中西文俱最下等之孙亦谦等四名，均仍应照章补习预科课程一年后，再行考试，分别办理。其严江等六名，均于预备科毕业后陆续离堂，其叶德言等二名，请假

---

① 马本寅．马寅初传略［M］//左森，胡如光．北洋大学人物志．天津：天津教育出版社，1990：4-5.

② 宣统二年八月二十八日（1910.10.1）请简大臣会考北洋大学堂毕业生折［M］//朱有瓛．中国近代学制史料（第二辑 上册）．上海：华东师范大学出版社，1987：976.

未与考试，均无试卷可核，应请无庸置议。”① 朝廷对这份考评仔细近乎烦琐的奏折，最后意见是“依议”。

严格的质量管理和考评制度，不仅是促使北洋大学堂学生刻苦学习的外部动力，同时也是这所高水平学堂工业人才培养质量的可靠保障。

（三）卓越的办学成效及充足的经济支撑

与世界先进国家相近的学制、科学合理的课程设置、大量优秀外籍教师的聘用、对外语教学的高度重视，尤其是极为严格的质量把关和管理，使北洋大学堂成为在疲弱不堪的中国生长出来的一枝高等工业教育奇葩，培养出了一批数量不多却质量上乘的毕业生。这可以从当时发达国家大学对北洋大学堂派出去的留学生的态度中看出来。《北洋周报》第十七期相关文章记载，1906 年第一批学生赴美后，“所入之学校为哈佛、耶鲁、布朗、康乃尔、麻省理工、本薛文尼亚（宾夕法尼亚）、司宾斐尔等。哈佛、耶鲁及布朗三大学并免中国学生学费十九名”，同时，“法国圣巴比大学设学额二名以优待中国学生，每名岁费三千法郎”。② 声名鹊起的北洋大学堂从此在“严把质量关”与“良好的声誉”之间形成了一种相互促进和强化的关系，成为学校的特色和传统，并一直延续到民国时期。曾任北洋大学水利系主任的常锡厚回忆说：“美国以及欧洲各国的大学研究院都有明文规定，免试接受北洋学生入学。”20 世纪 30 年代中期获得美国爱荷华大学工程学博士学位的北洋校友刘德润也回忆说：“当时美国把中国的大学分为 A、B、C、D 四个等级，其中 A 级有四个，北洋大学是 A 级第一位。”③ 这些辉煌的荣耀与北洋大学堂在清末初创时期的办学特点以及由此而形成的特色与传统是分不开的。

当然，办教育，尤其是办高等教育要有经济作后盾。而要想卓有成效地办高等工业教育，更会因为对设施和条件的特殊要求而需要坚实的经济基础。

---

① 学部．奏酌拟北洋大学堂预备班学生奖励折（1908 年 8 月 6 日）［M］//潘懋元，刘海峰．中国近代教育史资料汇编：高等教育．上海：上海教育出版社，2007：65-66.

② 《北洋周报》记北洋大学堂沿革［M］//朱有瓛．中国近代学制史料（第二辑 上册）．上海：华东师范大学出版社，1987：977.

③ 张晓唯．北洋大学一百一十年祭［J］．读书，2006（6）：13-22.

北洋大学堂成为清末高等工业教育中的佼佼者，固然与盛宣怀、丁家立等人的策划与管理有关，离不开一些要员与朝廷的响应与支持，但前提还是因为创办者盛宣怀为其提供了充足可靠的经费保障。北洋大学堂的常年经费需要52000两左右的白银，这在当时因甲午战败而担负巨额赔款的中国是一个不小的数目。但“盛宣怀在洋务官僚中是最会弄钱和最有钱的一个”[①]，他从自己控制的津海关、电报局、招商局等部门筹集了一批“从前所无”之款项，再加上一部分中外捐款，做到了在“毋庸请发公款”的情况下保证学堂正常开办。正是因为有了这种资金保障，北洋大学堂的高等工业教育才拥有了一支素质较高且稳定的师资队伍以及比较完善的教学实验仪器设备，从而为进行高水平的教学打下了可靠的基础。在进行资金开源的同时，盛宣怀也很注意“节流”。学堂开办章程强调：“向来学堂有会办、提调、监督各名目，今拟一概删除，藉省开销而杜纷杂。”[②] 总体上看，北洋大学堂的人员和机构精简高效，除教师和必需的管理、后勤人员外，冗员很少。

需要注意的是，盛宣怀为北洋大学堂提供的开办资金，虽然与封建政权还存在密切联系，但其主要来源已经不是传统农业，而是他所控制的近代交通运输、电信、矿冶、贸易等产业，这应该是中国近代工商业经济与高等教育发展之间的第一次直接联系。它不仅与之前单纯依靠封建国家拨款办学不同，与后来山西大学堂用对列强的赔款办学也完全不同。这是中国近代高等工业教育发展过程中一个意味深长的转变。当然，清末近代工商业发展的程度总体上还是相当落后的，全国只有一个盛宣怀，因而也就只可能有一所北洋大学堂。

总之，北洋大学堂是中国自办的第一所实施正规高等工业教育的大学，是第一所教学质量和水平受到发达国家同类机构肯定和重视的高等工业教育机构，是清末高等工业教育机构中的杰出代表。

---

① 北洋大学史料组记北洋大学事略［M］//朱有瓛．中国近代学制史料（第一辑 下册）．上海：华东师范大学出版社，1986：502.

② 光绪二十一年（1895）盛宣怀拟设天津中西学堂禀（附章程、功课）［M］//朱有瓛．中国近代学制史料（第一辑 下册）．上海：华东师范大学出版社，1986：492.

四、盛宣怀的高等工业教育思想

盛宣怀（1844—1916 年），字杏荪，江苏武进人，是清末具有重大影响的晚期洋务官员、实业家和社会活动家。盛宣怀出生在一个封建官僚家庭，从小接受传统儒学教育，同治五年（1866）应童子试，补县学生员，但以后屡试不中，至 1876 年即意绝科举。1870 年经人推荐，盛宣怀入李鸿章幕府，深受正在竭力从事洋务运动的李氏器重。由于本身才能卓著，背后又有强大的靠山，从此以后盛宣怀官、商两途均飞黄腾达。在李鸿章等人及清政府的支持下，他创办、经营过众多中国最早的近代工商业机构，成为中国社会早期现代化的开拓者。在主持各种近代工商企业运作的实践过程中，人才的严重匮乏使盛宣怀深刻认识到："自强之道，以作育人才为本，求才之道，尤宜以设立学堂为先。"① 因此，他一贯积极支持开办新式学堂，培养中国自己的近代工商业技术人才。他亲自或支持创办了天津和上海的电报学堂、北洋大学堂、上海高等实业学堂（南洋公学）、吴淞和宁波的商船学堂等多所实施近代工业技术教育的学堂。其中，1895 年中国第一所正规工科大学——北洋大学堂的创立，是他高等工业教育思想的一次卓越实践，奠定了他在中国高等工业教育早期现代化过程中无可替代的地位。虽然盛宣怀不是一个教育理论家，并未对教育问题进行专门、系统的论述，而且由于同时代的原因，以及长期与李鸿章的特殊关系，他关于人才培养的很多主张与李鸿章等时人的见解往往纠结在一起，很难分清你我，但我们还是可以根据不多的文字线索，通过考察他的办学实践，就其高等工业教育思想进行一番梳理和总结。

（一）盛宣怀高等工业教育思想的来源

盛宣怀虽然从小接受的是传统教育，但他在读书过程中善于思考。青少年时代由于战乱导致生活颠沛流离，使他比较关注社会及现实问题的解决。十七八岁时，他帮担任湖北盐法道的父亲盛康拟定了一套妥善处理行政争端

---

① 盛宣怀．拟设天津中西学堂章程禀（1895 年）［M］//璩鑫圭，童富勇．中国近代教育史资料汇编：教育思想．上海：上海教育出版社，1997：118.

的办法，使本来就具有经世思想的盛康发现了他的办事能力，并勉励他以后要从事“有用之学”。[①] 1866年中“秀才”后，盛宣怀并未将心思和精力用于科举考试，而是频频参与社会活动，并于次年赴湖北广济考察煤矿。进入李鸿章幕府后的第三年，29岁的盛宣怀开始参与轮船运输公司的筹办活动。自此开始，他参与和主持了中国最早的轮船运输、电报电话、机器纺织、矿产开发、铁路交通等一系列近代工商事业。正是在举办这些事业的过程中，他对中国高级工业技术人才的现状与实际需求等问题有了较深的认识。例如，他在19世纪70年代中期勘察湖北煤铁矿产时就认识到：“开矿不难在筹资本，而难在得洋师。”又说：“矿务既属兴利之大端，而得人尤为办事之先务。”在筹办纺织业的时候也说：“织局不难于集资，难于得人。”[②] 天津电报学堂的开设，北洋大学堂工科最早开设土木工程和采矿冶炼两个专业，对铁路、商船教育的重视，无不与他所从事的工商业实践有直接的关联。

盛宣怀的高等工业教育思想形成，还跟他长期与外国科技人才打交道，关注国外实业人才的培养情况有关。盛宣怀一生举办的诸多实业都是开创性的，国内没有这种人才，因此，最初都只能依靠外国技师。在与外国技师的合作过程中，他不仅学会了分辨外国技师本身水平的高低，摆脱了对“洋师”不加区别的迷信，而且也使自己由一个只懂传统经史之学的人，明白了数学、物理、化学、地质等近代科学知识的重要性和基础地位。与此同时，他逐渐了解了发达国家培养高级技术人才的步骤、方式和方法，看到了中国科技教育与发达国家之间的差距。特别是甲午战争以后，日本经验引起了他的高度重视：“日本维新以来，援照西法，广开学堂书院，不特陆军海军将弁，皆取材于学堂，即外部出使诸员，亦皆取材于律例科矣；制造、枪炮、开矿、造路诸工，亦皆取材于机器工程科、地学、化学科矣，仅十余年，灿然大备。”[③]

总之，开创性的近代工商业实践，与外国科技人才的密切接触与交流，

---

① 夏东元．盛宣怀传［M］．天津：南开大学出版社，1998：419.

② 夏东元．盛宣怀传［M］．天津：南开大学出版社，1998：248.

③ 盛宣怀．拟设天津中西学堂章程禀（1895年）［M］//璩鑫圭，童富勇．中国近代教育史资料汇编：教育思想．上海：上海教育出版社，1997：119.

对外国近代科技教育的关注与思考，是盛宣怀高等工业教育思想形成的重要来源。

（二）盛宣怀高等工业教育思想的主要内容

从高级工业技术人才培养的途径、目标、内容、方法和步骤等维度进行总结，盛宣怀的高等工业教育思想主要有以下内容。

1. 注重办学实效，大胆利用洋师

无论是办工业，还是办工业教育，当时的中国都缺少能堪重任的合格人才，因此，在起步阶段非借助洋师不可，这在今天是常识，但在守旧、排外和自大气氛还相当浓厚的晚清，能够有这种认识并不容易。即使是洋务运动的领路人曾国藩，在开办安庆内军械所时，也曾以未用一个外国人为傲。盛宣怀则较早就摒弃了以师从洋人为耻的观念。早在1873年，李鸿章派盛宣怀到福州船政局进行考察，回来以后，盛宣怀提出两条建议，其中一条就是：购买外国机器，由洋匠“亲自送至闽厂，拆合拢，指授华徒”，至“能自造为止”，盛宣怀敢于“洋为中用”的气概和作风，在北洋大学堂的开办中表现得尤为突出。[①] 他不仅从一开始就在涉及学堂开办的方方面面与美国人丁家立“考究再三”，而且将丁氏聘为总教习，虽然这个总教习的职位只相当于教务长，但由于主要课程的安排、所有外国教师的聘请都要由总教习决定，所以总教习实际上具有校长的作用和地位。这充分体现了盛宣怀对外国人才的信任与重用。

但是，盛宣怀对洋人的重用与信任不是无条件、无原则的。首先，所用之人必须有真才实学，是真正的内行。1875—1877年，盛宣怀曾在湖北东部和西部多地勘测煤、铁和铜等矿藏，起初聘用的技术人员是英国矿师马立师，但经过一年左右的时间，盛宣怀发现他对此并不在行，于是果断辞掉此人，另请总税务司罗伯特·赫德（Robert Hart）代聘矿师郭师敦（Andrew White Croolston）协助勘察。虽然最后开采计划因为多种原因未能实施，但盛宣怀对郭师敦的工作和水平给予了高度评价，并为此出具证明，说明失败的责任不

① 夏东元．盛宣怀传［M］．天津：南开大学出版社，1998：422.

在郭师敦。这说明盛宣怀较早就已认识到，“洋师”的水平也是有差别的，应该以实际能力为评价和聘用的准则。北洋大学堂的办学成效证明盛宣怀对丁家立能力和水平的判断是准确的，正是在丁家立主持时期，北洋大学堂不仅成为中国高等工业教育中的佼佼者，而且在西方发达国家也受到重视和肯定。其次，力争教育主权独立。虽然当时的清廷疲弱不堪，在列强面前已无多少独立和自主可言，与洋人打交道的各个领域都很难做到平等和公正，但盛宣怀还是勉力做到在借助外国人办教育的同时保持主权的独立，哪怕只是在形式上，也必须“权自我操”。例如，无论是丁家立，还是北洋大学堂的其他外籍教师，就职之前必须与中方签订正式合同，规定不得进行任何与传教有关的活动，必须服从中方负责人的管理。

当然，在盛宣怀的心目中，依靠外国技术人员协助创办工业，与借助外国专家创办高等工业教育是有本质区别的。在中国缺乏人才的情况下依靠外国人创办工矿企业并指导工业生产，根本目的是获取经济利益和利润，但借助洋师办学堂，其作用不仅在于培养急需的工业技术人才，更有“为继起者规式”① 的意义和价值。也即通过外国专家，将北洋大学堂这样的高级工业学堂办成全国的模范，成为以后中国人独立创办高等工业教育的样板。换句话说，就是具有促进民族经济和高等工业教育自身发展两个方面的目的，“用洋人”的最终目的是“不用洋人”。这一点从他早期所办的天津电报学堂的发展变化可以看出来。1880 年，盛宣怀被委任为天津电报总局的总办，他聘请了一批丹麦籍的教习帮助开办电报学堂。该学堂“到 1900 年时还开办着，明显不同的是，教职工全由中国人担任”②。

2. 中西并重，循序渐进地发展高等工业教育

1896 年 4 月 27 日，盛宣怀向直隶总督王文韶陈述了办铁路的 16 字方针：

① 盛宣怀．拟设天津中西学堂章程禀（1895 年）［M］//璩鑫圭，童富勇．中国近代教育史资料汇编：教育思想．上海：上海教育出版社，1997：119.

② 毕乃德记天津电报学堂［M］//朱有瓛．中国近代学制史料（第一辑 上册）．上海：华东师范大学出版社，1983：487.

“权自我操，利不外溢，循序而进，克期成功。”① 实际上，这既是盛宣怀借助外国资金和技术办理各种实业的一贯主张，也是他利用洋师创办中国高等工业技术教育的基本思路。诚然，在当时是否真能做到“权自我操，利不外溢”是让人甚为可疑的，但他在办理北洋大学堂以及南洋公学的过程中，“循序而进，克期成功”是较好实现了的。

洋务派早期所办的各类学堂，无论是京师、上海各地的同文馆，还是福建船政学堂、各水陆军事学堂，乃至盛宣怀亲自创办的天津电报学堂，都不同程度地把高级工业人才作为培养目标，但由于这些学校没有制度化的低一级学校培养预备人才，结果都成为凌空高悬的孤立教育机构，很难招到外语和自然科学基础符合要求的学生，从而严重影响了办学效率和效果。从1892年开始盛宣怀就开办大学事宜与丁家立长期密切接触，对美国教育制度有了比较多的了解，并深刻明白了办学必须“层累而进”的道理及其对高等教育的重要性。因此，他在创办北洋大学堂时，抛弃了前期洋务学堂的办学模式，采用头等二等学堂同时开办的做法。他在给王文韶的《拟设天津中西学堂章程禀》中说明：“二等学堂，功课必须四年，方能升入头等学堂。头等学堂功课，必须四年，方能造入专门之学，不能躐等。”② 虽然他在禀帖中按照中国传统教育的说法，将二等学堂和头等学堂分别比作“小学”和“大学”，但实际上，二等学堂就是大学预科，头等学堂就是大学本科，而所谓的“专门之学”，实际上指的是大学后进一步深造的研究性学习。可见，此时盛宣怀已经对高等教育内部的层次性有了清晰认识，并极为重视高一级教育之前的基础教育，这就从根本上解决了高等工业教育的生源问题。二等学堂针对头等学堂以工科教育为主的特点，开设的课程以外语和自然科学为主，门类少而精，有利于学生在4年时间里打下坚实的外语和科技基础，从而使头等学堂的科技教学效率与效果大为增强。正因为如此，不仅北洋大学堂的成效是之

---

① 夏东元．盛宣怀传［M］．天津：南开大学出版社，1998：458.

② 盛宣怀．拟设天津中西学堂章程禀（1895年）［M］//璩鑫圭，童富勇．中国近代教育史资料汇编：教育思想．上海：上海教育出版社，1997：119.

前各洋务学堂无法望其项背的，其派送出国留学的毕业生综合素养也受到了西方发达国家高等教育界的一致肯定。

盛宣怀对高等工科之前基础教育的重视，不限于外语和自然科学，还包括传统的经史之学，并将其置于与科学基础知识同等重要的地位。他指出，在进行西方科技教育时忽视儒家典籍和中文教育，必然会“于西学未有入门发轫之功，而于中学已启拔本塞源之弊”①。与当时很多人一样，他认为要做到“西学为用”，必须“以中学为体”。北洋大学堂最初为了尽快将头等学堂开办起来，曾到香港等地招收了一些具有西学基础的学生，但盛宣怀对他们“多懵于经史大义之根柢”② 的状况很不满。他认为，认真进行“中学”学习，不仅是各种人才将来撰写明白晓畅的专业论著所必需的，更是对科技人才进行道德教育的基本内容。不通过经史之学培植道德信念，学生们就会“放僻邪侈，流极不知何底”③。不过，盛宣怀坚决反对学生为参加科考而学习“中学”，他认为那会“迷于章句呫哔之迂途”④。盛宣怀在拟定的头等学堂章程中规定：“汉文不做八股试帖，专做策论，以备考试实在学问经济。”⑤为了使学生少受科举考试干扰而专心于有用之学，1898 年 5 月，他还专门上奏清廷，建议免去新式学堂学生的岁科两试。

3. 立足实际，开设急需工科专业

盛宣怀大力创办高等工业教育之时，正值甲午战后“国用浩繁，公款竭蹶，事虽应办，而费实难筹”⑥ 的时期，要使有限的办学经费发挥最大效用，

---

① 盛宣怀．奏陈南洋公学翻辑诸书纲要折（1902 年）［M］//璩鑫圭，童富勇．中国近代教育史资料汇编：教育思想．上海：上海教育出版社，1997：127.

② 盛宣怀．筹集商捐开办南洋公学情形折（1898 年）［M］//璩鑫圭，童富勇．中国近代教育史资料汇编：教育思想．上海：上海教育出版社，1997：121.

③ 盛宣怀．奏陈南洋公学翻辑诸书纲要折（1902 年）［M］//璩鑫圭，童富勇．中国近代教育史资料汇编：教育思想．上海：上海教育出版社，1997：127.

④ 盛宣怀．筹集商捐开办南洋公学情形折（1898 年）［M］//璩鑫圭，童富勇．中国近代教育史资料汇编：教育思想．上海：上海教育出版社，1997：121.

⑤ 光绪二十一年（1895）盛宣怀拟设天津中西学堂禀（附章程、功课）［M］//朱有瓛．中国近代学制史料（第一辑 下册）．上海：华东师范大学出版社，1986：493.

⑥ 盛宣怀．拟设天津中西学堂章程禀（1895 年）［M］//璩鑫圭，童富勇．中国近代教育史资料汇编：教育思想．上海：上海教育出版社，1997：119.

就必须在各方面精打细算。从1875年到湖北进行地矿勘探开始，盛宣怀先后亲自参与创办的企业包括矿冶、电报、运输、机器纺织、筑路等行业，他几乎是除机械制造以外中国各种近代工商业的开创者，对清末工业的发展实况和需求也最为了解。因此，盛宣怀所办高等工业教育的具体内容，往往与他的工业实践活动以及计划打算有密切关系。如1880年李鸿章设立天津电报总局，任命盛宣怀为总办，他于当年就主持创办了天津电报学堂。1889年12月，盛宣怀在给李鸿章的禀帖中称，招商局花费最大的为“用洋人与用洋煤两宗；‘窃思借助于彼族，不如求材于内地’，主张自办轮船学堂，自己广开煤矿”①。正因为如此，1911年升为邮传部尚书以后的盛宣怀尽力支持南洋高等实业学堂校长唐文治购买屋地添办商船学校的请求。

而北洋大学堂初期开设的三门工科专业，更与盛宣怀的经历与认识有重要关系。首先，1875—1877年的湖北煤铁开采计划虽然失败，原因也很多，但盛宣怀将缺乏本国高级矿冶和机械技术人才、缺少便利的交通运输条件视为重要原因。其次，从1895年左右开始，修建卢汉铁路（京汉铁路）之议兴起，并且张之洞等人有意请盛宣怀负责督办，1896年，盛宣怀又开始接办汉阳铁厂。因此，北洋大学堂开办之初的土木、矿冶、机械三个专业的设置，以及1897年接受铁路学堂进北洋大学堂，就不难理解了。

在国力不振的时代，用有限的资金举办针对性强、最紧要的专业技术教育，是盛宣怀超出张之洞等很多同时代人物的地方，也是中国近代高等工业教育发展过程中的重要经验之一。

4. 面向世界，重视留学教育

相对于同时代其他洋务派官僚，盛宣怀更多从事的是亲临“一线”的实际工作。他长期与聘用的外国技术人员密切接触，对中国和发达国家之间的科技差距有着更为深切的认识和体会，因此，对派遣学生到发达国家留学，他的心情也更为迫切。1876年9月，正在湖北竭力进行勘矿工作的盛宣怀根据自己的体会撰写了《论矿事书》，他在书中提出，中国必须培养本国的认矿

① 夏东元. 盛宣怀传［M］. 天津：南开大学出版社，1998：447.

人才，培养的途径，一是要选聪颖子弟随洋人看矿学习，另一方面就是要选派人才出洋专学开矿本领。① 当他后来掌控了轮船招商局、电报局等部门，拥有了派送人员出国的经济实力以后，就开始大力推行这一计划。可以说，在19世纪80年代以后的历次选派留学活动中，几乎都能找到盛宣怀的影子。尤其是对他一手创办的南、北洋两学堂的留学工作，他更是事必躬亲，不遗余力。1900年秋，也就是北洋大学堂头等学堂刚毕业了一届学生后不久，学堂即被八国联军的德军侵占，所有学生星散。盛宣怀一面将部分逃到上海的未毕业生并入南洋公学，一面将头等学堂的毕业生资送出洋，不仅避免了北洋大学堂初期教育成果的浪费，还为中国造就了一批各领域的杰出人才。1903年复课以后，北洋大学堂几乎是教学与留学并重，成熟一批咨送一批出国，经年不断。辛亥革命前夕，远在北京的盛宣怀正为全国的铁路风潮闹得不可开交，邮传部尚书位置也岌岌可危，但仍将南洋公学机电专业毕业生的出国留学事宜当作重要事件，与校长唐文治反复函商。他对留学工作的重视程度由此可见一斑。

盛宣怀如此重视出国留学工作，一方面是他认为科技人才出洋以后，“躬验目治，专门肄习，乃能窥西学之精，用其所长，补我所短”“究其工作精奥之大端，借他山之石以攻错”。② 近代科技来自西方，中国人只有亲临其发源地学习，“置之庄岳之间”，才能耳闻目睹，真切掌握，这是自曾国藩、李鸿章以来洋务派的普遍认识，盛宣怀的上述认识与他们是一致的。但盛宣怀对出洋游学的价值认识不限于此，而是进一步意识到西方科技自身也在不断发展进步、推陈出新。早在1873年，盛宣怀到福州船政局考察时就发现，当时船政局在造船和教学实践中所采用的一些工艺已经落后于同一时期的西方技术了。正因为如此，盛宣怀不仅重视学堂学生出国留学，同时还注意学有所成的在职高级人才出洋游历和考察。1902年10月，他派汉阳铁厂总办、曾留学多国的钢铁专家李维格与所聘外国技师一道，经日本转赴泰西各国参观有

---

① 夏东元．盛宣怀传［M］．天津：南开大学出版社，1998：426.
② 夏东元．盛宣怀传［M］．天津：南开大学出版社，1998：475.

关工厂，其目的就是要他们通过实地考察和探究，找出中国钢铁冶炼与外国的差距，并提出解决方案。他本人也是一个抓住一切机会对外国工商实业进行考察学习的典范。1908 年 9 月，65 岁的盛宣怀到日本治病，在短短两个多月的时间里，盛宣怀一边治病，一边参观和考察了日本的煤铁厂矿、银行、制币局乃至文化教育等多种部门。即使 1911 年逃亡到日本后，他同样汲汲于考察日本各种实业单位的运作与管理过程。

5. 重视搜集和翻译外国书籍

重视外国书籍的搜集和翻译，是盛宣怀高等工业教育思想与实践的一大特色。中国文人自古以来就有重视书籍收藏与整理的传统，但盛宣怀热心译介、搜集外国书籍，与一般收藏家出于嗜好搜罗珍奇典籍不同，他的目的是为学习西学者提供方便。正如他论及自己在日本大肆搜购图籍时所说的那样："余意本备将来开办图书馆，公诸同好，与收藏家不同，故和汉新旧不拘一格。唯山海壤流，愧无以裨助学界尔。"① 1910 年 10 月，他捐建的"上海图书馆"（后名"愚斋图书馆"）落成，清廷赐赏匾额曰"惠周多士"，可谓名实相副。辛亥以后他流亡日本期间，在考察实业之余，仍然一如既往花巨资"专买未见之书"，预备将这些书籍置于刚办成的上海图书馆。②

如果说选派留学生是"送出去"的话，那么搜集外国书籍就是"请进来"，对盛宣怀而言，两者的目的都是中国人能获取最本真、最新鲜的西方科技。但是，要使书籍中的知识变成人们头脑中的知识，外国书籍要能在中国发挥作用，还必须克服语言文字的隔阂和障碍。最直接、有效和保真的方法，当然是让人们学会外语，能够熟练阅读外文图书。因为"非能读西国之籍，不能周知西国之为"③。正是基于这种观念，盛宣怀非常重视高等工业教育中的外语教学。如北洋大学堂不仅从二等到头等学堂都开设大量外语课，所有工业科技课程的讲授也全用外语，教材也是英文原版的。

---

① 夏东元．盛宣怀传［M］．天津：南开大学出版社，1998：483.

② 夏东元．盛宣怀传［M］．天津：南开大学出版社，1998：494.

③ 盛宣怀．奏陈设立译书院片［M］//璩鑫圭，童富勇．中国近代教育史资料汇编：教育思想．上海：上海教育出版社，1997：123.

但是，在“商民交困，物力艰难”的时代，仅有少数人才能接受正规的高等教育，达到熟练掌握外语的程度。而且“西国语言文字，殊非一蹴可几，壮岁以往，始行学习，岂特不易精娴，实亦大费岁月”①，这又与国家“求富”“求强”急需大量成人掌握近代科技知识的迫切要求相矛盾。因此，由少数精通中外语言的人将外国图籍翻译为中文，并介绍给广大普通知识分子，同时选编合适的内容为各级学堂的教材，就成为盛宣怀心目中的一件急务。他在给朝廷的奏折中，不厌其烦地以世界各国为例陈述翻译工作的重要性。他指出：“英、德诸国学业之兴，并由译拉丁书为本国文字，而后罗马诸学之精微，学者得以用力少程功多，名家辈出，超轶前代。”② 他还以日本为例说：“日本维新之后，以翻译西书为汲汲，今其国人于泰西各种学问，皆贯串有得，颇得力于译出和文之书。”③ 总之，他认为“兴学为自强之急图，而译书尤为兴学之基址”④。为此，他于1899年在南洋公学开设译书院，“延订东西博通之士”择要翻译外国图书，又于1901年7月奏请清廷，专设东文（日文）学堂培养翻译人才。

当然，盛宣怀要翻译的外国书籍并不专指科技书籍，特别是在清廷作出“预备立宪”的表态后，他对西方“政治”书籍的翻译也非常重视。但无论怎样，作为中国近代高等工业教育发展过程中的一位重要人物，他这种重视外文图籍的搜集与翻译工作，并将此与学校教材建设和普及世界新知联系起来的思想，对中国高等工业教育发展的影响是直接而深远的。

（三）盛宣怀高等工业教育思想的特点

盛宣怀是在洋务运动的实践活动中成长起来的一位实业家和官僚，因此

---

① 盛宣怀．奏陈设立译书院片［M］//璩鑫圭，童富勇．中国近代教育史资料汇编：教育思想．上海：上海教育出版社，1997：123.

② 盛宣怀．奏陈南洋公学翻辑诸书纲要折（1902年）［M］//璩鑫圭，童富勇．中国近代教育史资料汇编：教育思想．上海：上海教育出版社，1997：127.

③ 盛宣怀．奏陈设立译书院片［M］//璩鑫圭，童富勇．中国近代教育史资料汇编：教育思想．上海：上海教育出版社，1997：123.

④ 盛宣怀．奏陈南洋公学翻辑诸书纲要折（1902年）［M］//璩鑫圭，童富勇．中国近代教育史资料汇编：教育思想．上海：上海教育出版社，1997：125.

他的高等工业教育思想秉承了洋务派的一些基本的观点和原则。这体现在他对皇权和专制社会秩序的维护，以及对“中体西用”原则的坚持。但是，正式登上历史舞台以后的盛宣怀所面对的社会环境和思想氛围，与洋务运动前期相比已发生了巨大变化。一方面是国家和民族面临被东西方列强瓜分和肢解的危机空前加重，维持国家和民族生存的经济基础和利益遭到外国资本主义的疯狂掠夺和破坏；另一方面，随着中外交流、碰撞的规模、力度空前加大，人们对中国和世界的认识水平大为提高，改良变革以及民主革命的思想与实践此起彼伏。尤为重要的是盛宣怀本人所从事的诸多近代工商实业活动，虽然有借助封建国家政权的一面，但又与封建专制制度之间存在着无法克服的深层次矛盾。这些重大的变化和亲身体验，不可能不对注重实际的他产生深刻影响。所以，盛宣怀高等工业教育思想与实践，与早期洋务派相比有了很大不同，具有自己的特点。

1. 摒弃落后的办学模式，构建西式学校教育体系

洋务派前期所办的各种高等性质的工业技术教育学堂，虽然从课程内容、教学方法等方面看，与传统教育机构完全不同，是一种崭新的学校，但从办学体制和教学管理角度看，则与传统的书院与官学没有什么太大区别。除了没有与之相连的下级学校作基础，这些学堂对学生的学习年限、进程等也没有严格的要求和规定。这种情形既与新式教育本身刚刚起步，人们缺少成熟的经验有关，也与洋务派大多囿于自己的旧式教育经历，受传统办学体制和模式的影响有重要关系。

在开办北洋大学堂之前，盛宣怀也按照传统体制开办过天津和上海电报学堂。但经过对国外办学情况的了解，以及受维新派对近代教育体系设想和宣传的影响，盛宣怀深刻认识到，“参用西制兴学树人为先务之急”[①]。这使他最终摒弃了书院式的办学体制，透彻理解和掌握了西方教育划阶段、分层次、定班级、定年限并按年级开设课程的办学模式及其精神实质和具体做法，

① 盛宣怀．筹集商捐开办南洋公学情形折（1898 年）［M］//璩鑫圭，童富勇．中国近代教育史资料汇编：教育思想．上海：上海教育出版社，1997：121.

并将其应用到北洋大学堂的开办中，从而创立了中国第一所正规的高等工业教育学校。从这个意义上说，盛宣怀是完成中国高等工业教育由萌芽到成型重任的第一人。

2. 打破军事工业局限，“以振兴实业为主义”

中国近代高等工业教育源自清廷镇压太平天国运动和抵抗列强侵略的军事需要，因此，其最初的目的就是培养出能够制造和使用近代军事武器的人才。虽然正是因为最初以此为目标，才使近代工业技术教育在封建顽固势力极为强大的中国得以萌生，但这种培养目标过于狭隘，而且颠倒了军事工业与民用工业之间的本末关系，最终必然导致军事工业及其人才教育缺乏厚实的经济基础而后继乏力，成效甚微。事实也证明，洋务工业及其教育发展起来以后，清政府在与列强的历次较量中反而每况愈下，并出现了甲午战争和“庚子之役”的惨败。所以，从 19 世纪 70 年代中期开始，包括张之洞、李鸿章等人在内的洋务派开始认识到，列强战胜中国表面上靠的是“坚船利炮”，但其基础却在于发达的实业和先进的教育。从那时开始，他们在继续重视军事工业的同时，也开始注意“民用”工业的发展。但是，他们仍然将军工生产和国防放在首要位置，而把各种实业的发展置于为军事和国防服务的地位，或者说，早期洋务“民用”工业的发展，基本上是洋务军事和国防工业发展的副产品。民用工业技术人才的培养，也主要寓于军工人才的培养之中。中国工业教育以培养军工人才为主向培养民用工业人才为主转换，是从盛宣怀开始的。

盛宣怀抛弃了以军事为中心发展工业的观念，而将与民生相关的工商业发展作为重点，并深刻认识到“实业与人才相表里，非此不足以致富强”①，因而把培养民用工业技术人才当作中国近代工业发展的前提和基础。尽管盛宣怀一生所办的轮船运输、电报、矿冶、铁路等实业都与当时的军事和国防存在程度不同的联系，因此其创办的工业教育也多多少少具有一定的军事意义。但对于盛宣怀来说，无论是北洋大学堂培养的土木、机械、矿冶工程人

① 夏东元．盛宣怀传［M］．天津：南开大学出版社，1998：250.

才，还是南洋公学培养的铁路、驾驶、商船人才，都首先是为中国工商业发展、“与洋人争利”服务的。1903年，大权在握的袁世凯因嫉妒北洋和南洋两所学校的声誉，试图借机逼迫盛宣怀停办南洋公学。盛宣怀据理力争，向朝廷陈明，开办南洋公学“即以激发忠爱，开通智慧，振兴实业为主义，应毫不动摇办下去”①。盛宣怀以发展工商实业为主要目的创办高等工业教育，同时又以工商企业的盈利和社会捐赠来维持高等工业教育的运转和发展，开启了中国高等工业教育与社会工业生产和经营之间良性互动的先河，是研究中国高等工业教育与社会经济之间关系的重要案例。

3. 开创性强，影响深远

1896年2月18日，两江总督刘坤一致电盛宣怀：“闻公在津新设学堂，章程甚佳，即祈抄示全卷，以便将来仿办。”② 这充分说明盛宣怀的高等工业教育思想及其实践在当时就是让人耳目一新、影响极大的。他对外国先进教育制度的大胆引进、对外国专家和教师的放手重用、对留学工作的重视、以促进民用工业发展为基本导向的培养目标，以及对外国图书资料搜集与翻译的重视，不但是留给民国高等工业教育的一份厚重遗产，也对1949年以后新中国的高等工业教育具有深远的影响。

当然，盛宣怀不懂或者有意无视高等工业教育的发展与政治制度及其变革之间的深层关系，孤立看待教育与社会生产之间的关系，反对社会革命，注定他孜孜以求的通过高等工业教育使实业发达、国家富强的愿望无法实现，这又为后人深入探究中国高等工业教育早期现代化历程的复杂性提供了一个鲜活的例证。

---

① 夏东元．盛宣怀传［M］．天津：南开大学出版社，1998：477.

② 北洋大学-天津大学校史编辑室．北洋大学-天津大学校史（第一卷）［M］．天津：天津大学出版社，1990：23.

第五章　民国前期高等工业教育的改革与发展

清朝的灭亡和民国的建立，为资本主义工商业的自由发展提供了制度支持，也使高等工业教育更快发展、更好实现现代化成为可能。以孙中山为首的资产阶级革命派一直重视工商业的发展和对相应技术人才的培养，强调教育发展与社会政治改良之间的密切关系。然而，由于缺少精通高等教育办学实践的专门人才，民国初年对高等工业教育的改革更多表现为“去封建化因素”，而在学制、专业以及课程设置等方面则基本沿袭了清末的旧例。这种状况直到 1922 年“壬戌学制”颁布实施才得到根本改变。从总体上看，民国前期尽管长期存在经费匮乏这种严重的制约性因素，但高等工业教育仍然艰难向前发展。这一时期不仅在彻底实现制度现代化、扩大教育规模、提高教学质量方面颇有建树，而且发生了教会大学开始创办工科、清华由留美预备学校向独立工科大学转变等值得关注的现象，从而奠定了高等工业教育进一步发展的基础以及中外力量共同参与办学的基本格局。

第一节　革故鼎新——辛亥革命对高等工业教育的影响

中国在甲午战争中失败以后，效仿英、日等国立宪改革的维新思想一时成为潮流，但戊戌变法的失败，使很多人曾希望通过清廷自上而下进行变革以致中国富强的期许落空。从此，推翻清朝，建立资产阶级共和国的革命思想开始潜滋暗长。以孙中山为代表的革命派坚持不懈地宣传和鼓动，使越来越多的人放弃了对清政府的幻想，革命思想逐渐由涓涓细流汇聚成波澜壮阔的长河。即使后来清政府宣称要实行“新政”，“预备立宪”，也无法阻挡自己覆亡的命运。1911 年武昌城一次偶然的兵变和骚乱，成为压垮清朝的最后一根稻草，封建专制社会的大厦顷刻间分崩离析，轰然倒塌，中国历史进入民国时期。

革命派的目的是建立资产阶级专政的共和国，这种国家的立国之基只能是发达的工商业经济，因此，无论是革命前还是革命后，以发达资本主义国家为榜样，发展中国的工业生产，都是资产阶级革命派国家蓝图中的重要内容。相应的，工业技术教育也必然是资产阶级革命派在教育领域中关注的重点之一。

教育是一个自身历史继承性非常强的社会子系统，尤其是自然科学和生产技术教育，其内容本身与社会政治及意识形态变迁的相关性非常弱，其发展变化更多与科学技术本身的发展以及教育科学理论与实践的发展相关。但是高等工业教育并非单纯的科学技术教育，它和其他各级各类教育一样，也涉及受教育者的政治倾向、身份资格等社会性因素。因此，辛亥革命时期中国高等工业教育的现代化发展，主要表现为资产阶级革命派根据社会的巨变和教育科学的进步，在继承清末高等工业教育思想和实践的基础上进行的某些剔除封建性因素、增强科学性的变革。不过，由于种种因素的影响，这一过程及效果都不如社会制度的鼎革那样剧烈和显著。

一、资产阶级革命派有关工业教育的基本主张

（一）陈天华“务实业可富可强”及“出洋学习实业”的观点

陈天华是资产阶级革命派中杰出的宣传家，他对近代工业生产和工业技术人才培养的认识，反映了多数普通革命者的共同观点。他在《猛回头》一书中指出，近代东西方列强对中国的侵略与历史上北方少数民族对中原地区的武力征服大不相同，以前是文化落后的民族对先进民族的征服，还不至于亡种、亡文明，现在西方列强的文明程度比中国要高很多，他们的侵略不仅会使中国亡国，中华民族还可能因为自身文明的落后无用而被灭种。因此，中国人必须赶紧学习西洋的先进文明：“凡他种种强过我们的事件，我那一件

不要学他的呢？不把他们好处学到手，可抵得他住吗？”[①] 陈天华列举了中国人学习列强最重要的十个方面，其中第四个方面就是“务实业，可富可强”。他说：“中国从前把工艺做下等人物看待，那里晓得各国的富强都从工艺来的？于今中国穷弱极了，若没有人做枪炮，何能与外国开战；没有人做一切的机器，何能把通商所失的利权争转来？铁路、轮船、矿务都可以富国，若没有人学习此等的专门，又何以办得呢？”[②] 西方近代工业科技是富国强兵的重要手段，那么中国人如何才能尽快掌握呢？他指出：“有子弟的，何不赶紧送出外洋学习实业，不过费一二千金，立刻可以大富，并且有大利于国，何苦而不为呢？”[③] 由此可见，陈天华不仅重视中国近代工业的发展，而且将出国留学视为培养高级工业技术人才的捷径。

（二）孙中山对近代工业生产与技术人才培养关系的思考

孙中山是资产阶级民主革命派最有威信的领袖，也是对中国学习发达资本主义国家，进行各项经济建设有极高热情的第一人。如 1912 年民国成立之初，“孙中山除筹设中华实业银行作为‘振兴实业之总机关’外，并兼任全国铁路督办、中华民国铁道协会会长、上海中华实业联合会会长、永年保险公司董事长”[④]。对孙中山著述中的相关思想进行梳理和考察，能够使我们对资产阶级革命派与近代高等工业教育发展之间的关系有一个较为全面的认识。

1. 重视发展近代工业生产和交通运输

早在 1894 年，当时还充满维新理想的孙中山向李鸿章呈递了《上李傅相书》（后称为《上李鸿章书》），系统阐述了自己的社会变革主张。孙中山认为，欧洲富强的根本，不光是中国人从表面看到的船坚炮利和垒固兵强，“而在于人能尽其才，地能尽其利，物能尽其用，货能畅其流”[⑤]，这四个方面才是急于图强的中国应该学习的列强经验精髓所在。所谓“人能尽其才”，就是

① 陈天华．猛回头・警世钟［M］．北京：华夏出版社，2002：31.
② 陈天华．猛回头・警世钟［M］．北京：华夏出版社，2002：35-36.
③ 陈天华．猛回头・警世钟［M］．北京：华夏出版社，2002：36.
④ 陈旭麓．近代中国社会的新陈代谢［M］．上海：上海人民出版社，1992：334.
⑤ 孙中山选集［M］．北京：人民出版社，1956：7.

强调教育在培养各种人才中的重要作用，并将广设各类新式学校视为发展各项事业的根基；“地能尽其利”强调的是利用近代科学技术发展农业生产的重要性；而“物能尽其用”，就是要以科学和技术为基础，大力发展近代工业生产，将中国大地上的各种物质资源的功用发挥到极致；近代工农业生产的产品要能起到造福人民的作用，还必须有顺畅的流通渠道，因此就必须做到“货能畅其流”，一方面要消除各种封建壁垒和不合理的苛捐杂税，增强商人的积极性，另一方面就是要大力发展轮船、铁路，使交通运输便利。虽然孙中山最后重点强调的是应该立即发展近代农业，让中国人能够足食，然后才能顾得上发展其他事业，但从他对发展工商业的强调可以看出，近代工业及其人才的培养，从一开始就是这位日后资产阶级革命派领袖在考虑社会建设时关注的重点之一。

2. 科学技术原理与工业生产实践的关系

辛亥革命以后，尤其是袁世凯就任民国总统以后，资产阶级革命派内部发生分裂，很多人认为革命已经成功，共和国已经成立，今后的任务就是发展各项实业，革命党和革命军可以解散了。还有很多人认为孙中山的革命建国计划“理想太高”，难以遽然实现。他们不愿意再以革命的手段反对袁世凯和北洋军阀政府，而认为应该在法律和政治体制内通过合法途径促进各种问题的解决。孙中山则认为革命并未成功，“去一满洲之专制，转生出无数强盗之专制，其为毒之烈，较前尤甚”①。他在总结失败的原因时，认为中国几千年来“知之非艰，行之为难”的认识论对很多革命党人产生了毒害作用，以至于很多人既不愿意刻苦求知，又不努力实行，这才造成革命的半途而废。为了鼓励广大革命党人不怕困难，勇于实行，并同时勉力探求科学知识和革命道理，他于1918年写成《孙文学说》一书（后以《心理建设》为名收入《建国方略》），针锋相对地提出了“知难行易”的著名论断，并同时提出了“行先知后”的观点反对宋明以来理学家“知先行后”的观点。

在论证“知难行易”时，孙中山以饮食、用钱、作文、建屋、造船、筑

① 孙中山选集［M］．北京：人民出版社，1956：104.

城、开河、电学、化学、进化等为例，说明人们在实际生活中做了许多事情，而且做起来并不难，但很难透彻了解其中的道理，如果对事物的道理能够透彻了解，做起来就更容易。例如，建筑房屋，不懂建筑学的人也能盖房子，但如果还能懂得造房子的道理，盖起来就容易多了。总之，“知之则更易行之”①。“知先行后”是宋明理学家提出“知易行难”命题的认识来源论，他们认为，知识的来源在人的头脑中，通过人的反省就很容易得到，所以知在行之先，也因此知比行容易。孙中山认为，人类知识的进化过程可以分为三个时期，“第一由草昧进文明，为不知而行之时期；第二由文明再进文明，为行而后知之时期；第三自科学发明后，为知而后行之时期”②。其中，第一、第二两个时期大致属于“行而后知”的阶段。进入近代社会以后，情况就有所不同了，这主要是因为近代科学的发达导致的。“夫科学者，系统之学也，条理之学也。凡真知特识，必从科学而来也，舍科学而外之所谓知识者，多非真知识也。”③ 因此，“当今科学昌明之世，凡造作事物者，必先求知而后乃敢从事于行，所以然者，盖欲免错误而防费时失事，以冀收事半功倍之效也”④。这就是现代人，尤其是中国的建设者必须学习科学技术的根本原因。当然，这并不是要否定“行先知后”的观点。他认为，即使在科学昌明的时代，更多的事情仍然是不知而行的，而且人类的进步往往是在不知而行的探索过程中实现的，科学的昌明并不能根本改变这一事实。另外，孙中山把人分为三类：“其一先知先觉者，为创造发明；其二后知后觉者，为仿效推行；其三不知不觉者，为竭力乐成。”⑤ 他指出，如果这三种人“相需为用”，就没有办不成的事，但在知和行两方面要进行分工。关于这三种人在知行中的地位与作用，他举例说，在建立一座大工厂时，工人就是“不知不觉”的“实行家”；工程师是“先知先觉”的“理想家”“计划家”或“发明家”；

① 孙中山选集［M］. 北京：人民出版社，1956：147.
② 孙中山选集［M］. 北京：人民出版社，1956：145-146.
③ 孙中山选集［M］. 北京：人民出版社，1956：146.
④ 孙中山选集［M］. 北京：人民出版社，1956：150.
⑤ 孙中山选集［M］. 北京：人民出版社，1956：147.

而督促施工的工头则相当于“后知后觉”的“鼓吹家”，其责任是向工人宣传设计方案，鼓动工人按照工程师的计划去行动。工程师并不亲身实行建设，可是没有工程师的设计，工厂便建不起来。由此，他得出结论：故为一国之经营建设所难得者，非实行家也，乃理想家、计划家业。[①] 尽管这里他是以工程建设比喻社会改造，其理论基础及结论也有很大问题，但从中可以清楚地看到孙中山对高级工业技术人才作用和地位的认识。

3.《实业计划》对工业人才培养的构想

1919 年 2 月，孙中山写成《实业计划》一书（先以英文发表于当年 6 月号《远东时报》，后编译为《物质建设》收入《建国方略》），阐述了他关于中国工业、农业、交通运输等方面实现现代化的蓝图。他提出，中国应该利用欧美因“一战”结束而剩余的工业生产能力，修筑 10 万英里铁路，100 万英里公路，开凿和整修全国的水道运河，发展河运和水电事业，扩大电报、电话及无线电事业，还要从北到南修建 3 个“如纽约港”的大海港，等等。这些计划的实质，是以大型机械生产和作业为基础，促进各种实业全面发展。正如他在书中所说：“中国正需机器，以营其巨大之农业，以出其丰富之矿产，以建其无数之工厂，以扩张其运输，以发达其公用事业。”[②] 尚以手工生产为主的中国要实现如此庞大的计划，起初必须借助发达国家的设备与技术，但“发展之权，操之在我则存，操之在人则亡”，而“吾欲操此发展之权，则非有此知识不可”。[③] 也就是说，只有拥有了懂行的本国管理和技术人才队伍，才能真正掌握国家发展的自主权。为此，在外国提供设备的本、利尚未偿清时，“应由中华民国国家所雇专门练达之外人，任经营监督之责；而其条件，必以教授训练中国之佐役，俾能将来继承其乏，为受雇于中国之外人必尽义务之一”[④]。这种观点反映出孙中山对培养中国自己的近代工业生产管理和技术人才的高度重视。

---

① 北京大学哲学系中国哲学教研室．中国哲学史［M］．北京：北京大学出版社，2003：499.
② 孙中山选集［M］．北京：人民出版社，1956：188.
③ 孙中山选集［M］．北京：人民出版社，1956：186.
④ 孙中山选集［M］．北京：人民出版社，1956：192.

（三）资产阶级革命派培养工业技术人才思想的特点

资产阶级革命派对教育的作用相当重视，如邹容在《革命军》一书中就指出："革命之前，须有教育；革命之后，须有教育。"① 但在那个特殊的历史时期，资产阶级革命派的主要任务是宣传社会革命的主张和理论，鼓动人们起来推翻和打倒清王朝、袁世凯复辟的帝制以及反动军阀政府。因此，他们更多考虑的是如何通过教育进行革命理论的宣传与灌输，而较少有精力系统思索工业和科技教育。然而，当他们谈及中国与列强较量失败的原因，宣传未来新型国家的发展前景，特别是谈及工业建设的宏伟蓝图时，多多少少会论及机器大工业生产的重要性及相关人才的培养问题。尤其是在近代工商业的影响开始走进千家万户、涉及人们生活的方方面面的时代，革命家们在论述其他问题时，也往往以近代工业生产及其技术发展作为论证的依据和经验基础。这些都为我们直接和间接了解他们的高等工业教育思想提供了依据。

通过以上分析可知，对于工业技术教育本身，资产阶级革命派的认识与清末热心工业教育发展的各界人士一脉相承，相差不大，体现出他们对前人思想的继承。但要注意的是，他们始终强调各种教育的真正发展必须满足一定的政治和经济条件。首先是必须通过革命行动推翻腐败的专制政权。直至1919年，孙中山在《改造中国之第一步只有革命》的谈话中仍然强调："有人说，教育是立国的要素。但我们若致力于教育事业，一般官吏，非特不能提倡，且将设法摧残。假使我们培养一个青年，费巨额金钱，俾受一种完全教育，官吏有时竟因嫉视新人物的心理置诸死地。"② 其次，还必须大力发展生产和各项实业，才能为各种教育的发展奠定坚实的经济基础。孙中山在《心理建设》中指出："必也治本为先，救穷宜急，衣食足而知礼节，仓廪实而知荣辱，实业发达，民生畅遂，此时普及教育乃可实行矣。"③ 当然，培养高级工业技术人才的教育也是这样。高等工业教育发展的事实证明他们的这些观点是有道理的，这又体现了资产阶级革命派在思想认识上对前人的突破。

① 邹容．革命军［M］．北京：华夏出版社，2002：36.
② 孙中山选集［M］．北京：人民出版社，1956：422.
③ 孙中山选集［M］．北京：人民出版社，1956：167.

二、民国初年的教育改革与高等工业教育

武昌起义后不久，清帝尚未退位，资产阶级革命派即着手筹备新的民国政府。1912 年 1 月，中华民国南京临时政府成立，孙中山被推举为临时大总统，各职能部门相继组建。1912 年 3 月 10 日，临时政府北迁，袁世凯在北京宣誓就任中华民国第二任临时大总统。此后直至 1913 年 10 月袁世凯正式当选中华民国总统，全国行政为临时政府所领导，各级各类教育也在临时政府教育部的指导下进行了一系列改革。

（一）民初教育改革概况

1911 年辛亥革命后不久，著名教育家和出版家高风谦即在当年《教育杂志》第 11 期上发表《敬告教育部》一文，希望即将成立的民国教育部在发展教育、制定新学制的时候，要正视中国教育极其落后的现实，不能再如前清学部那样因苛求形式完备和正规反而阻碍教育发展。关于高等教育，他说："至于人才教育，如专门高等之学校，原不得以此为例，然当此百废待举，需才孔亟之际，但使有能培植一技一能，虽偏而不全，驳而不纯，苟足以供社会之用，教育部亦当谋所以奖进之，不可拘以成格也。"① 高风谦的意见充分反映了政体变革之际，资产阶级希望不拘一格地发展近代技术教育、促进社会实业发展的迫切心情。

1912 年 1 月 9 日，临时政府设教育部于南京，任命蔡元培为教育总长，领导全国教育改革工作。但正如陆费逵所说，民国甫立，教育改革涉及方面颇多，"高等以上课程，非仓卒所能订"②，所以教育部的工作是从改革普通中小学教育着手的。从 1912 年 1 月开始，教育部发布了《普通教育暂行办法》《普通教育暂行课程标准》等几项旨在祛除旧教育封建性因素的通令，废除了清末各类学堂对毕业生的出身奖励制度，停用一些含有封建因素的教材，

---

① 1911 年高风谦《敬告教育部》［M］//朱有瓛．中国近代学制史料（第三辑 上册）．上海：华东师范大学出版社，1990：70-71.

② 1912 年陆费逵《民国普通学制议》［M］//朱有瓛．中国近代学制史料（第三辑 上册）．上海：华东师范大学出版社，1990：72.

废除了清末忠君尊孔的教育宗旨。与此同时，新学制的起草也提上议事日程。蔡元培、蒋维乔等人“招集东西留学生，各就所长，分别撰拟小学、中学、大学规程，每日办公六小时，绝似书局之编辑所。初时志愿甚弘，拟遍采欧美各国之长，衡以本国情形，成一最完全之学制。然当时由欧美回国之人，专习教育者绝少，不能窥见欧美立法精神，译出文件，大半不适用。且欧美制终不适于国情，结果仍是采取日本制，而就本国实际经验，参酌定之。计临时政府为时三个月，而教育部之学制草案，亦于是时告成”①。此时拟就的草案，即后来新确立的学校系统的基础。

1912 年 3 月，教育部随临时政府迁往北京。4 月，蔡元培在《东方杂志》第 8 卷第 10 号上发表《对于教育方针之意见》，提出“军国民教育”“实利主义教育”“道德教育”以及“世界观教育”和“美感教育”五育并举的教育方针，为系统改革旧教育定下基调。他在论述中指出，实利主义教育“以人民生计为普通教育之中坚。其主张最力者，至以普通学术，悉寓于树艺、烹饪、裁缝及金、木、土工之中。此其说创于美洲，而近亦盛行于欧陆。我国地宝不发，实业界之组织尚幼稚，人民失业者至多，而国甚贫。实利主义之教育，固亦当务之急者也”②。实利主义教育大致相当于一般教育学说中的智育。从蔡元培所提出的五育内容和对实利主义教育的解释，可以明显看出，民初教育家和教育领导者，已经自觉地将资产阶级发展实业的要求变成了自己的重要使命，并试图通过培养全面发展的新型人才实现这一使命。同年 7 月 10 日至 8 月 10 日，蔡元培和教育部召集全国教育界代表在北京举行了为期一个月的临时教育会议，对民国建立以后的教育发展和改革事宜进行商讨。会后直至 1913 年，教育部根据所议提案，陆续颁布了多项教育通令。这些通令涉及各级各类学校的学制、课程、教学目标等内容，统称为“壬子癸丑学制”。

---

① 蒋维乔．清末民初教育史料（节录）［M］//璩鑫圭，唐良炎．中国近代教育史资料汇编：学制演变．上海：上海教育出版社，2007：1094-1095.

② 蔡元培．对于教育方针之意见（1912 年）［M］//璩鑫圭，童富勇．中国近代教育史资料汇编：教育思想．上海：上海教育出版社，2007：653.

（二）高等工业教育机构名称的改变

1912 年 1 月 19 日，临时政府教育部发布《普通教育暂行办法》，要求各类学堂均改称学校，监督、堂长一律改称校长。9 月 3 日，教育部公布《学校系统令》，将学校系统从纵向将普通教育分为三段五级，第一阶段为初等教育，包括 4 年制初等小学校和 3 年制高等小学校两级；第二阶段为中等教育，包括 4 年制中学校一级；第三阶段为高等教育，包括 3 年的大学预科以及 3 年或 4 年的大学本科两级。横向方面，与高等小学校并列的有乙种实业学校；与中学并列的有甲种实业学校和师范学校；与大学并列的，有预科 1 年本科 3 年或 4 年的专门学校、预科 1 年本科 3 年的高等师范学校。其中，研究生教育未列入学校系统但在高等学校和大学的具体规程中说明了开设条件。

1912 年 10 月 22 日教育部公布《专门学校令》，指出专门学校“以教授高等学术、养成专门人才”为宗旨，并规定专门学校分为“法政专门学校、医学专门学校、药学专门学校、农业专门学校、工业专门学校、商业专门学校、美术专门学校、音乐专门学校、商船专门学校、外国语专门学校”等几类。专门学校设预科和研究科。原则上，国家、地方和私人均可设立专门学校。[①] 两日后，教育部又公布《大学令》，大学以“教授高深学术、养成硕学闳材、应国家需要”为宗旨，“分为文科、理科、法科、商科、医科、农科、工科”。并规定，“大学以文、理二科为主；须合于下列各款之一，方得名为大学：一、文、理二科并设者；二、文科兼法、商二科者；三、理科兼医、农、工三科或二科一科者”。另外，“大学为研究学术之蕴奥，设大学院”。《大学令》还对本科生和研究生的学位授予进行了规定和说明。[②]

根据上述相关教育法令，从民国初年（1912）开始，承担高等工业技术教育的机构，包括大学中的工科院系，以及专门学校中的工业专门学校和商船专门学校，基本是由清末大学堂中的工科大学，以及高等实业学堂中的高

---

① 教育部公布专门学校令（1912 年 10 月 24 日部令第 16 号）［M］//璩鑫圭，唐良炎．中国近代教育史资料汇编：学制演变．上海：上海教育出版社，2007：672.

② 教育部公布大学令（1912 年 10 月 24 日部令第 17 号）［M］//璩鑫圭，唐良炎．中国近代教育史资料汇编：学制演变．上海：上海教育出版社，2007：673.

等工业学堂和高等商船学堂改名而来。

（三）专业与课程的变动

课程和教学内容的变化历来是教育改革的核心内容，也是实现教育宗旨的基础。1912 年 11 月 13 日教育部通过第 22 号部令发布了《工业专门学校规程》，规定工业专门学校本科修业年限为 3 年，可以设置为期 1 年的预科。本科专业分为土木科、机械科、造船科、电气机械科、建筑科、机织科、应用化学科、采矿冶金科、电气化学科、染色科、窑业科、酿造科以及图案科共 13 科。① 与清末《章程》中高等工业学堂的专业设置相比，除了原来的漆工科被酿造科替换以及少数几科名称有改变外，基本没有大的变动。商船专门学校的情况也类似。根据 1912 年 12 月 5 日教育部第 30 号令即《商船专门学校规程》，商船专门学校分为驾驶科和机轮科，与《章程》对高等商船学堂规定的航海科与机轮科名异实同。但是，对工业专门学校中各专业的课程设置，“壬子癸丑学制”比“壬寅学制”和“癸卯学制”的规定要详细、完备得多。以应用化学科为例，《奏定高等农工商实业学堂章程》中规定的学习科目仅为制造用机器学、冶金学、特别应用化学、电气化学、工场实习及实验 5 门。②而《工业专门学校规程》中则定为数学、物理、化学、外国语、矿物学、冶金学、机械工学大意、物理化学、应用化学、化学制造用机械、燃料及筑炉法、电气化学、电气工学大意、工业经济、工厂管理法、工厂建筑法、工业簿记、化学分析及实验、工业分析及实验、计划及制图、实习等共 21 门。③两者相比较，后者学生学习的课程范围比前者要宽广得多，不仅增加了宽泛的科学基础课程，而且广泛涉及一般的工业经济和管理知识，生动反映了在新的历史时期，资本主义工业经济对人才多方面才能的要求以及教育对此作出的积极反应。

---

① 教育部公布工业专门学校规程（1912 年 11 月 13 日）［M］//潘懋元，刘海峰．中国近代教育史资料汇编：高等教育．上海：上海教育出版社，2007：588-592.

② 张百熙，荣庆，张之洞．奏定高等农工商实业学堂章程（1904 年 1 月 13 日）［M］//璩鑫圭，唐良炎．中国近代教育史资料汇编：学制演变．上海：上海教育出版社，2007：468-469.

③ 教育部公布工业专门学校规程（1912 年 11 月 13 日）［M］//潘懋元，刘海峰．中国近代教育史资料汇编：高等教育．上海：上海教育出版社，2007：588-592.

1913年1月12日教育部公布的《大学规程》规定，大学工科分为土木工学、机械工学、船用机关学、造船学、造兵学、电气工学、建筑学、应用化学、火药学、采矿学、冶金学11门。[①] 这与《奏定大学堂章程》规定的工科大学分土木工学、机器工学、造船学、造兵器学、电气工学、建筑学、应用化学、火药学、采矿及冶金学9门相比，除了将原来造船学、采矿及冶金学两门一分为二，一些称谓有所变化外，几乎没有任何变动。由于清末对大学工科各专业的课程安排已经比较详细，因此民初大学工科课程的变化较工业专门学校要小。以土木工程专业为例，《奏定大学堂章程》中规定为算学、应用力学、热机关、机器制造法、建筑材料、冶金制器学、地质学、石工学、桥梁、道路、测量、计画制图及实习、河海工学、铁路、卫生工学、水力学、水力机、实事演习、市街铁路、地震学、房屋构造、测地学共22门"主课"和工艺理财学、土木行政法、电气工学大意3门"补助课"。[②] 而《大学规程》为土木工学门开列的28门课程为：数学、力学、应用力学、水力学、图法力学及演习、地质学、热机关学、水力机学、机械制造学、冶金制器学、测量学、测地学、建筑材料学、钢筋混合土构造法、石工学、桥梁学、铁道学、道路学、河海工学、市街铁道学、房屋构造学、土木行政法、电气工学大意、卫生工学、工业经济学、计画及制图、测量实习、实地练习。[③] 两者相比较，后者除了根据时代发展增加了钢筋混合土构造法、工业经济学等少数课程，基本上是对前者原封不动的承袭。如果仔细对照，还可以发现前述《工业专门学校规程》对相关专业课程的丰富，实际上也只是将清末工科大学的课程科目移植、充实到工业专门学校中的相应专业而已。

（四）对民初高等工业教育改革的评价

民初各类高等工业教育机构的专业设置和课程内容，尽管与清末相比有

---

① 教育部公布大学规程（1913年1月12日部令第1号）［M］//璩鑫圭，唐良炎．中国近代教育史资料汇编：学制演变．上海：上海教育出版社，2007：709.

② 张百熙，荣庆，张之洞．奏定大学堂章程（附通儒院章程）（1904年1月13日）［M］//璩鑫圭，唐良炎．中国近代教育史资料汇编：学制演变．上海：上海教育出版社，2007：378-379.

③ 教育部公布大学规程（1913年1月12日部令第1号）［M］//璩鑫圭，唐良炎．中国近代教育史资料汇编：学制演变．上海：上海教育出版社，2007：718.

一定的变化和改革，但基本上是清末高等工业教育的继承和延续。正如1915年《北洋大学校周年概况报告》总结的那样，民国初年，“学校教授时间均照原定课程第几年第几学期以次教授，尚无变更”①。这从一个侧面反映了教育，尤其是科学技术教育本身的继承性极为强烈，也说明清末的教育发展与教育现代化的大方向是一致的，因而与民国初年的教育改革在深层次上具有统一性。

在形式方面，高等工业教育的最大变化是根据蔡元培等人的意见，取消了以前和大学预科并立的“高等学校”，以3年的大学预科完全取代之。蔡元培认为：“各省的高等学堂，本仿日本制，为大学预备科，但程度不齐，于入大学时发生困难。”② 而工业专门学校和商船专门学校则与以前的高等工业学堂和高等商船学堂基本相同，仍然是面向中学毕业生招生，预科1年，本科3或4年。

从总体上看，辛亥革命时期的教育改革对高等工业教育的发展，除了废除清末奖励出身制度和教育宗旨之类的“去封建化”举措外，直接影响不是很大。其中的原因，除了教育本身具有强烈的继承性外，还因为在这一短暂时期内，革命派重点关注的是社会革命以及培养共和国民的基础教育，加上此时革命阵营中也缺乏懂得高等专门教育的人才，因而无暇也无法对高等工业教育进行彻底改革。参与制定“壬子癸丑学制”的蒋维乔回忆说：“当时部中起草诸人及议之会员，于办理中、小学之经验皆尚丰富，故议决之小学规程，最适合于事实；中学、师范等规程次之。至对于专门大学规程缺乏经验，不过将日本学制整个抄袭，草草了事。”③ 而清末的学制本来就是日本学制在中国的翻版，所以这次改革导致高等工业教育即使在形式上也与清末没有太大区别。当然，国体和政体的变更进一步祛除了工商业发展的观念禁锢，必

① 北洋大学．北洋大学校周年概况报告（1915年）［M］//潘懋元，刘海峰．中国近代教育史资料汇编：高等教育．上海：上海教育出版社，1993：410.

② 蔡元培．我在北京大学的经历［M］//潘懋元，刘海峰．中国近代教育史资料汇编：高等教育．上海：上海教育出版社，1993：400.

③ 蒋维乔．清末民初教育史料（节录）［M］//璩鑫圭，唐良炎．中国近代教育史资料汇编：学制演变．上海：上海教育出版社，2007：1095.

然带来人们思想上对发展高等工业教育更加重视，为高等工业教育的大规模发展提供了可能性，这种深层次的变化还是很大的，不过这已不是辛亥革命时期教育改革本身的影响了。

第二节　"缺米之炊"——北京政府时期高等工业教育的艰难发展

1913 年 10 月 6 日，经国会选举，袁世凯正式当选中华民国总统，此后直至 1928 年国民党经过北伐在形式上重新统一中国的这一历史阶段被称为民国北京（北洋）政府时期。北京政府时期的教育状况与社会之间的关系比较微妙，正如当时有美国人所描述的那样，"近几年来北京政局无论如何混乱，而全国的教育政策总能得着相当的赞助""中国政局虽然紊乱，但是办教育的人，却能够各按轨道进行"。[①] 在这样一个特殊的历史时期，中国近代高等工业教育的发展虽然艰难，但不仅没有停下，而且还在一些方面展示出了迷人的风采。

一、北京政府时期高等工业教育面临的发展环境

（一）各种有利因素

与晚清和清末相比，北京政府时期，高等工业教育的发展与现代化面临着诸多有利条件，主要包括以下几方面。

1. 社会制度变革和国际形势变化

民国的建立和社会制度的变迁，为资本主义工商业经济的自由发展提供了制度保障。虽然其间也曾经历过袁世凯复辟帝制的短暂倒退，但在整个北京政府时期，促进资本主义工商业经济自由发展的政策在形式上是一如既往的。而且，北京政府时期恰逢西方帝国主义内部因利益争夺而导致的第一次世界大战，西方列强对中国的政治和经济压迫与压榨一度有所减轻。这些都使中国资本主义工商业有了进一步发展。

① 李桂林．中国现代教育史教学参考资料［M］．北京：人民教育出版社，1987：413-416.

以当时中国工业中占相当比重的纺织业为例，“辛亥以后的1912年，杭州纬成丝绸公司开始从日本引进手拉织机，对原来的双手投梭改为一手拉梭一手执筘，按不同织物可提高劳动生产率在50%到100%以上。这就足以克服机户、农户个体经济在各种‘节约’上的竞争牵制力，建立起集中的手工工场。其后这种手拉机的手工工场在江南各地都有发展，这是中国织绸工业初次的一个飞跃进步。正是由于有了这种手工工场形态的先驱，在不久以后，当第一次世界大战期间的1915年，上海肇新丝织厂引进了瑞士的电力丝织铁机，接着其他厂也从美、日等国引进，而上海机器厂亦能仿造，劳动生产率较之手拉机又有成倍以上的提高。电力丝织工厂在上海、苏州、杭州以及盛泽、湖州等地均有建立，实现了由手工工场向工厂化的再次迈进。随着手拉机与电力机的发展，古老的投梭机逐步被淘汰”①。

民国经济史学家侯厚培指出，北京政府时期“工业进步之最大动机，当推欧洲战争，予吾国工业界以发展机会甚多。近年以来，一般工业上之进步，与欧战以前相较，至为明显”。例如，“吾国工业上之机器，素仰给于外洋。故每年外洋入口机器之数，即可为吾国工业进步之一部分寒暑表。考民国二年时，机器进口价值，不过四百六十五万余两。八年即增至一千四百万两。十年最高数，为五千五百余万两。最近亦尚有一千八百余万两”②。陈旭麓先生据《农商部统计报告》提供的数据计算，民国成立前后几年全国新开工厂数目分别是：1910年986家，1911年787家，1912年1502家，1913年1378家，1914年1123家。③ 由此可以看出，辛亥革命后中国工业生产的进步的确是很明显的。在第一次世界大战结束时，中国已经具有一个集中在沿海城市的现代化国内银行系统和重要的轻工业基地，不断扩大的铁路系统把一些地方市场统一起来。④ 这又为中国工业生产的进一步发展奠定了基础。

---

① 徐新吾．近代江南丝织工业史［M］．上海：上海人民出版社，1991：9.

② 侯厚培．中国近代经济发展史［M］．上海：大东书局，1929：82.

③ 陈旭麓．近代中国社会的新陈代谢［M］．上海：上海人民出版社，1992：335.

④［美］吉尔伯特·罗兹曼．中国的现代化［M］．陶骅，等，译．上海：上海人民出版社，1989：371.

只有工业生产发展了，才能对高等工业教育的进一步发展提出要求，同时也才能提供经济支撑，这是最重要的也是最根本的。

2. 社会风气和观念的转变

尽管民国初年落后和守旧的思想观念还广泛存在，并且发生过多次复古和复辟闹剧，尤其是在教育领域，轻视技术教育、“读书做官”等思想仍然大有市场。但是，各种新思想、新观念在辛亥革命后已经无法再被完全扼杀，并且逐渐深入人心，影响越来越大。进入新式学校读书，视科学和科技教育发达为立国之本、救国之本的思想，被越来越多的人接受。浙江公立工业专门学校毕业生王国松回忆说，民国初年“社会上不断提出‘提倡实业’‘工业救国’等口号；而各校部分学生也认为学习实科，将来比较有出路，因此志愿学习工科的逐渐增多”①。

人们在思想观念上重视工业生产和工业技术教育，愿意学习工业技术的人越来越多，能够使高等工业教育获得优秀的生源，从而推动高等工业教育质量的提高。

3. 政府的政策保障

1914年12月教育部颁布的《整理教育方案草案》提出了“大学单科制与综合制并行”的办学原则。该案认为：“大学校为全国最高学府，其目的在培成富有理想之人物，以与世界之学术相应。以今日北京大学言之，学科设备诸未完全，欲言扩张，又多限于财力；以全国之大，无完善之大学不可也，大学不能多设尤不可也。变通之道，在于减设科目，萃力经营。吾国大学专采综合制，故每办一校必设多科，博而不专，斯力难兼及；今宜略为变通，兼用单科制度，凡大学令中所举文理法医农工各科，办其一者准称大学。其前经设立多科者，亦从其便；国家择其需费较巨之科力求设备完美，如文科法科等则听民间之私立而严格监督之；或各省互相联合创立公立大学，视其财力，考其学程，足以符大学之本旨者，准予设立，以广人才。费省则易举，

① 王国松．浙江公立工业专门学校校史纪要［M］//朱有瓛．中国近代学制史料（第三辑 上册）．上海：华东师范大学出版社，1990：699.

科少则专精，异日之贡献于社会者为益较溥，此必然之理也。”① 应该说，这种思路是符合当时的中国国情，有利于促进包括高等工业教育在内的各类高等教育发展的。该案还强调了“专门实业及其他特种教育，以克应社会需要为主”的原则，并解释说，从前的各种专门教育，“受农业教育者不适用于国中之农业界，受工商业教育者不适用于国中之工商界，受医业教育者不能使一国医学之进步改良，其他特种专门教育亦复类是。……今欲求根本解决，一在于社会之自觉，一在于办学者克应社会之要求。社会自觉此资本家企业家等所有事也，部中只能任其提倡之责；至于应社会之要求，则真今后办专门实业及其他特种学校者所宜措意矣。今日专门实业学校，无论为农为工为商，其能相地方之要需设置科目者盖寡；病在应有尽有，不顾社会之所求者如何，致其养成学生亦竟见弃于社会。实事求是，在于兴办切要之科，不必各科咸备”，甚至“其地方有宜窑者工业学校专办窑科可也”。② 不仅国内办学是这样，对派遣留学也强调必须根据社会实际需要。1916 年 10 月 18 日教育部公布的《选派留学外国学生规程》指出：“每届议定名数时，应先期咨询各部院、各省需要人材，折衷配定。”③

民国北京政府根据国家和地方的经济实力、社会现实需求尤其是产业发展实际需求灵活办理高等教育，不盲目求大求全的政策措施，使开办工科单科大学成为可能，有利于早期中国高等工业教育数量和规模的扩张。

4. 世界教育新思潮的传入

从 19 世纪末 20 世纪初开始，在欧美兴起了反对赫尔巴特式“传统教育”的思潮与教育改革运动。针对“传统教育”过分注重系统的书本理论知识传授、忽视学生动手和创新能力培养，从而导致教育无法适应新时代资本主义

① 1914 年 12 月教育部整理教育方案草案［M］//朱有瓛．中国近代学制史料（第三辑 上册）．上海：华东师范大学出版社，1990：40.

② 1914 年 12 月教育部整理教育方案草案［M］//朱有瓛．中国近代学制史料（第三辑 上册）．上海：华东师范大学出版社，1990：41.

③ 宋恩荣，章咸．中华民国教育法规选编（1912—1949）［M］．南京：江苏教育出版社，1990：648.

经济、生产进一步发展的弊端，以约翰·杜威（John Dewey）等人为代表的一批西方哲学家、思想家和教育家们，以实用主义哲学为理论基础，提出了以重视学生、重视社会、重视实际生活为主要特征的教育思想，强调教育以学生生活为中心，培养他们的动手能力、创新能力和探究能力。这场教育改革运动在欧洲称为“新教育运动”，在美国称为“进步教育运动”。民国成立以后，欧美的“新教育”“进步教育”注重个性发展、注重实际生活能力培养的教育理念传入中国，经杜威亲自来华讲学以及陶行知、胡适等著名教育家的宣传和介绍，对当时的教育发展产生了很大影响。1922 年的《学校系统改革案》提出了 7 条学制改革的标准，其中“谋个性之发展”“注意国民经济力”“注意生活教育”等条[1]，就明显体现了其影响。这种注重社会生活实际能力培养的教育思想，必然会对中国高等工业教育产生积极影响，推动课程与教学在多方面与生产实际更紧密地联系起来。

另外，“20 年代在美国传播的职业教育运动以更富有技术性的特征对中国的教育家们产生了重大的影响，他们企图采取一种把学生的精力转移到生产劳动中去的方法，而学生的精力以往倾向于集中在如何登上教育阶梯的更高一级的方面。他们的兴趣与大城市新兴的商人和实业家阶级的兴趣紧密配合，这些商人和实业家关心他们企业的熟练工人的供应问题，导致 1917 年在上海成立了中华职业教育社”[2]。虽然职业教育在当时主要涵盖的是中等教育领域，但作为与高等工业教育紧密联系的下一级教育，它的兴旺与发展，它重视与实际生产和技术互动的做法，自然会对高等工业教育的方方面面起到推动和促进作用。

5. 工业科技教育自身的积累效应初显

晚清工业科技教育是从零开始的，因此，最初的师资只能依靠其发源地——西方。以后，随着这种教育在国内持续进行，以及不断派出留学人员，

① 大总统颁布施行之学校系统改革案［M］//璩鑫圭，唐良炎．中国近代教育史资料汇编：学制演变．上海：上海教育出版社，2007：1008.

② ［美］吉尔伯特·罗兹曼．中国的现代化［M］．陶骅，等，译．上海：上海人民出版社，1989：563.

掌握近代工业科技知识的本国人才数量不断增长，他们成为最早的本土科技人才和科技教育师资。例如，“到 1909 年，高等院校中有近三分之二的教师是具备现代资格的中国人”①。

民国成立以后，一方面国内科技教育规模有了较大发展，另一方面，留学东西洋的规模在清末的基础上也进一步扩大。这样，社会上积累的科技人才越来越多，各种科技组织和团体也大量出现和建立。如“辛亥革命后的第二年，国内接连出现了三个相同类型的工程技术学会。1913 年，由这三个团体发起，在汉口召开了‘中华工程师会’成立大会，当时共有会员一百四十八人，选举了我国近代杰出的铁路工程专家詹天佑为会长，颜德庆、徐文炯为副会长，周良钦等二十人为理事。‘中华工程师会’的成立，表明我国已经初步形成了一支具有较高学术造诣和技术水平的工程技术力量”②。又如“在 20 和 30 年代，科学技术确实有了一些进步：1922 年成立了中国科学社和天文学社，随后还成立了其他的科学团体”③。这些科技团体中的很多人才同时兼任着各类工业技术教育机构的教师。1916 年 12 月的《教育部视察山东公立工业专门学校报告书》中就宣称，该校“教员多系国内外工业专门以上学校毕业之士，资格尚无不合”④。以后，包括北洋、南洋、清华等著名高等工业教育名校，科技教师的主体也都成了中国人。

总之，晚清以来培养科技人才的活动以及培养制度的建立，使国内掌握近代科技知识和技能的人才数量开始形成一定规模，初步解决了民国初年高等工业教育进一步发展所需的本土师资问题，使中国高等工业教育独立、自主发展的色彩越来越浓。

---

① ［美］吉尔伯特·罗兹曼．中国的现代化［M］．陶骅，等，译．上海：上海人民出版社，1989：535.

② 汪广仁．近代中国前期的工程技术教育与技术发展［J］．自然科学史研究，1988（1）：90-98.

③ ［美］吉尔伯特·罗兹曼．中国的现代化［M］．陶骅，等，译．上海：上海人民出版社，1989：564.

④ 教育部视察山东公立工业专门学校报告书（1916 年 12 月）［M］//潘懋元，刘海峰．中国近代教育史资料汇编：高等教育．上海：上海教育出版社，1993：587.

（二）经费匮乏是最大困难

尽管北京政府时期高等工业教育面临着诸多发展契机和有利条件，但同时也存在阻碍其快速发展的严重困难与危机。其中最根本的问题，就是从清末继承而来的赔款、外债，以及连年不断的军阀混战所导致的国库空虚、经费匮乏。

“辛亥革命以后，各省财政多感困难”①，原来政府对很多高校的补助费断绝，导致高校办学成为无米之炊。1919 年，陈嘉庚先生在福建厦门召集各界人士商谈厦门大学的筹办时，谈及他途经广州了解的广东高等师范学校办学情形：“若在广东者，鄙人此次途径该地，曾托友介绍，躬赴调查该校经费及各种办法。据称财政困难，难敷展布，其成绩可以想见。夫粤省素称殷富，政府特设最高之教育机关，必能丕振学风，施及全省，不图因陋就简，形式仅存，殊非吾人意料所及。”② 连“素称殷富”的广东省情形尚且如此，其他省份的情况也就可想而知了。从前清继承下来的高等工业教育，虽然还不至于到完全断炊的境地，但“缺米”的情况却是比较普遍的。

经费的欠缺，导致高等工业教育的发展存在以下问题。

1. 国家无力推动全国工业的大规模发展

由于国库空虚，各种社会事业经费被挪用，中央政府缺乏足够的资金推动整个社会生产的工业化转型，这就从根本上制约着高等工业教育的发展速度和规模。尽管民国初年的社会变迁，使工业生产在清末的基础上有了进一步发展，但直至第一次世界大战结束，“在中国开办大工业所需要的管理体制、邮政系统和全国通讯网络，没有像在现代化进程中的日本和俄国那样得到引人注目的发展”③。

同样以当时中国工业中具有典型意义的纺织业为例，虽然民国初期的纺

① 柳芳．胡适教育文选［M］．北京：开明出版社，1992：156.

② 陈嘉庚．倡办厦门大学演说词（1919 年）［M］//潘懋元，刘海峰．中国近代教育史资料汇编：高等教育．上海：上海教育出版社，1993：439.

③ ［美］吉尔伯特·罗兹曼．中国的现代化［M］．陶骅，等，译．上海：上海人民出版社，1989：371.

织业有了相当的进步，但是“这种进步有着各种障碍，其发展也是不平衡的。如电力织机工厂的建立受着各地区缺乏电力供应或供应不足的限制，也有建厂所需资金较多的困难。手拉机工厂的建立也需要筹措一定的资金，而有些地区保守势力严重以及由于机户、农户的贫困顽强地保留着投梭木机，以致在江南地区这三种织机长期并存。而且使用手拉机的固然有大量个体作坊与农村织户，而使用电力丝织机的亦有不少还是个体作坊性质。甚至在一家工场（工厂）内，也会保留着两种不同的织机。情况是异常复杂的”①。

工业生产的发展是高等工业教育发展的基础和动力，没有社会工业生产规模的扩大和技术层次的提高，高等工业教育培养的人才就缺少用武之地，最终必然对人们举办高等工业教育的热情造成负面影响，也会对高等工业教育机构中的教育者和学习者的积极性造成严重打击。

2. 缺乏足够的教学、实验和实践设施

由于政府无力投入充足的资金，造成很多高等工业学校和专业缺乏基本的教学条件和设施，不仅花费巨大的实验仪器设备匮乏，有的连正规教材也无法保障。少数学校，如北洋大学、浙江公立工业专门学校尚能满足供应学生英文原版教材，但像山西大学这类经费严重缺乏的学校，工科教材“均系教员自编，讲义由石印刷印，分给学生”②。

而实验和实践设施的匮乏情况就更严重了。1916 年 12 月《教育部视察奉天公立工业专门学校报告书》显示，该校“化学仪器，则系该校旧有，一二年来，并未增添。历阅各种机械仪器，以之供甲种实习生之用已可敷衍，若供专科则尚嫌不足也”，而且“因该省公署定例，凡中学以上学校，每年每校于修理项下，无论校舍大小如何，平均仅给修理费三百元，该校房屋较大，自难修葺。且原有建筑，本未完固，近更破碎零落，殊属可惜”。③ 1917 年的

---

① 徐新吾．近代江南丝织工业史［M］．上海：上海人民出版社，1991：9.

② 山西大学校报告五年度周年概况报告书（1916 年 8 月至 1917 年 7 月）［M］//潘懋元，刘海峰．中国近代教育史资料汇编：高等教育．上海：上海教育出版社，1993：419.

③ 教育部视察奉天公立工业专门学校报告书（1916 年 12 月）［M］//潘懋元，刘海峰．中国近代教育史资料汇编：高等教育．上海：上海教育出版社，1993：585.

《教育部视察湖南工业专门学校报告》指出，该校“至于设备一切，殊形简略，不足以为学生练习之资。机械科实习向系借用金工厂，往返需时已为不便。现该厂改为陆军工厂，并此借用之地而无之，有名无实，学生之成绩可知”[①]。

3. 无力聘请数量足够的合格师资

虽然民国初年社会上已经积累了不少具有高等工业技术知识和技能的人才，但由于经费短绌，很多学校无力聘请足够的合格教师。如湖南工业专门学校曾开设一个德文机械班，“虽据称长沙中学及湖南第一中学德文毕业生无地升学，商允省长公署，特开此班，以资造就等语。然教员既须专聘，且各科未必尽能得人，不惟经费大受影响，恐教课亦不免迁就情形”[②]。当然，花重金从国外聘请优秀师资，对很多地方性高等工业学校来说，就更是奢望了。

《第一次中国教育年鉴》统计结果显示，到 1916 年，全国有工业专门学校 11 所，在校学生 1807 人，仅占高校学生总数的 8.9%。[③] 高等工业教育的这种发展规模，无疑与经费欠缺导致的上述各种后果都有关系。

二、北京政府时期高等工业教育的发展

尽管民国初年经费的匮乏从多方面严重束缚了高等工业教育的进一步发展，减缓了高等工业教育现代化的步伐，但可贵的是，即使在这种情况下，高等工业教育仍能尽力把握时代脉搏和契机，在艰难中顽强发展。这既表现在新老大学中工科专业有所发展，也表现在一批工业专门学校的创办。

（一）大学工科专业的发展

北京政府时期，除了从清代继承而来的北京、山西和北洋三所大学外，中央与地方政府，以及一些社会力量还新建了一批公、私立大学。在这些新

---

① 教育部视察湖南工业专门学校报告［M］//朱有瓛. 中国近代学制史料（第三辑 上册）. 上海：华东师范大学出版社，1990：703.

② 教育部视察湖南工业专门学校报告［M］//朱有瓛. 中国近代学制史料（第三辑 上册）. 上海：华东师范大学出版社，1990：703.

③ 周邦道. 第一次中国教育年鉴：丙编·教育概况［M］. 上海：开明书店，1934：145-146.

老大学中，由于经费限制，往往只有公立大学才开办工业技术或管理专业的教育。但一些私立大学在开办过程中也曾有过开设工科的冲动，显示了蕴含在民族资产阶级中发展近代工商业的迫切愿望和开创高等工业技术教育的潜力。

1. 北京大学

1912 年 5 月，京师大学堂改名为北京大学，此时该校的工科教育正在清末创立的基础上继续勉力维持着。京师大学堂从 1898 年开办以后相当长时间，由于师资、生源等多种因素的影响，并未建立起计划中的分科大学，直至 1904 年冬才开始招收分科大学的预科生。此后直到 1909 年春，首届预科生毕业工作才全部结束。该年闰二月，清政府任命学部专门司主事、我国第一位留日工科毕业生何燏时担任工科大学监督。1910 年 3 月，京师大学堂工科大学举行开学典礼，先行开设土木工学、采矿及冶金学两个专业。据 1918 年的《北京大学沿革》记载，1913 年 6 月，始有第一批文、理、法、商、农、工各科共 235 名本科生毕业。[①] 而据 1919 年静观的《国立北京大学之内容》回忆，民国元年也就是 1912 年，就有 37 名工科生毕业。[②] 根据清末学制本科 3 年的规定，1913 年开始有工科毕业生的说法应该是准确的，但静观的回忆给我们提供了北大工科第一届毕业生的确切人数。静观在同一文中还提供了北大工科毕业生其他年份的数据：1916 年 32 人，1917 年 34 人，1918 年 17 人。

1916 年 12 月，蔡元培被任命为北京大学校长，开始进行一系列的改革和整顿。蔡元培认为，“完全的大学，当然各科并设，有互相关联的便利。若无此能力，则不妨有一大学专办文、理两科，名为本科，而其他应用各科，可办专科的高等学校，如德、法等国的成例。以表示学与术的区别”，而且，

① 北京大学沿革（1918 年）［M］//潘懋元，刘海峰．中国近代教育史资料汇编：高等教育．上海：上海教育出版社，1993：380.

② 静观．国立北京大学之内容（1919 年）［M］//潘懋元，刘海峰．中国近代教育史资料汇编：高等教育．上海：上海教育出版社，1993：397.

“北大的校舍与经费，决没有兼办各种应用科学的可能”。[①] 基于这种认识和考虑，蔡元培联合北洋大学等其他学校，进行了中国近现代教育史上的第一次“院系调整”。蔡元培在《我在北京大学的经历》一文中回忆说：“我没有本校与他校的界限，常为之通盘打算，求其合理化。是时北大设文、理、工、法、商五科，而北洋大学亦有工、法两科；北京又有一工业专门学校，都是国立的。我以为无此重复的必要，主张以北大的工科并入北洋，而北洋之法科刻期停办。得北洋大学校长同意及教育部核准，把土木工与矿冶工并到北洋去了。”[②] 从此，历经艰辛创立起来的北京大学工科尚未发展成熟就停办了。根据 1918 年教育部公布的《全国大学概况》记载，停招工科的决定做出时，北京大学工科共毕业学生 120 人，此外尚有未毕业的土木工学门一班 29 人，采矿冶金门一班 31 人。[③]

2. 北洋大学

1912 年 1 月，北洋大学堂改称北洋大学校。国体和政体的变更，社会风气的转化，为学校的快速发展提供了契机和可能。据 1915 年北洋大学校《周年概况报告》称，“本校民国四年已至十三班三百七十八人”“民国五年应有十六班六百五十人，六年应有十九班八百五十人”。其中工科有土木工学和采矿学两门。报告同时指出，面对这种快速发展的可能，存在的困难也不少。“宿舍不敷，固不待言。而后有之实验室、工作室均不能合班教授，且机器等项，已非新式。”如果根据发展预期添设配套的教学和生活各项设施，“共需临时费三十二万四千余元”。学校担心，“倘审计院财政部限于财力不予核准，民国五年必须停止招生”[④]。

---

① 蔡元培．我在北京大学的经历［M］//潘懋元，刘海峰．中国近代教育史资料汇编：高等教育．上海：上海教育出版社，1993：403.

② 蔡元培．我在北京大学的经历［M］//潘懋元，刘海峰．中国近代教育史资料汇编：高等教育．上海：上海教育出版社，1993：402.

③ 教育部公布全国大学概况（1918 年）［M］//中国第二历史档案馆．中华民国史档案资料汇编（第三辑 教育）．南京：江苏古籍出版社，1991：177.

④ 北洋大学校周年概况报告（1915 年）［M］//潘懋元，刘海峰．中国近代教育史资料汇编：高等教育．上海：上海教育出版社，1993：414.

面对越来越多的报考学生，虽然学校也有快速发展、扩大规模的愿望，但北洋大学并未放弃宁缺毋滥的招生传统。1915 年底，鉴于“近年各处学生投考本校本科，程度多不及格”的状况，北洋大学没有降低入学的门槛，而是通过考试，招收以前高等学校或大学预科二年级以上的优秀学生，设立一个临时预备班，通过半年的国文、英语、数学、物理等课程的补习，“暑假时再按招考本科办法，另行试验。录取者得入本科，不录取者即行出校”。① 对学生的平时学习和考试，学校也一如既往地严格要求和把关。据《中华民国第四次教育统计图表》中的《全国大学统计表》显示，1915 年 8 月至 1916 年 7 月，北洋大学工科在校生为 103 人，毕业 37 人，17 人辍学。② 如此多的人退学，一个重要的原因就是平时的教学与考核难度太大。

1917 年，蔡元培主张的“院系调整”计划实施，北大工科全部转入北洋，而北洋的法科转入北大，北洋大学从此开始专办工科。

3. 山西大学

据 1915 年教育部《视察山西省立大学校报告》记载，当年山西大学有本科 2 班，其中法科 1 班，工科 1 班；附属的工业专门部 3 班，分别为矿科、土木工程科和机械工程科。此外，另有预科 6 班。③ 1916 至 1917 学年度，据该校向教育部提交的《五年度周年概况报告书》所载，1916 年 12 月，专门部的土木工科班毕业学生 32 名，矿科班毕业学生 32 名。1917 年 6 月，专门部矿科补考毕业 1 名，机械科毕业学生 29 名。总计新招和尚未毕业班级，学校高等工业教育发展为本科 3 个班，其中机械工学门、土木工学门和采矿学门各 1 班，另有专门部机械科 1 班。④

---

① 北洋大学校预备班招生广告（1915 年）［M］//潘懋元，刘海峰．中国近代教育史资料汇编：高等教育．上海：上海教育出版社，1993：415.

② 全国大学统计表（1915 年 8 月至 1916 年 7 月）［M］//潘懋元，刘海峰．中国近代教育史资料汇编：高等教育．上海：上海教育出版社，1993：456.

③ 教育部视察山西省立大学校报告（1915 年）［M］//潘懋元，刘海峰．中国近代教育史资料汇编：高等教育．上海：上海教育出版社，1993：416.

④ 山西大学校报告五年度周年概况报告书（1916 年 8 月至 1917 年 7 月）［M］//潘懋元，刘海峰．中国近代教育史资料汇编：高等教育．上海：上海教育出版社，1993：418-421.

从表面上看，这一时期山西大学的工科教育与北洋大学相比，不仅层次丰富——包括大学本科和专门部两个层次，而且专业也多一种。北洋大学只有土木工程和矿冶两个专业，山西大学还有机械工程专业。另据 1915 年 8 月至 1916 年 7 月教育部的《全国大学统计表》所载，该学年度山西大学工科本科生在校人数为 168 人，而同期北京大学工科只有 94 人，北洋大学也只有 103 人。[①] 而且，“调查该校教员，留学英国毕业者近十人，程度甚高”，所以教师素质也甚为可观。但实际上，山西大学存在的问题和困难很多。一方面，北洋大学在招生时始终严格把关，而山西大学则“所招之学生多半将就收入”；另一方面，实验和实习设施是工科教育至关重要的基本条件。北洋大学的问题是不足或陈旧，而山西大学“工科应有实习之设备多未筹置，教员徒以讲义塞责”[②]，“各科学生毕业临迩，不得不赴京津及唐山各厂实习，以资观摩”[③]。此外，北洋大学一直使用从美国直接购回的原版教材，而山西大学工科教材“均系教员自编，讲义由石印刷印，分给学生”[④]。办学条件的背后是经济基础。北洋大学由财政部直接拨款，山西大学由省财政厅拨款。以 1915 年为例，北洋大学全校共 13 班 378 人，年经费为 203415 元；山西大学共 11 班，按当时情况推算人数应在 300 人以上，但年经费只有 72000 元，“以之办一工业专门学校犹且不足，而况大学校”。[⑤] 缺乏财政基础的“繁荣”是不可能持久的。到 1918 年，山西大学工科本科在校生仅剩下土木工学门 2 班共 30 人，采矿冶金学门 3 个班共 27 人，总计 57 人。[⑥]

---

① 全国大学统计表（1915 年 8 月至 1916 年 7 月）［M］//潘懋元，刘海峰．中国近代教育史资料汇编：高等教育［M］．上海：上海教育出版社，1993：456.

② 教育部视察山西省立大学校报告（1915 年）［M］//潘懋元，刘海峰．中国近代教育史资料汇编：高等教育．上海：上海教育出版社，1993：416.

③ 山西大学校报告五年度周年概况报告书（1916 年 8 月至 1917 年 7 月）［M］//潘懋元，刘海峰．中国近代教育史资料汇编：高等教育．上海：上海教育出版社，1993：424.

④ 山西大学校报告五年度周年概况报告书（1916 年 8 月至 1917 年 7 月）［M］//潘懋元，刘海峰．中国近代教育史资料汇编：高等教育．上海：上海教育出版社，1993：419.

⑤ 教育部视察山西省立大学校报告（1915 年）［M］//潘懋元，刘海峰．中国近代教育史资料汇编：高等教育．上海：上海教育出版社，1993：416.

⑥ 教育部公布全国大学概况（1918 年）［M］//中国第二历史档案馆．中华民国史档案资料汇编（第三辑 教育）．南京：江苏古籍出版社，1991：178.

4. 新办大学工科专业教育开设情况

除了上述三所从清末继承而来的大学，北京政府时期教育部还新建了东南大学和上海商科大学。1921 年经教育部批准，在南京高等师范学校的基础上创办了国立东南大学，在南京高师商科和暨南学校商科的基础上创办了上海商科大学。东南大学下设 6 个学科 31 个系，其中包括工科的机械工程、土木工程、电机工程 3 个系。上海商科大学 1922 年改由东南大学独立承办，设置了普通商业、会计、工商管理、银行理财、国际贸易、交通运输和保险 7 个学系。

此外，交通部还于 1921 年将由清末南洋公学（1904 年隶属商部；1905 年更名商部高等实业学堂；1906 年改为邮传部高等实业学堂，增设铁路专科；1908 年增设电机专科；1912 年民国成立划归交通部，1918 年增设路、电管理科）发展而来的交通部上海工业专门学校、北京邮电学校、北京铁路管理学校、唐山工业专门学校合并，定名交通大学，设上海、北京、唐山三个分校。交通大学在中国近代高等工业教育发展过程中最重要的影响，应该是该校于 1926 年率先组建了工业研究所这一工程技术科研单位。直至 20 世纪 20 年代，中国各高等工业教育院校普遍尚未将科学研究作为工作重点，科研活动基本处于自发、零星或阙如状态。1926 年 6 月，在凌鸿勋校长的筹划下，“为研究高深学术，促进科学及技术的实验而设立”了工业研究所，“此为国内最早设立的大学研究所”。研究所成立之初虽因经费短绌而举步维艰，但“当时国内各公私机关委托试验研究的项目却源源不断，研究所都一一承办，取得了社会各界的广泛赞扬”①。交通大学工业研究所的成立，是我国高等工业教育机构摆脱以教学为唯一职责的办学思路，开创教学科研并重、以科研促教学、勉力服务社会办学新模式过程中的标志性事件。

1922 年“新学制”颁布实施以后，全国兴起了高等专门学校、高等师范学校重组、升格为大学的浪潮，一些原来的工业专门学校，如北京工业专门

① 《交通大学校史》编写组．交通大学校史（1896—1949）［M］．上海：上海教育出版社，1986：177.

学校等因此升格为工业大学。同时，一些新组建的大学，如中山大学（1924年由国共两党在广东组建）、东北大学（1922年张作霖在沈阳组建）以及清华学校大学部（1925年组建）等也开办了工科。

另外，民国初年曾出现过几所私立大学，如朝阳大学、（北京/武昌）中华大学、明德大学、中国大学等。由于工科教育是一项花费巨大的事业，这些私立大学基本无力举办，因此主要开办文、法、商等花费较少的专业。不过其中少数学校也曾试图创办工科，但最后一般归于无果。这种苗头和现象表明民族资产阶级迫切希望创办高等工业教育为工业生产服务，同时也说明此时中国资产阶级的经济实力总体上还很薄弱。

1905年成立于上海的中国公学，原是资产阶级革命派为了组织、接受从日本闹学潮归国的学生继续学习而设，大致为清末高等学校或大学预科程度。1913年12月，中国公学与宋教仁创办于北京的国民大学合并，北京部分改称中国公学大学部。从1916年开始，中国公学逐渐将中学教育剥离，全部改办大学，并改称中国大学，开设政治、经济、法律等专业。1927年何鲁任校长以后，学校接受当年秋季因学潮而退学的上海中法工专学校学生，在已有的文学院、商学院和法学院之外，又增设了理工学院，全校达到17个系。不过，由于经费原因，该校理工学院存在时间并不长。1928年胡适接任校长以后，“觉得何鲁先生任内所定学科组织的规模太大了，不是公学的经济状况能负担的，故自十七年暑假起，裁撤工学院与法学院，其余学系也经裁并，改为文理学院及社会科学院，共两院，七学系”①。因此，高等工业教育在中国大学的存在可用“昙花一现”来形容。

实业家、华侨领袖和教育家陈嘉庚先生于1919年开始筹办厦门大学，他在与人商量时指出，“我国现称大学者，不下十余所，强半为外人所创办。究其内容，不过神学、文学、医学等科耳。余若农工商等科，关系社会经济之发展，为国家生存上所不可缺者，则早有所闻。藉曰有之，究不免因仍简陋，

① 柳芳．胡适教育文选［M］．北京：开明出版社，1992：159-160.

存其名而无其实，欲收相当效果，亦戛戛乎难矣”[①]。他举例说：“鄙人前月途径某地，参观一外人创设之有名大学校，虽有工科，但备电学而已，若实习制造各工程，则概付阙如，其原因如何，不待智者而后知也。”[②] 针对中国高等实业教育极不发达的现状，陈嘉庚雄心勃勃，宣称要将厦大办成一所包括农工商各科在内的综合性大学：“兹鄙人复冒昧倡办大学，力求完备，依吾国社会经济之状况，尤宜注重农工商等科。”[③]

1921 年 3 月 30 日、31 日，厦门大学在《民国日报》上刊登了《厦门大学大纲》，其中的“厦门大学组织系统表”表明，厦门大学计划开办工学部，包括采矿冶金科、化学工科、电气工科、机械工科、建筑工科和土木工科 6 个专业。[④] 但实际上，直到 1938 年因躲避日寇炮火迁往长汀以后，厦门大学才开始实施土木工程、机电工程以及航空工程 3 个专业的工科教育。其中的原因同样是经费短缺。不过，也有资料显示，1924 年 6 月，厦门大学 300 余名教师和学生由于学潮而离校奔赴上海另成立“大夏大学”，推举马君武为校长，并于 9 月 20 日举行了开学典礼。学校设 5 个学院以及 3 个专修科，其中的理学院下设数理、化学、土木工程 3 个系。

（二）工业专门学校的发展

民国前期，属于高等教育性质的工业专门学校也有一定的发展（这类学校的概况可见表 5. 1）。

---

① 陈嘉庚．倡办厦门大学演说词（1919 年）［M］//潘懋元，刘海峰．中国近代教育史资料汇编：高等教育．上海：上海教育出版社，1993：439.

② 陈嘉庚．倡办厦门大学演说词（1919 年）［M］//潘懋元，刘海峰．中国近代教育史资料汇编：高等教育．上海：上海教育出版社，1993：440.

③ 陈嘉庚．倡办厦门大学演说词（1919 年）［M］//潘懋元，刘海峰．中国近代教育史资料汇编：高等教育．上海：上海教育出版社，1993：440.

④ 厦门大学大纲（1921 年 3 月）［M］//潘懋元，刘海峰．中国近代教育史资料汇编：高等教育．上海：上海教育出版社，1993：449.

表 5.1　民国初年工业专门学校一览表①

校名	认可或立案备案年月	备注
北京国立工业专门学校		由清末商部高等实业学堂改名，1924年2月改大学
直隶公立工业专门学校	1913年3月备案	由清末高等工业学堂改名
奉天公立工业专门学校		1915年6月毕业生经部核准，1918年8月停办
山东公立工业专门学校		自1916年10月始，毕业生核准；1926年秋，并入山东大学
四川公立工业专门学校	1915年11月备案	
湖南公立工业专门学校	1915年5月送学则准照办	由清末实业学堂改名。自1913年5月始，毕业生核准，1921年后无卷
福建公立工业专门学校		自1915年5月始，毕业生核准
山西公立工业专门学校	1923年2月备案	
浙江公立工业专门学校	1922年11月准先行备案	
江西公立工业专门学校	1925年10月准立案	
江苏公立苏州工业专门学校	1925年5月准备案	
交通部立上海工业专门学校	1915年1月备案	由清末上海高等实业学堂改名，1922年改名南洋大学
交通部立唐山工业专门学校	1914年11月备案	由清末唐山路矿学堂改名唐山路矿学校。1913年改名唐山工业专门学校。1922年改名交通部唐山大学
交通部吴淞商船学校	1914年8月备案	1915年送员生表，经部分别准驳，1916年后无卷

① 周邦道．第一次中国教育年鉴：丙编·教育概况［M］．上海：开明书店，1934：150-151.

续表

校名	认可或立案备案年月	备注
中法工商专门学校	1921年6月备案	1923年11月改名中法工业专门学校
中法工业专门学校	1921年6月备案	1923年11月由中法工商专门学校改名
水利局立河海工程专门学校	1915年3月特为备案，1919年准备案	1925年后改河海工科大学
山东公立矿业专门学校	1922年11月先行备案	1926年并入山东大学
南通私立纺织专门学校	1917年6月准以专门同等学校先行备案	

从表5.1中可以看出，北京政府时期的工业专门学校，大多从清末高等实业学堂转化而来。如北京国立工业专门学校的前身就是光绪三十年（1904）农工商部奏请开设的京师高等实业学堂。该校最初只有2年制的预科，光绪三十三年（1907）开办本科，分机械、电气机械、矿学、应用化学4个专业。宣统二年（1910）毕业本科生129人。1912年5月，改隶民国教育部，先定名北京高等工业学校，后于当年11月遵照部令改称北京工业专门学校，设机械、电气机械、应用化学3科。1913年又增设机织科。① 从清末直接继承的官办高等工业学堂，还有直隶、湖南等省公立工业专门学校，交通部立上海工业专门学校、交通部立唐山工业专门学校以及交通部吴淞商船学校等几所。

除上述从清政府手中继承、接办的以外，还有一些学校是民国以后新办的，而且创办者的身份开始初现多样化特点。

由于1922年“壬戌学制”规定大学设数科或一科均可，单设一科可以称为某科大学，因此引起了专门学校升格为大学的风潮，许多工业专门学校纷纷升格为大学。据统计，在“壬戌学制”实施以后至南京国民政府成立之前，由工业专门学校升格为大学的有交通部上海工专改为交通大学（1922）、唐山

① 北京工业专门学校沿革纪略（1915年）［M］//潘懋元，刘海峰．中国近代教育史资料汇编：高等教育．上海：上海教育出版社，1993：583-584.

工专改为交通部唐山大学（1922）、北京工专改为国立北京工业大学（1923）、同济医工专改为同济大学（1923）、河海工专改为河海工科大学（1924）。还有工业专门学校与其他学校合并为大学的，如湖南工专与法商两专门学校合并为湖南大学（1926），成都工专与法农两专门学校合并为四川大学（1926），浙江工专工业专门学校并为浙江大学工学院等。①

（三）高等工业教育机构创办主体的初步多样化

由于晚清专门管理教育的最高行政部门——学部成立很晚，地方各级专门教育职能部门创设得更晚，因此，各级各类高等工业教育机构的创办主体呈现出一种中央及某些职能部门、地方政府以及某些地方大员个人相互交叉、难以截然分清的状态。但从总体和形式上看，为数不多的几所高等工业教育机构存在着以中央为主导进行全面管理和审查的特点，开办主体显得单一。这是晚清近代教育不发达、社会制度专制性的结果与表现。北京政府时期社会各方面的发展变化，使高等工业教育机构的创办主体初步显露出多样化的特点。

1. 多种主体创办的各类学校简介

北京政府时期新创建的高等工业机构，除了上述东南大学等少数几所国立教育机构外，按其创办主体，可以分为以下几类。

第一类是地方政府根据工业发展和学制变化而兴办的学校。如四川、福建、山西、江西、江苏等省所办的公立工业专门学校。其中很多学校，如奉天、山东、浙江等省的工业专门学校，是在清末开办的中等工业学堂的基础上升格而来。这一类学校和前述从清末高等工业学堂改名而来的学校一起，说明民国初年中国高等工业教育的主体和基础，是继承清末高等工业教育遗产，这是不可否认的事实。

需要注意的是，按照“壬子癸丑学制”的规定，专门学校应该是专办高等教育的，但实际上很多地方，如奉天、山东、福建等地的工业专门学校还兼办了中等甚至初等工业教育。1916 年 12 月，教育部《视察奉天公立工业专

① 刘文渊，欧阳军喜．旧中国高等工程教育纲要［J］．高等工程教育研究，1993（2）：74-78.

门学校报告书》称该校“合计专门一班、甲种五班”①。其中“甲种”就是指程度为甲种实业学校的班级，在“壬子癸丑学制”中属中等教育。而1917年8月至1918年7月的福建公立工业专门学校《六年度周年概况报告书》则表明，该校“去年八月招考专门土木科十一名、专门预科二十五名、甲种金工科四十名、甲种预科四十五名、乙种本科二十七名”②。浙江公立工业专门学校的前身是1911年开办的浙江中等工业学堂，学堂还附设初等性质的艺徒班。1913年改称浙江甲种工业学校，1918年开始增设高等性质的应用化学科，次年又增设电气机械科，与此同时，学校开始升格为工业专门学校，但“原有甲种工业学校改由工专附设，新招甲种学生，改称甲种讲习班，艺徒改为乙种讲习生”③。

第二类是国家专门职能部门根据本部门需要而创设的学校，如水利局立河海工程专门学校。1924年到1927年间，河海工程专门学校与国立东南大学工科合而为一，组成河海工科大学，成为中国近代一所培养水利建设人才的著名工科大学。

第三类是民间和私人创办的学校。南通私立纺织专门学校是这类学校的典范。该校创办人、著名实业家和教育家张謇在《南通纺织专门学校旨趣书》中说明了开办这所学校的缘由：“我国之有纺织业也，缘欧人之设厂于上海始。欧人之始设厂，辄募我十数不识字之工人，供其指挥。久之，此十数工人者，不能明其所以然，而粗知其所受指挥之当然。由是，我之继营纺织厂者，即募是十数工人者为耳目。而为之监视其工作者，都不习于机械之学，强半从是十数工人而窃其绪余。工人曰左左，曰右右，或否之焉，而工人乃瞠目不知所对。且乃委其事以反诘之，而监视者益瞠目不知所对，则又不得

---

① 教育部视察奉天公立工业专门学校报告书（1916年12月）［M］//潘懋元，刘海峰．中国近代教育史资料汇编：高等教育．上海：上海教育出版社，1993：585.

② 福建公立工业专门学校六年度周年概况报告书（1917年8月至1918年7月）［M］//潘懋元，刘海峰．中国近代教育史资料汇编：高等教育．上海：上海教育出版社，1993：593.

③ 王国松．浙江公立工业专门学校校史纪要［M］//朱有瓛．中国近代学制史料（第三辑 上册）．上海：华东师范大学出版社，1990：699.

不延欧人以司其命。夫如是，则安足以望自树立之一日哉。”为此，他于1912年4月在南通创建纺织染传习所，当年招收本科生和预科生各1班。1913年9月，传习所按部颁标准更名为南通私立纺织专门学校。1927年，学校改名南通纺织大学。南通私立纺织专门学校不仅是我国第一所高等纺织院校，也是中国第一所民办的高等工业技术学校。该校开办费用，主要由民营的大生纱厂支付，学校毕业生均须进入大生纱厂充任监工或技术员至少3年，然后才能外出自谋职业。根据1917年教育部派员调查，学校的教学和管理成效，“在中国求之，殊不易得”①。其原因除了总理张謇能以“至诚感人”外，大概还有三个方面。一是学生出路清楚。学校教学内容与大生纱厂生产所需人才的素质要求完全一致。学生毕业以后不愁无用武之地，学生学习积极性自然很高；二是学校依托大生纱厂进行教学。教学过程中凡缺少实验或实践设备，“则著学生入大生纱厂实习”，这样学生的实际动手能力必然很强；三是师资及教学水平较高。“各科讲义俱用英文教授，唯图画、算学则参以中文讲义。……各专科教员，多系英美毕业生。化学、算学及图画等，多由日本及中国毕业生担任。”②

第四类是中外合作开办的工业专门学校。除了列入上表内的上海中法工商（工业）专门学校，未统计入上表的哈尔滨工业大学的前身——哈尔滨中俄工业学校以及河南的焦作路矿学堂也属于这一类。

1921年，经中法两国政府商议，在原德国人创办的同济医工学堂的基础上，改组成立了中法国立通惠工商学校（法文名 Institut Franco-Chinois d’Industrie et de Commerce，直译为中法工商学院），并于1921年3月10日在上海辣斐德路1195号正式宣告成立。该校性质为“中法两国政府的合作事业”，目的“为培养中国技术人员”。学校经费也由中法两国政府各承担一半，常年经费约为13万元。在院系编制上，学校设工商2科，分建筑、机械、电气和

① 教育部委托罗听余视察南通私立纺织专门学校报告（1917年7月）［M］//潘懋元，刘海峰．中国近代教育史资料汇编：高等教育．上海：上海教育出版社，1993：589.

② 教育部委托罗听余视察南通私立纺织专门学校报告（1917年7月）［M］//潘懋元，刘海峰．中国近代教育史资料汇编：高等教育．上海：上海教育出版社，1993：588.

商业4个系。在校务管理上，设校长2人，中法校长各1人，中方校长由中国政府任命，法方校长由法国政府任命；当两位校长在处理校务问题上发生分歧时，由中国政府与法国驻华公使协商解决。1923年，中法双方对中法通惠工商学校进行改组，将学校改名为中法工业专门学校（Institut Technique Franco-Chinois），使学校置于技术专门学校行列，强调学校的目的“为培养工业专门人才，尤其是铁路方面的技术人员”。根据这一办学宗旨以及学校的经费情况，中法工专停办原来的商科，设高等技术教育部（或简称高专）和附属高中部，学制4年。1929年，学校即根据南京国民政府教育部的命令，更名为中法国立工业专科学校。1931年，学校又以本校学制及课程与教育部所颁布的《专科学校组织法》和《修正专科学校规程》的规定不相符合，高于专科学校的水平和标准，呈请改为独立学院，获准于9月1日正式改为中法国立工学院。1940年6月，由于日本侵华战争的干扰以及法方不愿意再为学校提供经费，学校被迫停办。

1896年，沙俄趁中国甲午惨败之际，与清廷签订所谓《中俄御敌互助条约》，取得了在中国东北“借地筑路”的特权。至1903年，沙俄在东北境内所修筑的“中东铁路”（即“中国东清铁路”，也称“东省铁路”）全部完工。中东铁路建成以后，需要大量工程技术与经营管理人才，仅靠来华的俄罗斯各类技术人员不敷使用，而且，俄国员工大都携家带口，子女教育也是亟待解决的问题。为此，中东铁路理事会于1920年5月开始筹建哈尔滨中俄工业学校。同年8月5日，哈尔滨中俄工业学校筹建协会成立，并召开第一次全体会议，选举中东铁路理事会主席宋小濂将军为名誉主席，中东铁路管理局局长狄米特里·列奥尼德维奇·霍尔瓦特（Dimitri Leonidovic Horvath）为主席；9月9日，筹建协会推选毕业于鲍曼莫斯科高等技术学校的工程师阿·阿·摄罗阔夫（A. A. Shelkov）为校长；10月17日，哈尔滨中俄工业学校举行开学典礼。学校设铁路建筑和电气机械工程2个科，招收俄国学生103名，教职员工全是俄国人，教师用俄语授课。此外还为中国学生设立了预科班，共招生 17 人。① 学校本科实行学分制，学制 4 年。1922 年 4 月 2 日，学校改名“中俄工业大学校”，学制由 4 年改为 5 年，原设的铁路建筑和电气机械工程 2 个科分别改为铁路建筑系和机电工程系。毕业生经考试委员会答辩合格，授予工程师称号。1928 年，学校改由中华民国东省特区领导，并于 2 月 4 日暂改校名为“东省特区工业大学校”，东省特区行政长官张寰湘将军担任校理事会主席，东北政府国民教育部总长刘哲任校长，为学校历史上第一位中国校长。1928 年 10 月 20 日，学校校名正式定名为“哈尔滨工业大学”，由中苏双方共同管理，中方由张学良将军任校理事会主席。从此，哈尔滨工业大学的校名一直沿用至今。到 1935 年被日本接管为止，按俄式办学的哈工大共培养毕业生 1267 人，其中中国学生 382 人，苏联及波兰学生 885 人，这些毕业生分布在中国、苏俄、澳大利亚、波兰、美国、加拿大、新西兰和巴西等世界各地，毕业文凭得到苏联等欧洲国家的承认。

1898 年，英国福公司（Peking Syndicate Limited）获得了在华路矿开采特权，1898 年 6 月由总理各国事务大臣、庆亲王奕劻主持在总理衙门签订了《河南矿务章程》，允许英国福公司开办相关的技术学堂。1909 年 2 月 25 日，河南地方与英国福公司签订《河南交涉洋务局与福公司见煤后办事专条》，其中第八条规定：“路矿学堂，议定本年春季开办。”1909 年 3 月 1 日，英国福公司依上述条款规定，创办了焦作路矿学堂。田程为首任监督（校长），设矿务学门，首批招收学生 20 人，聘请了英人李恒礼等 4 人和华人陈筱波等为教习，1913 年 12 月，路矿学堂首届学生毕业后，英国福公司单方面撕毁合同，停办了焦作路矿学堂。1915 年 5 月 7 日，英国福公司与华商中原公司合组福中公司，学校复校，更名为河南福中矿务学校，归外交部河南交涉署直辖。1919 年，学院易名福中矿务专门学校。1921 年，学校再易名福中矿务大学。1931 年，经教育部批准，学校又易名为“私立焦作工学院”，并成立校董会，河南省主席刘峙任校董会主席。

第五类是西方各国教会所办高等学校中开始出现工科专业，这部分内容

① 中国教育报刊社．漫游中国大学：哈尔滨工业大学［M］．重庆：重庆大学出版社，2008：9.

将在后面的专题讨论中详述。

2. 创办主体多样化的历史意义

以今天的眼光来看，偌大的中国，在这一时期只有20余所小规模的工业专门教育机构，数量实在太少，而且其中很多还是从前清继承而来，或由清末中等工业学校勉强升格而来，新建的学校所占比例极小，可见北京政府时期高等工业教育发展力度确实有限。但相对其数量、质量和规模而言，工业专门学校创办主体开始呈现出多样化的现象更值得关注和思考。

地方政府、政府职能部门以及私营企业家们开始根据本地方、本部门和本行业工业生产的实际需要，有针对性地开办各种高等工业教育机构，这是中国高等工业教育现代化过程中非常可喜的现象，是符合现代教育办学主体多样化趋势和规律的。尤其是私营企业家开始独立创办高等工业专门学校，更是晚清末出现过的新现象。虽然此时还仅有南通私立纺织专门学校一所，但它的出现宣告中国民间资本、民族资本家第一次以独立身份正式参与近代高等工业教育事业中来了。尽管自清末以来，国家从未禁止民间自办高等工业教育，相反还在各种相关法令和政策中多有鼓励，但由于高等工业教育是一项耗资巨大的事业，而纯粹的民营企业在清末一直未得到正常发展，因此一直未出现民办高等工业技术学校。南通私立纺织专门学校创立时，正是大生纱厂稳步发展、盈利丰厚的时期，这就生动表明，只要民族资本主义企业生产经营状况良好，必然会因人才的需求而激发企业家举办高等工业教育的热情，从而成为举办高等工业教育的重要力量。

中外合作创办工业专门学校，也是这一时期高等工业教育中出现的新现象，是办学主体多样化的又一种表现。晚清以来，由于屡受西方列强侵略和侮辱，政府的自主能力和掌控能力弱，无论是普通民众还是统治者，在涉及教育主权问题时都很敏感，极少有中国和列强合作办学的事例，更缺少以合作为形式，积极主动利用列强的优势和实力来发展中国教育的明确计划。上海中法工业专门学校和哈尔滨中俄工业学校的创建与办理，是中外合作进行高等工业教育的早期尝试。尽管其中也掺杂了不少屈辱的成分，并充分暴露出不可能有哪个列强“好心”和“义务”帮助中国发展高等工业技术教育的事实，但这两所学校毕竟为中国以后在平等、互惠的基础上与发达国家合作进行高等工业技术教育开启了道路，积累了经验。

从世界范围内看，创办主体的多元化是高等工业教育现代化历程中的普遍现象，它反映了社会经济多元化的发展程度。从民国前期开始，中国高等工业教育也开始出现了创办主体多样化的端倪，其中蕴藏的丰富的历史意义值得人们深思。

三、教会大学与工业技术教育

（一）清末民初高等教育成为教会办学的重点

从19世纪末开始，随着中国自办大学的舆论和实践逐渐盛行，特别是经过1900年义和团运动的冲击，西方教会认识到，如果不培养出能够取代传统士大夫的新式高级知识分子，从而左右中国的未来发展方向并影响中国人的精神面貌，单纯的传教在中国是没有出路的。因此，教会组织也不甘落后，将教育发展的重点逐渐放到高等教育上来。20世纪初期，“6个新教教会建立了大学部，进行讲授西方学科的普通教育”[①]。到民国北京政府时期，燕京大学、齐鲁大学、东吴大学、圣约翰大学、之江大学、华西协和大学、华中大学、金陵大学、华南女子文理学院、湘雅医科大学、金陵女子文理学院、沪江大学、岭南大学、福建协和大学等基督教大学，以及辅仁大学、震旦大学、天津工商学院等天主教大学都已基本成型，成为早期中国高等教育的重要组成部分。

（二）早期教会大学较少开展专门的工科教育

由于教会办学的根本目的在于培养引领中国走向基督教化的精英人才，因此，尽管早期教会大学有些“开设了医学和神学的课程，但是差会一般并不赞同在其他领域开设专业和职业课程。在大部分传教士看来，职业教育是世俗的，是对基督教在中国的发展并不会有什么用处，教会学校用差会的钱

---

① ［美］吉尔伯特·罗兹曼．中国的现代化［M］．陶骅，等，译．上海：上海人民出版社，1989：260-261.

来培养工程师、农业家、律师等等是毫无理由的”①。所以早期教会大学中主要开设的是文、理、法、医、神学等专业，培养目标是差会所需的各类人员。即使后来差会已经无法聘用所有毕业生，学生的职业出路成了重要问题，但“大部分教会大学由于经费短缺而无力开设需要大量设备的学科，如工程学和自然科学领域中的专门课程”②。到 20 世纪 20 年代，教会大学中主要增设的是农、商等专业，而很少开办工科专业的教育。只是到了 30 年代以后，随着中国工业的日渐发展和教会大学本身办学实力的增强，以及中央政府对理工科教育的一再强调，教会大学开办工科教育的情形才逐渐增多。资料表明，在 1928 年南京国民政府成立以前开办工科专业的教会大学，只有天主教所办的震旦大学、天津工商大学等少数几所，而很少有确切的证据表明新教各派所办的大学实施了专门的工科教育。

（三）教会大学中的高等工业技术教育

教会大学中的工业技术教育是中国近代高等工业教育的特殊组成部分，具体可分为专门的工科教育和理科教育中附带的工业技术教育两种形式，它们都是教会教育对早期中国高等工业教育发展作出的贡献。

1. 工科专业教育

1903 年 2 月，经过中国天主教徒、教育家马相伯的多方努力，法国天主教耶稣会设震旦学院于上海。1912 年民国成立，院长孔明道（Joseph de Lapparent）神父按法国大学体制，改称震旦大学院，并作为天主教大学在罗马教廷立案登记，本科开设文、理两科。1914 年，南道煌（G. Fournier）任院长，把本科分成 3 科：3 年制的法政文学科和算术工程科，以及 4 年制的博物医药科。另外设立了 2 年制的“工程特科”，专门招收算术工学科毕业后“有志工程者”继续深造。不久，算术工程科改名工程科。据 1928 年的《震旦大学二十五年小史》记载，工程科的课程为“法文、哲学、理论数学、代数学、三

① ［美］杰西·格·卢茨．中国教会大学史（1850—1950）［M］．曾钜生，译．杭州：浙江教育出版社，1987：166.

② ［美］杰西·格·卢茨．中国教会大学史（1850—1950）［M］．曾钜生，译．杭州：浙江教育出版社，1987：172.

角学、几何学、物理学、化学、测量学、图画、高等代数学、平面解析几何学、图解几何学、建筑学、机器图画、微积分学理论、力学、立体解析几何学、工业物理学、物理学补遗”；工程特科的课程为“物质抵抗学、电机学、金工学、测量学、铁道学、水力学、矿学、化学、工业化学、工业图画设计”。[①]

1920 年左右有日本人曾对中国的外国人办学进行过调查，其调查报告《欧美人在中国之教育设施》述及震旦大学时指出：“论该大学之程度与设备，实不值称为大学，且较专门学校为劣，以之比上海圣约翰大学，犹彼之中学也。”[②] 这说明震旦大学初期的工科教育质量不高。但作为率先开办工科教育的教会大学，其行为不仅对高等工业教育本来就落后的中国具有聊胜于无的价值，而且其在工科本科教育之后又开办“工程特科”供毕业生继续深造的做法，实为在中国进行工科研究生教育的初步尝试，具有制度上的开创意义。

天主教耶稣会于 1921 年创办的天津工商学院，在开办之初也设有工科。具有法国背景的来华天主教会很早就有在中国北方的要冲之地天津开办一所高等学校的打算，并于 1885 年 4 月拟定建校方案四则：（1）本校目的是使中国人开始学习欧洲各种科学，以培养工商业、军事、航运等专家，使他们能用欧洲文化与欧洲人往来；（2）本校课程以学习法语为主，利用法语学习其他科学，虽然在国际上法国以外多习用英语，但是本校既以扩大法国影响为第一，那么就规定以法语为必修科，其他如英语、德语为选修科；（3）本校教授以法国传教士为主，在法国传教士不敷分配时，也可以聘请其他外国教授，但必须征得法国传教士的同意；（4）本校只限招走读生，训育、庶务、中文教授可由中国人担任。[③] 但由于天主教内部的势力范围矛盾及各种因素的影响，这所学校直到 1921 年才在天津马场道清鸣台一块百余亩的空地正式

---

① 震旦大学出版委员会．震旦大学二十五年小史（节录）［M］//陈学恂．中国近代教育史教学参考资料（下册）．北京：人民教育出版社，1987：116.

② 欧美人在中国之教育设施（节录）［M］//陈学恂．中国近代教育史教学参考资料（下册）．北京：人民教育出版社，1987：244.

③ 吕志毅，《河北大学史》编纂委员会．河北大学史［M］．保定：河北大学出版社，2001：5.

开建。

1923 年 9 月，天津工商大学正式开学，分工、商两科，并于当年招收了 51 名预科生。1925 年开始，该校正式有了本科一年级学生，裴化行任工科主任。1928 年，学校首届毕业工科 7 名，商科 4 名，其中 3 名获得学士学位，另外 8 名仅获得肄业证书。据《河北大学史》（河北大学为天津工商大学的继承者之一）记载，天津工商大学采用法国学制，工商两科本科学制均为 4 年，开办之初的课程设置分为基础与专业两大类，一律为必修，不设选修，也明显带有浓厚的法国色彩。其中，基础课主要有哲学（亦称方法论）和法文，工科专业课程的主要包括以下十大门类：（1）数学，包括大代数、三角、微积分、解析几何、图形几何；（2）物理，包括电学、热学、机械等；（3）化学；（4）平面测量；（5）静力学与材料学，包括建筑材料、钢筋水泥、材料实验、工程估计学、水利学等；（6）房屋建筑，包括图解力学、工程设计；（7）市政学、铁路学；（8）会计学原理；（9）商业英文；（10）工业实习（利用暑假介绍学生到工厂实习 4 周）。以上各专业课程授课时数一般为 1 至 2 年，每周 2 学时左右。①

另外，据杰西・卢茨（Jessie G. Lutz）的研究，1890 年隶属于美以美会的汇文大学成立时，学校除了文理学院、神学院和医学院三个主要部分外，还附设了一所工业学校。② 在目前没有更详细相关资料的情况下，我们只能认为这所工业学校是初等或中等工业技术学校。她还很肯定地说："东吴和沪江确实开出一些工业化学的课程；圣约翰开出一些工程学课程。但是圣约翰的工程学系的经费大部分来自中国人的资助。之江于 1920 年开设建筑系，学生权充学徒；作为学习的部分内容，学生帮助设计教会建筑，然后监督建造。"③ 她还根据卜舫济 1917 年发表在《教育季刊》第 9 卷上的《圣约翰大学》一文

---

① 吕志毅，《河北大学史》编纂委员会．河北大学史［M］．保定：河北大学出版社，2001：29-30.

② ［美］杰西・格・卢茨．中国教会大学史（1850—1950）［M］．曾钜生，译．杭州：浙江教育出版社，1987：27.

③ ［美］杰西・格・卢茨．中国教会大学史（1850—1950）［M］．曾钜生，译．杭州：浙江教育出版社，1987：172.

记述："圣约翰的校友十分慷慨地帮助母校扩建；中国人差不多捐赠了两座新宿舍，一座新的科学馆的费用，一座新图书馆的大部分费用，和机械系的全部费用。"① 但目前尚未查到她所提到的上述工程学系（机械系）和建筑系在1927年以前存在的其他证据，因此只能先存疑了。

2. 理科教育中与工业技术相关的教育

一些新教所属的教会大学虽然此时并未开设专门的工科教育，但在中国早期高等工业技术教育中并非毫无影响和价值。有些新教大学，特别是开设了理科专业的教会大学，如圣约翰大学、齐鲁大学、沪江大学、燕京大学、之江大学等，普遍重视与高等工业教育密切联系的数、理、化等科目的教学。"当时中国的教会大学所开的数学课程数在今天看来也是非常了不起的。登州文会馆提供六年制课程包括代数、几何和圆锥曲线、三角和测量法、测量与航海、解析几何和数学物理学、微积分、天文学。此外，还有两年的物理课程和一年的化学课程。"② 一些教会学校的理科专业还为学生开设了技术科学课程，并配备了相对完备、先进和精良的试验设备和仪器，很多甚至是一些中国自办的高等工科专业教育机构也无法与之匹敌的。如狄考文"于1879年第一次回美国休假时，花了一部分时间在火车头工厂研究蒸汽火车头的构造，他还为他的学校弄到一副十英寸的反射望远镜和一部发电机。他一回到中国就用他的版税收入装备了一个工厂，为登州学校实验室制造科学仪器"。再如"圣约翰大学于1898—1899年建立了一座科学楼。卜舫济写道，这是中国的教会大学为自然科学的教学建立的第一座专门楼房。他完全可以加一句话说：这样的教学大楼就是在整个中国也屈指可数的"③。教会大学的这些做法对培养出中国的数、理、化和技术科学理论人才是大有裨益的。

20世纪30年代以后，一些教会大学以早期开办的理科专业为基础，逐渐

---

① ［美］杰西·格·卢茨．中国教会大学史（1850—1950）［M］．曾钜生，译．杭州：浙江教育出版社，1987：183.

② ［美］杰西·格·卢茨．中国教会大学史（1850—1950）［M］．曾钜生，译．杭州：浙江教育出版社，1987：61.

③ ［美］杰西·格·卢茨．中国教会大学史（1850—1950）［M］．曾钜生，译．杭州：浙江教育出版社，1987：58.

发展出工科教育，成为旧中国高等工业教育的重要组成部分，并在新中国成立初期的“院系调整”中作为重要的教育资源并入其他工科院校，扮演了新中国高等工业技术教育“家底”之一的角色。

四、“壬戌学制”与高等工业教育的现代化

（一）民初对“壬子癸丑学制”的修订

由于“壬子癸丑学制”是在辛亥革命后一个较短时间内匆忙制定的，而且参与制定的人当中少有真正懂得近代教育和学制发展趋势的专家，因此它只是清末日本味浓厚的“壬寅学制”“癸卯学制”略加修改后的结果。随着时间的推移和中国社会的发展，人们出于各种目的和需要，对“壬子癸丑学制”进行过多方面的修订。

袁世凯当政期间，曾以大总统和教育部的名义多次对“壬子癸丑学制”进行修改。由于袁世凯染指教育带有为复辟帝制做准备的成分，所以曾在一定程度上恢复了尊孔读经课程，并公开提出了“爱国、尚武、崇实、法孔孟、重自治、戒贪争、戒躁进”这种反对社会革命的教育宗旨。正因为如此，在教育史研究界，袁世凯对学制进行的一系列修改一直被全面否定。但是，对历史事件和人物的评价不能以个人动机为最重要或唯一标准。如果参照当时的中国社会和教育实际情况，剔除其中一些纯粹为政治服务的内容，袁世凯时代的很多教育变革措施也有符合社会和历史发展规律的成分。

1914 年 12 月教育部颁发的《整理教育方案草案》，认为民国初期的教育改革存在很多不顾实际的弊端，并提出了多达 30 条的改革措施和意见。其中除“中小各学校修身国文教科书，采取经训，以保存固有之道德；大学院添设经学院，以发挥先哲之学说”以及“各学校宜注重训育，以孔子为模范人物，不宜偏重知识一方面”两条直接涉及尊孔读经以外，其余 28 条都是根据社会经济和教育自身实际情况进行改进的具体措施，很多意见是相当符合现代教育发展规律和社会实际情况的，如果真能确实施行，无疑能推动中国教育的进步。如“确定义务教育年限，明白宣示，使地方知建学为对于国家之责任”“各地方固有学务存款，及关于学务特别捐，均作为学务基本金，不得

挪用”“对于私塾采奖进主义，期渐同化于学校”“设法优待小学教员，使各尽心于职务”“选送游学生由中央制定画一之方法，以求实效”等条，这些要求不仅符合当时的教育实际状况和需要，而且有助于高等工业教育持续稳定发展。此外，草案中的“大学校单科制与综合制并行”和“专门实业及其他特种教育，以克应社会需要为主”两条[①]，正视当时落后的经济实力，同时又考虑社会生产发展的趋势和需求，促进工科单科大学与工业专门学校的发展，是中国高等工业教育现代化历程中具有重要意义的决策。

袁世凯时期另一个重要教育改革措施，是他与当时的教育部一起，试图将原来统一单轨的小学校，分为“国民学校”和“预备学校”两种。“国民学校”即“壬子癸丑学制”中的初等小学校，为义务教育机构，“施行国家根本教育，以注意儿童身心之发育、施以适当之陶冶并授以国民道德之基础及国民生活所必需之普通知识技能为本旨”[②]。而“预备学校”则是包括以前初等小学校和高等小学校的完全小学，附设于中学校，设施完善，学生必须交学费，“以注意儿童身心之发达、施以初等普通教育、预备升入中学为本旨”[③]。尽管《预备学校令》中也说明国民学校的毕业生有资格进入预备学校的高级阶段，但很明显，这种做法是将原来的单轨学制变成了双轨学制，体现出了以财产为基础的不平等性。袁世凯的这种做法不仅在1949年新中国成立以后受到猛烈批评，在民国时期也一直为进步的教育家们诟病。这一计划还没来得及实施，就随着袁世凯帝制的倒台而被废止了。然而，从历史的角度看，考虑到当时普遍落后的经济状况，如果实行双轨制小学教育，毕竟能够使更多的普通人家子弟接受义务教育，从而为高等工业教育培养出来的技术人才提供知识水平相对较高的劳动者，有利于高等工业教育效益的发挥。所以，当代的人不能仅凭主观愿望和感情，完全否定袁世凯这种做法的历史

---

① 教育部整理教育方案草案（1914年12月）［M］//璩鑫圭，唐良炎．中国近代教育史资料汇编：学制演变．上海：上海教育出版社，2007：744-759.

② 大总统申令（公布国民学校令）（1915年7月31日教令第31号）［M］//璩鑫圭，唐良炎．中国近代教育史资料汇编：学制演变．上海：上海教育出版社，2007：790.

③ 大总统申令（公布预备学校令）（1915年11月7日教令第68号）［M］//璩鑫圭，唐良炎．中国近代教育史资料汇编：学制演变．上海：上海教育出版社，2007：797.

合理性及其在中国高等工业教育发展中的正面意义。

袁世凯以后，民国政府对“壬子癸丑学制”的修订和改革并没有停止。例如，1917年9月27日，教育部公布《修正大学令》，对大学教育进行了进一步改革。其中第三条规定：“设二科以上者得称为大学。其但设一科者称为某科大学。”这一改革显然是对袁世凯时期《整理教育方案草案》中相关意见的继承和落实，为工科单科大学的发展提供了制度保障。第八条规定：“大学本科之修业年限四年，预科二年。”① 和以前预科3年，本科3—4年相比，显然更为合理。

“壬子癸丑学制”颁布实施以后频繁的修订表明，这一学制与中国社会发展的实际之间存在诸多脱节和不合的地方，进行彻底变革，创立新的学制已经势在必行。

（二）“壬戌学制”的主要内容

1915年4月21日至5月12日，各省的教育会召开了第一次联合会议，成立了全国教育会联合会，并征集和讨论了很多议题。在这次会议上，“有湖南省教育会提出改革学校系统草案一件，以问题重大，其应否改革，宜以郑重之手续出之。爰议定征集各省意见，以三个月为限，详细备具意见书，送由教育部解决；一面由联合会陈请教育部，在未解决以前，暂勿变更现制”②。之后一段时间，虽未见实行征集各省意见的行动，但湖南省教育会在提案中所指出的现行学制年限过长、各阶段的学校缺乏相对独立性、学校阶段不衔接、忽视职业教育、不便于义务教育实施等诸多问题和缺点，成为后来学制改革的重点，因此，这次提案可以看作是改革“壬子癸丑学制”、创设新学制的开端。1920年10月20日至11月10日，全国教育会联合会第六次会议在上海举行，安徽、奉天、云南、福建等省又在会上提出了改革学制的议案。鉴于这些省的要求，大会决定次年的第七次会议将首先议决学制系统案，并

① 教育部公布修正大学令（1917年9月27日部令第64号）［M］//璩鑫圭，唐良炎．中国近代教育史资料汇编：学制演变．上海：上海教育出版社，2007：829.

② 《教育杂志》记者．全国省教育会第一次联合会记略［M］//璩鑫圭，唐良炎．中国近代教育史资料汇编：学制演变．上海：上海教育出版社，2007：848.

“请各省区教育会于明年本会开会两个月以前，先组织学制系统研究会，以研究之结果制成议案，分送各省区教育会及第七次全国教育会联合会事务所”①。

1921 年 10 月 27 日至 11 月 7 日，第七届全国教育会联合会在广州举行，将改定学制列为本次大会的首要任务。大会共收到关于学制改革的提案 11 件，经审查，认为广东的方案最为完善。于是大会就以广东的方案为主要根据形成草案，供全国范围内进行讨论和试行。经过次年 9 月下旬教育部召集的学制会议和 10 月中下旬第八届全国教育会联合会的两次讨论，最终定出了新的学制改革方案，并于 1922 年 11 月 1 日以“大总统令”的形式向全国公布《学校系统改革案》，这就是中国教育史上的 1922 年“新学制”，也叫“壬戌学制”。该案确定了 7 条学制改革标准，即“适应社会进化之需要”“发挥平民教育精神”“谋个性之发展”“注意国民经济力”“注意生活教育”“使教育易于普及”“多留各地方伸缩余地”。②

根据这 7 条标准，新学制将原来 7 年的小学改为 6 年，前 4 年为初级小学，为义务教育阶段的下限，可以单设，后 2 年为高级小学。中学由原来的 4 年增加为 6 年，并分为初、高两级，初中阶段进行普通教育，高中阶段分普通、农、工、商、师范、家事等科进行教育。中学阶段以 3、3 分段为主，但也可依分科情况实行 4、2 或 2、4 分段。中学阶段可采用选科制。与中学平行的有职业学校和师范学校。高等教育取消预科，分大学校和专门学校两类，大学校修业年限 4—6 年，专门学校 3—4 年。大学校及专门学校可以设专修科，修业年限不定，“凡志愿修习某种学术或职业而有相当程度者入之”。大学校和专门学校之上可设大学院。“大学院为大学毕业及具有同等程度者研究之所，年限无定。”③

---

① 第七届全国教育会联合会纪略［M］//璩鑫圭，唐良炎．中国近代教育史资料汇编：学制演变．上海：上海教育出版社，2007：865.

② 大总统颁布施行之学校系统改革案［M］//璩鑫圭，唐良炎．中国近代教育史资料汇编·学制演变．上海：上海教育出版社，2007：1008-1009.

③ 大总统颁布施行之学校系统改革案［M］//璩鑫圭，唐良炎．中国近代教育史资料汇编·学制演变．上海：上海教育出版社，2007：1011.

（三）“壬戌学制”对高等工业教育现代化的影响

“壬戌学制”的制定是中国高等工业教育发展史上的一次重要事件。从洋务运动时期办新式教育开始，中国就开始了近代学制、学校管理以及课程和教学等各方面的艰难探索，其中又以近代学制的创设和完善为主轴和核心内容。这是因为，“在技术、知识及人力资本等现代化动力因素难以在短期内取得突破性进展的情况下，教育制度因素在后发国家的教育现代化进程中，就不能不成为具有决定性意义的关键变量。能否顺利完成对旧的教育制度结构的创造性转化，建立既能适应教育现代化进程普遍的制度规范要求，能够容纳和促进教育现代化变迁，同时又适合本国国情以及教育现代化变迁的具体实践的现代教育制度结构，在很大程度上直接决定着后发国家的教育现代化命运，乃至整个社会现代化的命运”①。“壬戌学制”是对晚清以来新式教育办学实践和学制建设经验与教训进行全面总结的结果，是渐成规模的中国近代教育家群体智慧的结晶，是世界先进教育制度与本国实际相结合的产物。

与历次制定的近代学制一样，“壬戌学制”对中国高等工业教育的影响，也可以分为直接和间接两类。

1. 直接影响

第一，彻底取消了大学和专门学校的预科，使高等工业教育撇清了长期附带的中等教育任务，心无旁骛地投入高等专业教育。

在中国第一个近代学制“壬寅学制”产生之前，洋务派所办的各类高等工业技术教育机构鉴于近代普通基础教育的缺失，一般都在专业技术教育之前进行了预科性质的补习教育，为那些仅接受过传统文史教育的学生补习外语和近代科学知识。“壬寅学制”制定的时候，中国近代普通教育尚未正式起步，高等教育乃至中等教育都不得不为新生进行相当长时间的预备教育，因此，各种学校的预科（以及预科性质的“高等学堂”）就成为学制系统中的一个重要组成部分，这是一种历史必然现象。

---

① 田正平，李江源．教育制度变迁与中国教育现代化进程［J］．华东师范大学学报（教育科学版），2002（1）：39-51.

民国初期在制定"壬子癸丑学制"时，一方面由于中等教育本身仍然不甚发达，另一方面也由于整个中小学教育修业年限和课程安排不合理导致中学毕业生水平偏低，所以继续保留了高等教育之前的预科教育。随着中小学教育规模的发展和质量的提高，预科教育也由高等教育发展中的支架和阶梯逐渐变成了赘物，很多高校开始在实践中将预科年限缩短，并在1917年以对学制进行修订的形式得到了认可。

"壬戌学制"顺应近代教育发展潮流，在科学调整中小学体系的基础上断然去掉了预科阶段，使整个学校体系彻底除掉了过渡色彩，变得更简捷有效，对中国高等工业教育进一步明确自身的功能定位、提高教学效率，具有深远和重大的影响。当然，这种一刀切地祛除高等学校的预科，与当时普通教育发展的实际状况（特别是城乡和地区差异）是否相合，是可以进一步探讨的。

第二，允许设立单科大学，提高了工科大学的地位，为多办工科大学提供了可能。

清末以来，中国一直仿照发达国家，规定必须达到一定数量的科类才能称为大学，否则只能称为高等专门学校（学堂）。虽然这种规定从高等教育自身的发展规律以及名实相符的原则来看具有合理性，但却与当时落后的高等教育发展状况及贫弱的社会经济实力不适应，实际上成为阻碍高等教育发展的制度性因素。1917年的《修正大学令》规定可以单设一科开办单科大学，是对这种机械规定的改革和调整。"壬戌学制"肯定了这一变革措施，规定"大学校设数科或一科，均可。其单设一科者称某科大学校"①。从增加工科与其他学科的交流、拓宽工业技术教育的学术基础等角度考虑，这种规定和做法当然是不利的，它在一定程度上减弱了工科教育的发展后劲，可能降低工科教育的研究水平。但在工业技术水平较低、主要以学习外国已有成果为主，而且工业生产总体规模还相当狭小的情况下，这种学术和科研基础广度的牺牲是值得的。

---

① 大总统颁布施行之学校系统改革案［M］//璩鑫圭，唐良炎．中国近代教育史资料汇编：学制演变．上海：上海教育出版社，2007：1011.

第三，大学采用选科制，提高了高等工业教育课程设置的灵活性，使高等工业教育的“高等”特征进一步增强。

无论是清末的“壬寅学制”“癸卯学制”还是民初的“壬子癸丑学制”，高等学校都是实行的“学年制”，即所有学生按年级、专业和固定的分班，在指定的时间学习国家既定的课程，学生的始业、毕业有固定期限。蔡元培等人认为，大学实行学年制，简直与小学无异，因此从 1917 年开始，北大开始试行选科制。选科制起源于 18 世纪的德国，后来传入美国并得到大力推广和发扬。选科制是一种学生学习具有相当灵活性的课程管理制度，它对学生的硬性规定只有两个方面，一是达到毕业要求的最低学分数，二是必须修习的主干课程。除此以外，学生在一定时期学习多少门课程，必修的课程之外再选择何种课程进行学习等，都由学生自主决定。“壬戌学制”把北京大学试行的选科制做法以制度的形式加以肯定，因而各大学的工科院系也照此进行，这能充分照顾学生的个别差异性和个人兴趣，有利于提高的学习兴趣和研究水平，拓宽学生的知识面，也使大学工科教学不但与初级、中级技术教育有了明显区分，也与高等工业专门学校区别开来。

值得注意的是，“壬戌学制”在规定大学实行选科制的同时，还规定中学可以实行选科制，却没有对同属高等教育范畴的专门学校是否实行选科制作出说明。一方面，在各级各类学校基本合格的师资尚不能完全得到保证的当时，中学实行选科制的可能性与效果是值得怀疑的；另一方面，既然中学可以实行选科制，而独不谈及高等专门学校是否实行选科制，似乎是没有道理的。

第四，专修科的开设丰富了高等工业教育的层次。

《学校系统改革案》规定：“大学校及专门学校得附设专修科，修业年限不等。”并在括号内说明：“凡志愿修习某种学术或职业，而有相当程度者入之。”① 专修科实际上是一种非学历、培训性质的教育，它的出现，使得高等

① 宋恩荣，章咸．中华民国教育法规选编（1912—1949）［M］．南京：江苏教育出版社，1990：44.

工业教育在高等工业专门学校、大学工科院系和大学院工科专业研究之外增加了一个层次，对满足工业生产中技术人才层次的多样性是有益的。

当然，“壬戌学制”在丰富高等工业教育层次的同时，又在层次的明确区分方面还存在一些模糊不清的地方。民国以来，大学中的各分科机构与高等专门学校的区别，一直是一个让很多人感到困惑的问题。如汪懋祖在《对于新学制草案高等教育段质疑之点》中就说，“壬子癸丑学制”在高等教育阶段，“所设之学科，则大学与高专多相重复，教员复多兼任，而教授上所注重之点与其分量之分配，闻亦无甚轩轾”[①]。“壬戌学制”同样没有很好解决这个问题。按照《学校系统改革案》的规定，大学修业年限为4—6年，而且可以设单科大学，而同样招收高中毕业生的高等专门学校，修业年限规定在3年以上。于是，这就出现了陶行知在《中国建设新学制的历史》一文中所提出的问题：“四年的高等专门学校与四年的单科的大学究竟有什么分别？”[②]

2. 间接影响

第一，根据人的身心发展规律合理划分学习阶段，缩短了预备期的年限。

“壬戌学制”将小学修业年限定为6年，入学年龄定为6周岁，中学修业年限延长为6年，并分为初、高两级。这种阶段划分与近代生理学、心理学等科学将人生发展划分为儿童期、少年期、青年期等阶段相一致，比清末、民初的学校阶段划分更具科学性。此外，“壬戌学制”取消了大学和高等专门学校的预科，中小学一共12年，不仅比清末大学之前长达17年的“预备期”缩短了许多，也比“壬子癸丑学制”中大学之前14年普通和预备教育少2年。

值得指出的是，这种高等专门教育之前普通教育年限的缩短不是一种主观决定，更不是以降低教学水平为代价的，而是经过仔细考察，证实以前的基础教育中存在大量的时间浪费以后作出的科学决策。不仅如此，由于整个中学阶段增加2年的学习时间，高级中学毕业生比旧制中学毕业生的学业水

① 汪懋祖．对于新学制草案高等教育段质疑之点［M］//璩鑫圭，唐良炎．中国近代教育史资料汇编：学制演变．上海：上海教育出版社，2007：934.

② 陶行知全集（第一卷）．长沙：湖南教育出版社，1984：210.

平大为提高。这样，18 岁左右、具有足够的普通教育基础、求知欲正强烈、精力正旺盛的青年能够直接进入大学学习，对提高高等工业教育的效率和质量是很有利的。

第二，基础教育普及程度提高，为高等工业教育发展进一步打牢了基础。

清末废科举、兴学堂的活动，推动了近代中小学教育的兴起，为各类高等教育的发展打下了初步基础。但由于清末学制的阶段划分和年限设定都存在极不合理的地方，加上国穷民弱，中小学教育的普及程度极低。民国初年，由于教育改革没有根本改变清末学制的不合理之处，因此，基础教育普及程度较低的状况仍未得到根本改善。基础教育普及程度过低，对高等工业教育的不利影响有两方面，一是社会上有一定近代文化基础的普通劳动者太少，不利于高等工业教育培养出来的人才作用充分发挥；二是使高等工业教育缺乏数量充足的合格生源。

“壬戌学制”的最大贡献在于合理解决了基础教育的阶段划分与年限问题，使中小学教育有了较快发展。以与高等工业教育最为密切的中学为例，1916 年全国公私立中学共 350 所，在校学生数 60924 人，而到 1925 年分别增加为 687 所和 129978 人。① 尽管从绝对数量来看，这种规模还不大，但考虑到当时高等工业教育自身增长速度及规模也不大，那么“壬戌学制”实施后中学为高等工业教育提供的生源应该是充足的。

第三，重视各级职业技术教育，有利于高等工业教育培养的人才更好地发挥作用。

《学校系统改革案》规定：“小学课程得于较高年级，斟酌地方情形，增置职业准备之教育。”② 在中等教育阶段，“壬戌学制”废弃旧制的甲种实业学校，改设两种职业学校：一种是 2—3 年的初级职业学校，一种是 4—5 年渐减普通科渐增职业科的高级职业学校。这两种职业学校都面向高级小学毕业生招生；另外在高中设立职业科，学生毕业后，除少数与普通科学生一样

---

① 毛礼锐，沈灌群．中国教育通史（第五卷）［M］．济南：山东教育出版社，1988：81.

② 宋恩荣，章咸．中华民国教育法规选编（1912—1949）［M］．南京：江苏教育出版社，1990：43.

也可升入大学或专门学校外，其余学生可直接就业。因此，“增强职业教育，兼顾升学与就业是新学制最突出的一个特点”①。高等工业教育以培养高级工业技术和管理人才为目的，但这些人才不能孤立发挥作用，必须有大量的熟练生产工人与之相配合。“壬戌学制”废弃了有名无实的实业学校，改设各级注重实际生产技能的职业学校，为高等工业教育培养出来的人才充分发挥作用创造了条件。

3.“壬戌学制”在中国高等工业教育现代化过程中的主要价值

从总体上看，“壬戌学制”实施初期，中国工业生产的规模和层次尚未发生突破性提升，国家经济实力、社会环境也未发生根本转变，因此高等工业教育的数量和规模并未发生较大变化，但这绝不意味着“壬戌学制”在中国近代高等工业教育发展过程中的价值和意义不大。“壬戌学制”对高等工业教育的最大价值在于确立了一个科学、合理的学制框架，为高等工业教育以后的发展提前扫除了制度障碍。可以说，从 1922 年开始直至今天，除“文革”动乱时期以外，中国学制的变化一直只是“壬戌学制”的微调而已，这充分说明了“壬戌学制”的科学性及其对中国教育的深远影响。因此，“壬戌学制”的创立，标志着中国高等工业教育制度现代化的基本完成。

五、走向名牌工科大学的清华学校

清华大学是一所在中国乃至世界近现代高等工业教育史中颇具影响的大学，其前身清华学校是在特殊的历史时期创办的一所特殊学校，系由美国退还超收“庚款”所创办，是在中国教育系统之外的一所新制留美预备学校，而后逐渐发展，回归本国教育体系，成为著名大学，在培养中国科学与学术领导人才及促进国家工商业现代化等方面，作出重大贡献。② 它是中国高等工业教育的一个独特源头，是观照清末民初高等工业教育生态的一面另类镜鉴。

---

① 毛礼锐，沈灌群．中国教育通史（第五卷）［M］．济南：山东教育出版社，1988：76.

② 苏云峰．从清华学堂到清华大学（1911—1929）：近代中国高等教育研究［M］．北京：生活·读书·新知三联书店，2001：1.

（一）从“游美学务处肄业馆”到“清华学校”

1900年（庚子年）的义和团运动被八国联军和清政府共同镇压以后，清政府于次年（辛丑年）同俄、德、法、英、日、美、意、比、奥、荷、西、葡、瑞、挪等14国订立《辛丑和约》，赔偿各国白银4.5亿两，分39年偿清，本息共计9.8223815亿两。这笔巨额赔款因“庚子事变”而起，所以被称为“庚子赔款”，简称“庚款”。根据条约，美国共分得白银7190多万两。光绪三十四年（1908），美国为了自己的长远和根本利益，决定“退还”余下的庚款，专用于“资助”中国教育事业。经清政府外务部与驻京美使商定，“自拨还赔款之年起，初四年，每年派遣学生约一百名赴美游学，自第五年起，每年至少续派五十名”①。

1. 游美学务处的成立及肄业馆的开设

由于选派学生留美既涉及外务又涉及学务，清政府将此事交由外务部和学部共同管理。为确保留学生的质量，宣统元年（1909）五月二十三日的《外学两部会奏遣派学生赴美谨拟办法折》提出：“臣等公同商酌，拟在京师设立游美学务处，由外务部、学部派员管理，综司考选学生，遣送出洋，调查稽核一切事宜，并附设肄业馆一所，选取学生入馆试验，择其学行优美，资性纯笃者随时送往美国肄业。”②

利用庚款派送学生留美的消息引起了社会各界的重视和议论，人们较为关注的主要有两个问题：一是送学生到美国学什么才是当务之急，二是学额如何分配。江苏、浙江两省教育总会通过《合词呈学部请明定选派学生赴美章程文》建议：“各省以岁担赔款之故，财力日竭，各项新政无计振兴，非扩张实业，则教育政治均无锐进之希望。此次选派学生故宜分习专门，似尤当注重实科，以为富国之基本。”③ 外务部和学部最后商定，所选送的学生，

---

① 宣统元年五月二十三日（1909.7.10）外学两部会奏遣派学生赴美谨拟办法折［M］//朱有瓛.中国近代学制史料（第三辑 上册）.上海：华东师范大学出版社，1990：541.

② 宣统元年五月二十三日（1909.7.10）外学两部会奏遣派学生赴美谨拟办法折［M］//朱有瓛.中国近代学制史料（第三辑 上册）.上海：华东师范大学出版社，1990：541.

③ 宣统元年（1909）江苏浙江教育总会合词呈学部请明定选派学生赴美章程文［M］//朱有瓛.中国近代学制史料（第三辑 上册）.上海：华东师范大学出版社，1990：543.

"以十分之八习农工商矿等科，以十分之二习法政理财师范诸学"①。事实证明，这一人员比例的安排是得到了落实的。竺可桢是1910年通过第二次考试赴美留学的，他回忆说："我们这批七十人中，学自然科学、工、农的最多，约占百分之七十以上……不仅我们这批如此，恐怕全部庚款留学生中，学工农理科的都要占百分之七八十。"② 由于庚子赔款是按全国人均1两白银在各省分摊的，所以，"学生名额，自应按照各省赔款数目分匀摊给，以示平允。其满洲蒙古汉军旗籍以及东三省、内外蒙古、西藏亦应酌给名额，以昭公溥"③。1909—1911年，游美学务处选派了三批共180名学生留美，并分为"两格"（两种程度或层次）："第一格年在二十以下，国文通达，英文及科学程度可入美国大学或专门学，第二格年在十五以下，国文通达，资禀特异，以上二项均须身体强壮，性情纯正，相貌完全，身家清白，始为合格。"④

游美学务处在选派学生直接留美的同时，也着手进行了留学前的临时培训机构"肄业馆"的筹建。从1910年开始，学务处在考选直接留美学生的同时录取一定数量的备取生，作为肄业馆开馆后的首批学生。1908年8月，内务部将北京西北郊皇室所属的清华园拨给游美学务处，作为肄业馆的馆址。1910年3月，学部拟定了《考选学生及各省提学使考送学生办法》，规定除学务处在北京直接招收少部分学生外，主要由各提学使在省进行招考初试，然后咨送进京复试，合格者入肄业馆学习。各省名额根据原来摊缴庚子赔款的多寡分配。

2. 清华学堂/清华学校的创办

肄业馆原定于1910年秋季开学，因为聘请的美国教员未能及时到达，馆舍也未修筑完竣，后改为1911年春季开学。在此期间，由于考虑到生源质量

① 宣统元年五月二十三日（1909.7.10）外学两部会奏遣派学生赴美谨拟办法折［M］//朱有瓛.中国近代学制史料（第三辑 上册）.上海：华东师范大学出版社，1990：541.

② 李喜所.中国留学通史：民国卷［M］.广州：广东教育出版社，2010：25.

③ 宣统元年五月二十三日（1909.7.10）外学两部会奏遣派学生赴美谨拟办法折［M］//朱有瓛.中国近代学制史料（第三辑 上册）.上海：华东师范大学出版社，1990：541.

④ 宣统元年五月二十三日（1909.7.10）外学两部会奏遣派学生赴美谨拟办法折［M］//朱有瓛.中国近代学制史料（第三辑 上册）.上海：华东师范大学出版社，1990：542.

和外文基础，游美学务处又向外务部和学部提出了改革肄业馆的方案：一是将馆肄业的学生名额由初定的300增为500，二是将原来数月至一年的短期强化培训，改为总共8年的正规学习，并分为高等和中等两科，各为4年，三是将肄业馆改名为清华学堂。1910年12月，学部批准了这一改革方案。

1911年4月29日，清华学堂正式开学，游美学务处总办周自齐和会办唐国安、范源濂分别任正、副监督（校长）。不久而来的辛亥革命使刚刚开学半年多的清华学堂陷于停顿，直至次年5月1日才重新开课。辛亥革命以后，民国北京政府撤销游美学务处，将所有职权交赋清华学堂，并改称清华学校，任命唐国安为校长，周诒春为副校长，张伯苓任教务长，“一切经费仍由外交部于美国退还赔款项下拨充”①。自此以后，清华学校每年都有高等科毕业生被资送留美，并于1914年起每隔1年招收10名女生，1916年起每年考选10名专科生直接资送留美。另外，还有一些自费留美学生视学业成绩可接受清华的部分津贴，这类学生被称为“津贴生”。

（二）清华学校的性质

任何学校都存在多种内外部联系，因此，每所学校都具有多种属性。同时，由于决定某属性的各种矛盾因素的比例不同，所以某一属性本身又往往具有多重性。清华学校不仅具有层次、专业等一般性质，还因为时代背景的特殊，其民族性也成为一个值得分析和考究的问题。

1. 层次性

草创时期的《清华学堂章程》规定，学校分中等科和高等科两段，“高等科注重专门教育，以美国大学及专门学堂为标准，其学程以四学年计。中等科为高等科之预备，其学程亦以四学年计”②。此规制一直延续到预备学校停办为止。相关材料表明，“高等科三四年级，实际上是大学的一二年级，或相当于美国的初级大学。这一点，当时美国的各大学都予以承认。所以，学生

① 清华学校章程［M］//朱有瓛.中国近代学制史料（第三辑 上册）.上海：华东师范大学出版社，1990：556.

② 清华学堂章程［M］//朱有瓛.中国近代学制史料（第三辑 上册）.上海：华东师范大学出版社，1990：552.

毕业到美国后，一般都插入美国大学三年级”①。曾担任过燕京大学教务长的美国人博晨光（Lucius Chapin Porter）对清华学校的状况非常了解，他于1924年在美众议院外交委员会作证说：“那个学校的学科编制，自始即仿照美国学制。现在他们有高等班，和大学一二年级的课程。我想由清华毕业的学生，可以算为修毕美国大学二年级的课程。”② 据此可以肯定，清华学校两段8年的学制，对应着美国学制的初级中学3年、高级中学3年和大学的前2年。这种分段安排和学级设置确实缺乏独立性和完整性，而与学校的预备性质相呼应。

但无论清华学校的起点多么低，教学的层次水平如何混杂，其在总体上却应划归高等教育范畴。这是因为，首先，清华高等科三四年级已经在进行大学课程的教学；其次，整个高等科的教学方法也完全采用美国大学的通行做法。著名教育家黄炎培在民国初年考察清华学校时了解到，“高等各科教授均用预习法，绝对不用讲授”，学生们对此习以为常，并认为“极方便”。③这种与中学甚至某些低水平大学迥异的教学方法，出发点是使毕业生插入美国大学时不存在学习方法和习惯的隔阂，同时也从方法层面展示了高等科教学的高等教育属性；最后，众所周知，普通高等学校的预科虽然实施的是中等教育，但由于其明确的指向性和过渡性，也被划归高等教育范畴，而清华学校不仅高等科具有大学与大学预科两种水平的教学，其中等科也被明确定位为“高等科之预备”，并不以进行独立的中等教育为目的，可以称为“大学预科的预科”。因此，从中国高等教育发展史的角度看，清华学校在总体上无疑应划归高等教育范畴。

2. 专业性

清华学校中等科学生学习相同的基础课程，高等科则分文、实两科。《清华学校章程》规定，文、实两科课程均分为必修课与选修课。实科的必修课

---

① 朱有瓛．中国近代学制史料（第三辑 上册）［M］．上海：华东师范大学出版社，1990：568.

② 李桂林．中国现代教育史教学参考资料［M］．北京：人民教育出版社，1987：412.

③ 黄炎培考察教育日记（第二集）［M］．上海：商务印书馆，1916：108.

包括修身、国文、英文学、修辞作论、德/法文、通史、上古史、中古近代史、美史、地文、生理、物理、高等物理、化学、高等化学、平面几何、高等算学、立体几何与三角、高等代数、经济、政治、手工、用器画、体操。[①]其中国文、英文学和修身、体操为4年均开设的课程。选修课包括音乐、化学、第二外语（德/法文）、分析几何、算学总论、高等化学等[②]，学生须根据必修课的时间安排和本人兴趣选修一门。尽管高等科进行了文、实分科，而且三四年级的课程已经达到大学水平，但从课程性质看，整个高等科仍属打基础的教育，而非专业教育。不过，这种基础教育与普通中学进行的基础教育存在很大区别，其本质是一种专业基础教育。尤其是对高年级的学生而言，不仅学习程度已上升为大学水平，而且本人的专业倾向性此时一般已经非常明晰。1924年以后，实科开始明确“强调应用和学术并重，增加工程及工业技术等课程，以免学非所用。这是有意义的转变，也是1932年设立工学院的基础”[③]。

清华学校和“庚款留美”计划一开始就比较强调实业人才的培养，而赴美留学的实科学生中又以学习工科者居多（对比情况见表5.2）。因此，清华学校不仅培养、资送了很多实科留学生，从中产生了一些高级工业技术人才，还产生了不少杰出的高等工业教育人才，为后来的清华大学和其他学校独立举办高等工业教育作出了重要贡献。如顾毓琇，1923年毕业于清华高等科，旋赴美麻省理工学院深造，获电机工程学士、硕士学位，1928年获电工专业博士学位，为该校电机系第一个获此学位的中国学者。回国后，顾毓琇成为我国的电机工程专家、工程教育家。他于1932年担任清华大学电机系首任系主任，次年兼任工学院院长。再如清华大学机械工程学系首任系主任庄前鼎，于1925年考取清华学校公费赴美留学，获康奈尔大学机械工程硕士、麻省理

① 清华学校章程［M］//朱有瓛．中国近代学制史料（第三辑 上册）．上海：华东师范大学出版社，1990：559.

② 清华学校章程［M］//朱有瓛．中国近代学制史料（第三辑 上册）．上海：华东师范大学出版社，1990：560.

③ 苏云峰．从清华学堂到清华大学（1911—1929）：近代中国高等教育研究［M］．北京：生活·读书·新知三联书店，2001：162.

工学院化学工程硕士学位，曾任波士顿思威工程公司、底特律爱迪生电厂和芝加哥电力公司工程师，后来也回到母校从事高等工业教育工作。

表 5.2　清华学校赴美留学生所学专业人数统计①

年份	理学	工学	农学	医学
1912	2	6	2	0
1913	4	17	1	1
1914	5	13	4	2
1915	5	12	0	3
1916	1	10	3	3
1917	1	13	2	1
1918	12	20	7	3
1919	3	24	5	4
1920	11	26	2	4
1921	1	15	0	4
1922	13	24	5	1
1923	6	25	9	1
1924	7	21	2	2
1925	10	19	5	4
1926	6	13	0	0
1927	5	8	2	0
1928	8	10	2	2
合计	87	276	51	31

因此，在清华独立办大学之前，尽管没有实施分专业教学，但无论是从最初资送学生时的专业倾向性来看，还是从后来毕业生出国留学所选专业的实际情况来看，清华学校实科教育教学的理工科专业倾向性是很明显的，这是清华最终向工科大学发展和转向的早期基础。

3. 民族性

美国退还庚款用于中国教育的目的非常明确，那就是要利用先进的知识

① 刘继青．清华大学早期工程教育的发展及其外来影响［J］．高等工程教育研究，2011（1）：83-89，125.

和科学技术，造就一批具有亲美倾向的社会精英，通过他们的领导和影响，把中国变成美国资本最“友好”的投资和产品销售地。因此，美国借助资金的掌控，将清华的方方面面——师资、学制、课程、教材、教学语言和方法、体育与课外活动乃至学校建筑——都打上了深深的美国烙印，整个学校无不显现出强烈的美国色彩，以至于英国哲学家伯特兰·阿瑟·威廉·罗素（Bertrand Arthur William Russell）1920 年参观清华以后说：“清华学校恰像是一个由美国移植来的大学校。”①

把清华学校仅看成文化侵略的产物虽然过于简单化，但其明显的殖民主义倾向却是无法否认的。例如，学校初期教师只有 30 多人，其中美籍教师就占一半以上。教师中美籍教师待遇最高，教授“西学”的中国教师次之，国学部的教师待遇最低。在这种情况下，不排除少数中国师生民族自尊心和自信心因此而严重不足的可能。然而，中华民族在面对异质文明和文化时，历来就不是缺乏主动性和任人摆布的。清华学校的绝大多数中国师生在那个特殊的历史时期，心里非常明白学校的实质，他们珍惜来之不易的教育机会，尊敬、爱戴来华传授知识和学问的外籍教师，但从来没有失去自己的民族意识、爱国心和责任感。1911 年夏考入清华的陈鹤琴说：“清华创办的历史我很明白的，清华的经费是美国退还的庚款。庚款是什么呢？无非民脂民膏而已。所以我觉得我所吃的是民脂民膏，我所用的也是民脂民膏。将来游学美国所有的一切费用，也都是民脂民膏，现在政府既然以人民的脂膏来栽培我，我如何不感激涕零呢？我如何不思报答呢？爱国爱民的观念从此油然而生了。”②留美预备部从 1911 年成立至 1929 年结束，先后培养毕业生 973 人，其中被派送留美的 967 人（另有 6 人未出国），加上幼年生一班 12 人，考选直接留美女生 7 批共 53 人，专科生 9 批共 67 人，以及最初游美学务处选派 3 批直接留美生 180 人，留美生总计 1279 人。此外，还有以庚款津贴的留美自费生 476 人，特别官费生 10 人，各机关转入清华的官费生 60 人和“袁氏后裔生”3

① 朱有瓛．中国近代学制史料（第三辑 上册）［M］．上海：华东师范大学出版社，1990：569.

② 陈鹤琴．我的半生［M］．长沙：岳麓书社，1998：56.

人。这些留美的清华学子大都一腔爱国热忱，虽身在北美却心系祖国，因而勤奋钻研，各学有专长，回国后受到各界重视，许多人成为著名专家学者，为我国科学、文化和教育事业作出了重大贡献。①

众多早期清华学子用自己奉献祖国的一生表明，无论这所学校从外表看起来多么像一所美国学校，但她归根结底是一所充满美国色彩的中国学校，因为她的主体——广大中国师生心中一直有一道民族精神的长城，这正是清华学校的民族性所在，是智慧若罗素般的哲学家用肉眼也无法看到的。

（三）清华学校的办学特点

一所学校的办学特点是与他校对比时的明显不同之处。正是各种办学特点，勾画出一所学校的面貌与风格，也决定着它的发展走向、办学效果。后人对教育历史经验和教训的总结，也往往要从总结历史上各种学校的办学特点入手。清华学校的办学特点很多，但对其后来发展为高水平工科大学影响至深的，应该是下面几点。

1. 充足和稳定的经费保障

清华学校创办、发展于清末民初，此时正是中国政局最乱、兵祸最烈的时期，很多学校，包括历史悠久的北洋大学、北京大学、山西大学等都时常因经费遭挪用而陷于困顿。科技教育是一项花费甚巨的事业，在经常“断炊”、学校生存都成问题的时候，想办好工业技术教育是不可能的。具有讽刺意味的是，由于庚款的掌控和使用权在军阀政府之外，反而使清华在一定程度上摆脱了这种干扰，享受到相对充足和可靠的办学经费，教师生活稳定，安心教学；学生也因经济负担较轻而安心求学。也正是因为经费较充足，在向独立大学转化之前，清华就建成了一些花销不菲的科技实验、实习和实践的场馆，提高了学生的科技素养，为后来创办和实施工科教育奠定了基础、积累了经验。

清华学校的这一办学特点与其科技教育效果之间的关系虽然是一个常识，但它与北洋大学曾经的辉煌一样始终提醒着人们，教育，尤其是科技教育与

① 清华大学校史研究室．清华漫话（二）［M］．北京：清华大学出版社，2009：8-9.

研究的发展，绝不能离开强有力的经济支持。

2. 教育教学的“美国化”

由于经费来源和使用受美国掌控，所以清华学校的办学方针是“一切仿效美国”。单从英语在教学中的地位看，“除了少数几门国学课程是用汉语讲授以外，其余课程全部用英语讲授”①。博晨光说：“他们受过很好的训练，而尤以英文一门为最擅长。”② 从师资队伍的构成来看，清华“建校后很长一段时期，教师有一半左右是美国人，学校为他们专门开辟住宅区”③。至于课程设置和教学方式方法照搬美国，乃至教材直接从美国进口等做法，就更不用说了。

概而言之，教育教学“美国化”是清华学校给世人最深的印象，也是她被视为充满殖民性和文化侵略性的重要证据。但对历史现象的评价，必须站在历史的角度，充分考虑当时的各种条件和因素，具备一种历史的“同情”，才能得出有意义和价值的结论。正确看待清华学校的“美国化”，应该从以下两个方面思考问题。

一方面，虽然中国近代科技教育从晚清借助“洋师”“洋匠”起步，已经艰难发展了多年，社会上也积累了一定数量的本土高级科技人才，但这些人才不仅总数有限，而且其中熟悉并热心高等教育的人士还太少，以落后、陈旧的方式进行教学的情形在各类科技教育机构中还普遍存在。如果说晚清完成了高等科技教育从无到有的历史使命，那么从民国开始，高等科技教育的任务就是尽快缩小与发达国家的差距。但基于当时中国的综合国力、科技教育师资培养水平和规模等现实条件，如果仍然走先发内生型国家逐步探索、自然发展的老路，这种差距只会越来越大。清华采用“借鸡生蛋”的方式，通过直接任用发达国家的科技师资从而引入一整套先进的教学内容与方法，然后逐渐使其本土化，不失为一条落后国家在科技教育方面打破常规、实现

① 朱有瓛．中国近代学制史料（第三辑 上册）［M］．上海：华东师范大学出版社，1990：569.

② 李桂林．中国现代教育史教学参考资料［M］．北京：人民教育出版社，1987：412.

③ 黄延复．周诒春［M］//清华大学校史研究室．清华人物志（二）．北京：清华大学出版社，1992：96.

跨越式发展的有效途径。

另一方面，当时的美国经过几次工业革命已经完成了社会生产工业化，并迅速赶超英国，成为综合实力最强的国家，其科技教育也已经是世界最先进的科技教育代表之一。因此，清华学校照搬美国教育模式，也就是在移植世界最先进的科技教育模式。除了文化侵略与殖民主义等消极因素，高度“美国化”的背后更有高度国际化、与世界最先进的科技教育零距离接触等积极因素。清华学校的这种做法，与日本明治维新时期的彻底“西化”具有相同的意味，是一种很复杂的历史现象，我们不能对其简单定性。

清华学校教育教学重视国际化、与世界先进科技教育保持密切接触的特点，基本上“遗传”给了后来的清华大学，成为清华大学迅速跻身世界名校过程中不可忽视的重要因素之一。

3. 严格的管理与考核

由于地处北京城的西北郊，远离闹市，较少受浮华之气的侵扰和影响，加上学校斋务处对学生生活和日常行为管理也很严格，因此清华学生总体上给人的印象是“循规蹈矩”。与这些因素相比，对清华学生行为影响更深的，是学校对学业成绩的管理。同北洋大学一样，清华学校对学生学业的管理与考核，实行的是近乎残酷的严苛政策。

为了培养合格的留美预备生，督促学生学习，清华学校的平时考试繁多。“一是口试，几乎天天举行。二是笔试，不定期举行。在一堂课开讲前或快要下课的时候，教员便出其不意地发下纸张，出个题目，限学生在十分钟内交卷。三为月考，例在必行。”① 这些应接不暇的平时考试并非走过场，而是直接关系到学生的升留级甚至学习资格。因为清华学校规定，“学生每学期各项功课修业成绩，由教员于学期终汇合平时（指到堂及随时口答之分数）、小考（指随时考试）、大考（指学期学年考试）三种分数评定。以百分为最高点。平时与小考作百分之七十，大考作百分之三十”。所以，平时考试不仅时时处处存在，而且在总成绩中所占的比例竟高达 70%，其重要性不言自明。在升

① 朱有瓛．中国近代学制史料（第三辑 上册）［M］．上海：华东师范大学出版社，1990：570.

留级、退学方面，清华学校实行的并非“六十分万岁”制度，而是规定“每学年总平均分数在七十分以上，各科分数均满六十分者升级，或有一科未及六十分者得暂行升级，唯此科须于下学年内补考及格，否则不得续行升级或毕业”“每学年总平均分数不及七十分者或留级或退学，临时由校长斟酌办理。但留级者不得连留两年”。①

频繁的考试、严格细密的计分制度加上较高的合格标准，使清华学校的淘汰率颇高。如 1911 年至 1921 年，学校共招学生 1500 名，除在校学习的 383 人外，毕业的只有 636 人；而历年被开除的有 301 人、退学的 135 人、死亡 45 人，淘汰率达 32%。②

由于有极其严格的管理与考核，同时还有出洋留学的诱人前程，清华学校的学生大都心无旁骛，专心学习，从而形成了刻苦、严谨的学风。这种学风是任何世界一流学校都不可或缺的校园文化基础和底蕴。

4. 全面发展的培养模式

由于深受英美“自由教育”（又称“通才教育”）的影响，“清华课程基本上是文理并重的通才教育”③。前述的课程安排表明，实科学生不仅要广泛学习自然科学知识，人文、社会学科的学习也受到了足够的重视。清华学校的这种课程传统影响深远。后来的清华大学虽然逐渐向综合性工科大学发展，但一直强调学生知识面的广博和人文社会科学素养的培育。这种做法不仅可以避免培养出冷酷无情的“科技怪物”和“工具理性人”，而且还会进一步增强学生学习科技知识的热情，反而有利于提升科技教育的教学质量和社会效果。

除了严格督促学生认真学习，“清华学校在当时以‘德、智、体三育并举’而闻名，以‘要求严、外语好、体育好’而著称”④。清华学校承接了美

---

① 清华学校章程［M］．朱有瓛．中国近代学制史料（第三辑 上册）［M］．上海：华东师范大学出版社，1990：562.

② 清华大学校史研究室．清华漫话（二）［M］．北京：清华大学出版社，2009：6.

③ 苏云峰．从清华学堂到清华大学（1911—1929）：近代中国高等教育研究［M］．北京：生活·读书·新知三联书店，2001：162.

④ 清华大学校史研究室．清华漫话（二）［M］．北京：清华大学出版社，2009：6.

国教育强调体育的传统，极为重视体育锻炼和体检，并将学生的体育课成绩及体质发育状况与学业成绩置于同等重要的地位。

运动必须从事者五种：跳高、跳远、掷球、百码赛跑、四百四十码赛跑，此五种及格者方予毕业。中等科尤严。此外听各生自由选择者：撑篙跳、网球、篮球、野球、足球、射箭、跳棋、掷铁饼、抵球、替换赛跑、铁杠、柔术。学生不运动者绝少。验体格每年一次，不及格者不予毕业，校医随时检查之。每日午前第二课以后，行柔软操十分钟。[①]

这在当时的中国教育界犹如吹进的一股新风，具有领头和示范作用。

此外，清华学校还非常重视学生的课外活动和各种学生社团组织的建设。这既有美国教育模式的影响，也与第二任校长周诒春个人竭力提倡有很大关系。1913 年 8 月，清华学校首任校长唐国安因病去世以后，副校长周诒春接任校长。周诒春校长最早在清华提倡“人格教育”（或称“德育教育”）和德、智、体“三育并举”的教育方针，以培育清华学生完全之人格和勤奋实干的精神。[②] 陈鹤琴回忆说：“课外活动，周校长是非常热心提倡的。他素来不主张我们读死书，所以我们的课外活动就蓬蓬勃勃油然发生了。什么辩论会，演说比赛，什么足球比赛，篮球比赛，什么化装表演，什么音乐会，像雨后春笋生产了。”[③] 黄炎培的考察日记记载，学校“每级设级会，交换知识，联络情谊，由学生自行组织。此外集会甚多，有青年会，有体育会，有科学会，有英文学会，有国文研究会，有达德学会，有法文学会。学生太忙，能力较大的学生尤忙”[④]。如此众多的课外组织与活动，对丰富学生的精神生活、完善学生的人格以及提高学生的综合实践能力，无疑具有重要的促进作用。

由于上述这些办学特点，清华学子尽管学习十分艰苦，但精神愉快，心中充满积极向上的希望，正如陈鹤琴感叹的那样：“我的清华时代，好像万象

① 黄炎培考察教育日记（第二集）[M]．上海：商务印书馆，1916：109.
② 清华大学校史研究室．清华漫话（二）[M]．北京：清华大学出版社，2009：6-7.
③ 陈鹤琴．我的半生 [M]．长沙：岳麓书社，1998：52.
④ 黄炎培考察教育日记（第二集）[M]．上海：商务印书馆，1916：109.

更新的新年，好像朝气蓬勃的春天。我的希望，非常远大。我的前途，非常光明。我的精神，非常饱满。我的勇气，非常旺盛。我的自信，非常坚强。我的自期，非常宏远。那时做人真觉得有无穷愉快。”① 学生有了这种感受，学校何愁不能成为名校！

（四）向独立大学的转化及工科专业的创建

应该说，建校伊始，清华就有办独立大学的打算。1910 年至 1911 年间制定的《清华学堂章程》第四章第十一节规定：“高等科毕业学，更志求高深之学者，本学堂分设专科以应之。”② 这里所谓“分设专科以应之”，就是要设置不同的专业，供高等科毕业的学生进行更为专精的深造学习。但于民国初年修订的《清华学校章程》却不见了这一条，大约是认为彼时提出这一计划为时尚早的缘故。

1. 大学部的创办

1913 年 10 月，周诒春接任校长后，热心于民族教育事业的独立自主，希望把清华学校逐步发展成一所完全的、独立的大学。1916 年 7 月，他更提出将清华扩充为完全大学是学校发展的当务之急。1918 年周诒春辞职后至 1922 年期间，先后有赵国材（代理）、张煜全、罗忠诒、严鹤龄（代理）、金邦正、王文显（代理）等 6 人任校长。虽然他们在任时间都不长，但向独立大学转化的工作一直没有停止。据《第二次中国教育年鉴》第五篇第二章记载，1921 年清华留美生达 440 余人，1923 年更达 470 余人。“是时新当欧战之后，美国生活昂贵，留美费用，因之骤增，退款数目遂感不敷支出，于是采取收缩政策”。同时，“国内舆论对于留学政策，颇多指摘，教育思潮，已趋向于学术独立，教育自主之途径，该校办学之方针，亦因之改变办法，将留美学生名额逐渐减少，每年至多以五十名为限，而以撙节之款，自办一完全永久之大学”③。所以，1921 年清华学校停招中等科学生。这是清华向独立大学转

① 陈鹤琴．我的半生［M］．长沙：岳麓书社，1998：49.

② 清华学堂章程［M］//朱有瓛．中国近代学制史料（第三辑 上册）．上海：华东师范大学出版社，1990：555.

③ 李桂林．中国现代教育史教学参考资料［M］．北京：人民教育出版社，1987：428.

化的第一步。

从 1922 年 4 月开始，中国的第一个 MBA 学位获得者曹云祥出任校长，直至 1928 年初去职。在将近 6 年的任期内，曹云祥加速了改办大学的筹划和实施。1923 年，学校将改办独立大学正式提上议事日程，并于 1924 年停招高等科学生。1925 年，清华学校改为留美预备部、大学部和（国学）研究院三部分。大学部于当年招收大学一年级学生 100 名，称为新制生。1926 年，外交部正式批准了清华学校大学筹备委员会提出的《清华大学工作及组织纲要（草案）》及《北京清华学校大学部暂行章程》。"大学部四年一贯制，设立国文学系、西洋文学系、历史学系、政治学系、经济学系、教育心理学系、物理学系、化学系、生物学系、农业学系、工程学系、哲学系、社会学系、东方语言学系、数学系、体育学系、音乐系共 17 个学系。"① 留美预备部学生称为旧制生。旧制由高等科毕业派遣留学的学生，在校者仍继续按年派遣赴美留学。1928 年 8 月，清华学校更名为国立清华大学。至 1929 年大学部第一届学生毕业时，同时完结。至此，清华学校完全消除了留学预备性质，成为完全独立的大学。

从 1925 年招收第一批大学生，到 1929 年留美预备部撤销，清华学校转化为独立大学只花了短短 4 年时间。其转化过程如此顺利，固然与当时校内外一致赞同的舆论有关，也与留美经费日渐短绌的压力有关，但根本原因还在于学校长期积累的基础设施、教学设备、师资力量乃至教风、学风、教学方法等"软、硬"条件已经满足了开办一所独立大学的要求。否则，不仅转化速度会很慢，而且以后的清华大学也不可能在短时间内又迅速发展高水平的综合性工科大学。

2. 工科的创建与早期发展

早期清华学校虽然没有进行专门的高等工科教育，但一直有工艺技能的训练。1922 年建成的工艺馆（老土木工程馆），是留美预备生进行工艺实习的场所，设置了木工和金工等几门训练手工的课程，这可算作清华工科的

① 清华大学校史研究室．清华漫话（二）［M］．北京：清华大学出版社，2009：7.

源头。

北伐战争时期，眼看国家大规模建设不日来临，一些有远见的师生便开始请求学校开设工科。当时国内几个已有工科教育的大学，如北洋大学、南洋大学、唐山大学等，大都困于经费而发展受阻，不得不指望有设备基础和办学经费的清华学校创建工科专业。1926 年 4 月 26 日经学校第一次评议会决定，清华工程学系终于成立。成立之初工程学系所聘教授情况见表 5. 3。

表 5. 3 1925—1926 年 9 月工程系聘任教授情况统计①

姓名	国内学校	出国年份	回国年份	留学国别及学校	专业	备注
周永德	—	—	1923	美国南加州大学	土木工程	主任
笪远纶	清华学校	1919	1925	美国麻省理工学院	纺织	
潘文焕	清华学校	1913	1925	美国（学校不详）	电机	
钱昌祚	清华学校	1919	1924	美国麻省理工学院	航空工程	
罗邦杰	—	1911	1918	美国密执安矿业学院、麻省理工学院、哈佛	建筑	

工程学系最初分土木、机械、电机三科，1927 年又合并三科为实用工程科，所学内容不求其广只求其精，希望培养实用工程人才以应社会需求。1928 年秋，校长罗家伦又宣布要“培养市长兼工程师的人才”，改为市政工程学系。然而同年冬，因经费不足，市政工程学系被裁撤，部分学生分别转学到上海和唐山交通大学。1929 年秋，在全系师生的积极争取下，工程学系得以恢复，专办土木科，改称土木工程学系，附属于理学院，并明确要求“学生毕业后，能在我国不甚分工的情形下，对于各种土木工程事件都能做有把握的处置”，即培养具有土木工程方面广泛基本知识的人才。自从工程学系恢复以后，全校每年新生十分之三四均入该系，至 1932 年工科学生已占全校学生总数的五分之一强。②

1931 年冬，根据南京国民政府“提倡理工、限制文法”的教育政策，整

① 刘继青．清华大学早期工程教育的发展及其外来影响［J］．高等工程教育研究，2011（1）：83-89，125.

② 清华大学校史研究室．清华漫话（二）［M］．北京：清华大学出版社，2009：72.

个清华决定向工程学科方面发展。1932 年成立了工学院，包括土木工程、机械工程和电机工程三个系。1932 年秋正式成立工学院并招收学生，在已有的土木工程学系外，新建机械工程学系和电机工程学系，由梅贻琦校长兼任院长，1933 年改由顾毓琇担任院长。

清华大学的工科不仅逐渐成为学校的重头戏和主体，实现了学校早期创办者主要培养高级农工商实业人才的理想，而且全面继承了清华学校时期的优良传统。如工学院“课程编制的原则大体上是：一年级为共同必修课，二、三年级是有关工程学基础课和本系的技术基础理论，到四年级才开始分组学几门专门的技术课程，学生周学时一般都在 60—70。教学上注意平时、注重练习。学生平时考试成绩约占总成绩的 40%，平时练习占 10%，期末考试占 50%。此外，频繁的考试亦十分严格，因考试难以通过造成很高的淘汰率。如静动力学一课，用的是美国 Frank L. Brown 著的教材，有时不及格人数多达三分之一”①。由此不难看出，清华学校时期的教育理念、教学方法、教育管理和考核方式对清华大学工科教育的深远影响。

综上所述，在中国已经有了初步完整的近代学校体系以后，中美联合创办学制残缺的清华学校（堂）作为留美预备学校，是美国希望通过教育控制中国发展方向，维护美国利益的表现，也是当时中国政府对本国高等教育缺乏信心，希望以此为契机借助发达国家教育力量培养高级人才的结果。清华师生以振兴祖国实业和教育为己任，以刻苦、自信为精神后盾，不仅通过留学方式造就出一大批杰出的工业人才，而且快速实现了向完全、独立大学的转化，表明中国高等工业教育已经发展到一个新的水平高度，同时也预示着中国高等工业教育发展史上一个新的历史时期的到来。

---

① 清华大学校史研究室．清华漫话（二）［M］．北京：清华大学出版社，2009：73.

第六章 结论与启示

历史研究的基本任务是弄清历史发展的事实与特点，但人们总是希望在此基础上能探寻出对当代社会发展具有启示意义的经验和教训。教育史的研究也是这样。人们研究历史上的教育，多少带有以此来促进当代教育发展的目的。本文对中国近代高等工业教育发展进程进行梳理，对代表人物或流派的思想进行分析，对典型学校的实践进行考察，以及对某些专门问题进行反思，既是为了弄清早期中国高等工业教育现代化发展过程的本来面目和特点，也是希望从中能找出对当代中国高等工业教育具有启示意义的历史经验和教训，为当代中国高等工业教育更好地实现现代化提供借鉴。

第一节 中国近代高等工业教育发展的总体特点

从 1840 年鸦片战争爆发至民国北京政府时期近 70 年的时间里，高等工业教育伴随着中国社会的风云变幻，经历了一个从无到有、从稀少零星到渐成系统、创办主体从相对单一到初步多样化的艰难发展过程，成为中国社会从古代向现代转型过程中的重要组成部分。与同一时期其他各种社会子系统的发展相比较，中国高等工业教育的发展呈现出以下特点。

一、以“西方化”为手段实现国际化

在全球一体化方兴未艾的当下，国际化作为一个常用术语，已经进入各种理论与实践领域。纵观人们对国际化的各种理解与定义，可以认为国际化

的实质就是一个国家对不同国家之间通行标准的塑造与追求过程。

在人类文明史上，国际化并非什么新现象，它至少从早期不同国家之间发生交往与交流之时就开始了。只不过在漫长的古代社会，由于自给自足的自然经济、落后的交通条件等因素的限制，国际化的速度缓慢，所涉及的社会领域有限，而且往往局限在世界上几大相对隔绝的区域内进行。直到新航路被开辟、工业革命完成、资本主义世界市场形成以后，国际化才成了一种来势迅猛、大多数国家普遍响应、遍及社会各个领域的全球性现象。这种世界各国对各个领域通行标准的塑造与追求过程，也就是我们通常所称的全球化。中国是现代化进程中的后发国家，其高等工业教育的产生及其早期发展，正处于全球化的初始阶段，由于当时的中国无论是教育、经济还是整个社会的发展，都远落后于西方发达国家，因此，其高等工业教育的国际化进程就与那些先发国家有很大不同。

从理论上讲，国际化的目的是使人类的物质和精神产品能够为不同国家和民族的人们方便地使用，国际化过程中的标准是不同国家在交流过程中依据简洁、高效原则共同约定的。但自工业革命以来，由于西方先发国家在物质和精神文明中均处于优势地位，成为落后国家学习和效仿的榜样，导致后发国家的国际化被涂上了浓厚的“西方化”色彩，成为发达国家宣扬“西方优越论”、进一步维持其优势地位的工具。实际上，由于现代物质文明和精神文明首先在西方国家兴盛，因此肯定会首先形成一套西方式的现代文明符号系统和表达方式，并由于“先入为主”的效应而成为世界通行的标准。缺少近现代科技文化基础的后发国家为了尽快缩小与西方先发国家的发展差距，在现代化初期只能以西方发达国家为样板，以模仿为主要方式进行学习。正如罗荣渠先生谈论“现代化”观念在中国的发展历程时所说：“早在‘五四’时代，我国报刊上经常谈论的‘西化’与‘欧化’，就是指的现代化。当时人们认为，西方即欧美列强是现代国家中独立富强的典范，中国要走向独立富强，就只有向西方国家学习，奋起直追，以达到富国强兵的目的。这就是中国人的早期现代化思想。”① 相对于后发国家本土文化的长期自然演化过程，这一学习过程必然给人以强烈的“西方化”或“全盘西化”的感觉，但其本质仍然是国际化，是对人类共同智慧成果的追求。

教育领域的情况也是这样。从某种意义上说，中国高等工业教育的现代化过程就是国际化的过程。由于缺少历史经验和基础，中国高等工业教育最初要完全依赖西方人在专业知识、办学模式、教学方法等方面提供帮助才得以创立，因此，照搬和模仿西方，即“西方化”，是中国近代高等工业教育国际化过程中的鲜明特点。曾在教会大学任教多年的美国传教士芳威廉（William P. Fenn）指出：“早期由于缺少现代化的高等教育体系，任何新事物都难免是舶来品。新式大学显然是外国输入，严格区别于中国的传统教育。”② 不仅如此，由于不同学校和专业在师资、教材、资金、设备、管理等方面依赖的西方国家不同，“西方化”的总特点又以各个学校的“美国化”“英国化”“法国化”等具体特点表现出来。早期中国高等工业教育以“西方化”为特点的国际化，主要表现为以下一些内容。

（一）课程内容“西方化”

中国传统文化没有发展出系统的数学和自然科学理论，也未发明利用自然力的大机器生产技术，有的只是一些主要靠口耳相传下来的、知其然而不知其所以然的手工业技术。而到19世纪中期，西方不仅建立了分类明晰的自然科学体系，发展出各种机器大工业生产技术，而且已经发现了科学理论与生产技术之间的密切联系和互动关系，形成了“专业理论基础课程—专业技术课程—实习、实践”这样一种高等工业教育课程体系。此时的中国要想通过开办学校培养高级工业技术人才，只能照搬西方国家现成的科学技术课程设置。在此过程中，由于不同学校聘请的外国教师国籍不同，课程设置模仿的国别也不同。例如，北洋大学堂和清华学校的课程基本是美国大学相关课程的复制，震旦大学、天津工商学院的课程设置则以法国为模本。而最早开

① 罗荣渠．现代化新论：世界与中国的现代化进程［M］．北京：商务印书馆，2009：8-9.

② 章开沅．文化传播与教会大学［M］．武汉：湖北教育出版社，1996：12-13.

办的福建船政学堂一校之内，则因聘请的教师不同，制造专业与管轮驾驶的课程设置分别是“法国化”和“英国化”的。

不仅如此，由于中国科技翻译起步较晚，诸多专业术语尚未统一，以及外籍教师精通中文者很少等多种因素的影响，早期中国高等工业教育还长期借用洋师母国的原版教材，教学、考试也直接使用外语。这样做的结果，是中国学生到国外同类学校学习几乎没有任何障碍。《遣派游美学生办法大纲》就要求肄业馆（清华学堂的前身）：“所有办法均照美国学堂，以便学生熟悉课程，到美入学可无扞格。”① 早于清华学堂的北洋大学堂也同样如此。陈平原先生说：“从甲午惨败的反省，到五四运动的崛起，中国西化步伐之疾速，实在令人叹为观止。”② 可以说，早期中国高等工业教育在课程与教学内容方面把“西方化”这一特点发挥到了极致。

（二）教学过程“西方化”

中国长期是东亚地区文化最先进的国家，与周边国家的交流主要以中国文化的输出为主。除了接受邻国的留学生，还不乏一些饱学之士出国为师，传播中国文化的记载。明末传教士来华，带来了西方早期的近代科学知识，引起了一些士大夫的学习兴趣，中国开始有了最早一批了解和掌握西方科技知识的人才。然而，明清鼎革以后的近 200 年里，中国与日益发展的西方科技基本处于隔绝状态。等到西方列强用枪炮轰开中国的大门时，西方近代科技对绝大多数中国知识分子来说已经成了一无所知的神秘事物。因此，中国高等工业教育在起步之时，以及之后相当长时间里，科技课程教学不得不依靠从外国聘请的“洋师”。这种举措在中国文化史和教育史上是前所未有的，以至于一度遭到了极大的舆论阻力。然而，事实使人们逐渐明白，从发达国家聘请具有真才实学的科技教师，对于提高中国科技教育的水平、避免知识理解的谬误，以及通过示范促进本国科技教师的成熟等方面都具有无可替代的作用。因此，即使后来本土科技教师越来越多，对洋师的依赖逐渐减弱，

---

① 朱有瓛. 中国近代学制史料（第三辑 上册）［M］. 上海：华东师范大学出版社，1990：569.

② 陈平原. 中国现代学术之建立：以章太炎、胡适之为中心［M］. 北京：北京大学出版社，1998：9.

很多有条件的学校也仍然聘请适量的外国教师。

与师资国际化相伴随的，还有教学方法和教学组织形式的国际化。在中国文化和教育发展的早期，是比较注重对教学方法进行研究的，还留下了《学记》这样专门探讨教学过程规律和方法的光辉篇章。但由于后来教育教学内容逐渐局限于儒家的几部人文典籍，加上在隋唐以来作为教学活动指挥棒的科举考试中，死记硬背的知识占有相当的比例，因此传统教学逐渐形成了重记忆轻理解、重结果轻过程、重书本轻实践以及重个别轻集体等特点，教学过程和方法主要以学生个人为单位，各自按照自己的进度呆读死记书本教条。西洋科技教师的到来，带来了全体学生按照统一进度进行学习的班级教学组织形式，也带来了对重点知识和疑难问题进行仔细讲解、重视动手操作和实验、允许学生质疑问难等西方近代教学中已经通行的启发式教学方法。这些新的教学方法和教学组织形式必然对中国师生形成强烈的心理冲击，能够促进教育界对传统教学过程的反思和向现代教学方式方法的转变。

（三）管理方式“西方化”

中国传统教育的管理方式是官本位、官僚化、粗放式的。管理者内部讲究上下尊卑，师生关系强调师道尊严，要求学生“两耳不闻窗外事，一心只读圣贤书”，忽视学生身心和谐发展，限制学生参与社会和政治活动。总之，中国传统教育管理方式是与小农经济为基础的封建专制统治完全一致的。由于大量延聘西方教师和管理者，加上教会办学的影响，西方高等教育中以学术和教育自身为中心、根据教育教学规律制定科学和精细的近代管理制度的做法，如校长（监督）与教务主任（总教习）分工负责制、班级授课制、严格的年级制度、必修与选修课程相结合制度、初中高等教育相衔接的学制体系、学分制、实习制度以及学位制度等等，大多都首先被介绍到中国近代高等工业教育中。

与此同时，在中国人自办的近现代高校，平等、自由、和谐的管理风格也首先在高等工业学校现出端倪。像师生平等交流与交往、丰富的课外活动、定期举办的运动会、众多的学生社团等这些传统教育中不曾有过的现象，就首先出现在福建船政学堂、北洋大学堂、清华学堂这些学校中。随着时代的发展和办学经验的丰富，人们意识到中国传统的学校管理与近代教育管理的应有风格存在重大差异，一些管理者开始产生主动与世界高等教育管理方式接轨、通过建设榜样学校带动全国教育管理方式变革的明确意识。例如，清华学校的办学方针是“一切仿效美国”，并具体化为三个方面：“第一，教导充分的科目，俾学生可以直接升入美国大学；第二，引注美国的风俗习惯和教授法，俾学生到美国不至感不便；第三，成立个模范学堂，俾国内学校知所效法。”①

（四）办学资源“西方化”

中国自古以来就有国家和政府办学与民众私人办学相结合的传统，在社会动荡、官学衰败的历史时期，私立学校甚至承担了整个国家教育的主要任务，成为延续中华民族文化与教育的重要力量。国家和政府也一贯重视、提倡和鼓励民间资本创办学校的“义举”。中国在拓展办学资源方面的这一传统与西方近现代教育重视民间投资的通行做法是一致的，也为清政府及民国政府所继承。自高等工业教育在晚清出现以来，除了中央所办的国立学校与地方政府所办的公立学校以外，也出现了像企业家和教育家张謇所办的私立高等工业教育学校。不过，由于近代高等工业教育所需费用不菲，而当时民间工商业的发展程度还太低，经济实力大多都无法维持学校的正常运作，因此，私立高等工业技术学校数量极少。但是，中国近代高等工业教育在其发展过程中，却有意无意地走出了一条拓展办学资源的新路子——办学资源的国际化。除了外国教会组织所办的震旦大学、天津工商学院以外，中外政府间以各种形式合作开办的中法高等专门学校、焦作路矿学堂、哈尔滨中俄工业学校、哈尔滨工业大学以及清华学校等，都属于使用外国师资、资金、仪器设备等资源所办的高等工业学校。尽管这些学校的出现多少含有中国主权不完整的屈辱意味，但客观地讲，它们在中国自己的办学资源极为有限的时代，培养了为数不少的中国高级工业技术人才，理应成为中国近代高等工业教育的重要组成部分。当代中国完全独立，但办学资源并不富裕，在确保教育主

① 朱有瓛．中国近代学制史料（第三辑 上册）［M］．上海：华东师范大学出版社，1990：569.

权的前提下，仍有必要探索利用国际教育资源促进高等工业教育发展的路子。

广义地讲，这一时期高等工业教育办学资源的国际化，除了利用外国资源在中国开办高等工业教育机构，还应包括留学生的派遣，以及教会中小学的外语与科技教育。留学教育直接利用外国大学为中国培养高级工业技术人才，而教会中小学的外语和科技教育则为国内的高等工业教育提供了当时难得的合格生源。

二、传统文化和教育是本土化诉求的基本资源

本土化是随国际化而同时发生、进行的过程。没有国家之间的交流与碰撞，没有国际化，也就无所谓本土化。所谓本土化，就是在全球性科学研究或社会实践活动中，既坚持世界通行和公认的核心内容和价值标准，又尽量尊重本国传统与习惯，充分利用本国各种资源，以充满本国风格的面貌达到目的，完成任务。人类社会的国家交流史及现代化史都表明，从来就不存在完全脱离本国因素的国际化，本土化与国际化是全球化这枚硬币的两面。中国近代高等工业教育以“西方化”面目进行的国际化给人留下了深刻印象，人们往往因此忽视了它的另一面——基于中国传统文化和教育而进行的本土化探索与努力。

严格地说，中国近代高等工业教育在任何一个方面进行的国际化过程，都同时伴随着这方面的本土化努力。以下几方面尤为突出。

（一）课程与专业设置的本土化

与课程和教学内容的国际化相对应，中国高等工业教育从产生之日起就开始了课程与专业设置的本土化尝试与努力。除了中国人自办的公私立学校都无一例外地禁止宗教传授这种消极和反面的努力外，还更多地表现为积极开设和重视具有中国特色的课程与专业。

一是课程设置的本土化。中国近代高等工业教育的课程设置以近代科学技术和外国语言为主，这些学科是中国本土文化中没有的，当然只能“全盘西化”（早期开设的中国传统“算学”课程除外）。但是，无论何种专业，其全部课程不只限于科技课程，还包括人文、社会、体育、德育等非科技课程。

这些非科技课程，为中国近代高等工业教育的创办者和主持者进行课程本土化努力提供了舞台。除了洋务派开办的各学校都不同程度地强调传统经典的诵读，使人明显感觉到这种本土化趋势外，我们还可以通过中国语文的学习与清华学校开办之间匪夷所思的密切关系，窥见中国近代高等工业教育在课程本土化方面有意识的努力。清华校史组的《从游美学务处到清华学校》揭示了清华学校创办的原因："在肄业馆筹备期间，游美学务处又提出了创设留美预备学校的方案。一方面是有鉴于当时各省新制学堂设立不久，完全从这些学校学生中考选直接留美生难以满足需要，另一方面，外务部和学部在招生政策上存在意见分歧。外务部主张招收十六岁以下的幼年生从小送美培养，否则对外国语言'已绝无专精之望'，学部则主张招收三十岁以上的中年人，否则'国学既乏根基，出洋实为耗费'。据范源濂说，当时甚至闹出这样的笑话：在两部评阅考卷时，有一次外务部英文取第一之人，在学部一分未得；而学部取第一之人，在外务部也一分未得。谁去谁留，亦竟至争不相下。基于这两方面的原因，于是提出学务处专设留美预备学校，先在国内有计划地训练，培养出合格的毕业生送美留学。"① 此外，黄炎培民国初年考察清华学校时，通过对学生的访谈得知，学生在学习中"本国文与外国文各定班次，至毕业考试时，如外国文合格而本国文相差甚远者，不予毕业"②。无论是晚清还是民国前期，高等工业教育课程设置中必不可少的以儒家典籍为主要内容的读经课、以传统伦理道德为底色的修身课、为适应"富国强兵"亟须开设的经济学课和军体课等等，都体现出浓厚的中国特色。

二是专业设置的本土化。早期中国高等工业教育除开设大量与新兴工业技术相适应的土木、矿冶、机械、水利、铁路、邮电等专业外，还对社会上普遍存在的传统工业和工艺给予了必要的重视。窑业、陶瓷、农具制造、油漆、酿造、丝绸及棉纺织、茶叶工艺等专业的设置，既体现了人们希望以近代科技改良传统手工业生产的愿望，也体现了中国近代高等工业教育在专业

---

① 清华校史组记从游美学务处到清华学校［M］//朱有瓛．中国近代学制史料（第三辑 上册）．上海：华东师范大学出版社，1990：550.

② 黄炎培考察教育日记（第二集）［M］．上海：商务印书馆，1916：108.

设置上的本土化努力。

（二）教学过程要素的本土化

在中国高等工业教育产生之初，由于对外国师资的高度依赖，所以，教师、教材及教学用语等这些教学过程诸要素的西化程度非常高，但中国高等工业教育从一开始对聘请洋师就有“聘是为了不聘”的明确意识，并一直为中国人自己执教科技课程、使用中文科技教材而努力。为了培养本土科技师资，从晚清至民国时期，政府和主管者从两方面进行了努力，一是派遣学生到国外学习深造，二是从国内高等工业学校的优秀学生中进行选拔。这种努力的效果是很明显的。据统计，“到了 1909 年，高等院校中有近三分之二的教师是具备现代资格的中国人”①，其中，“254 所技术学校总共 1541 名教师中只有 108 人是外籍教师”②。

工业科技课程教材的本土化汇聚了中外各种相关组织、个人的共同努力。一是执教的外籍教师和留学归国的中国教师根据教学需要用汉语编写各科教材。二是中国政府、官员以及外国教会和传教士所办的各种翻译出版机构，组织中外科技人员进行系统的教材翻译和编撰工作。三是中外一些学术团体进行的科技术语、名称的审定和统一工作。“在俄日战争期间，掀起了一个把外国文献译成中文的浪潮，其中关于科学、技术和社会科学方面的译著日益增长，约占全部译著的 60%。与此同时，在中文里出现了大量新词汇和新的术语（有许多来自日文）。”③

教学语言本土化是师资和教材本土化以后的必然结果，但也与人们的主观努力有重要关系。在这方面，与当时很多中国人积极追求国际化相比，一些外国传教士显得更热衷于推行教学语言的中国化。例如，尽管多数教会大学和教会教育家都坚持用外语教学，但对中国社会和文化状况有较深了解的

① ［美］吉尔伯特·罗兹曼．中国的现代化［M］．陶骅，等，译．上海：上海人民出版社，1989：535.

② ［美］吉尔伯特·罗兹曼．中国的现代化［M］．陶骅，等，译．上海：上海人民出版社，1989：562.

③ ［美］吉尔伯特·罗兹曼．中国的现代化［M］．陶骅，等，译．上海：上海人民出版社，1989：295.

教会教育家狄考文在1890年的基督教在华传教士大会上就主张，教会学校教学必须“用中国语言施教”，这是因为：（1）只有全面地进行中文教育，才对学生有帮助；（2）本国语言的全面教育，是一个人在本国人民群众中取得学术声望所必需的；（3）中文教育能使人有效地应用他的知识；（4）中文教育引导受教育者与人民打成一片并且影响他们；（5）中文教育与英语教育相比，不至于使受教育者高人一等。[①] 当然，狄考文是从扩大基督教影响的目的来谈论这一问题的，但我们不能否认他的这种观点在推进教学语言中国化过程中的重要影响及其论述中的一些真知灼见。

（三）管理过程的本土化

尽管高等工业教育是一种与中国传统教育完全不同的新教育，理应采用一套与之相应的新式管理方法，而且事实上中国近代高等工业教育也确实采用了诸多与传统教育迥异的管理方式和理念，出现了管理制度、方法和风格等方面的国际化趋势，但相对于教学过程而言，管理过程是一个传统影响更容易进入的环节和领域。在中国近代高等工业教育发展过程中，无论是为了延续中国教育管理传统，还是为了克服传统管理的影响而采取新的管理措施，都极具中国特色。例如，在合格生源本来就稀少的情况下，早期中国高等工业教育机构大多都延续了传统教育和科举考试注重出身、寻觅保人、订定具结等传统。福建船政学堂的章程就规定，学生“于入局时，取具其父兄及本人甘结”[②]。陈鹤琴于1911年夏考取清华学堂高等科，他自述：“考取之后，必须由同乡官做保。承姚天造兄的厚爱和介绍，请到范炯泰先生来做我保证人。”[③] 直至1917年，清华学校还规定，考上的新生“须觅请常川在京，现有职守者二人，充正副保证人，出具保证书存校”[④]。此外，在新式学堂中的祭

---

① ［美］狄考文．如何使教育工作最有效地在中国推进基督教事业（1890年）［M］//陈学恂．中国近代教育史教学参考资料（下册）．北京：人民教育出版社，1987：18-22.

② 同治五年十一月初五日左宗棠折［M］//中国史学会．中国近代史资料丛刊：洋务运动（五）．上海：上海人民出版社，1961：29.

③ 陈鹤琴．我的半生［M］．长沙：岳麓书社，1998：48.

④ 1917年清华学校中等科学生入学试验规程［M］//朱有瓛．中国近代学制史料（第三辑 上册）．上海：华东师范大学出版社，1990：568.

孔仪式、以科举的功名奖励毕业学生、在毕业文凭上注明三代长辈姓名、招生过程中对女性的实际歧视、在规程中特别强调学生对教师的尊重等做法，都是中国传统教育管理方法和观念的继承。据陈鹤琴回忆，他进清华学校后不到一个月，“政府下了一道命令，说孔子圣诞日全校师生，西籍教员除外，一律须去致祭，向孔子牌位行跪拜礼。听说政府还要派大员来监祭”①。由美国人控制经费的清华学校尚且如此，其他中国人自办的学校就更不难想象了。而有些为防止传统教育对高等工业教育干扰的管理措施，也显示出浓厚的中国特色。例如，为了防止福建船政学堂的学生像旧式书院的学生一样动辄请假参加科举考试，左宗棠为学堂拟定的章程明确规定，学生在堂学习期间“不得告请长假，不得改习别业，以取专精”②。这种对新式教育的管理规定，可以说是对传统教育管理方式的另类借鉴。

中国近代高等工业教育在国际化与本土化过程中的一些做法，对其现代化进程的影响很复杂，其性质不能一概而论，有些甚至很难有定论。例如，按照西方的教育制度和模式实行班级授课制，制定规范的学制，采用新式教学方法，重视学生对知识的理解，重视实习与实践，结合传统手工业的近代转型设置相关专业，重视本国教师的培养和外文教材的翻译，等等，毫无疑问都是能够促进高等工业教育现代化的举措，而像管理过程中的封建等级习气、将功名利禄或官位作为奖掖学生勤学的手段、对女性的歧视等做法，则明显是不利于高等工业教育现代化的。然而，像曾经广泛存在的科学技术课程完全用外语授课，使用发达国家的原版教材，乃至作业和考试也完全用外语答题，以及一些学校对学生实行的繁重的考试和近乎苛刻的淘汰制度，这些做法曾造就了中国最早几所世界一流的知名工科院校，培养出了中国最早一批优秀的高级工业技术人才，但我们今天却很难说这些做法还值得或能够效仿，也很难说这些做法到底是推进还是阻碍了高等工业教育的现代化进程。

---

① 陈鹤琴．我的半生［M］．长沙：岳麓书社，1998：49.

② 同治五年十一月初五日左宗棠折［M］//中国史学会．中国近代史资料丛刊：洋务运动（五）．上海：上海人民出版社，1961：29.

三、区域发展严重失衡贯穿始终

在论述洋务派创办的工业教育时，曾将工业教育机构的“畸形分布”，即高度集中于少数沿海、沿江城市作为其重要特点之一。实际上，洋务运动以后直至民国早期，中国高等工业教育区域发展不平衡的现象不仅没有得到改善，反而更严重了。也就是说，区域分布不平衡是中国近代高等工业教育发展过程中一直存在的现象。对这一现象的历史影响，我们应该客观看待，尤其要注意它在造成地区之间发展不平衡的同时，也有一定的合理性和积极意义。

（一）清末民初区域发展失衡更加严重

“壬寅学制”和“癸卯学制”颁布以后，尤其是“癸卯学制”实施以后，中国的近代教育第一次有了全国性的发展指针，有计划地系统发展各级各类近代教育及高等工业教育，以促进社会工业生产的发展，成为中央和各地方政府的明确意识，正规的高等工业教育学校数量显著增加。1902—1927 年左右，新开办了一大批高等工业教育机构。

由表 6.1 可知，尽管“壬寅学制”和“癸卯学制”颁布实施以后至北京政府时期，高等工业教育的发展与其他近代教育一起有了规范的制度与计划引导，以服务民用工业为目的的高等工业教育机构总数增加，分布的区域有所扩大，但集中于沿海、沿江省份的总体状况不但未能改变，从数量比例上看还有加剧的趋势。

这一时期开设了高等工业技术学校的省份由原来的 7 省增加为 13 省，山西、河南、黑龙江等内陆省份也创办了高等工业技术学校。然而，除去主要由俄国人在黑龙江开办的哈尔滨中俄工业学校（哈尔滨工业大学）和英国人在河南开办的焦作路矿学堂，以及由于兰州、西安、太原、贵阳等地洋务电报和军事学堂的停办，这一时期学校布局偏向沿海、沿江地区的情况更甚了，北京、上海、直隶、江苏四地的高等工业技术学校数目占全国一半以上。

这种分布特点形成的原因与洋务工业教育不同。这一阶段发展起来的高等工业技术学校大多已摆脱了以前囿于军事目的的局限，基本是完全民用性质的工业技术教育机构，也是任何地区的现代化发展都需要的教育基础。然而两个方面的原因导致高等工业技术学校不但不可能在各地区平衡发展，而且会更向上述四地倾斜。

表 6.1 “壬寅学制”“癸卯学制”颁布以后创设的工业教育机构及其所在地概况

所在地	工业教育机构
北京	京师大学堂/北京大学工科、农工商部立京师高等实业学堂/北京国立工业专门学校、邮传部铁路管理传习所/交通传习所、中国大学工科、清华学校大学部工科
上海	邮传部立上海高等实业学堂/工业专门学校/南洋大学、交通部吴淞商船学校、中法工商专门学校/工业专门学校、私立大夏大学工科、天主教震旦大学工科
直隶	直隶高等工业学堂/直隶工业专门学校、唐山铁路学堂/路矿学堂/交通部立唐山工业专门学校/交通部唐山大学、天主教天津工商学院工科
江苏	江苏公立苏州工业专门学校、水利局立河海工程专门学校/河海工科大学、南通私立纺织专门学校、东南大学工科
山东	山东公立工业专门学校、山东公立工业专门学校、山东大学工科
山西	山西大学堂/山西大学工科、山西公立工业专门学校
湖南	湖南高等实业学堂/湖南公立工业专门学校
奉天	奉天高等实业学堂/奉天公立工业专门学校、东北大学工科
广西	广西高等工业学堂
河南	焦作路矿学堂
四川	四川公立工业专门学校
福建	福建公立工业专门学校
浙江	浙江公立工业专门学校
江西	江西公立工业专门学校
黑龙江	哈尔滨中俄工业学校/哈尔滨工业大学

一是各地的经济尤其是近代工商业经济发展严重不平衡。两次鸦片战争

使香港、广州、厦门、福州、宁波、上海以及汉口、南京、天津、烟台、镇江等这些大多本来就具有较好的传统工商业经济基础的沿海、沿江城市成为中国最早对外开埠的口岸。列强势力进入这些城市，对中国主权造成了严重的侵害，但同时也带来了西方近代知识、生活方式以及新的生产方式和投资、经营理念，使这些城市成为中国最早产生近代工商业经济的地方，也成为中国近代工商业经济与外国资本进行“商战”的最早战场。经过几十年的发展，这些城市及其周边地区与其他地区在生产方式和经济实力方面的差距越来越大。高等工业教育的存在和发展是以持续不断的大量资金投入以及毕业生的良好就业前景为基础的。近代工商业经济发达的地区既能为高等工业教育提供必需的资金，又对培养出来的人才具有较强的需求。而落后地区则相反，地方政府和社会各界无力维持高等工业技术学校运作所需的资金投入，也无法将培养出来的高级技术人才安置到合适的岗位。因此，在鸦片战争过去半个世纪以后，中国的高等工业教育机构仍然高度集中于几个开埠较早的地方，就不是一件无法理解的事情了。既不沿江也不沿海，也没有“条约口岸”的内陆省份山西，能够在清末就兴办山西大学堂，并进行多个专业的高等工业技术教育，固然有其偶然因素，但根本上还是因为山西是一个矿产资源丰富、易于开办近代工矿企业的地区。这也从反面证明了上述道理。

二是中央政府财政匮乏、经济调节能力微弱。尽管自清末以来中央政府一直具有各地平衡发展的愿望，也对各地提出了发展高等工业教育的共同要求，但无论是清末还是民初，由于全国近代工商业总体规模较小，更由于巨额的对外赔款，以及长期不断的内外战争所导致的庞大军费开支，中央政府的财力始终处于捉襟见肘的窘态，根本无法拿出足够的资金对落后地区的各项社会事业进行扶持和倾斜。因此，落后地区既无法通过中央政府的帮扶缩小与“发达”地区在近代工商业方面的差距，也无法缩小在高等工业教育发展方面的差距。

（二）区域发展严重失衡的历史影响

区域分布严重失衡的特点对中国高等工业教育乃至社会各方面的现代化发展具有重大而深远的影响。以前，人们往往较多注意这一特点导致的地区之间社会、经济发展差距的扩大，并将其作为中国近代教育畸形发展的证据。实际上，早期中国高等工业教育的区域发展特点的影响十分复杂，需要结合具体的历史背景仔细分析并作出客观的评价。为了不与已有的结论重复，仅从积极方面对这种区域发展特点的影响进行初步总结和评价。

1. 保存了中国高等工业教育的萌芽

正是这种“畸形”的区域分布，才使中国高等工业教育的萌芽得以保存，成为以后进一步发展的基础和源泉。

由于中央财政乏力，早期数量有限的高等工业技术学校大多都需要地方政府拨款和工商企业、个人捐助才能勉强维持，即使一些由外国政府或教会控制的学校，也不能完全离开中国本土各种社会组织和各界人士的资助。而此时中国绝大多数地区仍以小农生产和自给自足的自然经济为主，传统行会和小生产者个人既无资助近代工业技术教育的热情和眼界，也缺乏这种经济实力。只有在那些少数口岸城市里随着新的生产和经营方式的引入而成长起来的新式经济组织和业主，才能深切体会到近代工商业教育的重要性，认识到培养中国自己的高级工业技术人才的紧迫性，因而也具有向高等工业教育投入资金的强烈愿望。同时，由于他们经营的近代工商企业往往具有传统行业无法比拟的效益和利润，因而也具备这种投资能力。事实证明，从晚清至民国初期，在全国多数省份都曾先后有过开办高等工业技术学校的计划和实践，但大多由于资金原因，最后结果不是计划无法实施，就是学校勉强开办之后有名无实，以关门或降格为中等技术学校告终。只有直隶、江苏、上海、北京以及太原这些近代工商业经济发达或自然资源丰富地区的高等工业技术学校，才能坚持薪火相传，并不断发展壮大。没有了北洋大学、京师大学堂、山西大学、南洋大学以及唐山大学、河海工程大学、东南大学等高校工科教育的创办与延续，中国高等工业教育的现代化就失去了最初实体基础，就不可能有南京国民政府以至新中国成立后高等工业教育在数量和质量上的进一步发展和提高。因此，中国近代高等工业教育高度集中于少数经济发达地区的特点，固然拉大了这些地区与其他地区之间的发展差距，却是中国高等工业教育早期现代化必经的过程，避免了高等工业教育萌芽的夭折。

2. 促成了中国高等工业教育的“原始积累”

区域上的“畸形分布”，还促进中国高等工业教育完成了“原始积累”过程，初步实现了局部地区高等工业教育的繁盛，为满足国家和社会的需求提供了一定帮助，为全国高等工业教育平衡发展奠定了基础。

市场经济发展的事实和规律告诉人们，各种资源总是最先向少数城市或地区不断集中、积累，在形成少数经济发展优势区域的同时，其他地区会显得相对更加贫困和落后。但这种集中到了一定程度以后，又必然会出现资源由优势地区向其他地区扩散的现象，最后达到各地区相对平衡发展的状态。在未到达一定的集中程度以前，资金、人才等各种资源是不会自动向落后地区回流的，如果人为进行资源平均分布，反而会使经济发展失去活力，导致总体经济水平下降。高等工业教育的现代化历程也有类似的情况。这是因为，与工业生产联系密切的高等工业教育，最初必然产生和成长于工商业最发达的地区，之后便与这些地区的工商业乃至整个社会之间形成持续不断的互动和反馈关系，结果这些地区的高等工业教育随经济和社会的发展而愈加发达。正因为如此，到 20 世纪 20 年代，在多数省份和地区的高等工业教育还几乎是一片空白的时候，江苏、上海、山东、直隶、北京等地已由清末屈指可数的几所高等工业技术教育学校，发展为拥有 23 所进行（包含）各种高等工业技术专业教育的学校，占全国同类学校总数的三分之二，在质量上更是其他地区的学校无法相比的。在近代工商业经济总体水平还很低的时代，这些地区高度集中和相对繁盛的高等工业教育，在一定程度上满足了社会发展对土木工程、机械制造、地质勘探、化工冶炼、河海工程等高级工业技术人才的需求，打破了从前这些人才完全依赖外国的局面。当然，此时这些地区高等工业教育机构的绝对数量和集中程度还远未达到开始向落后地区“回流”的程度，但毕竟已经渐成规模。只要不发生大的社会动荡和战乱，它们最终必然会成为全国高等工业教育平衡发展的基础。后来的事实也证明，如果没有早期中国高等工业教育在上述地区的发展与积累，抗战时期国民政府在西部地区发展高等工业教育，新中国成立以后通过院系调整平衡各地高等工业教育的发展，都将成为无米之炊、无源之水。

3. 对以后的平衡发展具有启示作用

高等工业教育过分集中于少数地区的特点，对近代中国社会的总体发展存在明显的消极影响，其中最主要的就是导致各地经济和社会发展之间的差距日益加剧。过大的地区发展差距对整个国家的发展、对保持国家和民族的统一性都是不利的。但从积累历史经验和教训、为后世发展提供启示的角度来看，可以说正是这种“畸形分布”状况，为后来的研究者和决策者提供了一个鲜活生动的反思标本，促使人们认真分析其中的原因和得失，进而高度重视探讨各地高等工业教育的平衡发展之路。

中国高等工业教育从南方的福建正式起步，到民国初期形成了高度集中于东部少数几个沿海省份和城市的格局，这一历程启示后来的人们，高等工业教育的区域发展状况，尽管与很多主观和偶然因素有关，如地方官员的自身经历和认识水平，热心官员的任职地点，等等，但从根本上和最后结果来看，还是由各种客观规律和必然因素决定的。以福建船政学堂为例，这所中国最早的高等工业技术学堂之所以建在福州而不是在其他地方，就是由左宗棠当时身为闽浙总督这种偶然因素以及左宗棠力主在马尾创建船厂的主观因素决定的。然而，历史悠久的福建船政学堂最终并未发展为中国著名的工科大学，其中原因虽然很多，但与福建的近代工商业经济远不如江苏、上海和直隶等地有直接关系。因此，高等工业教育在各地的平衡发展，需要人们发挥主观能动性，敢想敢做，但不能违背高等工业教育自身发展的客观规律。当然，这不是说各种主观条件就不重要。如果管理者的思想陈旧落后，管理方式与近现代教育发展方向和规律背道而驰，即使外界环境和条件较好，也同样不能使学校稳定、正常发展。另外，像社会动乱和战争这类偶然因素，对特定地区教育的影响有时也是致命的。

晚清至民初高等工业教育区域发展严重失衡的状况，促进了后来的历届政府对高等工业教育合理布局、平衡发展问题的关注。国民党政府利用抗战期间高校西迁的契机对高等工业教育布局进行的调整，新中国政府通过几次“院系调整”对全国高等教育进行的重大改革，虽然效果各不相同，但从一定意义上讲都是针对早期中国高等工业教育区域发展的教训进行的纠偏和调节。

四、社会影响多元化特性明显

从晚清至民国北京政府时期，历届政府及各个时期高等工业教育事业的举办者大都是以“中体西用”思想为指导，将其预期功效严格限制在社会生产和经济领域，根本目的是为现存社会秩序的维续奠定物质基础。这一时期的高等工业教育也确实对社会生产的工业化产生了重大影响。中国自 19 世纪 60 年代中期以来的 60 余年间，由一个毫无近代工业基础的传统农业国家，在资源开采、武器制造、交通运输和通讯、丝棉纺织等领域开始出现了规模、比重和程度不等的机械化生产方式，是中国历史发展进程中意义深远的巨变和进步，这一进步的取得与中国近代高等工业教育源源不断培养出来的各类人才密不可分。而且，与同类“后发型”国家如东邻日本相比，中国近代高等工业教育起步不可谓不早，教学效果也不可谓不好，并办出了像北洋和清华这类世界知名的学校。然而，高等工业教育远未实现近代中国人“富国强兵”的厚望和初衷，相反，与它的发展相伴随的，恰恰是中国在与列强竞争中一次比一次更惨重的失败、更深的屈辱以及更迫近的亡国危机。这种结果当然有其非常复杂的原因等待人们进行深入分析和探寻。但无论怎样，如果今天我们仍然将目光囿于生产和经济效应，那么，对中国近代高等工业教育的历史影响进行分析和评价时，就不仅会内容单薄，而且极有可能得出令人沮丧的结论。正如李侃先生在论及洋务运动与近代文化发展关系时指出的那样，虽然洋务运动“所着眼的首先不在于文化，当然更谈不上是文化运动”，但是，“它的兴起，不但引起了中国社会经济结构和政治格局的某些变化，同时也必然要引起文化的某些变化。近代工业、交通运输业的兴办，西方近代科学技术的引进，不可避免地要引起一些人的生活方式、思想观念的改变，并且导致一定程度的知识更新和文化更新”。① 一场社会运动是这样，一种类型的新教育对社会的影响更是这样。实际上，高等工业教育如同其他任何级别和种类的教育一样，其功能是多样性的，对社会的影响也是多元化的。如

---

① 李侃．近代传统与思想文化［M］．北京：文化艺术出版社，1990：104.

果我们跳出单一的生产和经济功能局限，从更为广阔的范围去审视，尤其是充分注意到中国近代高等工业教育所处的特殊历史背景，就会发现它对社会其他领域的影响，绝不亚于它对生产和经济的影响，某些影响及价值甚至可能比其生产和经济效益更深刻、更长远。

除了生产和经济效益，近代高等工业教育对中国社会的重要影响至少还表现在以下几个方面。

（一）中国教育现代化的“领头羊”

1935 年，时任北洋工学院院长的李书田在《四十年来之中国工程教育》一文中指出：“中国之工程教育与中国之现代大学教育，同年同月同日生，既［即］中国起始有现代大学之日，就有工程科系，其时恰为四十年前，既［即］民国纪元前十七年十月二日。最早的大学，国立北洋大学。”① 李书田的这段话，从北洋大学建校之初即采纳美国现代大学学制的角度，强调了这所工科大学在中国现代大学史上的重要意义。实际上，就中国近代工业教育的缘起与早期发展来看，高等工业教育不仅对中国近代高等教育和大学教育的发展具有重要影响，而且对其他各级各类近代教育的发展均具有重要意义，它是中国教育现代化进程中的先行者。

近现代教育与古代教育相比，不仅在教学内容、教学方式方法、管理过程等方面有重大区别，在教育目的、培养目标方面更有本质区别。其中，教育教学与社会生产劳动相联系，培养全面发展的各级各类建设人才，是近现代教育的两个最基本特征。一个国家的教育现代化，就是该国教育在上述各方面的现代性逐渐增强的过程。中国作为一个后发型国家，教育现代化最初又表现为学习和引进先进国家的近代教育。

西方近代培养高级工业技术人才的专业教育先于其他各级各类教育被引入中国。正是福建船政学堂、上海广方言馆、京师同文馆的天文算学馆等一批最早传授工业科技知识和技能的教育机构，开启了中国教育与社会生产相

① 王杰，朱红春．北洋大学的工程教育与科学研究［J］．高等工程教育研究，2008（3）：120-125.

联系的先河，从而逐步推动了基础教育从古代向现代的转化。也正是在晚清民初的这些工业科技教育机构中，最先采用了实验、实践等近代教学方法，最先试行了近代学制，最先引入了近代管理方式，直至清华最早明确提出“德、智、体三育并举”的全面发展口号。中国近代高等工业教育在其发展过程中进行的一系列现代化变革，对其他各级各类教育的现代化发展和转型，从具体方法、模式到深层次的思想理念，都起到了感染、引导和促进的作用。因此，中国近代高等工业教育是整个中国教育现代化过程中当之无愧的“领头羊”。

（二）思想启蒙与政治变革的先声

1902年严复曾在《与<外交报>主人书》一文对近代科学技术与国家政治之间的关系进行过一番论述：“其曰政本而艺末也，愈所谓颠倒错乱者矣。且其所谓艺者，非指科学乎？名、数、质、力，四者皆科学也。其通理、公例，经纬万端，而西政之善者，即本斯而立。故赫胥黎氏有言：‘西国之政，尚未能悉准科学而出之也；使其能之，其致治且不止此。’中国之政所以日形其绌、不足争存者，亦坐不本科学，而与通理、公例违行故耳。是故以科学为艺，则西艺实西政之本。”① 在这里，严复将蕴含世界客观规律的科学技术视为西方国家近代政治之本，揭示了近代科学技术与近代政治的内在一致性。严复的这一观点是建立在他本人对西方科技深刻了解基础上的，它不但从一个侧面说明了“中学为体，西学为用”思想的虚妄，也从反面暗示了在封建专制的中国进行科学技术教育必然具有的思想启蒙和政治变革价值。

在中国，西方近代思想与政治学说的大规模引进和介绍，是甲午战败以后、维新运动兴起期间开始的，这是先进的中国人对社会大众直接进行近代思想启蒙和呼吁进行政治变革的开端。但是，之前的洋务派举办的工业教育，尽管只涉及工业生产方式和自然科学技术，但对于人们思想和政治观念的变化，其影响绝不是可以忽略不论的。洋务工业科技教育与洋务派从事的所有活动一样，“就其主观动机而言，他们未必有心打破旧轨，但他们的主张却历

① 严复文选［M］．天津：百花文艺出版社，2002：157.

史地包含着逸出旧轨的趋向"[①]。从某种意义上说，维新运动之前，是洋务工业科技知识教育独自承担着启蒙中国人的重任。

早在江南机器制造总局组建之初的1865年，李鸿章在给朝廷的一份奏折中曾说过这样一段颇值得后人分析的话："洋机器于耕织、刷印、陶埴诸器皆能制造，有裨民生日用，原不专为军火而设。妙在借水火之力以省人物之劳费，仍不外乎机括之牵引，轮齿之相推相压，一动而全体俱动，其形象固显然可见，其理与法亦确然可解。唯其先华洋隔绝，虽中土机巧之士莫由凿空而谈，逮其久，风气渐开，凡人心智慧之同，且将自发其覆。臣料数十年后，中国富农大贾必有仿造洋机器制作以求利益者，官法无从为之区处，不过铜钱、火器之类仍照向例设禁，其善造枪炮在官入役，当随时设法羁縻耳。"[②]完全无需"过度解读"，我们也能从李鸿章的这段话中看出他的这样几个认识：一是洋务派以军事制造为开端引进的西方工业生产在合适的条件下可以转化为民生日用性质的。二是近代工业生产及其原理与传统手工业及其经验相比，具有精准性、确切性、可了解性。三是相信中国人也能掌握和研究这种新式工业生产及其技术原理。四是最后一段话所反映出来的李鸿章那种隐隐约约、若明若暗、不知是忧是喜的预见——"数十年后，中国富农大贾必有仿造洋机器制作以求利益者，官法无从为之区处"——这分明描述的是一幅资本主义生产方式出现以后，封建专制制度无从压制的社会变化场景。也许，此时的李鸿章已经直觉到从生产方式和技术基础的变化最终可能带来某种巨大的社会根本变革。

洋务派创办的近代高等工业教育，不仅是社会生产方式变革的直接动力源，对人们的思想和政治观念的转变也具有独特的价值。近代工业科技知识的背后，是严密的逻辑和对因果关系的反复拷问，它们与迷信、愚昧，与"皇权天赋"之类的无稽之谈，与很多中国人的传统社会知识和经验都是格格

① 陈旭麓．近代中国社会的新陈代谢［M］．上海：上海人民出版社，1992：98.

② 同治四年八月初一日李鸿章折［M］//中国史学会．中国近代史资料丛刊：洋务运动（四）．上海：上海人民出版社，1961：14.

不入的，而后者恰恰是封建专制政权赖以存在的思想文化基础。随着洋务高等工业教育规模的逐渐扩大，即便此时尚未大规模引进西方近代哲学和社会科学理论，也无法阻止一代又一代的新型技术人才在受到猛烈的心理冲击之后，对一切习以为常的事物的拷问和怀疑，其中当然就可能包括现存的生活方式、社会习俗乃至以“不可一日无”的君主为代表的封建专制制度。因此，“从某种意义上说，洋务运动汲取来的西方知识对中国传统社会的冲击，比十次旧式农民战争更大。在这个过程中虽没有激昂的呐喊呼叫，但新的观念却借助于具体的事物和实例改变着人们世代沿袭的成见和信念。这一点，洋务的倡导者是始料不及的”①。

维新运动之前，随着对工业文明和科技知识的了解而在思想和政治观念方面发生微妙变化的个案，可以郭嵩焘为例——尽管他并非洋务工业教育的受教育者，但足以说明工业科技知识的思想启蒙作用。郭嵩焘是继林则徐、徐继畬、魏源之后力主向西方学习的旗手式人物。1876 年出使欧洲，广泛接触西方工业文明和科技知识，结果他产生了“三代以前，皆以中国之有道制夷狄无道。……自西洋通商三十余年，乃似以其有道攻中国之无道”② 的认识，这种“大逆不道”的看法，不正是一个传统中国人思想开始脱离蒙昧状态的表征吗？他认为：“西洋立国有本有末，其本在朝廷政教，其末在商贾，造船、制器，相辅以益其强，又末中之一节也。故欲先通商贾之气以立循用西法之基，所谓其本末遑而姑务其末者。”③ 尽管他的这种本末观与前述严复的同类观点相左，但有一点是肯定的，那就是他已经由西方发达的工业技术入手，开始思考通过“循用西法”来改善“朝廷政教”了。这不正是维新运动时期政治变革的先声吗？

从维新运动开始，译介西方哲学、社会科学书籍，宣传各种西方社会思潮和主张，成为启蒙中国人、推动政治变革的主要方式，但这并未取代工业科技知识在思想启蒙和政治变革中的独特作用。相反，中国近代高等工业教

① 陈旭麓．近代中国社会的新陈代谢［M］．上海：上海人民出版社，1992：115.
② 郭嵩焘日记（第三卷）［M］．长沙：湖南人民出版社，1982：548.
③ 郭嵩焘奏稿［M］．长沙：岳麓出版社，1983：345.

育作为传播自然科学技术的中坚力量，与各种西方哲学、社会科学知识的教育和传播一起，成为带动中国人思想和政治观念变革的两翼，并最终发展为启蒙高潮的五四运动时期“民主”与“科学”两面大旗。

（三）促进近代学术观念和标准的确立

中国传统学术研究以经学为主，而经学是一门偏重政治化的社会伦理道德、杂糅各种知识、尚未明确分化的综合性学问。在各种西方近代学问引入之前，中国的学术研究一直按照自己的逻辑和理路运行着。自从近代高等工业教育出现以后，一系列面目全然不同的西学学科和知识体系进入中国，并映入中国学人的视野。伴随着近代中国与东西方列强较量的一次又一次失败，西学的学术观念和标准对中国知识界的冲击和影响越来越大，以致最终取代传统学术研究套路和标准，成为中国学术史上的一场巨变。

梁启超曾通过名著《清代学术概论》对清代的学术发展和变化进行了精辟的论述。在该著中，梁氏认为晚清的西学输入和传播对中国学术发展的影响甚微。他说：“鸦片战役以后，渐怵于外患。洪杨之役，借外力平内难，益震于西人之‘船坚炮利’。于是上海有制造局之设，附以广方言馆，京师亦设同文馆，又有派学生留美之举，而目的专在养成通译人才，其学生之志量，亦莫或逾此。故数十年中，思想界无丝毫变化。”① 可见，他把洋务运动期间引进西学对思想学术的影响基本上是视为空无的。除了对严复翻译《天演论》《原富》《群学肄言》等著作的影响进行了一定程度的肯定，梁启超对其他西学传播活动的学术影响价值也基本持否定态度。在探寻晚清西学引进活动对中国学术影响极小的原因时，梁启超从两个方面进行了分析和总结。一是精通外文、对西学知识掌握准确的留学生们大多没有积极投身于援西方学术入中国的事业——“晚清西洋思想之运动，最大不幸者一事焉，盖西洋留学生殆全体未尝参加于此运动。运动之原动力及其中坚，乃在不通西洋语言文字之人。坐此为能力所限，而稗贩、破碎、笼统、肤浅、错误诸弊，皆不能免。故运动垂二十年，卒不能得一健实之基础，旋起旋落，为社会所轻。就此点

① 梁启超．清代学术概论［M］．北京：东方出版社，2012：84.

论，则畴昔之西洋留学生，深有负于国家也”①。二是一些以研究和掌握西方科学知识为己任的人，或由于动机不纯，或由于思路不对，也未能使西学研究真正发达起来——“而一切所谓‘新学家’者，其所以失败，更有一总根原，曰不以学问为目的而以为手段。时主方以利禄饵诱天下，学校一变名之科举，而新学亦一变质之八股。学子之求学者，其什中八九，动机已不纯洁，用为‘敲门砖’，过时则抛之而已。此其劣下者，可勿论。其高秀者，则亦以‘致用’为信条，谓必出所学举而措之，乃为无负。殊不知凡学问之为物，实应离‘致用’之意味而独立生存，真所谓‘正其谊不谋其利，明其道不计其功’。质言之，则有‘书呆子’，然后有学问也。晚清之新学家，欲求其如盛清先辈具有‘为经学而治经学’之精神者，渺不可得，其不能有所成就，亦何足怪”②。不过，梁启超在展望清代以后的中国学术通过吸收和参考西学知识而继续发展时，还是充满信心的。他预言：“自经清代考证学派二百余年之训练，成为一种遗传，我国学子之头脑，渐趋于冷静缜密。此种性质，实为科学成立之根本要素。我国对于‘形’的科学（数理的），渊源本远，根柢本厚；对于‘质’的科学（物理的），因机缘未熟，暂不发展。今后欧美科学，日日输入，我国民用其遗传上极优粹之科学的头脑，凭借此等丰富之资料，瘁精研究，将来必可成为全世界第一等之‘科学国民’。”③

即便从19世纪60年代算起，晚清西方科学技术知识的引进也经历了近50年。在长达半个世纪的时间里，西学对中国学术界的影响真的如此微小吗？陈先生说梁启超在写《清代学术概论》时，“对于自家所处学术潮流，梁氏以全盛期正统派的眼光多有挑剔，但强调破除汉学专制、接引西方学术、回归经世之学，实际上将其视为‘第二思潮之启蒙期’”④。尤其是从洋务运动开始创建的中国高等工业教育，通过各种方式和途径，培养了一批又一批掌握

① 梁启超．清代学术概论［M］．北京：东方出版社，2012：85.

② 梁启超．清代学术概论［M］．北京：东方出版社，2012：86.

③ 梁启超．清代学术概论［M］．北京：东方出版社，2012：93.

④ 陈平原．中国现代学术之建立：以章太炎、胡适之为中心［M］．北京：北京大学出版社，1998：4.

各种近代自然科学技术知识的高层次知识分子，翻译、出版了成百上千种西方科技书籍，是不可能不对知识界和学术界造成深刻影响的——尽管由于各种原因，这种影响在早期确实极为缓慢。对比龚自珍、林则徐和魏源等早期知识分子，康有为、章太炎、梁启超、沈曾植、罗振玉、王国维等活跃在清末的这批人与他们已经有了鲜明的区别，其中的重要原因，无疑是后者比前者生活的时代能接触到更多、更新的西方科学知识和书籍，而这些知识和书籍，大多正是为了培养新式工业技术人才而引进的。“晚清以降，不管是否曾经踏出国门，传统的变异与西学的冲击，均有目共睹。面对此‘三千年未有之大变局’，学界虽有‘激进’与‘保守’之分，但上下求索，为中国社会及学术闯出一条新路的心态，却是大同小异。”① 即便是梁启超本人鼓吹的所谓“文界革命”“诗界革命”“小说界革命”，也不过是西方科学对中国传统经学、史学，乃至诗歌、小说等已经发生了重大影响的反映。

以近代高等工业教育为龙头而引进的西方自然科学技术学科及其知识、方法，对晚清以来中国学术的影响，至少突出地表现在学术分途发展的观念形成和科学方法成为标准两个方面。

中国近代意义的学术分途发展观念，首先源于西方各门界限分明的分科学科的引进。虽然中国传统的儒家学术研究（当然也包括道、佛等其他学术研究）也有自己的分类体系和框架，但大体来说，“西方学科范畴是针对着人类‘认知’的目的而建立起来的，而儒家学术分类体系则是服务于人格成长和终极关怀等实用的需要而建立起来的。前者遵从的是‘知’的逻辑，后者遵从的则是‘做’的逻辑”②。当挟裹着“力”与“势”而来、按照“天文”“地理”“格致”“算学”乃至更为细致的“声、光、电、化”“算术、几何、代数、微积分”等进行细密分类的西方自然科学学科进入中国以后，首先与“中学”并立，成为一个史上所无的具有崭新分类的研究和学习领域。高等工

① 陈平原．中国现代学术之建立：以章太炎、胡适之为中心［M］．北京：北京大学出版社，1998：6.

② 方朝晖．“中学”与“西学”：重新解读现代中国学术史［M］．保定：河北大学出版社，2002：3.

业教育通过分门别类的专业和课程设置，向人们生动展示了近现代科技必须分门别类进行专门学习和研究的可能性与必要性，从而使得“一事不知，学者之耻”那种全知全能的传统学术观念被逐渐打破了。另一方面，由于列强与中国较量获胜所造成的“晕轮效应”，西式学科分类使传统“中学”研究的“经、史、子、集”或“四书五经”这种分类框架显得原始、粗糙甚至不伦不类，从而使部分“国学”研究者开始主动按照西式的文、史、哲分科标准进行学术研究变革。这种变革发端于严复，他在《论治学治事宜分二途》中指出：“国愈开化，则分工愈密，学问、政治，至大之工，奈何其不分哉?”[①] 虽然严复在此强调的是要改变那种把做学问与做官混在一起的传统做法，但这是学术分途发展的第一步。学问本身也是要分工的，即他所谓的“农工商各业之中，莫不有专门之学”[②]。考虑到严复的知识结构，这种逻辑发展的最后结果必然是“国学”也须按照新式分类标准重新划定不同的领域进行分门别类的研究。到民国初年，中学、西学并列，“国学”按文、史、哲分科研究的局面最终形成。

如果说学术研究分类还是一种外在和形式上的影响，那么，严格的科学方法的引入就是西方科学技术对中国学术研究深入骨髓的改造和冲击。按照梁启超的说法，清代考据学派的研究方法，已经具有相当的近代科学方法因素，但总体上讲，中国传统学术研究方法具有主观体悟性、模糊性明显，以及怀疑精神少、突破性弱等特点，这与中国传统文化的特性有关。瞿秋白曾指出：“封建制度或宗法制度的文明与资产阶级的文明相较却有内容的不同，——前者神秘的份数多，后者科学的份数多。现代的资产阶级的科学文明比封建宗法时代的文明，有一特异之点：就是思想上不承认君权，神权，父权，师权，——中国的所谓‘天地君亲师’一概扫除；学术已非‘祖传’或‘神授’，而是理智的逻辑的；技术亦就不专赖熟练或天才，而渐重原

① 严复文选［M］. 天津：百花文艺出版社，2002：137.
② 严复文选［M］. 天津：百花文艺出版社，2002：138.

理。”① 他讽刺说：“东方文化的优点，本在善于以糊涂的簿记法差错给人家钱。经济生活受帝国主义的强逼，不得不求适应；于是新式簿记法不得不用，其他各种技术亦是如此。”② 瞿秋白的这些说法虽然尖刻，但确实不无道理。

随着西方科学技术教育的规模越来越大，尤其是与学术界联系密切的高等层次的科学技术教育规模的扩大和水平、质量的提高，到五四运动前后，运用科学方法进行学术研究、“重新审查一切价值”的观念基本成为共识。如对于所谓的“国学”研究，梁启超就认为：“社会日复杂，应治之学日多，学者断不能如清儒之专研古典。而固有之遗产，又不可蔑弃，则将来必有一派学者焉，用最新的科学方法，将旧学分科整治，撷其粹，存其真，续清儒未竟之绪，而益加以精严，使后之学者既节省精力，而亦不坠其先业；世界人之治中华国学者，亦得有藉焉。”③ 主张“大胆假设、小心求证”的胡适是引科学方法进入中国学术界的急先锋。胡适说，他信奉的实验主义“完全是近代科学发达的结果”④。“实验主义的两个根本观念：第一是科学试验室的态度，第二是历史的态度。这两个基本观念都是十九世纪科学的影响。所以我们可以说：实验主义不过是科学方法在哲学上的应用。”⑤ 陈旭麓先生对这一时期的学术研究方法转型作过如此评价：“从胡适的《中国哲学》（上册）到顾颉刚的《古史辩》，到俞平伯《红楼梦考证》，到陶行知、陈鹤琴的教育思想都有着实验主义深浅不同的痕迹。它们代表了中国学术、教育史上不同于中世纪的另一个时代。”⑥

尽管套用西方的学科分类，以及一切都强调“拿证据来”，近乎迷信地坚

---

① 瞿秋白．现代文明的问题与社会主义［M］//钟离蒙，杨凤麟．中国现代哲学史资料汇编（第一集 第五册）：东西文化论战．沈阳：辽宁大学哲学系，1981：13.

② 瞿秋白．无用的人与东方文化［M］//钟离蒙，杨凤麟．中国现代哲学史资料汇编（第一集 第五册）：东西文化论战．沈阳：辽宁大学哲学系，1981：23.

③ 梁启超．清代学术概论［M］．北京：东方出版社，2012：94.

④ 胡适．实验主义［M］//葛懋春，李兴芝．胡适哲学思想资料选（上册）．上海：华东师范大学出版社，1981：46.

⑤ 胡适．实验主义［M］//葛懋春，李兴芝．胡适哲学思想资料选（上册）．上海：华东师范大学出版社，1981：50.

⑥ 陈旭麓．近代中国社会的新陈代谢［M］．上海：上海人民出版社，1992：399.

持科学方法，极有可能造成“用西学框架强行裁剪中国文化”等负面效应，但无论人们是否愿意，在中国学术研究领域，“西风压倒东风”已经成为定局。在此过程中，中国近代高等工业教育可以说既是一道主要的桥梁，又是始作俑者。

（四）改变落后的思维习惯和观念

以汉族为主体的中华民族在独特的地域、历史和文化环境下，形成了自己特有的思维习惯和传统观念。这种思维习惯和一些传统观念在欧风美雨大规模侵袭之前，基本能够维持民族自身存在和发展的和谐、自足状态。然而，当封闭状态被打破，中国人不得不与来自西方的异种人和异质文化打交道时，既有的一些思维方式和观念就立即显露出与时代扞格的缺陷。为了与新的时代和环境相适应，人们只能或主动或被动地改变那些已经不合时宜思维方式和落后观念。在这一过程中，中国近代高等工业教育以崭新教育方式及其传递的新知为媒介，积极参与民族思维习惯和传统观念的变革，成为塑造现代中华民族的基本力量之一。

例如，中国人长期受“阴阳五行”这种原初哲学思想的影响，对世间万事万物的本源和道理往往习惯于进行大而化之、不求甚解的解释和分析。中国近代高等工业教育传授逻辑严密、因果关系清晰的西方科技知识，对中国人反省自己粗糙的思维方式，并逐渐形成精细分析、刨根问底的新思维习惯，必然大有裨益。甲午战败以后，受西式教育于新加坡，后返回厦门的卢戆章在《万国公报》上发表了《变通推原说》一文，表明中国人已经在欧风美雨的吹打中，开始认识到东西方之间思维方式的差异以及传统思维习惯的不足。他说：“国家之所以兴者，由于精也；而所以不遽兴者，由于苟也。何谓精？细微之事，人所易忽者，彼则不敢以轻心掉之，事事必穷其底蕴。人以为迂且愚，殊不知惊天动地之举，莫不由至细至微而致也。”而“苟者曰：此浅显之事，非吾儒之所当讲求也。于是事攻于太古元妙之事，而苟且于日用寻常之理，出口则古圣先王。若问其秤衡之点，吗尺之法，平常之算，则茫乎莫解。何也？志大言夸，学非所用，偷安苟且，阶之厉也”①。

又如，中国在东亚诸国中长期以开化早、文明程度高、文化发达而闻名，因此，中国人逐渐形成了视汉化程度不高的民族为蛮夷的观念。由于人种不同和民族仇恨，西洋人在中国人眼中成为比传统蛮夷更难以接受和认同的异类。“野蛮”“青面獠牙”“性近犬羊”成为鸦片战争以来许多国人心目中的西洋人形象。但是，中国近代高等工业教育的创办和发展，成为纠正国人这种偏见、客观认识西方人和西方文明的重要渠道。

如前所述，由于缺乏本土人才和师资，中国高等工业教育在创办之初及其发展早期，不得不延聘相当数量的西洋教师，或者直接派遣学生到西洋各国留学。于是，中国最早的新式知识分子和工业技术人才成为最先近距离接触这些“西洋蛮夷”的人。

尽管中国近代高等工业教育中的西洋教师素质不一，对中国及中国人的认识和感情各不相同，但大多能根据所定契约勉力从教。有些人不仅认真传授知识，还能秉持西方平等理念，与学生进行多方面的交流与对话。这些外籍教师的敬业精神、全新的教育方式以及待人平等的礼节、温文尔雅的风度，使曾经接受过沉闷传统教育的中国学生不仅倍感新奇，而且颇具好感，这必然会摧毁他们心目中可能有过的“夷人”形象，并逐渐形成民族平等、文化平等甚或西方文明更胜于中国文明的观念。

1871 年 7 月，23 名福建船政学堂驾驶专业的毕业生，曾写过一封热情洋溢的信给他们的英国教师嘉乐尔（James Carroll）：“对于你的照顾及不倦的训诲，表示感激之忱。我们和你的心仿佛已缝缀在一起，我们觉得不能离开你，如果不表示些心意的话。……我们的老师 Carroll 先生掌握了这些基础原理，来自远方，宏宣教化，讲授天文、地理、算学等科，胜任愉快，未曾使任何东西落后，而经常奋力工作。所以凡受教者，濡染其精神，乐与之接近，未有不尽所能从老师学习然后离去。”②

---

① 王尔敏．近代文化生态及其变迁［M］．南昌：百花洲文艺出版社，2001：294.

② ［英］寿尔．田凫号航行记［M］//中国史学会．中国近代史资料丛刊：洋务运动（八）．上海：上海人民出版社，1961：388.

严复的年谱中有一段英国教师与他话别的记载，也足以证明中国近代高等工业教育中外籍教师通过自己的言行感动中国学生的事实。1872 年，严复、刘步蟾、林泰曾等实习所在的“建威”号船长兼教习德勒塞（Commander Tracey）任满回国前夕，谆谆教诲严复：“子于海军学术，今已卒业矣。不佞即将西归。积年相处，临别茫然，不能无一言相赠。盖学问并不以卒业为终事，此后自行求学之日方长。子如不自足自封，则新知无尽，唯子勉之而已。此不第海军一业为然也。”严复自称“闻之悚然”[①]。

40 年后的陈鹤琴考入清华学校，这里的外籍教师同样给中国学生留下了良好的印象。“我在清华读理科。教物理的是 Wald 伍尔德先生。他教起书来教得最详细，最清楚。他的实验功课也最有趣，但是他非常认真，没有一个学生敢撒烂屎的。”[②]“教我的算学的是 Heines 海痕司先生。他是非常和气，满面总是堆着微笑，说话很轻，举止很文雅，学问很好。我们做不出算题，他也不会发脾气骂人的。”[③]

当然，中国学生并没有因为一些优秀的外籍教师而失去对全体西方人客观冷静的认识。同样是在福建船政学堂，1871 年 12 月，后学堂实习学生“以洋教习逊顺非礼虐待，为之哄堂”。提调夏献纶袒护逊顺，罚学生刘步蟾、邱彪臣等为小工，担土以辱之。“各生愈愤，祸不可解”。学生上书沈葆桢，沈撤逊顺教习职务，才解决了这次学潮。[④] 同是对外籍教师充满感情的陈鹤琴，于 1914 年从清华出国留学前夕，在马路上被一个坐黄包车的外国人无端打了一拳，这使他对外国人有了更客观的认识：“从前，我想外国人都是好的，我在蕙兰，看见的甘惠德校长是一个多么爱中国的美国人，我在圣约翰看见的卜芳济校长也是一个多么爱中国的教育家。我在清华看见的一般美国教师，也都是很有礼貌，很爱中国的，今在路上遇见了这样一个凶暴的外国人，使

① 王蘧常．民国严几道先生复年谱［M］．台北：台湾商务印书馆，1981：6.
② 陈鹤琴．我的半生［M］．长沙：岳麓书社，1998：50.
③ 陈鹤琴．我的半生［M］．长沙：岳麓书社，1998：51.
④ 孙应祥．严复年谱［M］．福州：福建人民出版社，2003：22.

我深深地认识了，外国人也不是个个都好的！”①

王韬曾在《华夷辨》的短文中说：“华夷之辨，其不在地之内外，而系于礼之有无也明矣。苟有礼也，夷可进为华，苟无礼也，华则变为夷，岂可沾沾自大，厚己以薄人哉？”② 王韬的这番言论，表明近代中国人对西方文明和西方人的认识已经从偏见开始走向客观。中国人对西方的称呼，也发生了由“夷”到“洋”的改变，这种用语的改变，既是第二次鸦片战争以后《天津条约》中的强制规定，也与中国人在实践中对西方科技以及西方人的认识转变有关。高等工业教育是近代以来聘请西方教师最多的教育类型，它所培养出来的高层次知识分子和技术人才在社会上比一般人有更大的影响力和说服力，因此，在改变中国人对西方人和西方文明的偏见方面发挥的作用也应该更大。

再如，“天圆地方”、中国居于世界的中央，是传统地理学说的基本观点，并一直为世人坚信不疑。即使明末清初西方耶稣会士带来了新的地理知识，除了徐光启等少数与他们有接触并对西方近代科学感兴趣的士人，地球说并未为更多中国人在意。正如王韬在《地球图跋》中所说：“大地如球之说，始自有明，由利玛窦入中国，其说始创，顾为畴人家言者，未尝悉信之也。”③ 从洋务工业技术学堂和军事学堂广泛开设舰船驾驶和航海技术课程开始，大地球形说必然广为流传。如康有为写《上清帝第五书》时，中国只是地球上众多国家之一已经成为常识：“大地八十万里，中国有其一；列国五十余，中国居其一。”④ 这种基本观念的改变，多少会促进中国人在震惊之余开始对其他常识产生怀疑。

还有，中国近代高等工业教育中大量科技知识的传授，对消除社会上普遍存在的迷信思想、引导人们树立无神论的信念，无疑具有重要作用。“无神论是中国古已有之的东西，但新式知识分子把它同西方无神论者如狄德罗、

① 陈鹤琴．我的半生［M］．长沙：岳麓书社，1998：62.

② 王韬．弢园文录外编［M］．沈阳：辽宁人民出版社，1994：387.

③ 王韬．弢园文录外编［M］．沈阳：辽宁人民出版社，1994：375.

④ 康有为．上清帝第五书［M］//谢遐龄．康有为文选．上海：上海远东出版社，1997：335.

拉美特利之说相结合，同西方自然科学和其他学理相结合，因而其论证更能说服人。以科学来讨伐鬼神，其力量是传统的无神论所大大不及的。”[①] 诚如陈旭麓先生所言：“在遍地都是有神有鬼论者的时代，用科学说明无鬼无神，对于民族观念的更新有着非常积极的意义。”这是因为，“一个迷信的民族是不可能进入近代化进程的”[②]。

（五）丰富现代汉语词汇

中国近代高等工业教育通过科技课程的教学和西方科技书籍的翻译与传播，使一大批与国计民生有关的科技词汇融入汉语系统，成为现代汉语词汇的新鲜血液。

这些新式科技词汇来源主要有两个方面。一是教学过程中的师生或教材翻译机构从西方语言中直接翻译而来。江南机器制造总局翻译馆确定的科技名词翻译原则是，尽可能使用汉语本身已有的对应词汇，但是，“若华果无此名，必须另设新者，则有三法：一、以平常字外加偏旁而为新名，仍读其本音，或以字典内不常用之字释以新义而为新名。二、用数字解释其物，即以此解释为新名，而字数以少为妙。三、用华字写其西名，以官音为主，而西字各音亦代以常用、相同之华字，凡前译书人已惯用者则袭之，华人可一见而知西名；所已设之新名，不过暂为试用，若后能察得中国已有古名，或见所设者不妥，则可更易”[③]。另一个重要来源借自日语中的汉字词汇。与后来日语翻译西方科技词语主要用片假名音译为主不同，在近代早期，“日语往往用汉语的词或语素意译欧美的科学术语或一般用语，其中有一部分又被我们重新吸收回来”[④]，如概念，干线、组织等。“在 19 世纪末至 20 世纪 30 年代初，汉语中逐渐充斥着来自日语的汉字词，以及从日语回流来的汉语词，而直接来自西方语言的音译词反而不多。这一情况在 30 年代才开始有所改变。

① 陈旭麓．近代中国社会的新陈代谢［M］．上海：上海人民出版社，1992：251-252.

② 陈旭麓．近代中国社会的新陈代谢［M］．上海：上海人民出版社，1992：252.

③［意］马西尼．现代汉语词汇的形成：十九世纪汉语外来词研究［M］．黄河清，译．上海：汉语大词典出版社，1997：73.

④ 北京大学中文系现代汉语教研室．现代汉语［M］．北京：商务印书馆，2004：242.

但至今在外来词中的比例仍然很高。以《现代汉语词典》所收词条统计，比较有把握的来自日语的汉字词及回流汉语词的有768条，来自西方语言的各种音译词有721条，前者居然超过后者。”①

随着中国近代高等工业教育的发展，轮船、蒸汽机、火车、汽车、列车、卡车、飞机、发动机、马达（电动机）、轨道、电线、电报、德律风（电话）、麦克风、照相机、电池、电灯、维他命（维生素）、苏打（纯碱）、水门汀（水泥）、杂金（合金）、玻璃、肥皂、酒精、地球、空气、氧气、赛因斯（科学）、技术、原理、规则、法则、分析等一大批科技用语和概念，首先通过教学过程被社会中的科技精英所掌握，然后经由他们的使用、宣传和推广，从而进入寻常人的口中，成为人人皆知的常用词汇。这些科技词汇在构成了一道现代汉语科技风景线的同时，也提升了中华民族的现代性。

总之，中国近代高等工业教育社会影响多元化的特性极为明显，我们对其历史影响和价值的评估，不能仅限于社会生产和经济领域，还应该重视它通过自身先行发展从而推动整个中国教育现代化，通过破除人的迷信和愚昧观念从而推进社会政治民主化，通过科学知识的传授和严密逻辑思维的训练导致中国人的思维习惯发生巨大转变，以及它在推动中国近代学术、语言变革等方面独特而重要的价值。不夸张地说，在中国近代这个特殊的历史时期，以发展工业生产为初衷而引进的高等工业教育，实际上充当了整个中国社会现代化的核心动力。

第二节　中国近代高等工业教育发展的经验和教训

一、宝贵经验

尽管本文所研究的中国近代高等工业教育从总体和全局的角度来看，还很不成熟、不成体系、规模狭小，但在其发展过程中的一些做法，由于与现代教育的某些普遍规律相符合，也与发达国家某些公认正确的做法相一致，

① 史有为．汉语外来词［M］．北京：商务印书馆，2000：70.

因而成为当代中国高等工业教育继续现代化进程的宝贵历史经验。

(一) 适时改革，逐步提高现代化水平

中国近代高等工业教育经历了从无到有、从局限于军事到面向社会经济发展、从学校数量稀少到渐多、从专业设置单调到逐渐丰富、从管理方式陈旧落后到逐渐形成近现代管理制度等诸多方面的变化，这些变化的总趋势一言以蔽之，就是现代化程度逐渐提高的过程。而这些积极变化之所以能够发生和实现，全赖各学校和历届政府或主动或被动进行的一系列教育改革。这些改革有时剧烈有时平缓，但都从各方面推进了高等工业教育的现代化进程，提高了高等工业教育的现代化水平。

工业科技教育在中国的出现本身就是对传统教育进行重大变革的结果。福建船政学堂的创建是近代高等工业教育在中国产生的标志，它正是以左宗棠为代表的开明官僚向守旧思想挑战、进行史无前例的教育变革的结果。尽管这所学堂开办的主要目的是培养当时国家急需的军事技术人才，尽管已经有聘请洋师的“同文三馆”开办在先，尽管福州离守旧空气浓厚的京城甚远，但左宗棠仍然不得不一次次上奏朝廷，在奏折中反复说明聘请外国教师向中国学生传授制造和驾驶技术，培养中国自己的舰船制造和驾驶人才的重要性和迫切性，并苦口婆心劝说最高统治者打消各种顾虑，排除顽固守旧派的干扰，支持他开办这所新式学堂。学堂创建以后的几十年办学过程中，沈葆桢、裴荫森等认真负责的学堂管理者为了提高办学质量和效益，也针对各种陈规陋习进行了不断的教学与管理改革。正是这些持续不断的改革措施，才使福建船政学堂成为洋务运动期间成效最卓著的一所高等工业技术学堂。与左宗棠开办福建船政学堂差不多同时，奕䜣等人在京师同文馆中开办天文算学馆的计划更是遭到了前所未有的阻力。由于京师同文馆就在朝中的守旧派倭仁等人身边，这一计划更为他们所不能容忍，甚至不惜与改革派撕破脸面公开争论，以阻止这种违背教育传统的改革举措。历经艰辛开办的天文算学馆并未在高级科技人才的培养上有多大建树，但在本来单纯学习外国语的京师同文馆中撕开了一道口子，为以后在全馆推广工业科技知识打下了基础。

李鸿章和盛宣怀等人创办北洋大学堂的时候，虽然由于甲午战败的影响使创办近代高等工业技术教育的阻力大大减少，但他们在办学过程中聘请外国人实际负责全校的管理与教学工作、全盘引进美国大学学制、举办正规和专门的预科教育等举措，不仅彻底抛弃了传统教育的办学模式，而且也是对洋务运动时期高等工业教育教学和管理模式的重大改革，同样需要顶着巨大的压力，冒着巨大的风险。事实证明，正是他们的这种变革措施，才造就了中国第一所世界知名的工科大学。

清华学堂（校）本来是一所学制不完全的留美预备学校，学校经费来源稳定，师生待遇优厚，生活稳定。但清华师生不安于现状，根据社会发展的需要，坚持推进独立办学的改革，终于使学校嬗变为中国又一所高水平的工科大学。

政府的教育政策和制度改革，也是推动早期中国高等工业教育现代化水平不断提高的重要因素。

清末“壬寅学制”“癸卯学制”的制定与颁布实施，在全国范围内统一了高等工业教育的学制、专业设置标准、层次划分以及办学资格等，初步实现了高等工业教育的制度现代化和办学层次的多样化。科举制的废除和新式中小学的兴办，西方近代科学知识大规模进入基础教育阶段，不仅转变了人们对西学教育的态度，为高等工业教育提供了更多可供挑选的合格生源，也为高等工业教育将来废除预科制度、进一步实现制度现代化奠定了基础。

民国伊始，由于缺乏对现代高等教育和工业技术教育了解精深的专家和学者，政府颁布的一系列新教育措施对与意识形态关系较弱的高等工业教育没有太大的实质性变革。但由于政体和国体变更而导致的封建性教育内容的剔除、各种教育机构和职务名称的“去封建化”、中小学的大发展，以及对工商业发展和实业教育的重视，为高等工业教育的民主化、办学主体的多样化、数量规模上的大发展解除了指导思想和制度上的羁绊。正因为如此，1922 年，中国高等工业教育就迎来了最重要的一次教育改革。这次教育改革是政府与民间合作，在民主商讨与科学研究的基础上，针对中国社会和教育发展的弊端而适时进行的一次极为彻底的改革。通过这次改革，中国高等工业教育摆脱了长期以来拖着的预科尾巴，丰富了办学层次和办学方式，拥有了数量和质量都能得到保障的生源，为以后的高等工业教育现代化发展定下了基调。

（二）重视人文，培养全面发展的科技人才

中国高等工业教育从产生之日起，就一直重视科技教育与人文教育相结合。尽管结合方式在今天看来还很粗糙、生硬，人文教育的内容也主要限于传统文史典籍，与现代社会发展方向不尽一致，而且其根本目的主要是想以旧道德束缚学生的思想和行为，但这种做法本身暗合当代科技教育应该与人文教育相结合的共识，并且也确实培养出了不少“学贯中西”、科技和人文素养都很高的人才。所以，这种做法也是中国高等工业教育早期现代化过程中的宝贵经验。

福建船政学堂作为中国的第一所高等工业技术学堂，在开办之初还只是要求学生“每日常课外令读《圣谕广训》《孝经》，兼习策论，以明义理”①。也就是说虽然从态度上重视“中学”，但尚未形成特别严格学习制度。在后来的发展过程中，这种要求就逐渐制度化了。例如，1897 年的《自强学堂章程》第六条明确规定：“学生有年齿稍长或已列胶庠者，必已通晓儒书。每日除西学功课外，尽可自温旧业。其年齿稍稚，华文较浅之学生，另于该学堂设立华文教习，于西文之暇，课授儒书华文，并作论说，庶几中外兼通，不致忘本。”② 而清华学堂的创办，则在很大程度上就是因为清末学部对出国留学生的“国学”素质的要求而发端的。当时的外务部和学部在招收“庚款留美”学生的时候产生了意见分歧：外务部认为应该招收 16 岁以下的幼年学生从小送美培养，否则对外国语言“已绝无专精之望”，而学部则主张招收 30 岁以上的中年人，否则“国学既乏根基，出洋实为耗费”。争论的结果是专设留美预备学校，先在国内有计划地训练，培养出合格的毕业生送美留学。③ 这一事例也充分说明了管理者对学生在接受西方科学技术教育的同时必须接受

---

① 同治六年八月初八日（1867.9.5）总理船政沈葆桢折［M］//朱有瓛.中国近代学制史料（第一辑 上册）.上海：华东师范大学出版社，1983：442.

② 张之洞.招考自强学堂学生示并章程［M］//朱有瓛.中国近代学制史料（第一辑 上册）.上海：华东师范大学出版社，1983：308-309.

③ 清华校史组记从游美学务处到清华学校［M］//朱有瓛.中国近代学制史料（第三辑 上册）.上海：华东师范大学出版社，1990：550.

文史知识和伦理道德教育的重视程度。

中国近代高等工业教育对人文教育的重视，不仅表现为对国内学校中文史教育的强调，还表现在对出国留学生的相关要求上。民国以前，清政府往往随留学生一起派有“中学”教师同往，辅导和督促学生在规定的时间学习中国文史典籍。民国以后虽然取消了这种做法，但在出国前的考试中，“国文”是在各省和教育部两级选拔考试中的必考科目。[①]

（三）严格要求，建设高水平学校与专业

由于近代中小学教育在中国起步晚、普及程度低，早期中国高等工业教育所处的生源环境很差。但即使在这种条件下，一些学校仍然严格要求学生，以“宁缺毋滥”和“重质不重量”的原则将学生质量放在首位。在这方面，北洋和清华两所学校是典型代表。陈鹤琴回忆 1911 年考清华的经历，作为中国近代高等工业教育招生环节严格把关程度的例证：在浙江省提学使主持的选拔考试中，报名的 23 人，只有 10 个人获得了去北京参加正式考试的资格；到北京后，从各省保送的加上在北京直接报名的，一共有 1000 余人参加正式考试。正式考试又分为两场：第一场考国文、英文和算学，第二场考史地科学。第一场不及格，就没有资格参加第二场的考试。结果第一场只取了 160 名进入第二场考试，最后仅录取 100 名。[②] 正是因为北洋和清华在招生、教学、考试和毕业等各个环节的严格要求，创造了在一个落后国家办成世界高水平工业技术教育的奇迹。

晚清和民国初期的高等工业教育机构，除了对学生要求严格得近乎苛刻的北洋与清华两校外，其他各校对学生的学业要求也大都以严格闻名。

例如，远在北洋和清华之前开办、生源条件更差的福建船政学堂也基本能做到严格要求学生。毕乃德的《洋务学堂》中关于福建船政学堂的记载表明，初期的福建船政学堂“淘汰率极高，开办以后入学的一百零五名学生中，在 1873 年底仅仅剩下三十九名；六名死亡，六十名由于这个或那个原因被开

① 宋恩荣，章咸．中华民国教育法规选编（1912—1949）［M］．南京：江苏教育出版社，1990：647-648.

② 陈鹤琴．我的半生［M］．长沙：岳麓书社，1998：48.

除。到了1873年底，头两班仅存的十四名学生已经修完全部课程，被量才分派船厂的职务"[①]。根据记载，船政学堂在后来的几十年中也有一度管理松弛的时候，但多能在整顿以后恢复严格的管理。在船政学堂开办后30余年的光绪二十三年（1897）四月初十日，主管大臣裕禄向朝廷奏称："各生徒在学，或性情懒惰不肯勤学，或资质鲁钝于学难期心得者，均随时剔退，另行挑补。现均饬令入学，按章办理。此外并尚挑有年幼聪颖幼童，造册存记，令其在家候传，以备后学堂挑补及前学堂艺圃两处鲁钝生徒剔退者之用。"[②] 从中可以看出，此时的船政学堂仍能坚持严格要求和管理学生，并有配套措施保证学生数目的波动不至于过大。

再如，根据齐庆的《桥梁专家茅以升》一文记载，茅以升于1911年考取了唐山路矿学堂预科，该校"考试相当频繁，有月考、学期考、学年考，特别是小考从不预告，有时一上午四门功课都要考"[③]。在当时，频繁的考试是一所学校教学认真、严谨的重要表现。正因为如此，1916年7月，中央教育部在全国评选教学成绩优秀的工科大学，唐山路矿学堂被评为第一名。[④] 茅以升作为第一个进入美国康奈尔大学深造的唐山路矿学堂毕业生，仅用一年的时间就获得了硕士学位，以至于该校校长在亲自授予茅以升硕士学位的同时宣布："今后凡是唐山路矿学堂毕业生来康奈尔作研究生的，可以免试入学。"[⑤] 这既是康奈尔大学对茅以升个人扎实功底和勤奋品质的肯定，也是发达国家教育界对唐山路矿学堂校风、学风和教学水平的高度认可。

在一定的历史时期内，教育实践中的质量和数量往往是一对无法克服的

---

① ［美］毕乃德．记船政学堂的分科教学［M］//高时良．中国近代教育史资料汇编：洋务运动时期教育．上海：上海教育出版社，1992：364.

② 光绪二十三年四月初十日（1897.5.11）裕禄．折［M］//朱有瓛．中国近代学制史料（第一辑 上册）．上海：华东师范大学出版社，1983：350.

③ 齐庆．桥梁专家茅以升［M］//左森，胡如光．北洋大学人物志．天津：天津教育出版社，1990：54.

④ 齐庆．桥梁专家茅以升［M］//左森，胡如光．北洋大学人物志．天津：天津教育出版社，1990：55.

⑤ 齐庆．桥梁专家茅以升［M］//左森，胡如光．北洋大学人物志．天津：天津教育出版社，1990：56.

矛盾。在教育资源有限的条件下，要想保证教育质量，只有舍弃对数量和规模的追求。如果不顾实际条件盲目追求规模的宏大，必然造成教育质量低下。当然，这不是说数量少，质量就一定能高，还需要教育者兢兢业业的工作作为必要条件。晚清和民国时期国力衰弱，高等工业教育资源极为有限，多数高等工业教育机构采取了质量优先的策略，很多专业少则几个学生，多的也只有十几、二十几人。可贵的是，这些学校和专业大都能以这些数量不多的学生为教育对象，精心培育，严格要求，使有限的教育资源发挥最大的教育功效，培育出高质量的学生，并获得了发达国家教育界的认可与钦佩。

（四）学习先进，大胆利用外国教育资源

后发国家为了实现生产工业化及整个社会的现代化，必须以先发国家为学习对象，逐步建立自己的工业生产体系及相应的工业技术教育体系，这是一种历史的必然。然而，由于近代工业文明是随着西方列强坚船利炮的轰击和不平等条约造成的屈辱一起来到中国的，因此，在很多国人心目中，学习近代工业科技就与本来毫不相干的国家、民族仇恨纠结在了一起。在这种复杂的情绪和心理影响下，很多对近代科技一无所知的官绅士民往往以排斥一切西方文明、强烈反对近代科技教育的方式维护自己的民族和文化自尊。例如，洋务派开创的新式教育“像传统的技术培训一样，这些学校所学的内容没有受到很高的重视。它们同外国的联系也增加了它们处境的不利，同文馆最早的学生就因为被认为向洋人投降而受到排斥。……大多数绅士鄙视他们，而广大人民根本忽略了他们的存在”①。一些对近代科技的力量有清醒认识的人，在面对借助外国的人才与技术培养中国近代科技人才时，也难以克服以敌人为师、以敌国为榜样所带来的羞辱感，往往在钦羡与耻辱的情感交织中进退维谷、裹足不前。特别是涉及西方教会和传教士在中国置地办学问题时，一些即使在向西方学习的潮流中堪称“先进”或“激进”的人也无法将其与列强的武力征服和丧权辱国的羞耻感区分开，致使绝大多数教会学校在创办

① ［美］吉尔伯特·罗兹曼．中国的现代化［M］．陶骅，等，译．上海：上海人民出版社，1989：260.

之初饱受无地可购之苦。例如，清末重臣张之洞“是积极主张学习西方科学和技术的，甚至想以不参加宗教礼拜和慷慨捐助送他的孙子进文华书院（华中大学前身之一）。但他任两广总督时，极其讨厌有人请求外国人为中国开办学校，并竭尽全力阻止为基督教大学购买地产，并将此视为对中国主权的侵犯行为”①。

但是，那些对近代工业文明及其科技基础有一定了解又深知传统文化与近现代科技文化之间巨大差异的人都明白，在中国自己拥有专精的近代工业技术人才群体之前，唯有借助西方发达国家的相关人才、设施乃至经验、制度，才能开办合乎规范的生产企业和相应的人才培养机构。具有这种认识的人，最初是少数较早接触西方文化的所谓“口岸知识分子”，以及一些与列强打交道比较多，并且多少与“口岸知识分子”有些联系的洋务派官僚，以后逐渐发展为那些接受过新式教育的知识分子群体以及受新式教育影响比较深的官绅群体。尽管这些人对外国人在中国办学的态度不尽相同，但在中国自主办理的高等工业教育事业中，大都对学习、借鉴、利用西方教育资源表现出了一种至今看来都仍然觉得惊异的开放姿态。这集中体现在留学事业的发展和自主办学过程中。

历史上的中国一直是东亚地区文化最先进和发达的国家，历朝历代不乏从西域、日本、朝鲜、越南、缅甸等周边地区和国家来华学习中原文化的留学生，而鲜有前往他国学习异域文化的中国人。就连少数人学习“胡语”的行为也一直为正统知识分子所不齿。但从晚清开始，洋务派认识到，中国屡败于列强，说明列强确实有自己的长处，“中国欲取其长，此中奥窔，苟非遍览久习，则本源无由洞彻，而曲折无以自明”②。他们借助和发挥古代“置之庄岳之间”的教学思想，迈开了中国官方派遣学生到发达国家学习科学技术和文化的步伐。这种史无前例的举动，既表明了部分人正式承认中国落后于

① 董黎．中国教会大学建筑的社会意义［M］//章开沅．文化传播与教会大学．武汉：湖北教育出版社，1996：64.

② 曾国藩，李鸿章．奏选派幼童赴美肄业办理章程折（附章程）（1872）［M］//舒新城．中国近代教育史资料（上册）．北京：人民教育出版社，1981：162.

西方的求实态度，也表明了他们勇于学习先进科学技术和文化的气魄。晚清至民国前期的留学活动虽然初期规模不大，而且还由于顽固派的干扰和破坏经历了一些波折，但最终发展为势不可挡的洪流，并形成了几次声势浩大的高潮。留学的国家也由欧美西方国家扩展到东方的日本。这一时期留学生的学习范围虽不限于工业科技，但学习西方的工业科技、造就中国的高级工业技术人才和高等工业教育师资，却始终是官方留学派遣活动的重点。相对于当时狭小的国内高等工业教育规模，派遣学生到国外学习工业科技的人数是相当可观的，不能简单视为国内高等工业教育的“补充”。因此，彻底摆脱“天朝上国”迷思，大规模派遣学生到发达国家学习深造，是中国近代高等工业教育学习先进、大胆利用外国教育资源的重要表现。

在创建学校和专门院系进行近代高等工业技术教育的过程中，历届政府和一些开明的官员在很多环节和方面也表现出了对外国经验、资源和人才大胆利用和借鉴的开放心态。例如，作为“癸卯学制”总纲、由张之洞等人拟定的《学务纲要》特别强调，在兴办各级各类近代学堂时，“各省办理学堂员绅宜先派出洋考察”“各直省亟宜于官绅中推择品学兼优、性情肫挚，而平日又能留心教育者，陆续资派出洋”“使之考察外国各学堂规模制度，及一切管理教授之法，详加询访体验。目睹外国教习如何教，生徒如何习，管理学堂官员如何办理”。[①] 仅从字面很难看出这竟然是封建朝廷的官员对资本主义国家教育制度的学习态度。根据正文中的论述和个案分析可知，具体到早期高等工业教育机构的办理，主要在以下三个方面体现出了对外国教育经验和资源的大胆学习和利用：首先是敢于放手由外国专家主持创办学校；其次是大量聘请外籍教师；第三是允许乃至提出使用外国语言和原版教材教学。

此外，在中国高等工业教育的早期发展过程中，虽然由于涉及主权问题和民族自尊，中国政府对各级教会学校采取了既不承认和支持，也不干涉和阻止的做法，但在选派、资助留学生以及国立高等工业教育机构招生时，并

① 光绪二十九年十一月二十六日（1904.1.13）张百熙、荣庆、张之洞《学务纲要》[M] //朱有瓛.中国近代学制史料（第二辑 上册）.上海：华东师范大学出版社，1987：81.

未歧视教会学校的学生，这也可以算是在特殊历史时期对外国教育资源的特殊利用。

（五）因地制宜，开设现实针对性强的学科专业

中国近代高等工业教育的专业设置，无论是最初以军事目的为主开设的枪炮和舰船制造、管轮驾驶等专业，还是后来以民用为主开设的矿冶、土木、机械、电报和铁路、商船等专业，都是符合当时军事国防和工商业生产发展实际需求的，也是符合中国社会现代化发展方向的。不仅如此，各种专业的地区分布也较好地做到了根据地理条件、自然资源、生产需求以及生源等实际情况进行合理设置，符合因地制宜原则。例如，在沿海沿江的学校中开设管轮驾驶、河海工程专业，在资源丰富的山西、直隶等地的学校中开设矿冶、机械专业，在上海、天津、北京等工商业发展较好的城市学校中开设机械制造、机械纺织专业，而在唐山、焦作等中国铁路最早兴起的地方开办铁路学校和相关专业，等等。这种专业布局在交通尚不发达的当时缩短了相关专业的学生与生产现场的距离，便于学生实习和对生产实际的直观了解，有利于提高教学的质量，也有利于学生的就业。

二、值得深思的教训

教育是社会的一个子系统，它的发展状况既取决于系统内部诸要素的发展程度、组合方式及运作过程，同时也深受作为其存在环境的社会大系统的影响。中国近代高等工业教育在其发展过程中，取得了一定的成绩和经验，但同时由于各种内外不良因素的影响，也产生过很多问题，为后世留下了不少教训。这些教训同样是今天探索中国高等工业教育更好、更快发展道路的宝贵历史资源。

（一）工业生产落后从根本上制约发展规模

近现代工业生产的存在与发展是高等工业教育存在与发展的基础，社会工业生产的发展状况直接制约着高等工业教育的发展状况。洋务运动以来的60余年间，近现代工业生产“自吾国历来工业比较上言之，当可谓略有进

步。若自全世界工业进化言之，则尚极端幼稚，绝不能谓为发展也”[①]。工业生产落后，从根本上限制了高等工业教育的发展，尤其是其规模的发展。

其一，大工业生产是近现代社会生产的代表和象征，工商业经济是近现代社会经济的支柱和国家收入的主要来源，是国家举办高投入社会事业的基础。晚清至民国前期由于战乱和巨额赔款导致国库空虚，无力进行大规模的社会生产工业化改造，近代工业生产规模狭小，从而导致国家财税收入的进一步恶化。高等工业教育的创办和维持——无论是在本国开设高等工业技术学校还是派遣学生留洋——是一项投入巨大的社会事业，中国近代落后的工商业经济和窘迫的国家财政根本无力支持这一事业的大规模发展。这种情形正如罗素描绘的那样：“中国青年对于高等教育，非常热心，华人自办之各大学，皆具极良好之精神，无如绌于经费，几不能支持，然此政局大乱之时，筹款非常困难，故大学教育几濒于破产。”[②] 罗素在这里谈到的是当时中国各类大学在经费短缺下的一般状况，而所需经费最巨的高等工业教育机构的情形就更可想而知了。

不仅如此，社会工业生产和工商业经济的落后，国家财力的贫弱，还会造成国家无力大规模普及中小学教育，从而造成高等工业教育缺少合格生源甚至无生可招。这也是在相当长时间里很多近代高等工业教育机构学生人数少、规模小的原因之一，是社会工业生产和工商业经济落后对高等工业教育规模发展的间接制约。

其二，近现代工业生产是高等工业教育机构毕业生的“用武之地”和出路所在，近现代工业生产的规模大小，决定着高级工业人才的就业难易程度。在社会工业生产落后的状况下，即便国家和政府勉强发展起大规模的高等工业教育，“但是，如果没有可以聘用科学家的工业组织和研究机构，科学的抽象研究有什么用处是值得怀疑的”[③]。学生难以就业或无业可就，会直接打击

---

① 侯厚培．中国近代经济发展史［M］．上海：大东书局，1929：82.

② 李桂林．中国现代教育史教学参考资料［M］．北京：人民教育出版社，1987：420.

③［美］吉尔伯特·罗兹曼．中国的现代化［M］．陶骅，等，译．上海：上海人民出版社，1989：265.

人们学习和研究工业科技知识的积极性，最终导致高等工业教育的萎缩和凋敝。相关研究表明，直到1933年，中国“手工业的产值在全部制造业中的比率仍高达72%以上，为近代工业产值的2.7倍，从业人数达1000万人，为工厂工人数的13.5倍”①。近代高等工业教育通过各种方式和途径培养出来的总数不多的毕业生，很多并未进入工业生产领域，其中原因虽然很多，但缺少足够发挥他们知识和才能的近现代工矿企业，无疑是一个重要因素。以清华的归国留学生为例：“截至1925年为止，清华留美归国学生约620人，就业分布在教育界的占33.7（8）%，工程实业界占15.8%，政界占14.28%，商界占11.09%，医界占2.24%，新闻界占0.96%，军界占0.64%，其他各界占1.7%，无职业的占4.66%。”② 这组数据从一个侧面反映了工业生产落后对中国近代高等工业教育发展的严重制约。

（二）社会动荡直接危害发展环境

晚清因历次的列强入侵和镇压农民起义而进行的战争，导致国家大量财力用于战争和赔款，而开办近代工矿实业和教育的经费往往捉襟见肘，这是自不待言的。辛亥革命时期，清政府竟然“挪用这一年‘退还’的庚款去弥补镇压革命的军费，清华学堂的经费来源断绝，只好关门。十一月九日起，学堂宣布停课”③。民国成立以后，尤其是袁世凯去世以后中央政府权威的丧失、政局的动荡和军阀混战，更使高等工业教育的发展环境雪上加霜。1918年庄俞撰文谈及民国成立前后近十年的教育发展状况时说：“内政变迁，十年未已，教育方针，亦如孤舟之在水中，飘摇无定。教育之不能直进，皆政治问题使然。”④《中华民国全国教育会联合会庚款事宜委员会对于各国退回庚子赔款宣言》指出：“中国教育的基础，大半是民国成立以前的设施。民国成

① 刘佛丁，王玉茹，赵津．中国近代经济发展史［M］．北京：高等教育出版社，1999：148.

② 刘继青．清华大学早期工程教育的发展及其外来影响［J］．高等工程教育研究，2011（1）：83-89，125.

③ 清华校史组记从游美学务处到清华学校［M］//朱有瓛．中国近代学制史料（第三辑 上册）．上海：华东师范大学出版社，1990：551.

④ 1918年庄俞记民国初年教育［M］//朱有瓛．中国近代学制史料（第三辑 上册）［M］．上海：华东师范大学出版社，1990：77.

立以来，每年增加国民的负担不为不多，但是皆用于兵费，以从事于内争，真正用于教育事业为人民谋幸福的，可谓绝无其事。无论在中央政府，在地方政府，皆是事同一律。若退回赔款用于现有的学校，则从前原有的学款，无论在中央政府，或地方政府，皆将被夺为养兵，或是其他的费用。”①

晚清至民国前期的社会动荡，不仅造成中央与地方政府财力枯竭，无力举办和维持大规模高等工业教育事业，而且使为数不多的几所高等工业教育机构经常直面兵燹之灾，正常教育教学往往突然中断，学校基础设施和图书仪器遭受惨重破坏和损失，严重阻碍了本来就落后的高等工业教育现代化步伐。

战火摧残中国高等工业教育的第一案，发生于1884年的中法战争期间。法国军舰驶入马尾江口，有意识地用炮火攻击“规模略具，糜款已逾千万”②的福州船厂，使船政学堂受到极大损害，一度停办。以后的战乱对高等工业教育的直接破坏不绝于史。1918年《国立北京大学规程》中的《北京大学沿革》记载：“（光绪）二十六年，义和团肇变，捣毁校舍，焚烧书籍，士子纷纷避散，学校停办者近两年。”③ 另据陈学恂先生的《中国近代教育大事记》记载：1900年8月3日，义和团运动兴起，京师大学堂管学大臣许景澄与京官袁昶等力主镇压。许景澄以“极谏”围攻使馆事被戮，教习刘可毅也被杀。京师大学堂生徒四散，校舍封闭，藏书损失殆尽。慈禧太后下令停办京师大学堂。④ 义和团运动和八国联军入侵期间，并不只有京师大学堂受到严重影响。天津的北洋大学堂先是在义和团运动中被迫停课，学生星散，尔后学堂校舍又被德军占据，成为兵营，校门及校内各种设施多被损毁。山海关铁路学堂则在山海关沦陷后被俄军强占，学校被解散。辛亥革命时期，北洋大学

---

① 李桂林．中国现代教育史教学参考资料［M］．北京：人民教育出版社，1987：435.

② 光绪十一年七月初二日直隶总督李鸿章奏［M］//中国史学会．中国近代史资料丛刊：洋务运动（二）．上海：上海人民出版社，1961：566.

③ 北京大学沿革（1918年）［M］//潘懋元，刘海峰．中国近代教育史资料汇编：高等教育．上海：上海教育出版社，1993：375.

④ 陈学恂．中国近代教育大事记［M］．上海：上海教育出版社，1981：107.

堂因“九月变政停课六个月”①，清华学堂“多数学生因害怕战争而四散回家”②。

（三）总体布局不合理加剧各地发展失衡

早期中国高等工业教育高度集中分布于上海、北京、江苏、直隶等少数地区具有历史必然性和合理性，但对于一个地域辽阔的统一国家的发展来说，这种布局本身是极不合理的。因为长此以往，它必然加剧各地在工业、经济以及高等工业教育自身等各方面发展的严重失衡。例如，从洋务运动开始发展到20世纪20年代末期，虽然中国近代工业生产总体规模还不大，但上海、北京已经开始成为东亚的工商业经济中心之一，直隶、山东、江苏、湖北、山西以及东北等地在铁路运输、机械制造、矿产开采和冶炼等重工业，以及机器纺织、邮电通信等轻工业方面也开始渐成规模，而同一时期的西北、西南众多省份的近现代工业还几乎为零。这种地区发展的巨大差异虽然不是由当时的高等工业教育布局根本决定的，但高等工业教育对社会工业生产毕竟有重要影响和反作用，区域分布的严重不合理，必然会加剧这些地区之间的工业发展差距，并由此而造成社会综合发展差距扩大。

（四）官本位管理严重影响教育效果

在中国几千年的传统社会里，政教不分，政治制度和教育管理制度在某种意义上说是一回事。官办教育的负责人和教师一般都被赋予官员身份，纳入国家的官僚管理系统，学校也成为等级森严的衙门化机构。这种官本位的管理方式提高了教育、学校和教师在社会中的地位，却使学校丧失了作为学术研究和传播机构的独立地位，并极易使教育管理过程充满官僚习气，降低教育事业的效率和效益。早期中国高等工业教育产生和发展的年代，是传统社会秩序和教育管理模式逐步瓦解、近代教育管理方式逐渐形成的历史时期。如从洋务运动开始，各种新式学堂就开始探索由主管官员负总责、同时设置

① 《国立北洋大学校一览》记北洋大学沿革［M］//朱有瓛．中国近代学制史料（第二辑 上册）．上海：华东师范大学出版社，1987：979.

② 清华校史组从游美学务处到清华学校［M］//朱有瓛．中国近代学制史料（第三辑 上册）．上海：华东师范大学出版社，1990：550-551.

总教习一职全面掌管学校事务的管理体制。由于各校大多聘请外籍教师担任总教习，关键课程也多由外籍教师充任，所以学校内部的管理措施，也大多参照西方近代学校管理方法。但由于传统、习惯和利益的影响，陈旧的官本位管理方式并不甘心退出历史舞台。例如，董事会制度本来是中国近代高等工业教育改革封建官僚化管理制度的一项重要成就，但“1924 年以后，北洋政府总结了历年实行董事会制的经验与教训，为了控制高等院校，特以大学法的形式，明确规定公立高等学校的董事会由例任董事、部派董事和聘任董事组成。所谓例任董事是指高等学校的校长，他由教育部委派。所谓部派董事，是指由教育总长从部员中指派的董事。所谓普通聘任董事，是指由董事会推选、呈请教育总长聘请的董事。董事会由学校校长召集，董事会的日常工作由校长处理”①。

官本位管理传统总是以各种方式对抗近现代高等工业教育所必需的民主与科学管理方式，在很大程度上降低了教育的效率与效益。

由于官本位管理方式的权力完全掌握在级别最高的官员手上，因此，教育管理水平的高低、管理方法的好坏就完全取决于当权者的个人认识、水平以至于道德操守。如果主管官员公正廉明、责任心强、愿意听取合理建议，往往就能推进教育发展，否则，就会危害教育的正常发展，因而其中的偶然性特别大，管理效果无法得到保障。尤其是在社会动荡、吏治黑暗的时代，官员昏庸、苟且和自私往往是常态。如光绪十六年（1890）四月闽浙总督兼管船政的卞宝第在奏折中，对福建船厂和船政学堂的发展有这样的描述：“船厂自同治六年开办，前江西巡抚沈葆桢总理其事，经营创造，极费苦心，用人尤为慎重，虽其至亲旧友，不滥收录，以故不利众口，谤议纷胜。是时臣任福建巡抚，知之最悉。迨沈葆桢总督两江，此后接办船政诸臣，欲思弭谤，不得不稍涉圆融，各路荐书难于拒绝，厂员皆系本地绅衿，尤觉碍于情面，此近年滥收滥委之实在情形也。”② 这段描述向人们生动展示了高等工业教育

① 梅汝莉．中国教育管理史［M］．北京：海潮出版社，1995：456.

② 光绪十六年四月初七日（1890. 5. 25）闽浙总督兼管船政卞宝第片［M］//朱有瓛．中国近代学制史料（第一辑 上册）．上海：华东师范大学出版社，1983：348.

的质量在官本位管理方式下随主管官员的变化而发生剧烈波动的实情，同时也证明官本位管理最终无法抵挡“人情”对正常教育教学活动干扰和破坏。

官本位管理方式中的讲排场、繁文缛节等恶习和陋习还导致资金、时间等宝贵的教育资源白白浪费，并对受教育者造成极坏影响，不利于学生现代人格素养和正确职业价值取向的形成。例如，辛亥革命前的清华学堂，隶属于清政府外务部和学部共同管辖的游美学务处，清华校史组编的《从游美学务处到清华学校》记载：“那时的‘学堂’，实际上是办洋务的官僚机关，行政负责人都是官员。游美学务处就设在学校内，其办公处工字厅亦称‘衙门’。虽然在教学上‘所有办法均照美国学堂’，但在行政管理和日常礼仪上则是不折不扣的封建主义的一套。据当时的学生回忆，那时清华校名的全称是‘帝国清华学堂’。英文校印字样是‘Tsing Hua Imperial College’。总办到校视事时，从校门到办公处工字厅，沿途两旁摆满菊花，俨若王爷驾到。学生有事要见总办，得先呈‘禀帖’。在入学考试时，总办穿着清朝官服，高坐堂上，旁边一个考试官省籍唱名：‘浙江听点！’‘江苏听点！’……总办就用朱笔点名，十足的科场习气。”① 晚清和民国时期很多高校的工科毕业生和归国留学生，首选的工作往往是去做官而不是进入实业界，固然与工业不发达等多种因素有关，但与社会中残存的“读书做官”思想以及各官本位管理方式的“熏陶”也有重要关系。

官本位管理方式的消极影响不仅遍及国内高等工业教育机构，还殃及留学活动。最典型的例子就是晚清幼童留美计划的半途而废。经由“中国留学第一人”容闳的多方游说和曾国藩、李鸿章、丁日昌等洋务派官员的多次奏请，清廷同意于1872—1875年每年派遣30名幼童到美国学习科学技术，15年后逐年学成回国。这是中国官方大规模派遣留学生的第一次，如果计划成功，对中国科学技术的进步以及整个社会现代化进程的影响是不言而喻的。到1881年，“幼童之中，其中六十名已入大学及技术学校，但大多数则刚开

① 清华校史组记从游美学务处到清华学校［M］//朱有瓛.中国近代学制史料（第三辑 上册）.上海：华东师范大学出版社，1990：552.

始专门训练。如果再给予五年时间，在工程、矿冶、造船、通讯方面，他们均可大展所学”①。然而，思想顽固的监督吴子登却因学生对他的“不敬”而怀恨在心，以学生受到美国习气侵染，“若更令其久居美国，必致全失其爱国之心，他日纵能学成回国，非特无益于国家，亦且有害于社会”② 为由向朝廷告状。不谙封建官场争斗的容闳未能及时、有效地进行反驳，而思想同样保守、本来就不赞成学生出洋的前任监督陈兰彬也附和吴子登的意见，结果朝廷最终决定于1881年底将几乎全部学生召回国。中国第一次让人充满无限希望的大型官派留学活动，就这样因为少数官僚个人的好恶和毁谤而夭折了。

（五）忽视创新不利于跨越式发展

中国教育自古就有重继承轻创新的传统，所谓“以传解经、注不破疏”就是这种教风和学风的写照。高等工业教育自晚清传入中国直至民国前期的60余年里，一方面由于与西方高等工业教育水平相差太大，高水平师资群体尚未完全形成，研究条件和设备不足；另一方面也由于缺乏培养创造性的传统，所以一直对知识技能的传授和学习重视有余，而对师生教学创新性的关注严重不足。这种缺陷在一定程度上阻碍了中国高等工业教育跨越式发展的步伐，不利于缩小中国和发达国家之间高等工业教育的差距。

早期中国高等工业教育对创新的忽视，首先表现在对学生创新意识和创造能力培养的忽视。毕乃德根据日意格所撰写的相关资料，梳理和总结了福建船政学堂造船专业的课程与教学情况：“基本课程包括法文、算术、代数、画法几何和解析几何、三角、微积分、物理以及机械学。除此以外，学校还进行船体建造和机器制造与操纵的实践教育。在培训的最后几年，该科的学生每天在船厂的各工作部门实际参加工作一部分时间，使他们熟悉每一部门的活动，并学习怎样指挥工人。在学习期将满的时候，学校还就每一学生在毕业后担任的专责施行更专业化的训练。不指望这些工程师在直接建筑以外

① 中国最早的百名留美学生（节录）［M］//陈学恂，田正平．中国近代教育史资料汇编：留学教育．上海：上海教育出版社，1991：146.

② 容闳．西学东渐记［M］．长沙：湖南人民出版社，1981：104.

还能干点什么；设计新的建筑工程需要更高深的训练和欧洲的经验。”① 从这段记述中，我们可以看到教学和训练的扎实程度，更能发现即使是外籍专家和教师，也根本“不指望”学生能有多大程度的创新意识和创造能力，而是理所当然地认为创造和创新的任务应该是欧洲人的事情。在这种思想指导下，忽视创造性的培养就是必然的了。即使是几十年以后创办的北洋和清华，虽然对学生的管理与训练世界闻名，学生的考试成绩堪与西方名牌大学的学生相比，但仍然未能将学生创造性的培养以及师生的科学研究作为学校工作的重点，其他学校就更不用说了。直至 1920 年前后的 10 多年中，“高等工程院系的师生虽然做了一些研究性工作，但这些活动都是自发的、零星的，既无专门研究机构，也无专用设备、专门经费”②。北洋、清华等学校对学生的各项管理极其严格，这是中国近代高等工业教育留下的宝贵经验。但从某种意义上说，缺少创新意识和创新能力培养的严格，无异于把学生训练成精良的工具，不利于学生全面发展和人格的完善，这又偏离了教育的本义。

早期中国高等工业教育对创新的忽视，还表现在对前沿性或暂不具备适用性的专业设置的忽视。密切联系工业生产的实际需求开设相关课程和专业，是中国近代高等工业教育进行本土化探索的表现之一，也是符合当时办学条件的做法。但与此同时，由于以适用和实用为标准，忽视工业技术的最新发展，一些新兴技术或暂无用处的技术被排除在教育和研究之外，又在客观上加大了中国和发达国家在高等工业教育发展上的差距。如从 19 世纪末至 20 世纪初，汽车、飞机制造技术，以及石油勘探、开采冶炼等技术，在西方已经出现或成熟，但在中国还未出现相关产业，因此，早期中国高等工业教育中基本没有这些专业的设置和研究。以后的中国在相关领域的技术长期落后，与此是有一定关系的。

---

① ［美］毕乃德．记船政学堂的分科教学［M］//高时良．中国近代教育史资料汇编：洋务运动时期教育．上海：上海教育出版社，1992：364.

② 史贵全．中国近代高等工程教育研究［M］．上海：上海交通大学出版社，2004：208.

第三节　中国近代高等工业教育发展的启示

为了促进当代中国高等工业教育更好地发展，人们已经在实践和理论层面从多种方向、多种角度进行了探索，提出了不少具有价值的方案和设想。对其早期发展历程进行研究和分析，同样是探寻中国高等工业教育当代发展道路的角度和方向之一。虽然历史研究并不能为当前的实践提供现成的答案和具体行动方案，但历史是现实的一面镜子，对它的深刻理解往往能给人们带来意想不到的思想和方法启迪。作为高等工业教育赖以存在的大环境，当代中国社会与晚清和民国前期相比已经发生了翻天覆地的变化，完全不可同日而语，但无论是从教育与社会发展之间的基本矛盾来看，还是从教育内部各种因素之间的关系来看，我们都很难说当代中国高等工业教育面临的问题已经与其早期发展阶段面临的问题截然不同了。通过对近代高等工业教育发展过程的研究、分析和总结，我们至少可以从中得到以下启示。

一、社会安定是高等工业教育稳定发展的前提

“从世界范围来看，成功地实现了教育现代化变革的国家，无不是以建立稳定的政治秩序、教育秩序乃至国内市场，作为教育现代化的起点的。近代中国的悲剧恰恰在于，教育现代化的启动之日，便是教育秩序的全面瓦解之时。”① 社会环境是一国高等工业教育生存和发展的基本条件。晚清至民初的社会动荡对高等工业教育的破坏启示我们，外敌入侵、内部分裂所带来的战乱，不仅必然影响高等工业教育的经费来源，破坏高等工业教育赖以存在和发展的生产基础，而且可能直接摧毁高等工业教育的实体——各类高等工业教育机构。为了使当代中国高等工业教育的发展有一个良好的外在环境，一方面，我们必须有一个强大的国防，以维持国际和平，防止外敌入侵；另一方面，我们要坚决维护国内的统一和安定团结，防止社会动荡。

---

① 田正平，李江源．教育制度变迁与中国教育现代化进程［J］．华东师范大学学报（教育科学版），2002（1）：39-51.

不仅如此，中国近代史和近代高等工业教育史的经验告诉我们，强大的国防是中国各方面稳定发展的前提，而国防与军事工业生产及其教育之间又有着复杂关系。一般地说，国防与高等工业教育之间存在相辅相成的关系，即高等工业教育的稳定发展需要强大的国防做保证，否则将会失去发展的基本条件；同时，中国是一个尚未统一、处于复杂政治和地理环境中的大国，国防事业最终不可能指望任何别国，只有自己的工业技术教育质量过硬、军事工业生产水平高超，才能武装自己、保护自己。但在真正处理好这方面的关系，同样需要从中国近代高等工业教育的发展历程中吸取经验和教训。洋务派官僚虽然大多能认识到发展军工同样也能顾及民生日用，但在实际操作中并未将军事工业生产及其教育与民用生产密切结合，结果民用工业生产与经济未得到充足发展，军事与国防在外国侵略势力面前也是一触即溃，“强国”的初衷成为泡影。因此，当代中国发展军事工业及其教育时，必须充分考虑其在整个工业生产和工业教育中的比例，并高度重视军事和民用之间的相互联系与转化，只有这样，军事工业及其教育才能建立在坚实的基础之上，并得到可持续发展。

二、生产高度工业化是高等工业教育发达的基础

中国近代高等工业教育受社会工业生产落后的限制因而规模狭小，以及先发国家高等工业教育因现代工业生产兴盛而发达的历史事实告诉我们，高等工业教育的真正繁荣，必须以社会生产的高度工业化为基础。当然，“这并不是说，在积累和传播现代化所需要的科技知识和技能的过程中教育起不到重要的作用。但是，理想的情况是科技教育的计划工作应与经济发展目前的需要和预期的要求结合起来，而不是落后于经济发展，也不是培养出大批受过高级训练的人员，以致在目前的经济结构中无所施其技”①。因此，要想促进当代中国高等工业教育良性发展，不能仅从高等工业教育自身着手，而应

① ［美］吉尔伯特·罗兹曼．中国的现代化［M］．陶骅，等，译．上海：上海人民出版社，1989：561-562.

该在厘清社会工业生产与高等工业教育发展关系的前提下，下大力气提高社会生产的工业化程度，扩大工业生产的规模。只有这样，才能为高等工业教育的高度发达奠定坚实的基础。试图通过高等工业教育的发达来实现社会工业生产的发达，不顾实际盲目扩大高等工业教育规模，是本末倒置的做法，只能造成大批学生毕业即失业的严重社会问题，或者导致人才外流、“为他人作嫁衣裳”的后果，都是对并不充足的中国高等工业教育资源的极大浪费。

三、合理布局是高等工业教育平衡发展的要务

一个国家各地的社会发展差距过大，是一种分裂性因素，会给国家造成解体的危险，从而破坏整个国家的稳定发展，并最终使发达地区的高等工业教育也陷入危机之中。

南京国民政府成立以后，国民党政府在改变中国高等教育布局不合理方面曾作出一定努力。尤其是抗日战争时期，沦陷区高校的西迁，曾一度使高等工业教育高度集中于东部沿海地区的情形发生过巨大改变，西南和西北地区诸多省份一时汇集了几乎全国所有的高等工业教育机构，但那毕竟是在战争状态下的临时性、非正常调整。随着抗战的胜利和各高校的复员，高等工业教育的区域分布又基本恢复了早期的格局。

高等工业教育区域分布不合理的状况得到根本改变，是新中国成立以后的事情。经过几次重大调整以及60余年的发展，当代中国已基本消除了高等工业教育布局极端不平衡的状态，很多省份已经形成了适应工业生产实际需求、层次多样的高等工业教育体系。但是，新中国高等工业教育不仅一直存在着东西部地区院校数量上的明显差距，也存在办学质量上的巨大差异。特别是改革开放以来，由于东部沿海一些省份和地区成为对外开放最早、国家投入资金最多的地方，工业生产和社会经济空前发展，使这些地区的高等工业教育处于远优于中西部地区的发展环境之中，进而导致不同地区高等工业教育发展差距进一步扩大。不仅如此，由于东部发达的工业生产、优厚的待遇以及宽阔的就业渠道，将中西部地区的毕业生吸引过来，还形成了工业落后省份的高等工业教育为发达地区培养人才的尴尬局面，造成和扩大了不同

地区高等工业教育在数量上的“隐形”差距。长此以往，落后地区的高等工业教育将蜕变为与当地工业生产和社会经济发展不相干的事物。

鉴于早期中国高等工业教育不合理布局的历史教训，以及当前不同地区高等工业教育发展的实际差距，同时考虑到社会工业生产与高等工业教育发展之间的本末关系，国家应该调整各种资源过度集中于东南沿海地区的发展模式，尽早启动和真正落实“西部大开发”和“中部崛起”计划，在扩大中西部地区工业生产规模、加快中西部地区工业化的同时，适时增加高等工业教育机构的数量和种类，完善高等工业教育体系。此外，在中国这样一个疆域辽阔、各地条件差异巨大的国家，只考虑各地高等工业教育在统计数据上的均衡，而不考虑各地实际差异的做法，实际上并不能缩小地区之间经济和社会发展的差距，反而造成教育资源的浪费和低效。因此，国家在扶持落后地区高等工业教育发展过程中，必须因地制宜，根据各地的资源状况和工业生产的行业特点设置相关专业。只有这样，才能尽快实现全国高等工业教育的平衡发展，也才能使这种平衡因建立在坚实的工业生产基础之上而持久。

四、不断改革是提升高等工业教育质量的关键

目前，我国高等工业教育的现代化整体水平还不高，全面提高其现代化水平仍然是当务之急。历史告诉人们，中国高等工业教育现代化水平的每一次提高，都是改革的结果。今天同样如此。当然，我们不能为了改革而改革，而应该以消除或减小高等工业教育与社会、人的发展之间的不平衡、不协调为目的，采取有针对性的变革措施，使高等工业教育更好地发挥促进社会和个人全面发展的功能。

首先，要把握好数量发展与质量提高之间的平衡。

从总体上看，由于受近些年高校扩招的影响，高等层次的工业技术院校和专业规模发展迅速，学生数量激增，但质量却未能与数量同步提高，反而有下滑的趋势。这是由于高等工业教育的师资、仪器设备等资源的状况虽然与从前相比有了很大的改善，但仍然是有限的。扩招后人均教育资源的急速降低，必然影响教育质量。如果说中国近代高等工业教育中“宁缺毋滥”“重

质不重量”的做法是一种极端，那么当代中国高等工业教育的过快扩展可能已经走向了另一个极端。我们不能无视当代中国工业生产规模的发展对人才数量的要求，单纯为了提高教育的质量而模仿中国近代高等工业教育的发展模式，但我们应该在面对现实的基础上，借鉴其重视教育质量的做法，在数量增长与质量提高之间建立某种程度的平衡。

中国当代工业生产最大的问题是在某些领域，特别是精密仪器、机械制造、材料加工与提纯等技术含量较高的领域，生产工人由于自身素质限制，无法按照一流的规划和设计生产出一流的产品。所以，工业生产实际急需的是大量掌握了较高深的科技原理，同时又具有扎实、过硬的实践能力和经验的高级技术工人。而新中国一直比较重视本科层次工科院校的发展，对专科层次的工业技术教育，尤其是以培养高级技术工人为目标的高等职业技术院校的发展较为忽视，造成工业生产实践中的技术力量比例失调。因此，国家应该花大力气，实行政策倾斜，扭转人们对高等职业技术教育的偏见，提高生源质量；加大投入，完善教学设施，建设高质量的师资队伍。本科工科院校则不应盲目扩招，而应该适度控制规模，集中资源加强科研工作，以科研促进教学质量的提高，培养出一批确实具有创新能力的研发人才。只有这样，整个高等工业教育培养出来的各种人才才能实现优化组合，真正起到推动社会工业生产发展的目的。

其次，要强调科技和人文教育的结合。

现代工业技术是人类理性高度发展的产物，它使人类控制、利用和征服自然的能力空前提高。但是，对人类自身而言，工业科技是一把双刃剑，它可以造福于人类，也可以给人类带来巨大灾难。科学技术是给人类带来福祉还是灾难，取决于它掌握在什么人的手里，取决于使用它的人对人类社会发展的意义与价值的认识。这是当代各种社会科学理论研究的共识，也是两次世界大战乃至现代工业文明兴起以来的人类历史所证明了的。晚清民初工业科技教育中一直强调传统伦理道德、人文教育与工业技术教育的并行与结合，虽然包含很多落后于历史发展的具体内容，结合方式也显生硬，但这种做法本身无疑是与当代教育理论中注重科技与人文教育相结合的共识具有一致性的。近现代科学技术从最初在中国被视为“技艺之末”为读书人所不屑，发展到后来的“学好数理化，走遍天下都不怕”，其地位发生了翻天覆地的变化。与此同时，人文教育则由当初“读书做官”的唯一途径受人追捧，沦落为无足轻重的领域。不仅进行人文教育的高校和专业数量远不能与从事科学技术教育者相提并论，各级各类学校和专业对学生人文素养的培育也相当轻视。特别是在一些工科院校和专业中，人文类课程或者极少，或者形同虚设，很多学生的文史哲知识和修养极为欠缺。这种教育只能培养出知识面狭窄、思想浅薄、兴趣贫乏、缺少人类责任感和同情心的科技怪物，既不利于国家和社会的和谐发展，也不利于受教育者人格的完善。因此，当代中国高等工业教育必须切实重视对学生人文素养的培植。当然，我们应该根据时代的发展，纠正早期中国高等工业教育把人文教育局限于传统文史典籍的做法，站在人类和世界的高度，用古今中外那些经得起历史检验、符合社会发展方向的人类思想精华来充实和滋润学生的心灵。同时，我们应该采取更灵活、更多样的方式，在各种课程中渗透人文素养的培育，以达到“润物细无声”的教育境界和效果，而不能仅仅局限于几节人文课程的设置与教学。只有这样，才能培养出具有世界眼光、人文情怀的优秀中国工业技术人才。

再次，要坚决祛除官本位管理方式。

历史经验告诉人们，官本位的管理方式对中国高等工业教育现代化的危害极大，但其影响和流毒极深，不是短时间能够消除和根绝的。目前，官本位管理方式的当代变种——高校“衙门化”仍存在于中国高等教育界，高等教育机构中的资源分配、人事安排、职称评定、福利待遇乃至学术研究课题的申请等，或多或少会受到官本位管理方式的影响，各类高等工业技术学校、院系和研究机构也概莫能外。这种趋势若不能尽早纠正和根治，将对从事高等工业技术研究和教学的专业人员的积极性、创造性形成严重的抑制和打击，并对学生的价值取向造成极为不良的影响，最终使得中国高等工业教育水平与发达国家的差距愈来愈大。因此，当代中国的高等工业教育改革，必须把高校的“去衙门化”作为重点，突出专业技术人员在高等教育机构中的核心地位，使学校真正以教学、科研和服务社会这三项任务为中心开展一切工作。

最后，要处理好学习与超越的关系。

经过近一个半世纪的发展，当代中国高等工业教育早已摆脱了当初一穷二白的落后状况，拥有了完备的教育体系、众多的教育机构、庞大的教师队伍以及较为完善的教学设施和场所。但是，由于历史原因，中国高等工业教育在办学体制、模式和理念、师资质量、学术水平与制度建设、培养方式方法、信息流通速度等诸多方面与发达国家仍有不小的差距，完全存在继续学习发达国家的必要性与迫切性。在平等互利的前提下，我们应该借鉴中国近代高等工业教育大胆学习先进国家的做法和敢于“洋为中用”的勇气，探索新的学习方式和方法，尽可能充分利用发达国家的一切先进经验和优势资源，加速中国高等工业教育现代化的步伐。但是，我们不能永远停留在模仿学习的阶段，不能永远跟在发达国家的后面匍匐前行。鉴于中国高等工业教育早期现代化的历史教训，一方面我们应该根据现代教育理论和实践研究的最新成果，把培养学生的创新意识和创造能力放在极为重要的地位，培养创新型人才；另一方面，当代中国高等工业教育的发展环境和条件与早期相比已经有了巨大改善，我们有必要，也有能力向工业技术的最前沿进军，适量开设各种新兴专业，加强前沿技术的研究力量。只有这样，中国高等工业教育才能真正实现跨越式发展，逐渐实现赶超发达国家的目标。

参考文献

一、著作

[1][美]费正清,刘广京. 剑桥中国晚清史(1800—1911)[M]. 北京:中国社会科学出版社,1985.

[2][美]费正清. 剑桥中华民国史(1912—1949)[M]. 杨品泉,刘敬坤,等,译. 北京:中国社会科学出版社,1994.

[3][日]细谷俊夫. 技术教育概论[M]. 肇永和,王立精,译. 北京:清华大学出版社,1984.

[4]陈景华. 晚清巨人传:盛宣怀[M]. 哈尔滨:哈尔滨出版社,1996.

[5]陈平原,夏晓红. 北大旧事[M]. 北京:北京大学出版社,2009.

[6]程新国. 庚款留学百年[M]. 上海:东方出版中心,2006.

[7]陈真,姚洛合. 中国近代工业史资料[M]. 北京:生活·读书·新知三联书店,1957.

[8]董光壁. 中国近现代科学技术史[M]. 长沙:湖南教育出版社,1997.

[9]杜石然,林庆元,郭金彬. 洋务运动与中国近代科技[M]. 沈阳:辽宁教育出版社,1991.

[10]复旦大学校史编写组. 复旦大学志(第一卷)(1905—1949)[M]. 上海:复旦大学出版社,1985.

[11]顾学稼,林蔚,伍宗华. 中国教会大学史论丛[M]. 成都:成都科技大学出版社,1994.

[12]顾明远. 中国教育学大系:历代教育名人志[M]. 武汉:湖北教育出

版社,2015.

[13]何晓夏,史静寰. 教会学校与中国教育近代化[M]. 广州:广东教育出版社,1996.

[14]黄延复. 梅贻琦教育思想研究[M]. 沈阳:辽宁教育出版社,1994.

[15]康有为. 大同书[M]. 沈阳:辽宁人民出版社,1994.

[16]李义丹. 天津大学(北洋大学)校史简编[M]. 天津:天津大学出版社,2001.

[17]梁启超. 李鸿章[M]. 武汉:湖北人民出版社,2004.

[18]李楚材. 帝国主义侵华教育史资料:教会教育[M]. 北京:教育科学出版社,1987.

[19]梅汝莉,李生荣. 中国科技教育史[M]. 长沙:湖南教育出版社,1992.

[20]清华大学校史编写组. 清华大学校史稿[M]. 北京:中华书局,1981.

[21]山西大学校史编纂委员会. 山西大学史稿(1902—1984)[M]. 太原:山西人民出版社,1987.

[22]史全生. 中华民国文化史[M]. 长春:吉林文史出版社,1990.

[23]舒新城. 中国近代教育史稿选存[M]. 北京:中华书局,1936.

[24]田正平. 留学生与中国教育近代化[M]. 广州:广东教育出版社,1996.

[25]王炳照,阎国华. 中国教育思想通史(第五卷)(1840—1911)[M]. 长沙:湖南教育出版社,1994.

[26]王立诚. 美国文化渗透与近代中国教育:沪江大学的历史[M]. 上海:复旦大学出版社,2001.

[27]王立新. 美国传教士与晚清中国现代化:近代基督新教传教士在华社会文化和教育活动研究[M]. 天津:天津人民出版社,1997.

[28]汪敬虞. 中国近代工业史资料[M]. 北京:中国科学出版社,1957.

[29]吴洪成. 中国教育史研究(上册):中国教会教育史[M]. 重庆:西南师范大学出版社,1998.

[30]吴洪成. 中国近代教育思潮研究[M]. 重庆:西南师范大学出版

社,1993.

[31]夏燮．中西纪事[M]．长沙:岳麓书社出版社,1988.

[32]萧超然,等．北京大学校史[M]．北京:北京大学出版社,1988.

[33]萧一山．清代史[M]．沈阳:辽宁教育出版社,1997.

[34]熊月之．西学东渐与晚清社会[M]．上海:上海人民出版社,1994.

[35]张岱年,方克立．中国文化概论[M]．北京:北京师范大学出版社,1994.

[36]郑登云．中国高等教育史[M]．上海:华东师范大学出版社,1994.

[37]朱莱茵,忻汝平,郑进保．中国现代科学家[M]．北京:京华出版社,1994.

[38]钟叔河,朱纯．过去的学校[M]．长沙:湖南教育出版社,1982.

[39]周建波．洋务运动与中国早期现代化思想[M]．济南:山东人民出版社,2001.

[40]庄俞,贺圣鼐．最近三十五年之中国教育[M]．上海:商务印书馆,1931.

[41]左森,胡如光．回忆北洋大学[M]．天津:天津大学出版社,1989.

[42]中国第二历史档案馆．中华民国史档案资料汇编[M]．南京:江苏古籍出版社,1991.

[43]钟离蒙,杨凤麟．中国现代哲学史资料汇编续集[M]．沈阳:辽宁大学出版社,1984.

[44]朱有瓛,戚名琇,钱曼倩,等．中国近代教育史资料汇编:教育行政机构及教育团体[M]．上海:上海教育出版社,1993.

二、论文

[1]陈向阳．晚清三次思想分化与早期现代化思想的变迁[J]．学术月刊,1999(2):74-79,113.

[2]郝秉键．上海格致书院及其教育创新[J]．清史研究,2003(3):85-96.

[3]金富军．周诒春在清华学校的教育思想与实践[J]．高等教育研究,2006(10):89-95.

[4]久保亨．关于民国时期工业生产总值的几个问题[J]．历史研究,2001(5):30-40,188.

[5]鞠玉华．日本战前职业教育制度的形成和发展[J]．外国教育研究,1999(1):53-56.

[6]李林,胡冬云．我国电信高等教育萌芽和初期发展研究(1876—1939)[J]．重庆邮电大学学报(社会科学版),2009,21(2):84-87.

[7]李林波,韦福安．论洋务教育投资与中国早期现代化的启动[J]．南宁师范高等专科学校学报,2001(3):18-21.

[8]刘一,李江源．略论“百日维新”期间中国高等教育制度的变革[J]．高教探索,2007(5):9-14.

[9]柳靖,黄鸥．福建船政学堂的办学体制与特点[J]．燕山大学学报(哲学社会科学版),2008(1):96-98,142.

[10]马红霞,周荣华,张帆．近代新式学堂的兴起及其社会影响[J]．河海大学学报(哲学社会科学版),2003(3):89-91.

[11]潜伟．北洋大学在中国近代工程教育史的地位[J]．哈尔滨工业大学学报(社会科学版),2002(1):19-24.

[12]秦善进,陈祎丽,冯兆娜,等．唐山工业文化延续与传承研究[J]．唐山学院学报,2009,22(1):13-17.

[13]王婷．试析洋务运动时期留美与留欧教育之异[J]．知识经济,2009(4):146.

[14]王章豹．中国近代机械工程教育机构发展史略[J]．机械工业高教研究,1999(4):62-65,66-69.

[15]吴芬．1949年前中国研究生教育的发展探讨[J]．江苏高教,2001(4):100-102.

[16]吴洪成,彭泽平．试论五四时期的科学教育思潮[J]．西南师范大学学报(哲学社会科学版),1999(2):105-110.

[17]吴洪成．传教士与中国教育的近代化[J]．高等师范教育研究,1997(2):60-66.

[18]吴立保,沈堰奇．论周诒春对清华本土化发展的贡献[J]．江苏高教,2008(6):143-145.

[19]夏东元．论盛宣怀所走的“U”字型路程[J]．近代史研究,1988(4):1-25.

[20]夏红卫．跨文化传播视野下的晚清同文馆[J]．北京大学学报(哲学社会科学版),2007(6):135-142.

[21]谢竹艳．近代西方传教士来华从事高等教育活动的成因分析[J]．江苏科技大学学报(社会科学版),2007(4):9-14.

[22]许顺富．洋务学堂聘用外才得失初探[J]．宁夏社会科学,2002(3):96-100.

[23]薛毅．试论焦作路矿学堂的创办及其意义[J]．中国矿业大学学报(社会科学版),2009,11(1):1-6.

[24]杨小明,甄跃辉．郭嵩焘科技观初探[J]．科学技术与辩证法,2009,26(2):75-79.

[25]曾科．论科技史视野中的“同文馆之争”[J]．湘潮(下半月)(理论),2009(9):45-46.

[26]周谷平,朱绍英．美国大学模式在近代中国的导入[J]．河北师范大学学报(教育科学版),2004(4):21-29.

图书在版编目（CIP）数据

中国近代高等工业教育研究 ：1840—1927 / 方家峰著. -- 湘潭 ：湘潭大学出版社，2025. 6. -- ISBN 978-7-5687-1684-0

Ⅰ. G649.29

中国国家版本馆 CIP 数据核字第 2025LQ8315 号

中国近代高等工业教育研究（1840—1927）

ZHONGGUO JINDAI GAODENG GONGYE JIAOYU YANJIU（1840–1927）

方家峰 著

策划编辑： 渠珊珊
责任编辑： 渠珊珊　黄皓羽
封面设计： 夏茜旸
出版发行： 湘潭大学出版社
社　　址： 湖南省湘潭大学工程训练大楼
电　　话： 0731-58298960 0731-58298966（传真）
邮　　编： 411105
网　　址： http://press.xtu.edu.cn/
印　　刷： 湖南新闻彩色制版印务有限公司
经　　销： 湖南省新华书店
开　　本： 710 mm×1000 mm 1/16
印　　张： 23.25
字　　数： 381 千字
版　　次： 2025 年 6 月第 1 版
印　　次： 2025 年 6 月第 1 次印刷
书　　号： ISBN 978-7-5687-1684-0
定　　价： 88.00 元